照明工程先进技术丛书

道路照明——理论、技术与应用

［荷］乌特·范波莫（Wout van Bommel） 著

王珅 译

机 械 工 业 出 版 社

本书分为三部分：第 1 部分　道路照明；第 2 部分　光污染；第 3 部分　隧道照明。

书中从光源、灯具、道路、人眼视觉等角度入手，重点介绍道路照明、光污染控制以及隧道照明相关的理论原理、应用技术、视觉功能以及国际标准建议等，还包括了道路照明的设计、计算、测量以及使用维护等方面的技术知识。本书既可作为实际工作中的工具手册使用，又可作为深入理解相关知识的学习阅读书籍。

本书可供道路照明设计师、工程师、城镇规划师、交通工程师、环境专家以及灯具开发生产厂商和照明专业的师生参考使用。

序

乌特·范波莫（Wout van Bommel）教授是国际知名的照明权威。他在飞利浦照明公司工作了35年，是飞利浦照明公司的主要负责人之一，担任过飞利浦国际照明设计应用中心（LiDAC）总经理。2003~2007年任国际照明委员会（CIE）主席。2004年被复旦大学聘为顾问教授。在1980年，他（第一作者）与J. B. 德·波尔（J. B. de Boer）教授合著了《Road Lighting》（道路照明）一书。2014年他又将该书修订再版。现在他正在撰写《Interior Lighting》（室内照明）一书。

20世纪80年代初我国开始改革开放，经济快速发展。交通运输是国民经济的大动脉，道路照明成为关注点。《道路照明》一书就成为很多照明学者的启蒙教材。1990年林贤光和李景色两位教授将该书译成中文，使更多的照明工程师有了宝贵的参考书，并将学到的知识应用于我国道路照明实践中。

最近几十年来，科学家们在视觉和光的生物功能等方面的研究取得了丰硕成果，为高效节能道路照明的设计规范奠定了基石。道路照明技术一直与光源灯具技术、交通车辆技术同步发展。固态照明光源（LED）的出现，为照明设计带来了无限可能性。在世界道路照明科技飞速发展的形势下，Wout van Bommel教授根据他自身的研究结果，重新撰写出版了《道路照明——理论、技术与应用》一书。书中详尽阐述了现代道路照明的基本原则，并且使读者懂得如何在现实中运用这些原则。

在得知新书出版的信息后，国内有好几位青年学者争相将其译成中文。后来从Wout van Bommel教授处获知，复旦大学光源与照明工程系毕业的王珅早就与教授预约好了。王珅从复旦大学毕业后在荷兰埃因霍温理工大学（Technische Universiteit Eindhoven）取得了智能照明硕士学位。他曾于飞利浦欧洲研究院负责虚拟窗户概念产品的开发与相关人机交互体验理论的研究。并在国际期刊上发表了多篇相关论文。后于Eldoled B. V. 公司担任应用技术经理，现回国于IHS公司担任照明与LED高级分析师。在我系学习期间，他也是Wout van Bommel教授的学生，并深得教授赏识。在教授的亲自指导下，他花了近两年的业余时间完成了本书的翻译。

对于Wout van Bommel教授，我十分敬重。从他那里不仅学到很多照明知识，而且他的为人也是我学习的榜样。所以，我能为这本中译本作序，深感荣幸。我相信这本书将会对照明界的同仁们有不少帮助。

周太明

译 者 序

从一定程度上，一个国家的道路建设水平会直接关系到其经济发展的水平。既有高速公路与国道等承担起经济大动脉的作用，又有较低等级的公路连通家家户户。我们国家在最近的几十年来取得世界瞩目的经济成就，与道路建设的大力推动是分不开的。目前，我国已经建设了超过450万km的公路，其中高速公路里程超过12万km。随着国民财富的增加以及经济发展的需要，未来我国的汽车保有量将与公路里程一起，继续保持高速的增长。

道路照明是道路交通的重要组成部分。在夜间，良好的道路照明能保证安全、高效的道路通过能力以及运输能力。在提高道路经济效益的同时，还需要保证驾驶员在夜间驾驶时的舒适性与安全性。在过去的数十年内，国内外相关的研究机构进行了许许多多项的实验，以理论与实验结果相结合，提出了多项以驾驶舒适性与安全性为目的的标准与建议。之后随着LED光源技术以及照明人体工效学的迅速发展。道路照明的技术也需要及时地根据新的技术和理念进行更新。

我们面前的这本《道路照明——理论、技术与应用》，是20世纪80年代“飞利浦技术丛书”中Wout van Bommel与J. B. de Boer教授所著《道路照明》的延续，继承了该书中精确严谨的论述风格，但又对内容几乎进行了全面的更新。书中从道路照明、光污染控制、隧道照明三方面入手，由浅入深，对30多年来道路照明技术的科研成果以及实践经验进行了概括和总结。对于城市规划师、建筑师、照明设计师、灯具设计师以及相关专业的学生都是一本极为难得的参考书。

本书的作者Wout van Bommel教授是现代道路照明科学的知名专家与重要奠基人之一，也是《道路照明》一书的主要作者。他在飞利浦照明公司工作超过了35年，并担任主要负责人。他于2004~2007年曾经担任国际照明委员会（CIE）主席。他的研究成果为现代的照明技术做出了十分重要的贡献。

Wout van Bommel教授是译者多年的恩师挚友，三年前得知他正在写作本书，译者提出应该将未来的这一本权威性著作分享给中国的广大道路照明工作者们，教授欣然同意，并将本书交予译者进行翻译。经过两年多的独立翻译工作，终于可以将本书呈现于读者的面前，Wout van Bommel教授与译者都十分激动。希望本书能够为我国将来的道路照明建设事业与理论研究添砖加瓦。

虽然在翻译过程中得到Wout van Bommel教授的大量亲自指导，但是限于水平与时间，译文中的谬误在所难免，恳请读者谅解并批评指正，更希望读者能够深刻理解书中的理论，并结合当地的实际情况，将其灵活地运用到我国的道路照明建设中去，并在实践中总结出新的经验与理论，以促进我国蒸蒸日上的道路照明事业，并推动我国先进道路照明理论研究的进步。

在此我要向本书的作者 Wout van Bommel 教授表达衷心的感谢，感谢他在古稀之年仍然不辞辛劳，为道路照明科技事业著书立说，培养专业人才。他的为人与学识是我终生学习的榜样。本书在翻译过程中得到了施普林格出版社和复旦大学周太明教授的支持，以及机械工业出版社顾谦编辑的大力帮助，谨此一并表示深深感谢！

王珅

2017 年 2 月于上海

原书前言

这是我写作的有关道路照明的第二本书。之前在1980年我与J. B. de Boer教授合著了威科（Kluwer）出版社“飞利浦技术丛书”其中之一，书名也是《道路照明》。自那以来，道路照明技术一直紧随着灯具与照明技术、交通与车辆技术，特别是能源环境观念变化发展的脚步。固态照明技术（LED）的出现，为设计能适应交通以及天气等不稳定环境的创新、可持续的照明工具带来了无限可能性。为了避免在设计过程中出现困难，对各种相关光源的典型特征，尤其是道路照明质量相关知识的深刻了解是十分必要的。世界上许多研究机构都开展了视觉相关的全新基础研究，以及视功能与视舒适相关的全新应用研究，现在这些研究成果已经为高效节能可持续的道路照明设施的设计规范奠定了基石。

本书对道路照明这一主题提出了彻底全新的方式方法，其目的在于阐述现代道路照明的基本原则，使读者对主题背景有一定的掌握，并且了解如何在现实中运用这些原则。

本书共分为3个部分。第1部分讨论了机动车以及居民、行人、骑车者所使用的露天道路的照明。第1章探讨了道路照明的目的，包括中间视觉与眼球老化，还有视功能以及视舒适。这部分中面对的主要问题是交通安全、人身安全以及主观愉悦感。在接下来的一些章节中，描述了良好充足道路照明应符合的相关照明标准，同时展示并讨论了欧洲、美国以及国际通用的道路照明标准以及建议。之后，从实际性能与特点方面回顾了多种光源与灯具，其目的在于帮助选择适用于各种应用场合的照明设备。道路表面作为向道路使用者反射光线的重要组成，也必须被作为道路照明设施的一部分来看待。因此，路面反射特性被列入“设备”章节进行讨论。“设计环节”一章在理论与实践之间建立了纽带，并且为读者提供了有效照明设计所需的相关知识。除了照明产品厂商之外，此章中还探讨了照明设计师也应当考虑的道路照明可持续性。本部分的最后一些章节主要介绍了道路照明的计算与测量方法。

本书的第2部分完全着重于光污染的探讨。照明不仅仅照亮了该照亮的区域，同时也将光线不受控制地散布至周边环境以及天空，这对社会造成了一定干扰。这里描述了光污染对居民、机动化交通以及慢速交通，还有天文学家、野生动物和自然植被所带来的干扰影响，并且解释了为控制光污染所采用的分区以及“宵禁”策略，此外，还定义了相关照明标准，使得照明工程师以及照明设计师可以确保照明设施的光污染符合规范。本部分列出并讨论了欧洲、北美以及国际上就控制光污染所使用的标准以及建议。第 2 部分的最后一章介绍了特别适合光污染控制的照明设备，同时此章还提供了光污染控制相关的实用设计指南。

本书第 3 部分也是最后一部分，其主题是隧道以及地下通道的照明。这一部分的结构与第 1 部分非常相似。其中的一些章节讨论了该主题的目的、视功能的基础理论以及隧道照明的照明标准和建议。总结章节介绍了隧道照明的设备以及隧道照明的设计环节。

本书的适用读者群体不仅仅是道路照明设计师、市政机关工程师或政府机构，还是照明设计专业的学生，对于城镇规划师、交通工程师以及环境专家而言，本书也颇具吸引力，同样，对光源灯具制造商也是如此。

在此，我向出色完成了翻译工作的译者王珅表示深深的谢意，我多年前与他相识于复旦大学，之后他来到荷兰我的母校进一步深造，并在我国参加工作至今。这使得我们有大量机会就本书以及照明技术进行探讨，从而保证了本书中文版的优秀质量。

Wout van Bommel

机构名称缩略语

ANSI	American National Standards Institute	美国国家标准学会
CEN	European Normalization Commission	欧洲标准化委员会
CIE	International Lighting Commission	国际照明委员会
DOE	Department of Energy (USA)	美国能源部
EC	European Commission	欧洲委员会
GLF	Global Lighting Forum	全球照明论坛
IAU	International Astronomical Union	国际天文学联合会
IDA	International Dark sky Association	暗天空协会
IEC	International Electrotechnical Commission	国际电工委员会
IESNA	Illuminating Engineering Society of North America	北美照明工程学会
ISO	International Standardization Organization	国际标准化组织
PIARC	World Road Association	公路会议常设国际协会
Zhaga	International Consortium Developing Interface Specifications That Enable Interchangeability Of LED Light Sources	国际促进 LED 光源可互换规范发展联盟

目　　录

第2部分 光污染

第 3 部分　隧道照明

第 1 部分　道路照明

第 1 章　道路照明的目标与效益

摘要　只有当对道路照明的目标和效益有着清晰的认识时，人们才能明智地做出投资道路照明设施的决定。对于机动车交通而言，道路照明应该提供有助于驾驶者保持警醒的视功能以及视觉舒适度。许多研究结果都表明，良好的道路照明能够降低在夜间发生交通事故的数量。对于那些在天黑之后进入交通高峰时段的国家，道路照明能够增加机动车道的车流量。在建筑区以及住宅区，道路照明也应该能够提供行人以及骑车者等慢速交通所需的视觉信息，从而使他们在避免碰撞或绊倒等潜在危险的同时，识别自己的路线。在这些区域中，道路照明也应该起到防止暴力、破坏和犯罪的作用。事实上，犯罪统计数据显示，道路照明与犯罪率的降低存在着密切的关系。良好的道路照明同样也可以提高居民的安全感。这对于防范尤其存在于老年人与年轻人之间的社会隔离也相当重要。最后，如果设计得当，道路照明也可以提升一个区域的吸引力。

随着夜晚的降临，尤其是在照明设施未经过精心设计以及维护的道路上，道路用户的安全条件和舒适条件都开始严重地恶化。驾驶行为涉及一个基于所感受到信息的连续决策过程，而超过 80% 的信息来自于视觉。良好的照明对于在夜间保持高水平的视功能是至关重要的。视功能指的是，机动车驾驶员在潜意识下，对呈现在他眼前的对于安全驾驶必须的那部分视觉信息持续进行选择及处理的能力。为了确保视功能处于较高水平，道路使用者必须在这个视觉环境中感到舒适，特别是在长时间驾驶的时候。这也同时保证了较少的疲劳感。夜间时段下的道路照明也可以增强视舒适性。许多夜间事故都牵涉到驾驶员的昏睡感，甚至在事故发生前睡着的情况。而由于照明对神经系统的影响，它也有助于保持驾驶员的警觉性。

总而言之，机动车交通照明的基本目标是增强机动车驾驶员的：

- 视功能；
- 视舒适；
- 警觉性。

一些不同国家的机构所开展的研究显示，道路照明能够将夜间发生的交通事故数量降低 30% ［CIE，1993；Elvik，1995；Elvik 等人，2009；Wanvik，2009］。而对于致命和致重伤的事故，这个比例甚至可以达到 60% 左右。一项对于包括美国城市及乡村道路的所有致命交通事故的数据库分析显示，在多种致命事故类型中，涉及行人的事故类型在低照明环境下大大增加了［Sullivan 和 Flannagan, 2007]。由此而言，行人多的道路可以从良好的道路照明中获益良多。

最近在明尼苏达州（美国），研究人员发现不同的十字路口道路照明设施的视功能与降低夜间交通碰撞事故之间存在直接的相关性［Rea，2012；Bullough 和 Rea，2011］。当所谓的相对视功能（RVP，见 3.3.3 节）从小于 0.7 增长到 0.8～0.9，降级撞击事故的百分比下降了大约 15%。较久以前英国的一项研究表明，100 条最短为 1km 的城市路段（限速 50km/h）的详细照明测量结果，与同样路段 3 年以来的夜间/白天事故率存在着关联［Hargroves 和 Scott，1979］。夜间/白天的事故比率是对视功能有着积极影响的参数之一，也随着路面的平均照明水平上升而降低了。相比于路面平均亮度为 0.3～1.2cd/m^2 的道路，路面平均亮度在 1.2～2cd/m^2 的道路的事故率降低了 20%～30%。视功能的确直接地影响着交通的安全。

有些时候，道路照明的存在会刺激驾驶员开得更快。然而即使出现这种情况，也不会被改变道路照明能够降低事故的事实。这意味着，如果没有照明引起的车速提升，上面提到的事故率的降低数值可能甚至会更大。然而，针对道路照明可能带来的车速提升的一项研究显示，这个车速的提升被限制在仅 1～3km/h［Folles 等人，1999；Assum 等人，1999；Hogema 等人，2005］或者根本不存在［Remande，2009］。

道路照明可以提升高速公路的夜间容量。这对于那些在冬季时交通高峰期处于日出之前或日落之后的国家是一个实际的优点。Van Goeverden 等学者［1998］指出，这个容量的提升表现为双车道高速公路的“等价客车数量/h”提升了 2.5%，而在三车道高速公路上，这个数量提升了 1.7%。

在建设区域与住宅区中，除了对机动车驾驶员之外，照明也应该为行人、骑自行车/助动车者提供视功能。照明应该能够使得他们能够在当下环境中确定自己的方位，并且在避免碰撞或被潜在危险障碍物所绊倒等风险的前提下找到自己的路线。

尤其是在住宅区，也包括工业区域，道路照明也有助于避免暴力、破坏和犯罪。许多研究都在探讨改进道路照明与防止犯罪之间的关系，其中有些研究得到了相互矛盾的结果，而还有另一些的质量差强人意。Welsh 和 Farrington［2008］，在包括达到最低质量研究的大量的文献研究基础上进行了一项荟萃分析㊀。从这项基于 13 项美国和英国的研究的荟萃分析上，他们得出的结论是，改进后的道路照明（指照明质量的改进。不幸的是，并没有经过明确地量化），对于犯罪率的降低有着显著的影响。相对于另一些没有经过照明改进的对比区域，这些区域的犯罪事件（财产犯罪和暴力事件）降低了 21%。

然而，优秀的道路照明应该对另一方面有所帮助，即居民的安全感。在夜间

㊀ 荟萃分析是对一些不同但类似的研究进行的一种统计学分析方法，其目的是结合各项研究的数据来得出统计学上的重要结论。其中个别一些研究由于规模太小，因此无法得出重要结论。

城市地区，主观安全感的缺失限制了尤其是年轻女性与老人的流动性［Banister 和 Bowling，2004；Blöbaum 和 Henecke，2005；Johansson 等人，2011］。这也限制了他们对社会活动的参与，从而可能造成他们社交孤立。尤其当简单逃生的可能性似乎不存在的情况下，不安全感会大大上升。因此，与适当户外环境设计相协调的道路照明是至关重要的，使人们能够在黑暗中清晰发现可能的逃生路线。当人们在街上相遇易于辨识面孔时，安全感便会进一步提升。如果主观的安全感不错，人们就会受到鼓励而走出家门，如此一来，区域的实际安全状况便会有所改善，因为人多的街道比没有人的街道要安全得多。

最后一点，尤其是在与城市建筑和古迹的特色装饰照明相结合的情况下，道路照明能够提升整个城市或者一个社区对本地居民和游客的吸引力。

参考文献

Assum T, Björnskau T, Fosser S, Sagberg F (1999) The risk compensation: the case of road lighting. Accid Anal Prev 31(5):545–553

Banister D, Bowling A (2004) Quality of life for the elderly: the transportation dimension. Transport Policy 11:105–115

Blöbaum A, Henecke M (2005) Perceived danger in urban public space, the impacts of physical features and personal factors. Environ Behav 37:465–486

Bullough JD, Rea MS (2011) Intelligent control of roadway lighting to optimize safety benefits per overall costs. In: 14th Institute of electrical and electronics engineers conference on intelligent transportation systems, IEEE, New York, pp 968–972

CIE (1993) Publication 93:1993, Road lighting as an accident counter measure

Elvik RA (1995) Meta-analysis of evaluations of public lighting as accident counter measure. Transp Res Rec 1485:112–123

Elvik R, Vaa T, Høye A, Erke A, Sørensen M (eds) (2009) The handbook of road safety measures, 2nd revised edn. Elsevier, Amsterdam

Folles E, IJsselstijn J, Hogema JH, Van der Horst ARA (1999) Dynamische openbare verlichting (DYNO). Adviesdienst Verkeer en Vervoer. Rijkswaterstaat, Rotterdam

Fotios S, Unwin J, Farrall S (2014, May 10) Road lighting and pedestrian reassurance after dark: a review. Lighting Res Technol. doi:10.1177/1477153514524587

Gibbons R, Lutkevitch P (2014) The impact of lighting level on vehicle safety. In: Abstract book CIE 2014 lighting quality & energy efficiency congress, Malaysia OP15

Hargroves RA, Scott PP (1979) Measurements of road lighting and accidents—the results. Public Lighting 44:213–221

Hogema JH, Veltman JA, Van't Hof A (2005) Effects of motorway lighting on workload and driving behaviour. In: Proceedings of ICTTP. Elsevier, Amsterdam, 2004, pp 355–368

Johansson M, Rosén M, Küller R (2011) Individual factors influencing the assessment of the outdoor lighting of an urban footpath. Lighting Res Technol 43:31–43

Rea MS (2012) The Trotter Paterson lecture 2012: whatever happened to visual performance. Lighting Res Technol 44:95–108

Remande C (2009) Moins d'éclairage pour mois d'accidents? Est-ce raisonnable. Lux 252:I–VII

Sullivan JM, Flannagan MJ (2007) Determining the potential safety benefit of improved lighting in three pedestrian crash scenarios. Accid Anal Prev 39:638–647

Van Goeverden CD, Botma H, Bovy PHL (1998) Determining impact of road lighting on motorway capacity. Transp Res Board. 1646:1–8. Washington DC (Transportation Research Record)

Wanvik PO (2009) Effects of road lighting: an analysis based on Dutch accident statistics 1987–2006. Accid Anal Prev 41:123–128

Welsh BP, Farrington DC (2008) Effects of improved street lighting on crime. Campbell Syst Rev. The Campbell Collaboration, Oslo. doi:10.4073/csr:2008:13

第 2 章　基本的照明特性

摘要　本章中首先要确定，对于道路使用者，哪些照明参数对他们的视功能和视舒适产生了积极的影响。因此，定义在驾驶员、行人和居民的视觉过程中起到决定作用的基本照明量就至关重要了，即亮度与照度。对于机动化交通，道路表面亮度为路上可能出现的障碍物营造了背景。在驾驶员的通常观察方向上，可以使用光度学的方法来表征决定路面亮度的路面反射性能。因此，路面亮度不仅能够，而且必然会被作为机动化道路照明的基本照明量。鉴于行人或者骑车者这类的慢速交通的观察方向更加多变，而且所观察路面的反射性能又截然不同，又必须回到照度，将其作为针对非机动车使用者的基本照明参数。在这里的基本测量项为对于道路或便道使用水平照度。对于外墙照明使用垂直照度，对于街道上人脸的照明使用半柱面照度。

2.1　机动车交通的路面亮度

一个表面之所以能够被看见，是由于入射光线从该表面反射进入人眼所造成的。进入人眼的光量越多，视觉感受就会越强烈。因此，路面的照度（仅指达到道路表面的光量）并不能说明视觉感受会有多么强烈，或者换句话说，它并不能表现路面会有多亮。路面的亮度取决于从路面朝观察者的方向反射的光量。(见图 2.1)。

评价明亮程度的光度学量是路面的亮度（L）。图 2.2 中通过具有相同道路照明设施的 4 张照片，说明了某一特定点上的明亮程度是取决于亮度而不是照度。

由于上面每张图片的道路照明灯具以及配置是完全相同的，因此路面上的照度分布也完全相同——而正是由于路面反射参数的变化，导致了亮度格局的变化，这依次体现在明亮程度的差异上。由于明亮程度最终是由亮度决定，而不是照度，道路使用者的视功能以及视舒适直接受到他视野中路面上复杂亮度分布的影响。视野中汽车、自行车、行人、障碍物的反射特性都有着很大的不同。另一方面，在驾驶员前方 50～150m 的视角中，干燥的道路表面有着相对近似的反射特性。因此，特定道路照明设施所产生的路面亮度是可以被精确计算的。道路表面经常作为在路面或接近道路的物体的背景。这就是为什么比起（水平）照度概念，路面亮度的概念能够更好地被用来决定机动化道路使用者的视功能和视舒适。

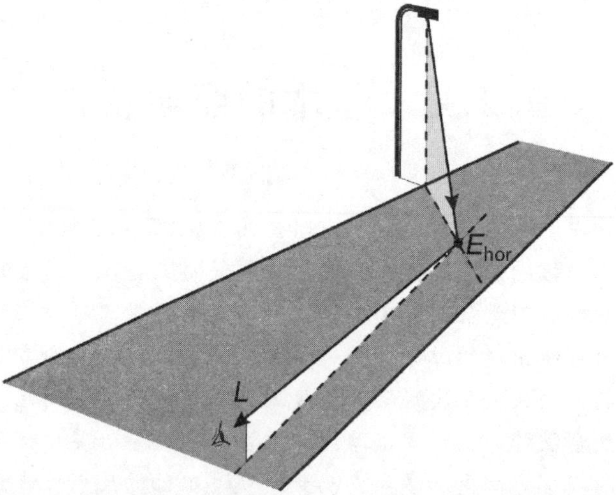

图 2.1　向路面入射的光线产生了水平照度 E_{hor}，之后光线从路面反射产生路面亮度 L

图 2.2　当照度为一定时，路面反射系数对主观亮度的影响［van Bommel 和 de Boer，1980］
a）干燥的光滑路面　b）湿的光滑路面　c）干燥的粗糙路面　d）湿的粗糙路面

2.2　针对行人、骑车者与居民的照度

比起机动车驾驶员，行人与骑车者的观察方向要更加富于变化。对于后者来说，他们感兴趣的表面不仅仅是路面，而且还包括了人行道表面、建筑外墙以及街上其他人的面孔。由于这两个原因，对于这类道路使用者来说，标准的反射参数是不可能行得通的。对于尤其是针对非机动道路使用者的道路照明来说，就要回到以照度作为基本照明参数的情况上来。

2.2.1　水平与半球面照度

对于行人和骑车者来说，通过照明帮助他们来发现路上潜在的危险障碍或违规行为是至关重要的。因此，水平照度通常被用来作为基本的照明参数（见图 2.3）。鉴于大多数的物体都是三维而不是平面的，一些道路照明标准应该改用半球面照度而不是水平照度来测定路面高度的照明强度（见图 2.3）。计算公式在附录 A 中给出。

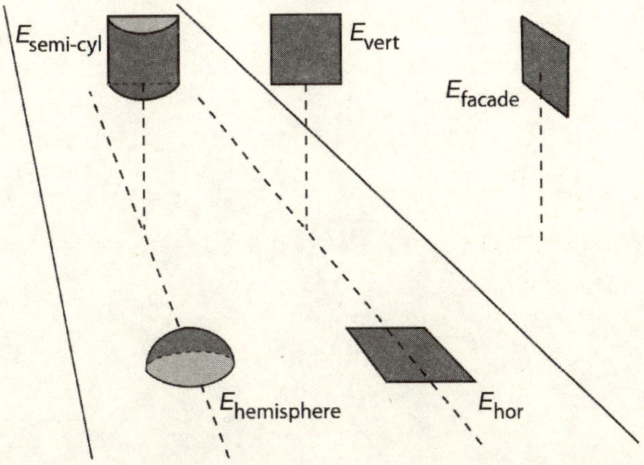

图 2.3　以下物理量指在图示形状物体上的照度：水平照度（E_{hor}）、半球面照度（$E_{hemisphere}$）、垂直照度（E_{vert}）、外墙照度（E_{facade}）与半柱面照度（$E_{semi-cyl}$）

2.2.2　垂直与半柱面照度

由于安全性的原因，当人们在街上相遇时，能够互相识别对方是非常重要的。因此，位于面部高度的垂直照度有时被作为基本照明参数使用。然而，仅就此目的而言，半柱面照度被认为是一项更好的基本衡量参数（见图 2.3）。由于人脸并不平坦，侧面的入射光可以更有助于其可见性，第 5 章会更加详细地讨论

这些。正是这些毗邻街道的外墙的垂直照度决定了这些外墙的可见程度。计算的公式在附录 A 中给出。

参考文献

Van Bommel WJM, De Boer JB (1980) Road lighting. Kluwer Technische Boeken, Deventer

第3章　机动车驾驶员的视功能

摘要　一位机动车驾驶员需要承担许多项视觉任务，其中之一便是发现道路上的障碍物。只有当障碍物与其背景的反差足够大时，这个障碍物才能被看见。有一些因素能对反差阈值产生影响，譬如待定义的亮度适应和失能眩光等。从这点出发，道路照明是基于决定了道路照明的亮度概念的视觉轮廓原理的这个事实就尤为清晰了。

为了探究道路照明的不同方面是如何影响能见度的，能见度模型的阈值与超阈值将会被讨论。在这里使用显示能力、总显示能力、能见度水平、小型目标能见度以及相对视功能这些度量标准。例如突然出现在道路周边但是还没有走上道路的行人之类可能出现的移动障碍物，都应该能够被及时地发现。照明方面所决定的这些可能性以及照明对于交通流量的影响将会被展示。恶劣的天气情况以及自己的车辆前照灯的效果对于混合道路照明下所获得的视觉质量的影响则是书中涉及的另一些类目。在道路照明的实践中，行人穿越马路应该受到额外的关注，在本书中也将关注这一主题。到目前为止，如何感知运动的相关知识还没有在有关道路照明的讨论中被实际地运用。在“光流”一节中将会介绍这一主题。在最后一节中，讨论的是照明可否对神经系统产生影响，比如帮助驾驶员保持警醒。

驾驶员的视功能可以通过一系列不同的标准来进行评估。固定障碍物（障碍物）、动态障碍物（其他的道路使用者，包括行人）的能见度、视觉环境变化的能见度以及相对运动的察觉都是重要评价标准的例子。对于安全驾驶来说，刚刚达到视觉阈值的感知是远远不够的：良好的超阈值能见度能够提升驾驶员及时做出反应的概率。另一个能够缩短反应时间的重要方面是周边视觉：即注意到视野角落或视线之外值得引起注意的障碍物。

为能够总结出在不同情况下分别需要怎样的照明质量，就必须要研究照明参数与不同功能标准之间的独立关系。幸运的是，有许多关于最重要的功能标准与多种照明参数之间关系的研究成果，在这里将选择性地进行讨论。

3.1　障碍物的反差

3.1.1　反差与反差阈值

道路照明通常是处在相对较低的照明水平上，对于颜色的视觉是很差的，因此，视觉分辨能力不能靠颜色的区别而是靠障碍物与其背景的亮度差异（例如，亮度反差）才可能实现。

一个障碍物的亮度反差（C）由下式定义：

$$C = \frac{L_o - L_b}{L_b}$$

式中，L_o为障碍物本身的亮度；L_b为背景的亮度。

如果一个障碍物比其背景要暗，则为负反差，障碍物看上去就只显示一个轮廓；另一方面来说，如果障碍物比背景亮，则说它的亮度反差为正反差。障碍物周围的环境亮度是障碍物能被看见所需的亮度反差的依赖条件之一，因为它能决定观察者眼睛的适应状态。图 3.1 中给出了刚刚好能被感知到的反差程度，即反差阈值 C_{th}，与 3 种不同大小的障碍物（分别在 4′、7′与 9′ 3 个视角下观察）的背景亮度之间的关系，从而解释了这一观点。如图 3.1 所示，随着背景亮度与障碍物尺寸的提高，反差阈值 C_{th}下降。如果提高背景（即道路表面）的亮度，则障碍物的反差阈值下降，也就是提高了该障碍物被发现的概率。另一种表达背景亮度对反差视觉的正面作用的说法是，一个更大的适应性亮度提高了眼睛的反差敏感度。

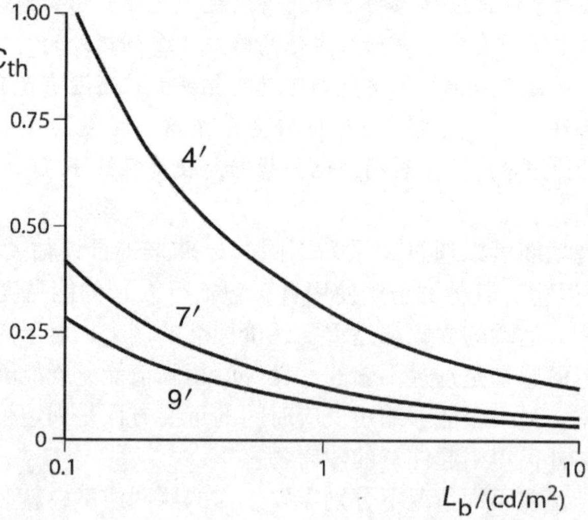

图 3.1　由于背景亮度 L_b的提高，使得反差阈值 C_{th}随之下降，实验条件为障碍物相对应的视角分别为 4′、7′以及 9′。正反差。观察时间为 0.2s，观察者年龄为 30 岁［Adrian，1989］

已知一个情况下的反差阈值，就可以通过计算得知一个已知大小与反射系数的障碍物是否可见。为此，Adrian［1989］发表了一整套公式，以通过一些已知参数来计算反差阈值，这些参数包括背景亮度、眩光角度、障碍物大小、观察时间与观察者年龄。在附录 B 中给出了这一套有时被称为“Adrian 模型”的公式。这些公式同时也可以计算年龄的影响。在本章接下来的部分中将会说明年龄因素对视功能的影响，而第 8 章将阐述随着年龄增长而视力减退的原因。

3.1.1.1　现场因子

一直以来，反差阈值都是在实验室条件下被确定的，此实验室条件为，在引导下，受试观察者对着实验模型中固定位置出现的障碍物作出判断。而现实中的情形却与此相反，当障碍物出现时，机动车驾驶员不会事先被提醒，而且障碍物会在未知的位置毫无预兆地出现。不仅如此，驾驶员还必须同时执行多项不同的驾驶任务。所以，一个在实验室条件下刚刚可见的障碍物到了实际行驶环境中便不可见了［Mayeur 等人，2008］。因此，为了使得反差阈值适用于现实的驾驶条件，就必须使用能够提升实验室反差阈值的所谓“现场因子”。现场因子的数值依赖于具体的驾驶任务以及驾驶员的警觉性和动机［Schreuder，1998］。在过去的报告中，现场因子的数值范围在从 3 到大于 5［Narisada 和 Karasawa，2001；CIE，2013；Adrian，1989；Schreuder，1998］。对于本书中相关的现场因子，使用比较保守的值 3。

3.1.1.2　反差极性

在大多数的实验室反差阈值测量中，仅仅关注障碍物的正反差，即障碍物的亮度要高于其背景亮度［Blackwell，1946；CIE，1981；Adrian，1989］。而在道路照明中，许多障碍物都是在负反差的情况下可见，即障碍物亮度低于背景亮度。当正反差与负反差的反差值相同的情况下，负反差更容易被看见，也就是说，其反差阈值更小［Adrian，1989；Okada，2003；Ito 等人，2007］。为了表现正反差阈值与负反差阈值之间的区别，Adrian［1989］定义了反差阈值极性因子（F_{cp}）。图 3.2 显示，极性因子的值取决于背景亮度和观察障碍物的视角。附录 B 中给出了计算各个情形下反差阈值极性因子的公式。

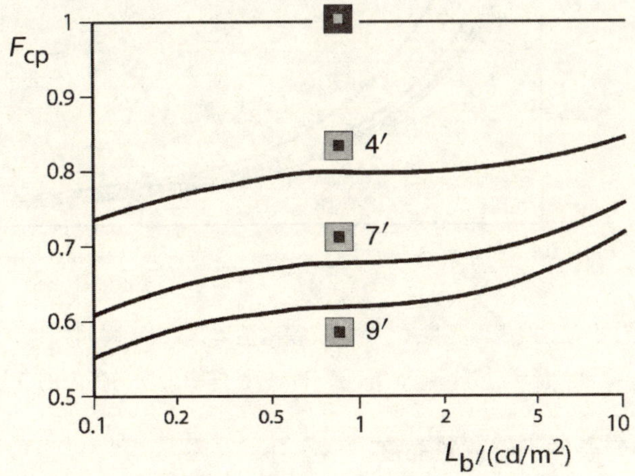

图 3.2　反差阈值极性因子 F_{cp}，取决于背景亮度 L_b 和观察障碍物的不同视角［Adrian，1989］

3.1.1.3 非均匀情况下的适应性亮度

图3.1中这类的反差阈值曲线通常都是障碍物在感知亮度均匀的大背景情况下获得的。在这种情况下，适应性亮度等于背景亮度。而在实际的道路照明环境中，路面的亮度是不均匀的。一位驾驶员总是自觉或不自觉地扫视前方路面的不同区域。在实际路面亮度非均匀的情况下，他的眼睛不能在一瞬间完全适应许多所看到的地方。通常情况下，路面平均亮度被用作适应亮度。但是事实上，Brémond等人［2011］建议，从试验路面的能见度测试上来看，使用路面上许多不同位置的亮度取得的平均值能够得到更好的结果。Narisada等人［1997，2003］用一些他们早期的实验室试验［Narisada和Yoshimura，1977；Narisada，1999］展示了实际背景亮度与平均路面亮度对视觉阈值的综合影响。图3.3显示了在Narisada成果的基础上，对于一个视角为7′的障碍物，以不同的路面平均亮度作为背景亮度的反差敏感度曲线。空心圆点代表的是平均路面亮度与背景亮度相等的情况，比如亮度均匀的情况。同样对于一个7′视角的障碍物，虚线代表的是如Adrian以及之前图3.1中所定义的均匀亮度的反差阈值。通过反差空心圆点和虚线部分，显而易见，Narisada和Adrian的结果是极为相符的。对于亮度从略小于5cd/m^{2}到10cd/m^{2}的背景，非均匀路面亮度的影响是非常小的，因此可以简略为平均路面亮度小于等于2cd/m^{2}的情况。

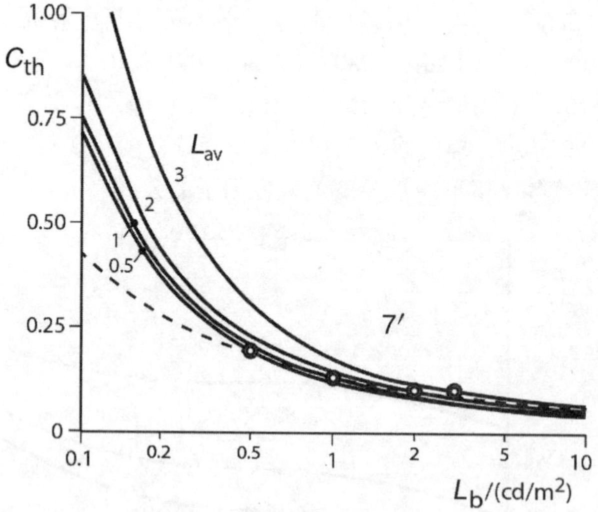

图3.3 不同平均道路表面亮度L_{av}下，反差阈值C_{th}取决于瞬间背景亮度L_b。呈现时间：0.125s。基于［Narisada等人，2003］。虚线为均匀亮度的Adrian阈值

3.1.1.4 非均匀条件下的背景亮度

在实际的道路照明中，路面亮度的非均匀性引出了一个问题，是什么构成了障碍物的背景亮度？可以通过采取一些不同的将非均匀分布亮度的路面作为设定

目标物背景亮度的方法来获得最高的反差度。这些方法有：以障碍物下方亮度为背景亮度；以障碍物上方亮度作为背景亮度；以障碍物两边亮度为背景亮度（见图 3.4）。

图 3.4　一个非均匀亮度路面上的障碍物周围不同的背景亮度示意图。
右图：目标物两侧平均亮度等于目标物本身亮度

有时，使用障碍物上下方或者四周的平均背景亮度。而从能见度的角度来讲，这样的取平均方法是不切实际的：从原则上来说，从障碍物各面来看，即使其平均值与障碍物的亮度相同，背景亮度与障碍物亮度还是可能有很大区别，这导致障碍物不能被正确地及时发现（见图 3.4 右图）。一些调查显示，对于实际道路照明的情况，能见度评估的诸多方法之间的差异都小到可以忽略不计［Lecocq，1991］。一项最近的研究建议，当在使用反差计算来比较实验道路上障碍物的实际被探知概率的基础上时，“最大反差值”这种方法能够给出最好的结果［Brémond 等人，2011］。

3.1.1.5　障碍物的形状

在多数有关反差阈值以及道路照明能见性测试的实验室调查中，使用的都是平面的障碍物。然而，现实中的路面障碍物通常都不会是平面的，而且平面障碍物反而比三维障碍物更难被发现［Lecocq，1991；Dijon 和 Justin，1999］。因此，在这里可以认为平面障碍物处于更加临界的位置上。与平面障碍物相比，在道路照明环境中，三维障碍物的表面亮度通常都是非均匀的（见图 3.5 左图）。障碍物的一部分会比另一部分接收到更多来自灯具的光线，这个区别是由灯具之于障碍物的相对位置所决定的。如果亮区与暗区之间的分界很明显，而且亮度的差距足够大，则该障碍物可能因为此亮度差而被察觉（固有反差），而与背景的亮度无关（障碍物的“自能见性”）。Lecocq［1991，1999］引入了一种曲面朝向观察者的三维半球体模型。计算这个半球体表面的亮度分布是非常困难的。因此，Lecocq 将此模型的曲面划分为了 25 个小平面（见图 3.5）。每个小平面上计算得到的亮度可以作为确定亮暗区的界线以及平均亮度的基础。在“通常”平面阈值曲线的基础上，可以检查其自能见度。如果自能见度不能产生，则这些区域可以被视为两块独立的平面，然后继续通过平面阈值曲线检查其自能见度。

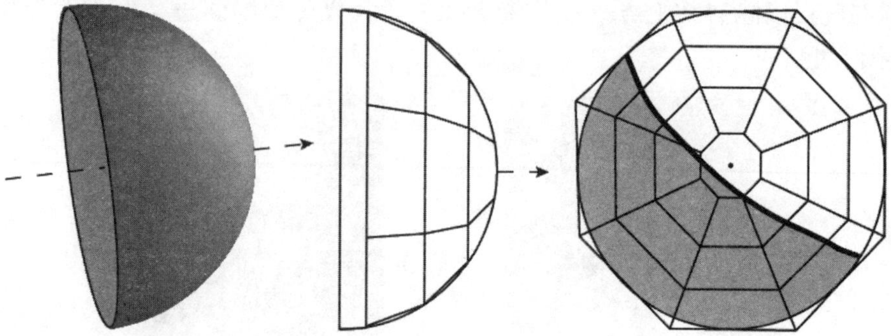

图 3.5 半球体以及 Lecocq 的多面半球体，右侧案例为计算得到的亮区与暗区的清晰界线

3.1.2 道路照明的轮廓原理

固定式道路照明使得障碍物在明亮路面环境下可以以黑暗轮廓的形式被看见。路面的亮度越高，能够被看见轮廓的障碍物数量就越多。因此在这里讨论道路照明的亮度概念。图 3.6 中解释了道路照明对于一组数量有限，以及反射系数相当于典型行人衣物的障碍物的轮廓，图中展示了作为障碍物背景的 3 种不同且依次升高的路面亮度情况。只有在背景亮度最高的情况下，所有的障碍物才可见，而且大多数都是以轮廓的形式可见，即处于负反差。

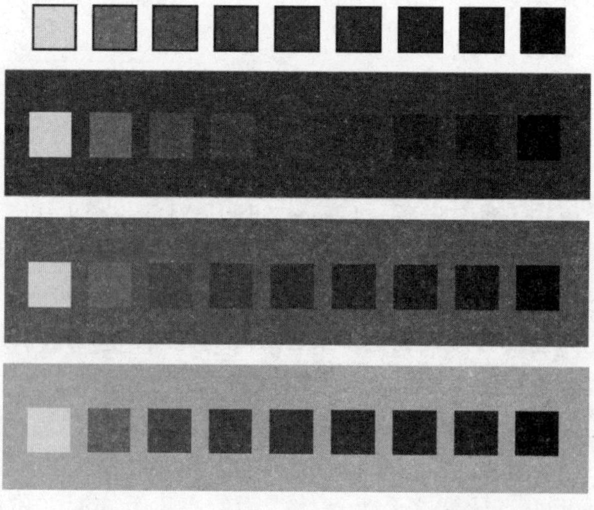

图 3.6 一组反射系数相当于典型行人上衣的障碍物在 3 种不同路面背景下的能见情况。3 种路面亮度依次升高。在道路照明良好的情况下，大多数障碍物都以负反差可见（轮廓视觉）

在20世纪初，道路照明亮度概念的早期研究者之一，英国学者Waldram提出了道路照明的轮廓原理。图3.7展示了Waldram的原始照片其中的一幅：一只白猫和一只黑猫在明亮路面下所显示出的灰色和黑色轮廓。

当然，在交通拥堵的情况下，路面是很难被看见的。但是由于缓慢的交通流速以及需要可见的短短距离，糟糕的能见度并不是大问题。只有当车流移动车速提升，而且需要更大距离上的能见度时，路面才能再次成为道路上大多数物体的背景（见图3.7）。

图3.7　20世纪初由Waldram拍摄的照片，展示了道路照明的轮廓效应：视野中一只白猫和一只黑猫在高亮度路面背景下所显示的轮廓［Waldram，1938］

为了确保道路上所有区域都能有充分的高反差以及充足的视功能性，平均路面亮度与最低路面亮度的差距就不能太大。可以通过具备足够高的最低路面亮度/平均路面亮度之比来确保这一点，L_{min}相对于L_{av}的亮度比叫做总均匀度U_o。总均匀度越小（即均匀性越差），在低反差值、高反差阈值的低亮度路面背景下，障碍物的视功能性就越差。作为附加的负面影响因素，视野中的高亮度差也会导致眼睛反差敏感度的降低，而且引起所谓的瞬间适应问题。这个现象可以解释为，当观察者看向路面暗区时，可以认为亮区形成了眩光源［Adrian和Eberbach，1968，1969］。

3.1.3　反差与眩光

3.1.3.1　失能眩光

眩光有两种形式：失能眩光与不适眩光。失能眩光是对视功能有负面影响的眩光形式。通过考虑观察者眼中的光散射，可以更好地理解失能眩光导致视功能损失的机制（见图3.8）。

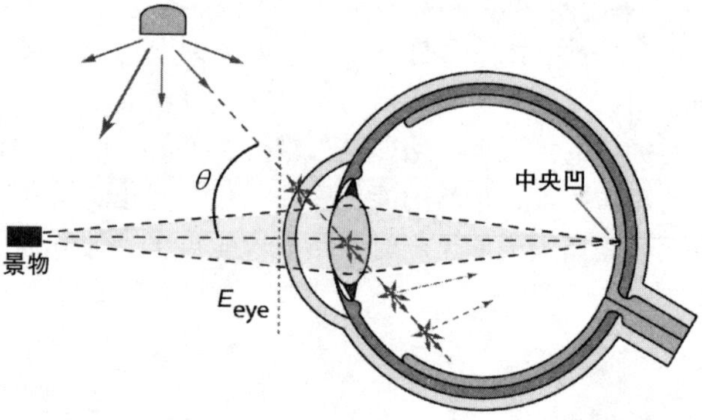

图 3.8　眩光在眼球中造成的光散射（见封二彩图）

在直接视野中，所见视野的清晰图像聚焦成像在眼球的视网膜上，这个图像的亮度决定了其导致的视觉感受。然而与此同时，部分离视线过近的眩光源产生的光线在晶状体与眼球中发生散射。而其中部分散射光线又重定向至中央凹，在中央凹上，这些光线对前方路面的成像产生了负面的影响：它降低了成像的反差度。这些光线表现为覆盖整个视野的明亮光幕。可以认为这个光幕具有一个亮度值，即等效光幕亮度（L_{veil}），它的大小与向视网膜方向散射的光线数量成正比。视功能的总体效果是由两部分所决定的：场景亮度与等效光幕亮度。Holladay [1927] 发现，等效光幕亮度取决于眼睛上的照度（E_{eye}）以及视线方向与从眩光源入射的光线的夹角（θ）。对于道路照明中常见的亮度范围，以及 1.5°～60°的 θ，光幕亮度可以从以下经验公式中得出：

$$L_{veil} = 9.86\frac{E_{eye}}{\theta^2}\left\{1 + \left(\frac{A}{66.4}\right)^4\right\}$$

CIE [1976, 2000] 推荐在道路照明中使用这项公式。只要驾驶员看向路面，就会满足对 θ 的限制条件，而且同时考虑到了从车顶提供眩光检查的情况，CIE [1976] 将眩光检查角度标准化为 20°。对于灯具安装高度低于 6m，θ 便可能会低于 1.5°的限制。这种情况下，CIE [2002] 文件给出了可以计算 θ 在 0.1°～1.5°相关的光幕亮度公式：

$$L_{veil} = E_{eye}\left[\frac{10}{\theta^3} + \left(\frac{5}{\theta^2}\right)\left\{1 + \left(\frac{A}{62.5}\right)^4\right\}\right]$$

通过使用瞳孔检测仪等成像技术，目前可以直接对眼球中的散射进行测量。每位受试者在不同眩光场景下的实际光幕亮度都能通过散射规律计算得出。这一方法得出的结果比上面所述的经验公式要精确许多 [Dacoudian 等人，2013]。这种方法将会有助于将来对光能眩光的研究。

Crawford [1936] 提出，对于多眩光源，可以通过相加每个光源的等效光幕亮度的方式，来描述总等效光幕亮度，于是：

$$L_{\text{veil}} = \sum_{1}^{n} L_{\text{veil},i}$$

现在可以定义眩光对视功能的总体影响。通过将总等效光幕亮度与构成任务障碍物反差的两项亮度（L_o与L_b）分别相加，其结果为双重的。

首先，目标障碍物的有效反差从C_o下降到C_{eff}：

$$C_o = \frac{L_o - L_b}{L_o} \text{ 到 } C_{\text{eff}} = \frac{(L_o + L_{\text{veil}}) - (L_b + L_{\text{veil}})}{(L_b + L_{\text{veil}})} = C_o \frac{L_b}{L_b + L_{\text{veil}}}$$

如图 3.9 所示，之前在图 3.1 所示的反差阈值曲线在这里被用来说明这种效果：从 a 点到 b 点的下降对应有效反差的下降。

其次，由于有效背景亮度的提高，目标障碍物的反差阈值下降，由下式可得：

$$L_b \text{ 到 } L_b + L_{\text{veil}}$$

在图 3.9 中，与此相对应的是从 a 点下降到 c 点。

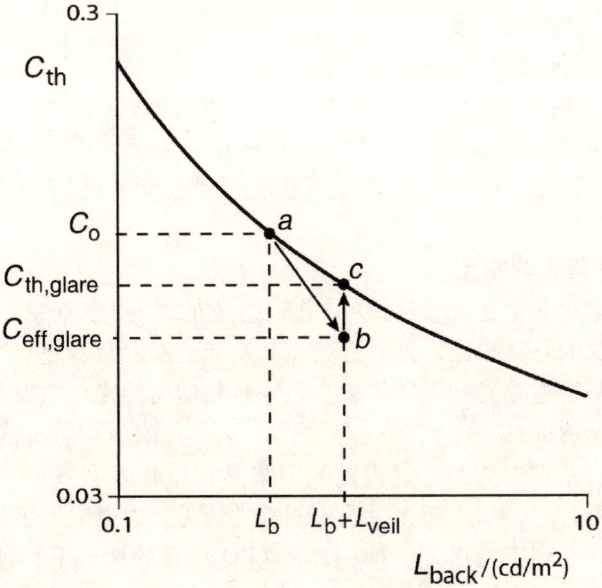

图 3.9　反差阈值曲线与有无眩光的情况下，光幕亮度对阈值以及有效反差的影响

有效反差损失的下降程度要大于反差阈值的下降程度。换句话说，一个在无眩光情况下刚好能被看见的物体（处于反差阈值上），其在有眩光的情况下就不能被看见了，除非实际的反差度提高。这个“光幕”构成了测试由于眩光导致的视功能损失的基础，即所谓的阈值增量（TI）。其定义为在眩光条件下，相对

于有效反差值，为使障碍物再次可见而所需的额外反差值。在图 3.9 中，与之对应的是

$$TI = \frac{c-b}{b}$$

CIE［1976］规定，测定阈值增量的基础必须为障碍物被观察时，其相对于观察者眼睛的视角弧度为 8′。

当然，在实际情况中，反差并不会上升，阈值增量的值表示的是眩光导致的视功能损失。对于每个不同的背景亮度，即观察者所看到的各个路面区域，眩光对于视功能造成的影响是不同的，而且将得到不同的阈值增量值。CIE［1976］推荐，在使用平均路面亮度作为背景亮度的前提下，可以使用相对阈值增量作为失能眩光的综合衡量。CIE 申明，对于范围在 $0.05\mathrm{cd/m^2} < L_{av} < 5\mathrm{cd/m^2}$ 的亮度，可以使用下式近似得出阈值增量：

$$TI = 65\frac{L_{veil}}{L_{av}^{0.8}}$$

式中，TI 以百分比表示；L_{veil} 条件为，一名观察者以平行于道路轴线方向向前看，并且视线在水平线下方 1°。

3.1.3.2 光谱与失能眩光

针对波长之于失能眩光可能存在的影响的研究显示：波长对于失能眩光没有或仅有极轻微的影响［Jainski，1962；Wooten 和 Geri，1987；Davoudian 等人，2013；Niedling 等人，2013］。在第 4 章中将谈到，同样的结论并不适用于不适眩光。

3.1.3.3 LED 与失能眩光

LED 路灯是由多个小而亮 LED 的阵列组成的（见第 10 章）。其结果就是，与使用传统光源的灯具相比，这些灯具在其发光表面上有着更加明显的非均匀亮度。正如之前解释过眩光的失能效果，是来自眼球内的光线散射所导致的明亮光幕笼罩了视野所造成的。考虑到这个过程，LED 光源与传统光源的失能眩光效果并没有太大的差别。然而，最近的研究显示：LED 灯具发光表面明显的非均匀性对不适眩光有着影响。而在过去人们常常认为，如果限制了失能眩光，不适眩光也自然而然受到很大程度的抑制，在 LED 灯具的情况下，这个结论变得不再正确（见第 4 章）。

3.1.4 反差与垂直照度

正如人们所见，作为道路照明基础的轮廓原理要求足够高的负反差。这也就是说，道路上物体面向驾驶员一侧的垂直照度应该被限制。

3.1.4.1 垂直照度与眩光限制

对于对称分布的灯具（相对于道路的纵轴）来说，良好的眩光限制自然也

会限制灯具所造成障碍物上的垂直照度。在眩光限制规范良好的前提下，通常没有必要指定灯具光线直接导致的垂直照度限度。

3.1.4.2　垂直照度与路面反射

来自灯具的光线并不直接射向障碍物，而是射向障碍物前方的路面，通过路面的反射，产生目标上的垂直照度。从而此间接照明光线降低了障碍物的负反差值。当然，相对于路面反射光线不能到达其上端的三维障碍物来说，间接光线对平面障碍物产生的垂直照度要多得多。Adrian 与 Gibbons [1993，1997] 展示了实际道路照明设施的反射光线的（负面）影响。对于特定道路位置上的平面障碍物，该负面影响是不容忽视的。尽管这两位作者也引入了针对间接垂直照度的有局限性的临时计算系统，但是始终还是没有一个普遍适用的计算系统。这也就意味着，基于反差视觉的能见度计算给出的结果是过于乐观的。

3.2　阈值能见度

3.2.1　显示能力

在路面多点位置上，既定一组仅可被感知的障碍物的数量可以通过路灯设施产生的照明数值计算得出。"仅可被感知"意味着它们处在能见度的阈值上。如果这组障碍物被选择来代表行人衣物反射率的发生概率，则路面每点上可被感知障碍物的百分比就被称为照明设备的"显示能力"[Waldram，1938]，是 Smith [1938] 与之后的 Hansen 与 Larsen [1979] 测量了行人冬季衣物反射系数的发生概率。Hansen 与 Larsen 测量了街上随机选取的 1024 名行人的服装反射系数。在日本，Hirakawa 测量了真实高速公路上大于 10cm 且具有不同反射系数的物体被发现的概率。大约有 1300 个物体经过了分析 [Hirakawa 等人，2007]。图 3.10 展示了服装与物体的测量结果。

图 3.11（左图）展示了 Hansen 和 Larsen 的服装反射系数发生概率的粗略代表性结果。相同的图片（右侧）展示了在并不优秀的道路照明设施下也许可见的物体：在明亮路面背景下，有许多较暗物体与仅少数较亮的物体能够被看见。这对于糟糕的道路照明来说是相当典型的情况，即具有中高反射率的物体往往是不可见的。

显示能力相当适合用来展示道路照明的各个方面是如何影响能见度的，例如平均路面亮度（L_{av}）、均匀度（表示为总均匀度 U_o）与眩光限制（表示为 TI）。为了给出这些基本参数怎样影响视功能性的基本观点，对于不同 L_{av}、U_o 与 TI 的组合，计算了路面上最暗区域（当地路面最小亮度）的显示能力。这项计算的基础是通过 Adrian 公式（见附录 B）计算得出的反差阈值曲线，此公式条件如下：

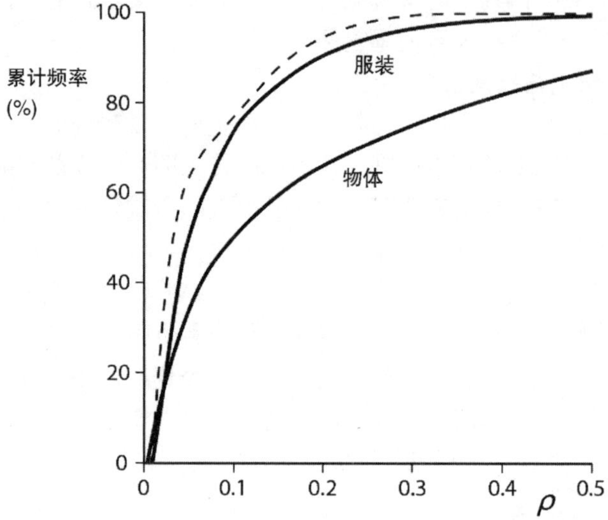

图 3.10　行人服装与掉落在高速公路上物体的反射率发生概率的累计百分比。实线：Hansen 与 Larsen 对服装的测量结果，以及 Hirakawa 等人对物体的测量结果。虚线：Smith 对服装的测量结果

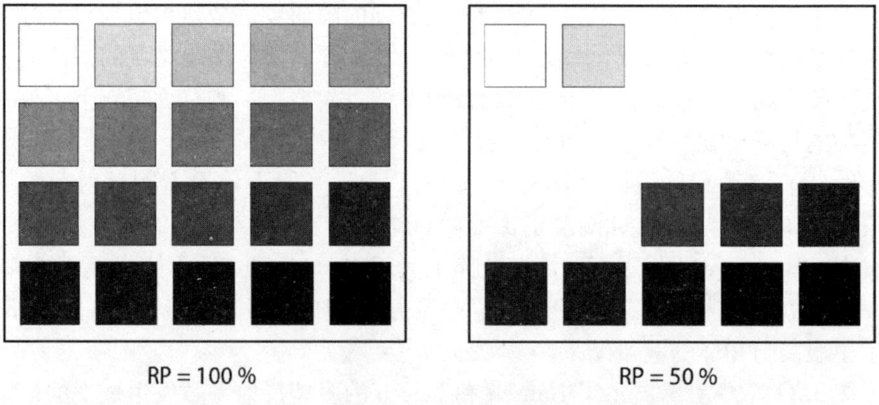

图 3.11　左图：具有典型行人服装反射率分布的物体；右图：在相对较差的道路照明条件下仍然可见的物体（显示能力为 50%）

观察者年龄为 30 岁、50 岁、60 岁，观测障碍物视角为 7′，观察时间为 0.2s。7′视角所对应的情况为在 100m 距离上观察 20cm × 20cm 大小的物体，该距离也对应于车速在 100 ~ 120km/h 下车辆的制动距离。使用 3 作为现场因子（见 3.1.1.1 节）。在数值上，一个 TI 值为 10% 与 30% 的普通路灯设施所造成的垂直照度值相当于平均亮度值的 5 ~ 7.5 倍。因此，在计算中使用了符合此关系的垂直照度值。

图 3.12 展示了一名 30 岁的受试者在良好的眩光控制（TI = 10），以及总均

匀度良好（$U_o = 10$）条件下，观察服装（Hansen 和 Larsen）与较明亮物体（Hirakawa 等人）的结果。在此良好的眩光控制与均匀度下，照明水平 L_{av} =

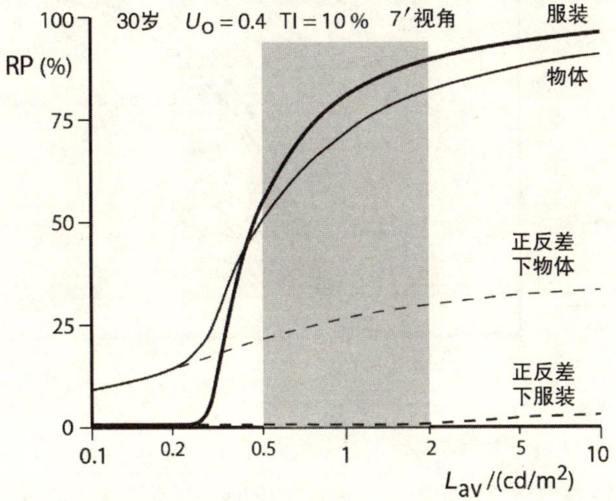

图 3.12　服装与物体在路面最暗区域下的显示能力（RP）与 U_o = 0.4 及 TI = 10% 的平均路面亮度（L_{av}）成函数关系。细虚线：正反差下物体的贡献。视角为 7′，观察者年龄为 30 岁

0.5cd/m^{2}时的显示能力也仅仅为 50% ~60%。当照明水平为 1cd/m^{2}时，显示能力值增长到 70% ~80%，而照明水平为 2cd/m^2 时，显示能力上升至 80% ~90%。这显示了在 0.5 ~2cd/m^{2}的较低端（图中阴影部分），显示能力不够良好。而在同样范围的较高端，显示能力几乎没有得到进一步的提高。针对高速道路上 30 岁的驾驶员，良好的道路照明要求照明水平介于 1 ~2cd/m^2。在此范围之内，较亮物体的显示能力要低于较暗衣物的显示能力。这个事实再次说明了道路照明的轮廓概念。在两种情况下，大多数的物体都是以轮廓的形式（即负反差）被发现的。对于较亮的物体，许多物体转入介于正反差与负反差之间的不可见区域，从而导致负反差视觉的损失。即使更多的物体在正反差下转为可见（见图 3.12 中虚线部分），也不足以弥补这一损失。

均匀性以及眩光限制对视功能的影响在图 3.13 中显而易见。在图 3.13 中，针对衣物障碍物，给出了在 3 种均匀性与眩光限制的不同组合下的显示能力值：

- U_o =0.4 与 TI = 10% 代表“良好”的道路照明；
- U_o =0.25 与 TI = 10% 代表糟糕的总均匀度；
- U_o =0.4 与 TI = 30% 代表过多的眩光。

在照明水平 1cd/m^{2}情况下，当均匀度从 U_o =0.4 跌到仅有 0.25 时，其显示能力也会从 80% 下跌至仅为 43%。当将 TI 值为 10% 的情况（良好的眩光限制）

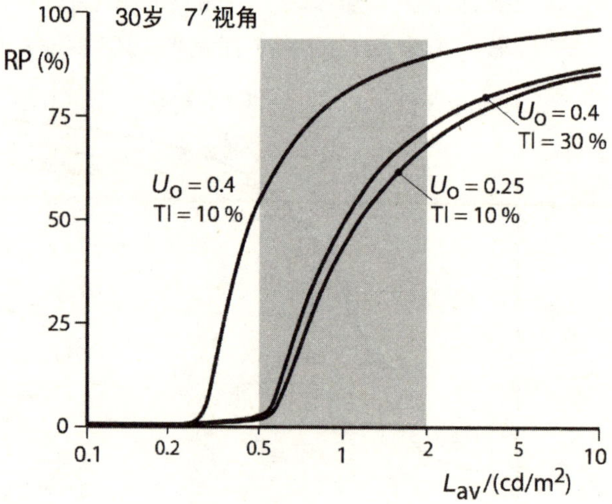

图 3.13 路面最暗区域上衣物障碍物的显示能力（RP）与不同 U_o 与 TI 组合下的平均路面亮度（L_{av}）成函数关系。视角为 7′（相当于 100m 外观察 20cm×20cm 物体，100m 为车速达 100～120km/h 车辆的安全制动距离）。观察者年龄为 30 岁

与 TI 值为 30% 的情况相比时，眩光对于视功能有着负面影响的事实已经很明晰了：显示能力（在均匀度为 0.4 的良好条件下）从 80% 下降到了 50%。当照明水平为 0.5cd/m^{2}时，在低均匀度与差眩光限制这两种分别情况下，显示能力都接近于零。

第 7 章中将阐述眼睛是随着年龄的增大而逐渐恶化的。同样在第 7 章中，针对在 50～65 岁人群的显示能力计算结果的辅助下，将会演示年龄对于视功能的巨大影响。

3.2.2 总显示能力

正如之前所提到的，3.2.1 节中显示能力的计算对于路面上的单一点是有效的，即路面上最暗的位置。同时，也可以计算路面网格点阵上所有的显示能力值。这被称为是“总显示能力”。作为示范，图 3.14 展示了九点网格的显示能力计算结果，而在实际中，使用的网格点要远多于此。

Narisada 等人 [1997] 引入了“面积比”作为显示能力总体水平的一项特征值。其定义为路面上显示能力高于 90% 的区域面积与总面积之比。对于重要的道路。他们认为面积比高于 70% 是可以接受的。在图 3.14 所示的例子中，面积比为 6/9，也就是 67%。总显示能力的概念简洁地阐述了一些道路照明设计参数对视功能的影响，例如灯具的布置类型、安装高度以及路面类型。以图 3.15 为例，通过使用依靠平均路面亮度的经过适当眩光控制的灯具，给出了实际路灯设

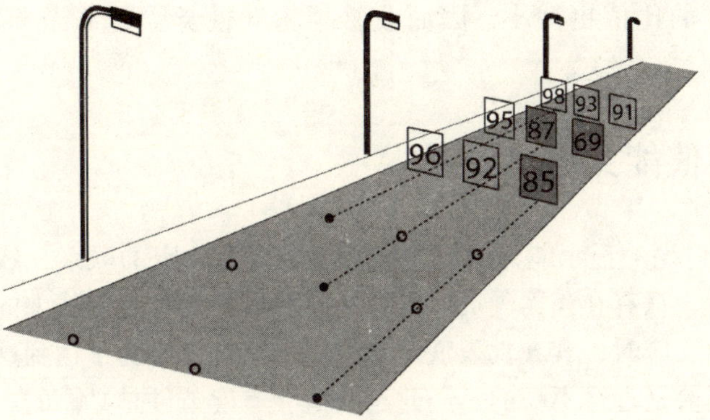

图 3.14　在灯具跨度之间网格点的显示能力值。黑点表示对于不同网格点的观察者位置

施的面积比。对于双车道道路上两边对称或交错排列的路灯，以及两种不同类型的道路表面，在图 3.15 中给出了其面积比的结果（R1 曲线与 R3 曲线分别代表漫反射的较亮路面以及光滑的较暗的路面）。

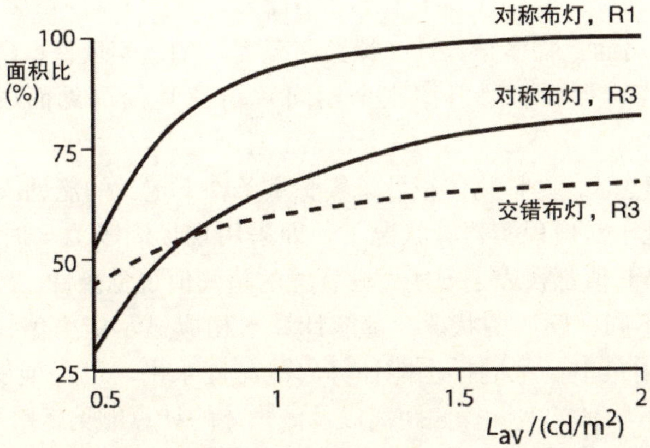

图 3.15　面积比（基于显示能力大于 90% 的路面位置）与平均路面亮度 L_{av} 所成函数关系。视角 7′，现场因子为 3，观察者年龄 28 岁。相对交错布置灯具的双车道道路，以及一亮（CIE R1）一暗（CIE R3）的路面。灯具安装高度为 10m［Narisada 和 Karasawa，2001；CIE，2013］

正如 3.2.1 节中显示能力曲线所显示的那样，当路面亮度从 0.5cd/m^2 上升至 1cd/m^{2}时，就会获得视功能（面积比）上显著的提升。另外，这些曲线在 1.5～2cd/m^2 的区间内趋于平稳。伴随路灯交错排列而来的低均匀度也造成了更低的视功能。值得注意重要的一点是，较亮的路面 R1 能比较暗的路面 R3 带来更

大的视功能上的提升。这是由于在路面平均亮度水平相等时，较亮路面的垂直亮度与路面亮度的比值更加小，因而改善了轮廓视觉。12.6 节将详细说明这个效果。

3.3　超阈值能见度

3.2 节中讨论的显示能力的概念与阈能见度有一定的联系。然而，从安全驾驶的角度来看，只有在当驾驶员能够轻易并且迅速地发现路线上的障碍物，并且及时对其做出反应时，其视觉表现才能算得上是良好。为了达到这一目标，仅满足能见度的阈值是远远不够的。因此超阈值能见度条件是必需的。研究人员已经开发了针对超阈值能见度的一些不同方法。

3.3.1　能见度水平

所谓的能见度水平（VL）是用来衡量一个确定大小、形状以及反射率的物体的能见度能够高于能见阈值多少的量度。它的定义为㊀

$$\mathrm{VL} = \frac{C_{\mathrm{actual}}}{C_{\mathrm{th}}}$$

式中，C_{actual}为路面上物体与背景（即路面亮度）的真实反差；C_{th}为该物体（与实际物体的大小、形状、反射率完全相同）与使其仅可见而所需背景的反差阈值。

如果 VL 值为 1，则该物体正处于实验室条件下定义的能见阈值上。如果 VL 值为 3，则其处于对应现实驾驶状况下，即采用现场因子为 3 时的能见阈值上。所有大于 3 的 VL 值都代表了现实驾驶状况的超阈值视觉条件。

正如对于不同道路照明状况，都能计算出相应显示能力值，从 Adrian 反差阈值公式（见附录 B）中同样也能计算出能见度水平。已经能够表明的是，在对于动态条件下物体的实际探测距离以及该物体的计算能见度水平之间，存在着良好的关联［Janoff，1990］。另一项研究显示，一个物体的计算能见度水平与一组静态观察者得出的主观能见度评价之间也同样存在良好的关联［Janoff，1992；Ménard 和 Cariou，1994；Dijon 和 Justin 1999；Bacelar 等人，2000］。图 3.16 显示了平面物体与半球面物体的这种关联。共 5 级的能见度评估，0 ~ 4 级的各级含义如下：0 级，目标能见度无；1 级，目标能见度微弱；2 级，目标能见度尚可；3 级，目标能见度满意；4 级，目标能见度优秀。从图中可以看出，为了达到能见度“尚可”，就要求能见度水平在 7 ~ 8。

㊀ 该公式还可以表达为 $\mathrm{VL} = \Delta L_{\mathrm{actual}} / \Delta L_{\mathrm{th}}$，其中 ΔL 表示障碍物与其背景的亮度差。

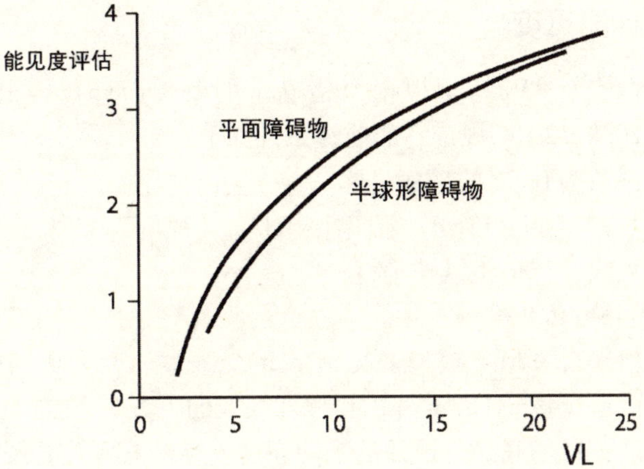

图3.16　平面与多面半球形障碍物的计算VL，以及在实验道路上，位于静态观察者前方83m处的平面与半球面障碍物的能见度评估结果呈函数关系。障碍物的大小为20cm×20cm，反射系数为0.2［Bacelar等人，2000］

对于既定的目标大小、形状以及不变的反射系数，就可以计算出既定道路照明条件下多处位置上的能见度水平值（见图3.17）。

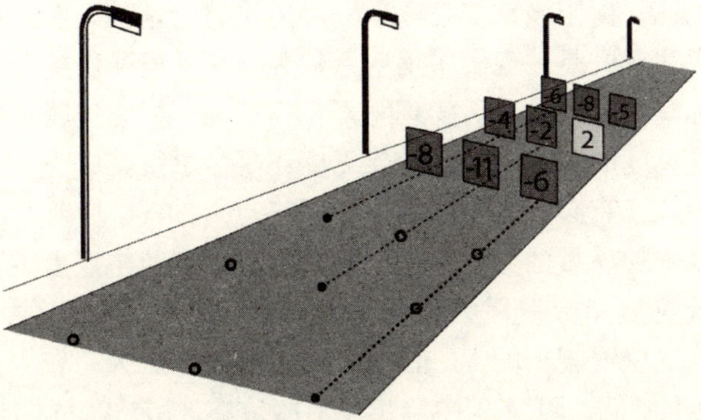

图3.17　具有相同反射系数物体的VL值。负值：负反差下被看见的物体（轮廓）。黑点代表对于不同网格点的观察者的位置

相比之前讨论过的总显示能力概念，每点上的能见度水平值仅对于单一反射系数情况有效。假如选择了不同的反射系数，则各个位置上的能见度水平分布也许会截然不同。从而很难对仅基于一组能见度水平的道路照明设施做出质量评价。所以，能见度水平不太适合用来阐述道路照明的各个方面是如何影响能见度的。为了克服这个问题，许多提议提出要定义一个临界的反射值［CIE，1995；ANSI/IESNA，2000］。这就导致了小目标能见度概念的产生。

3.3.2 小目标能见度

小目标能见度（STV），是根据严格确定的条件而计算得出的 VL。IES 和 ANSI/IESNA，2000，2014 规定它的前提条件如下：

- 漫反射系数为 0.50 的平面目标；
- 目标大小：18cm×18cm，观察距离 83m（视角 7.45′）；
- 观察者视线：与道路纵轴平行；
- 观察者年龄：60 岁；
- 反差阈值来自 Adrian 模型（见附录 B），观察时间为 0.2s；
- 观察高度：1.45m（83m 外的目标在视线的下方 1°）；
- 背景亮度：目标底部与顶部的平均亮度（从观察者位置观察）；
- 常规计算网格点从观察者 83m 外开始，位于灯具跨距之间。

在 IES 最初的提议中，反射系数值为 0.20。然而在大多数的道路照明条件下，由于该数值常常导致良好的轮廓视觉，因此这个数值完全不能代表临界的反射系数值。对道路照明设施质量的错误结论就可能会造成这个结果。在 IES 之后的更新中，一些条件被修改得更加临界。反射系数由 0.20 被改为 0.50，观察者年龄则由 23 岁改为 60 岁［ANSI/IESNA，2000］。这些修正改进了小目标能见度的概念。尽管如此，由于该系统是以单一反射系数为基础，因此仍然可能造成错误的结论。值得注意的是，现实中反射系数为 0.5 的情况很少发生。

开发小目标能见度概念背后的理念不仅仅是为了探究道路照明的不同方面是怎样影响目标能见度的。开发小目标能见度还是为了使其成为一个优质道路照明的设计度量。为此，有必要在不同的计算网格点上的 VL 基础上，定义一个能够代表道路照明设施的质量的值。为此，IES 根据所有网格点上的 VL 值，定义了一个加权平均能见度指数，称为小目标能见度（STV）。由于某些位置的大 VL 值并不能抵偿其他位置较小的 VL 值，因此加权的方法为，较大 VL 值的比重比较小 VL 值的比重要低。附录 B 中给出了 STV 的加权公式。以图 3.17 举例，其算术平均值为 5.8，而加权平均值为 5.0。由于加权平均值也不能总是保证路面上位置充足的能见度，其他学者建议使用所有网格点中最小的 VL 值（绝对值），例如图 3.17 中为 2.0，作为道路照明设施质量的指标［Lecocq，1991；AFE，2002］。

在 2006 年，IESNA 道路照明委员会决定撤销 STV 这一设计指标，但是保留其作为对根据亮度准则设计并可以进一步改善的道路照明设施的对比及微调工具。之前（3.2.2 节）讨论的总显示能力概念为此目的提供了一个备选项。因此，不同于小目标能见度的是，不同的反射系数被纳入考虑之中。

3.3.3 相对视功能

正如之前所示，超能见度方法的起点是能见度的反差阈值。然而即使是在实验室条件下测定，或由一名观察者进行反复测定，反差阈值的测量结果展示了巨大的扩散性。显然，能见与非能见之间的边界并不清晰。因此，Rea 与 Ouellette［1988］在感知物体的反应时间的基础上提出了一种超阈值的量度，称为相对视功能（RVP）。无论是反差阈值还是超能见度水平都来源于反应时间实验。因此这些作者声称，比起其他通过传统方法所得出的反差阈值，他们的反差阈值更加具有代表性。

最初，开发 RVP 模型是为了阅读速度以及准确度实验中的室内照明应用［Smith 和 Rea，1982］。对物体的反应时间实验将 RVP 实验延伸到了道路照明领域。与能见度指数一样，可以根据物体的反差、尺寸、背景亮度、眩光以及观察者年龄计算得出 RVP 值。附录 B 中给出了基于不同物体尺寸及反射率的道路照明设施光度值的 RVP 计算公式，反射率也是反差计算所需［Rea 和 Ouellette，1991］。在此模型基础上的反应性能测试是在正反差物体以及负反差物体两种情况下进行的。这些测试的结论是，正、负反差物体的反差阈值之间的差别几乎可以忽略不计。这与 Adrian 用来计算能见度水平与小目标能见度的结论形成了对比，因此值得注意的是，低照明水平下的反应性能测试只能在物体正反差的情况下进行。

VL 并不与能见度成正比。例如，VL 值为 10 的情况并不对应于 VL 值为 5 的情况的两倍。通常，在 VL 值高于 10～15 时，能见度就达到了饱和。但从 VL 值上并不能直接看出能见度的饱和。相反，RVP 值与视觉处理的速度与准确度成正比。图 3.18 展示了对于单一物体尺寸（视角为 7′）的 RVP 计算结果。

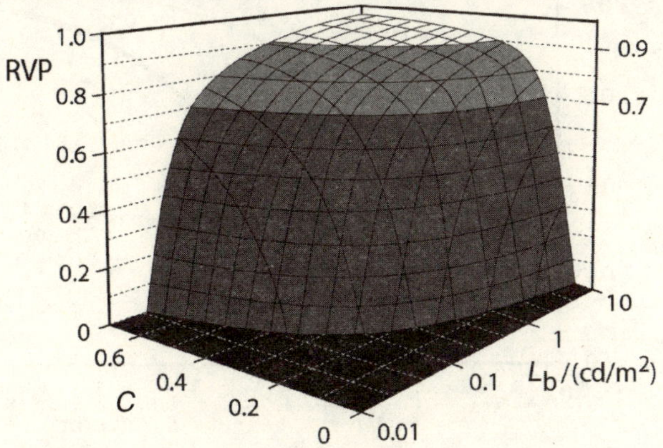

图 3.18　RVP 与物体反差 C 和背景亮度 L_b 成函数关系。物体为正方形平面；视角：7′；观察者年龄：30 岁；无眩光；计算变量基于［Rea，2012］但是有所不同

图3.18中纵轴代表的是RVP，或视觉处理的速度与准确性，它与物体反差C和背景亮度L_b成函数关系。照明水平以及反差越高，相应的RVP值就越大。高于0.9的RVP值与RVP体的上端相对应（即白色部分）：在该区域中，能见度产生了饱和，即使提高反差与背景亮度，也难以更好地改善能见度。低于0.7的RVP值对应的是图3.18中向下陡峭斜坡（悬崖）部分。在此区域中，反差或背景亮度轻微减小，就能对RVP，也就是视觉处理的速度与准确性，产生强烈的负面影响。良好且高效的道路照明的RVP值应该与图中略倾斜区域的上端（图中灰色阴影部分，RVP值介于0.7～0.9）相对应。当然，RVP体的底部（例如RVP值为零）对应的是无能见度的情况（黑色阴影区域）。

为了探究不同质量的道路照明设施的RVP值，对于不同L_{av}、U_o和TI的组合，道路上最暗处（路面亮度最低点）的RVP值被计算出来。这与之前在3.2.1节中针对显示能力所分析展示同样的3种均匀度与眩光限制的组合的情况类似。

- U_o = 0.4和TI = 10%代表"良好"的道路照明；
- U_o = 0.25和TI = 10%代表糟糕的总均匀度；
- U_o = 0.4和TI = 30%代表过多的眩光。

RVP的计算条件与显示能力的计算条件一样，物体视角为7′，即相当于100m外观察一个20cm×20cm大小的物体，观察者年龄为30岁。图3.19给出的是反差值为0.28的物体的计算结果。介于0.2～0.3的物体反差通常被认为是道路照明的临界反差。0.28的反差值被推荐为隧道照明中的临界反差值[CIE, 2004]。

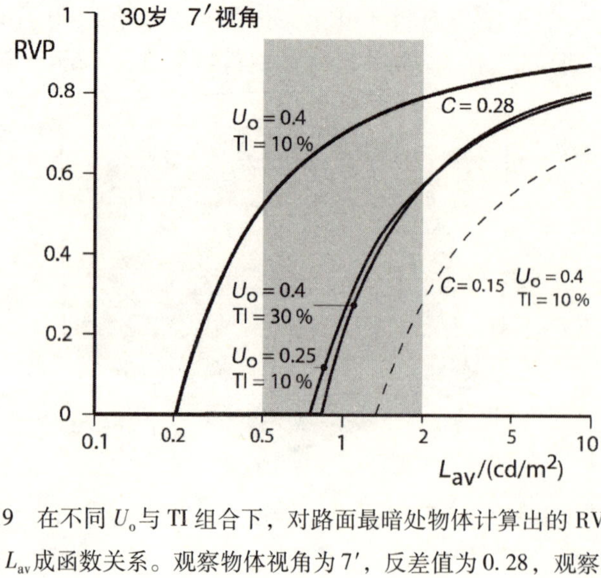

图3.19　在不同U_o与TI组合下，对路面最暗处物体计算出的RVP值与平均路面亮度L_{av}成函数关系。观察物体视角为7′，反差值为0.28，观察者年龄为30岁

该结果与图 3.13 中显示能力的结果非常相似。在良好的均匀度与眩光控制情况下，照明水平介于 1～2cd/m^{2}时，就可以获得 0.7～0.8 的 RVP 值。当均匀度 U_o从 0.4 下降到仅为 0.25 时，则 RVP 值从 1cd/m^{2}下的 0.7 下跌至同样照明水平下的 0.1。对于从均匀度和眩光控制均良好（U_o = 0.4，TI = 10%）的情况下降到均匀度良好眩光控制却糟糕（U_o = 0.4，TI = 30%）的情况，同样的结论也能适用。对于不同的物体反差，或者不同的反射系数，结果也自然不同，为说明此结论，图中的细虚线给出了反差值为 0.15 时的 RVP 值。在 1cd/m^{2}的照明水平之下，即使均匀度与眩光控制均良好，反差如此之小的物体也是不可见的。

对于美国明尼苏达州道路交叉口的不同道路照明设施所计算的相对视功能与这些路口夜间交通撞击事故的降低之间建立起了一条临时的直接联系［Rea，2012］。当 RVP 值从低于 0.7（例如 RVP 体中下斜坡上）增加至 0.8～0.9（靠近 RVP 体顶部的浅灰色区域）时，交通撞击事故降低了大约 15%。为使这其中的关系在统计学上更加显著，仍然需要更多的实验数据支持。

正如小目标能见度一样，相对视功能模型不仅仅被用来探究道路照明的各方面是如何影响对物体的视觉处理的，同时也被用作评估优质道路照明设施的能见度的设计指标。本书作者相信，能见度的指标并不能替代例如路面亮度或光幕亮度之类的纯光度学指标来作为道路照明的设计指标。其中一个原因是，这样的一个指标仅仅总是基于一种或者一组物体。另一个原因就是，驾驶任务的内容远不止在道路上发现物体并做出反应这么简单。正如本书所提到过的，像小目标能见度、显示能力以及相对视功能等这样的视觉指标可以对于基于纯光度学设计但是仍有进一步优化空间的道路照明设施的重要对比或微调工具。另一个使用这些工具的例子就是分析照明对于那些明确确定特定关键视觉任务的地点的影响，例如在人行路口或者道路交叉口等［Rea 等人，2010］。

3.4　道路周边环境的能见度

感知道路附近环境的物体，也是驾驶员的视觉任务之一。驾驶员应该有能力判断这些物体是否会移动到自己的驾驶方向上。道路照明应该能够促进这项视觉任务。

为了举一个探究道路照明中此方面的实验的例子，之后将会讨论飞利浦公司第二代露天道路照明实验室进行过的一项研究（见图 3.20）［van Bommel 和 Tekelenburg，1986］。在这些测试中，每位受试的驾驶员被要求沿着露天道路照明实验室的道路驾驶。十位驾驶员都被要求以按方向盘上的微动开关的方式来对行人的出现做出反应。行人们根据指示在随机的位置上出现，这些位置不是在交

图 3.20　飞利浦公司露天道路照明实验室——从第一代到第三代。第三代实验室即今天位于法国的实验室（照片来源：Pierre Crouzet）

通路线上，而是在距离路沿 3m 的附近处。因此这项测试涉及了周边视觉与视野外视觉。塑料路锥被放置在路面上，使驾驶路线稍有些弯曲，从而驾驶员就必须时刻将视线放置于前方的路面上。这样确保了对于道路周围行人的感知一定是在视野之外（周边视觉）。测试中确定了从驾驶员对行人出现做出反应的位置到行人位置之间的剩余距离。这项测试是在不同路面亮度以及两种不同的路沿照明情况下进行的，这两种照明情况如下：一是路沿上的照度是行驶路线上照度的40%的情况（即所谓“明亮的道路周边环境”）；另一种是如图 3.21 所示，完全没有路沿照明的情况（即“黑暗道路周边环境”）。图 3.22 中展示了该测试的结果，其中，驾驶员做出反应时刻的平均人车剩余距离 $d_{remaining}$ 是行车路线上平均路线上亮度 L_{av} 的函数。在明亮路边环境情况下，一个明显的趋势是显而易见的：行车路线上平均亮度越高，驾驶员做出反应时，车辆与行人之间剩下的距离就越远。

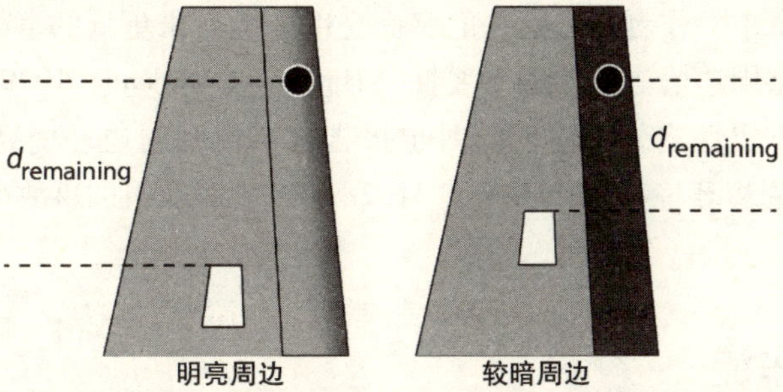

图 3.21 露天道路照明实验室的测试环境。$d_{remaining}$ 是受试驾驶员（红色）对道路周边（绿色圆圈）上行人的出现做出反应之后与行人之间的剩余距离（受试车辆装备欧洲倾角光束灯具）

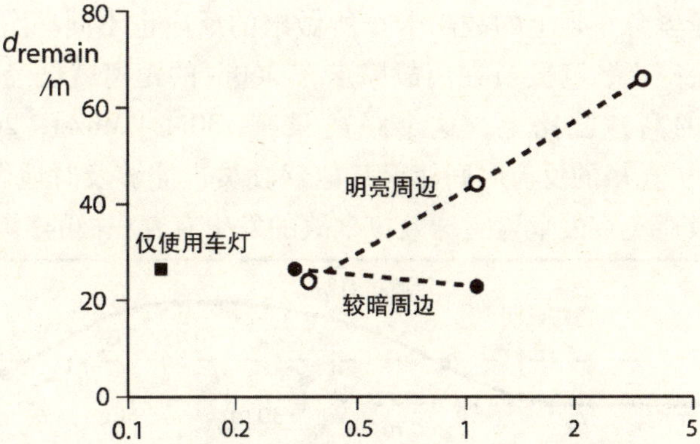

图 3.22 驾驶员对离路沿 3m 处行人的出现做出反应时的剩余距离 d_{remain}，与行车道上平均亮度 L_{av} 所成的函数关系。均匀度 $U_o > 0.4$，眩光 TI $< 10\%$（van Bommel 和 Tekelenburg，1986]

对于路沿周边黑暗的情况，仅仅提高交通线路上的照明水平并不能对离行人的剩余距离产生正面的影响。正如即将在照明质量参数（见第 8 章）中所提到的那样，这就是为什么许多标准与建议都要求在靠近车道 3 ~ 5m 远的延展部分上有一定的最小照明值。

在没有任何固定道路照明，仅有近光束车辆前照灯的条件下进行了一系列的实验。图 3.22 中展示了该实验的结果。从结果中可以看出，糟糕的道路照明（0.3cd/m^2或者 1 cd/m^2，周边黑暗环境）并不比只用近光束前照灯的情况来得更好。从而可以得出结论，糟糕的道路照明只不过是对金钱与能源的一种浪费。需要注意的是，所有的实验都是在完全相同的高压钠灯下进行的。不同光谱对 peripheral 视觉的影响将在第 6 章“中间视觉”中讨论。

本书第 1 章中，作者指出更高的路面亮度能够带来更低的事故率，这项事故研究肯定了道路周边恰当照明的重要性［Hargroves 和 Scott，1979］。除了足够高的路面亮度的重要性之外，他们同时也报告称，比起周边环境亮度小于 0.5cd/m^2的对照组，周边环境亮度处于 0.5 ~ 1.2cd/m^2的对照组的事故率下降了20% ~ 30%之多。

3.5 交通车流

在驾驶中，保持自身在交通车流中的位置也是另一个重要的安全要素。在这方面，道路照明也能起到一定的辅助作用。在一段 50km 长的道路模拟器上进行了一组夜间的高速公路行驶实验，这组实验显示：在有照明或者没有照明的情况下，驾驶员对于紧急车道上的故障卡车所做出的反应也不同。图 3.23 展示了在有照明的高速公路上，驾驶员在离故障卡车 360m 的距离就已经开始切换车道，而在没有照明的高速公路上，这个距离只有 130m［Muzet，2003；Remande，2009］。更早、更充裕的反应时间使得其他驾驶员也能够及时地做出应对，这对于交通车流以及避免突发危险雪球效应事故的发生有着积极的影响。

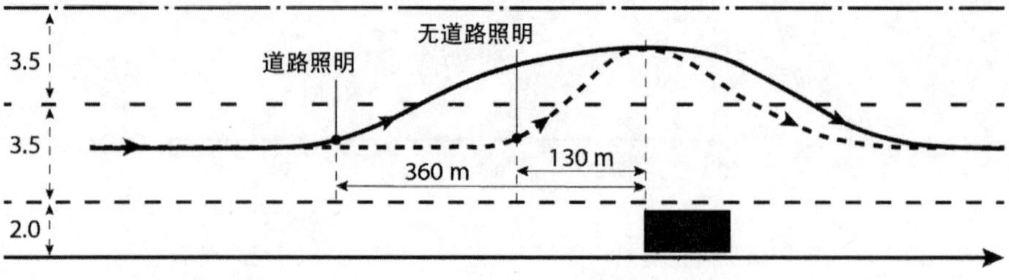

图 3.23 道路模拟器中，夜间高速公路上的驾驶员在行驶了 45km 之后对紧急车道上停放的卡车做出反应。14 名驾驶员的年龄在 25 ~ 40 岁［Remande，2009］

发现前方行驶的车辆的视角大小变化也是驾驶员在保持行驶位置任务中重要的一项视觉要素。视角的变化显示了前方的车辆是在加速、减速还是在制动（见图3.24）。较长一段时间之前，对变化的视角的反应时间是在实验室内进行模拟的［Fisher和Hall，1976，1978］。相比于他们开展这项研究的时代，如今的车流量已经稠密了许多，所以该研究结果应该比从前更为重要。对于受试驾驶员与前方车辆之前的模拟初始距离为40m，以及两种减速度，图3.25中给出了由于前方车辆减速导致的视角变化所需的反应时间与平均路面亮度 L_{av} 之间的函数关系。不难发现，对于低 L_{av} 的情况，反应时间也相对较大，并且随着 L_{av} 的上升而迅速下降。如果任务的难度上升（即前方车辆的减速率下降），在 L_{av} 值一定的情况下，驾驶员所需的反应时间将会大大延长，尽管人们发现，反应时间随

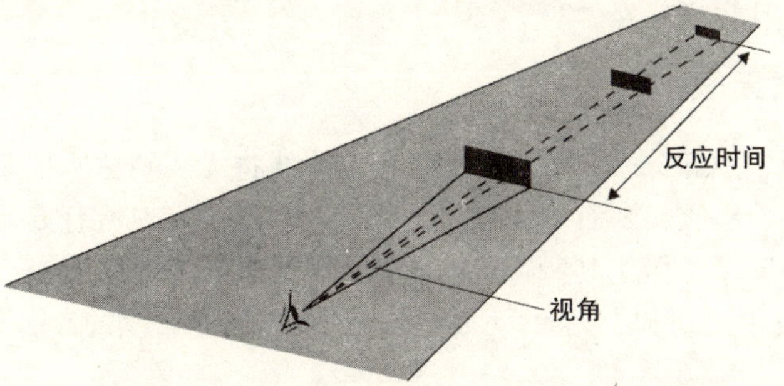

图3.24　前方车辆（蓝色）减速时视角的变化（没有后制动灯）能够使得后方车辆（红色）的驾驶员发现前方车辆的减速动作并且做出应对

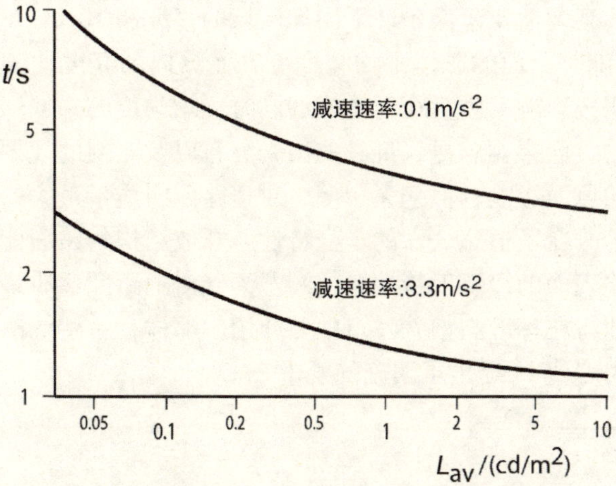

图3.25　对前方模拟车辆减速时视角变化做出反应时时间 t 与平均路面亮度 L_{av} 所成的函数关系。其中以前方车辆的减速速率作为参数［Fisher和Hall，1976］

着亮度水平的上升而系统性地下降，但是两条曲线都在 L_{av} 接近 10cd/m^2 时达到平稳状态。这个效应可能会降低夜间所谓“幽灵堵车”的数目。幽灵堵车指的是那些由于不必要的急制动以及其他驾驶员对此做出的一系列联锁反应。之所以用“幽灵”来命名，是因为事实上，这种交通堵塞并没有明显合理的原因。

3.6 不利的天气状况

道路照明设施可能会引起由于雨、雾或者雪导致的糟糕危险的视觉状况。与此同时，大雪覆盖的路面也能提升能见度。在本节将会简短地讨论在不利的天气状况支撑道路照明质量的最重要的因素。在第 13 章设计环节中，将会给出道路照明设施的设计指导，以尽量减少其不良的后果。

3.6.1 降雨天气

当下雨时，一部分来自道路照明设施的光线将无法到达所指向的路面：其中一部分被雨滴所吸收，还有一部分被这些雨滴散射至其他所有方向。然而，尽管持续的降雨很麻烦，但是其所造成的能见度的损失与潮湿路面所造成的能见度损失相比，还是相对可以接受的，而且在雨停之后，潮湿的路面还将持续一段时间。

潮湿路面对于能见度的影响是由于路面反射系数性质的改变而直接导致的。来自路灯设施的光线被潮湿的路面镜面反射至道路使用者，从而产生了路面上交错的明亮与黑暗区域（见图 3.26）。

亮部区域的亮度值比干燥条件下同样区域的亮度高 10 倍以上［Ekrias 等人，2007］，其结果就是路面的总体平均亮度上升而纵向的亮度均匀度降低。在平均路面亮度上升积极影响驾驶员视觉适应的同时，均匀度的降低却对整体的视觉表现造成了更大的负面影响。尽管灯具的出光分布以及照明的规划形式也对照明质量有着比较小的负面影响，但毫无疑问，对道路照明质量最大的负面影响因素就是，潮湿的天气改变了道路表面的本身特性。开放结构的路面能够轻易地排走积水，保持了道路表面的漫反射特性，使潮湿天气对道路照明质量的负面影响降到了很低。正如即将在标准与推荐一章中要介绍的那样，一些标准针对潮湿路面状况下的整体均匀度值 U_o 提出了明确的要求。

3.6.2 降雪天气

当下雪的时候，一部分来自路灯设施的光线被雪花所吸收，而也有一部分则被散射至驾驶员方向，从而导致了眩光的产生。当路面被降雪所覆盖时，平均路面亮度则会提升 4 ~ 5 倍，同时由于雪的漫反射特性，均匀度则不会过度恶化

图 3.26　潮湿路面上明亮与黑暗的区域

[Ekrias 等人，2007]。如果照明设施允许调光，只要积雪保持干净，就可以适度降低照明水平。

3.6.3　大雾天气

对于提供照明的道路，在大雾下仍然糟糕的能见度是由光线被雾气产生的小水滴以及悬浮在大气中的灰尘颗粒吸收和折射所造成的。一部分光线损失了，还有一部分被反射至道路使用者的方向，形成遮掩路面细节的明亮的光幕（在车辆照明中，这个现象通常被称为“白墙效应”）。对于这部分损失的光线，人们无能为力。如果灯具发出的光线方向更多的是横穿而不是沿着道路，则雾气散射导致射向驾驶员的光线的程度就会降低。在雾气天气下，从道路照明设施中所获得的视觉导向就尤为重要，因为它能够帮助驾驶员看清前方的路面的运行，以及察觉前方稠密雾气掩盖的区域。

3.7　固定式道路照明与车灯

也许这看起来很不可思议，只要人们仍然担心路面一些位置上物体的能见度，固定式道路照明与车灯照明的组合就远远没有达到完美，尽管从另一方面来说，前者是针对迎面而来车辆所造成的眩光的重要对策。

3.7.1 道路上物体的能见度

正如之前所讨论的那样，固定道路照明的目的是使物体黑暗的轮廓与明亮的路面形成对比（即所谓“负反差”），从而可以被看见。路面上的垂直照度越低，或者路面亮度越高，路面上可能出现的物体的能见度就越好㊀。而汽车前照灯的作用却正好完全相反：前照灯使物体可见的方法是将其照亮，从而可以从较暗的背景区分开来（也就是所谓的“正反差”）。因此，在这里适用的是，路面上垂直照度越高，或路面亮度越低，路上任何物体的能见度也就越好。对于一辆有着倾角近光束卤素前照灯的汽车，其对能见度造成的负面影响只有在最多60m左右距离上才能引起注意。对于有着近光束高强度放电车灯的车辆来说，这个距离可能会提升到80m左右。然而，对于远光束车灯来说，这种负面影响要至少从80m起才能引起注意。图3.27中展示了这种效果的原理。图片的上方显示的是“仅有道路照明”时一组障碍物的能见度效果，下方显示的是这组障碍物接收到来自车辆头灯同样总量的额外光线时的效果。

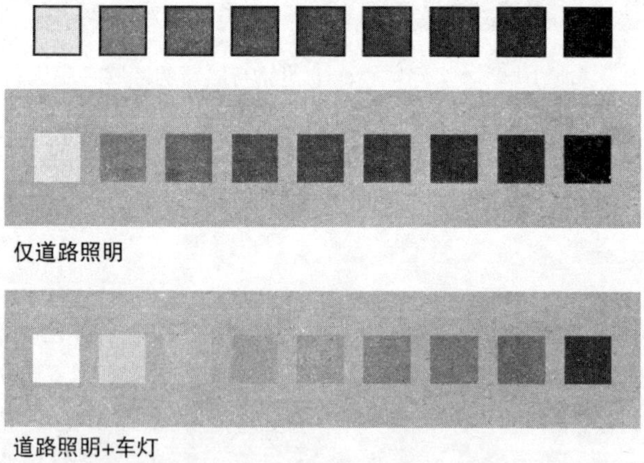

图3.27 一组典型代表行人衣物发生概率的物体（上方），仅在道路照明下观察（中间）以及同时在道路照明和使其更亮的驾驶员的车灯下观察（下方）

图3.28展示了仅有固定道路照明条件下（关闭车灯）以及车灯与固定道路照明同时打开的条件下，车辆前方100m处不可见物体的反射系数范围。图中给出的例子是路面平均亮度为1cd/m^{2}的良好道路照明条件。从图3.28中也可以看出，当车辆前照灯打开时，不可见物体的范围就朝实际生活中更加常见的低反

㊀ 垂直照度受到在大高度上采用低光强光分布的约束。由于大多数的道路照明灯具都是相对于道路纵轴对称，这也就同时约束了驾驶员眼睛方向的高光强光线，眩光总量也得到了约束。——译者注

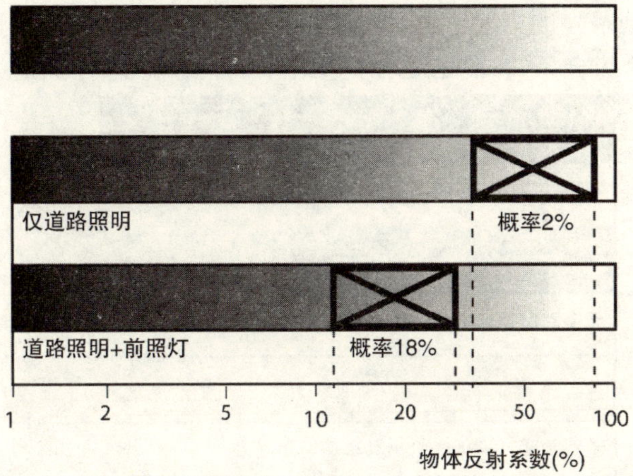

图 3.28　打开前照灯以及没有打开前照灯两种情况的车辆前方 100m 处不可见的反射系数范围（斜叉方框中），以及该反射系数作为行人服装反射系数的发生概率。固定道路照明：$L_{av}=1cd/m^2$；前照灯：100m 远处 $E_{vert}=10lx$。基本条件：障碍物体所对视角为 4′

射率的方向移动。

当比较仅有车辆前照灯的情况与车辆前照灯和固定道路照明共存的情况时，得出的综合结论就是：大多数障碍物的能见度都能通过引进道路照明来得到改善，尤其是当在长距离上，车辆前照灯（特别是近光束前照灯）逐渐失去作用的时候。

3.7.2　对面车辆的眩光

在没有照明的道路上，那些迎面而来车辆所产生的眩光会对视功能造成非常糟糕的负面影响，尤其是对于那些前照灯无法对齐的车辆。这种情况常常发生，往最好的情况说，这种眩光仅仅非常恼人，往最坏的情况说，这种眩光对驾驶造成了威胁。在一条没有照明的道路上，如果一人驾驶着一辆装有近光束高强度放电前照灯的车辆，那么当有一辆开着同样前照灯的车辆迎面驶来，与没有迎面车辆的情况相比，这名驾驶员对行人的探知距离则会下降几乎一半［Saraiji 等人，2013］。Bullough 与 Derlofske［2004］指出，迎面驶来车辆的灯光会提升错过目标物的概率，同时也延长了对于已发现目标的反应时间。其造成的结果可能就是非常危险的最后关头规避动作。固定道路照明将这个问题最小化了，原因是它提升了驾驶员的视觉适应水平。为了说明它对能见度的正面影响是如何重要，展示了法国在 3 种不同情况下所测试的结果［Bacelar，2004］：第一种情况只有受试车辆打开近光灯；第二种情况为受试车辆打开近光灯，迎面驶来的车辆也打开近光灯；最后一种情况是在第二种情况的基础上增加了优秀的固定道路照明（从图 3.29 中可以看出），打开近光灯的车辆（图中最上方横条）的能见度在有车辆迎面驶来（中间横条）的情况下大大降低了。而当车辆迎面驶来并且具有道路照明的情况下（最下方横条），能见度水平却比第二种情况几乎增加了一倍。

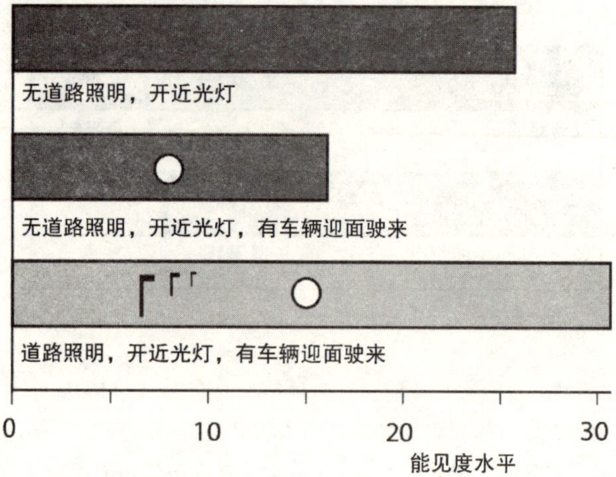

图 3.29 一辆打开近光卤素前照灯的车辆在有其他车辆（具有近光卤素前照灯）在 100m 外迎面驶来等不同情况下，对于前方 40m 处一件物体（尺寸为 20cm×20cm，反射系数为 0.2）的能见度水平。道路照明设施：L_{av} 为 2.45cd/m^2，U_o 为 0.6，U_l 为 0.7 以及 TI 为 5%。来源：[Bacelar，2004]

3.8 人行路口

正如在前面所介绍的那样，当道路照明良好时，路口处的行人能在相对较远的距离上由于负反差被发现。随着离路口越来越近，行人就由于正反差而被发现。此正反差是由车辆自身前照灯产生的垂直照度所导致的。路口处额外照明的目的就是在于提高驾驶员对于路口的注意力。即使是在白天，路口处的额外灯柱也能起到示意路口的作用。与相邻的路段相比，路口处更高的照明水平能够大大地提高示意效果。为了使其产生效果，光线的过渡必须非常清晰：这也就是说，额外的照明应该被局限在路口区域周围狭窄的区域。同时额外的照明也有助于鼓励行人穿行路口。为了保证被照射到的路口能够与其他道路部分区分开来，照明水平的区别应该为至少 2 倍。

与此同时，从机动车驾驶员的角度来看，额外的照明对于行人在路口后方道路背景上形成的反差也有着一定影响。

从驾驶员的角度观察，如果额外照明是位于路口的后方（见图 3.30，左上方以及上方水平横条），则行人相对路面的反差就成为更大的负反差（轮廓视觉）。然而，当驾驶员靠近至离路口 80m 左右的某一点时，由于他自身的车前照灯的作用，路口行人的反差就会转变其极性（见前一节）。在此反差极性转变点

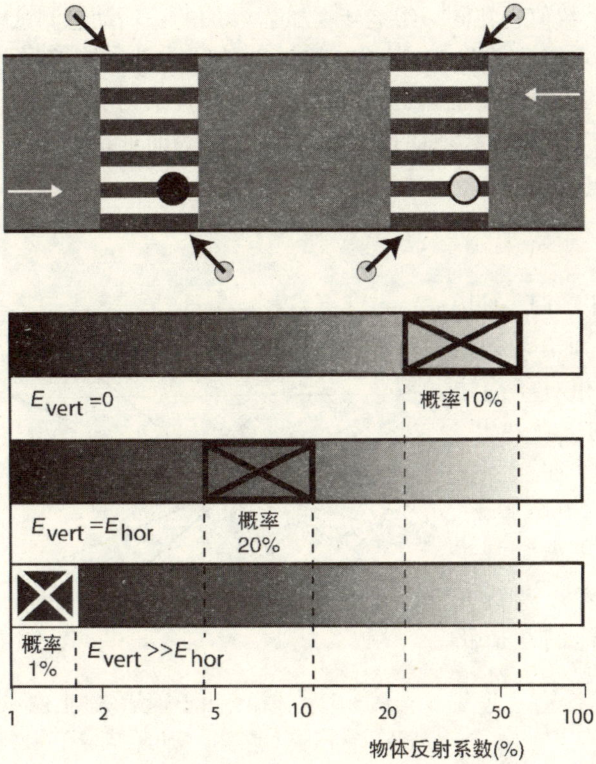

图 3.30　上图左侧：来自背后的行人路口的照明提升了负反差视觉（具有极高的反射系数的物体不再可见）。上图右侧：路口前方的照明提升了正反差视觉（具有低反射系数的物体可能会不可见）。斜叉方框中给出了不可见的反射系数范围的例子（与从额外路口照明中获得的垂直照度相关）。同时，图中也给出了行人衣物成为不可见的相应发生概率

附近的一小段距离处，行人可能成为不可见。为了避免在靠近路口处发生反差极性转变，额外的照明最好能够放置在路口之前，这样额外的光线就不仅仅照射向路口的水平表面，而且也照亮行人靠近驾驶员的一侧（图 3.3 右上方与底部水平横条），于是反差就朝着更大的正反差方向转变。但是如果后一种情况的效果比较弱，行人仍然可能不可见。因此在这种情况下尤为重要的是，垂直照度（或者半柱面照度）要远远高于水平照度。

Gibbons [Gibbons 和 Hankey，2006；Gibbons，2007] 研究了穿越路口时穿着黑色、牛仔以及白色衣物的行人的可探测性。该研究中的穿越马路行为发生在一条有固定道路照明的主干道上，而且在路口处有额外的照明设备，该额外照明设备分别提供数值为 5lx、20lx、40lx 以及 60lx 的垂直照度。16 名老年受试者（平均年龄 69.5 岁）参与了这些测试，他们坐在一辆打开近光灯的静止车辆中，离路口的距离为 83m，离同样打开近光灯的迎面车辆的距离为 60m。通过分析错过以及错误的探测次数以及正确探测的反应时间，研究表明应该需要 20 lx 的额外

垂直照度。这个数值也在同一组老年受试者参加的一项动态测试中再一次被确认［Edwards 和 Gibbons，2008］。当然，如果额外照明设备能够尽可能地被限制水平照度，额外的垂直照度就会更加有效。在更高背景亮度的情况下，由于具有更高的道路照明水平以及周边照明水平，就需要更高的垂直照明水平。

3.9　光流

在六十多年之前，Gibson［1950］想知道动物是如何控制它们相对于周边环境的运动的。在这里，“运动”同时包含了“保持方向”以及“避开障碍物”这两个方面。当然，对于驾驶员、骑车者以及行人来说，这也是他们在道路上移动时需要持续做的事情。Gibson 提出了假设：人或动物在其环境中移动所导致的视网膜上成像的变化模式就是运动感知的关键因素之一。视网膜上成像的变化模式就被命名为“光流”。图 3.31 展示了两个可见的物体向一名静态观察者移动时视网膜上成像的变化模式。这种情况与动态的观察者向静态物体移动的情况是等效的，但是前者比较容易通过图示说明。举个例子，这里的物体可以指代道路上的障碍，或者区分车道的部分白线。移动环境相对于观察者的速度 V（或者移动的观察者相对于环境的速度）决定了环境成像在视网膜上的向外径向移动速度 v_1。

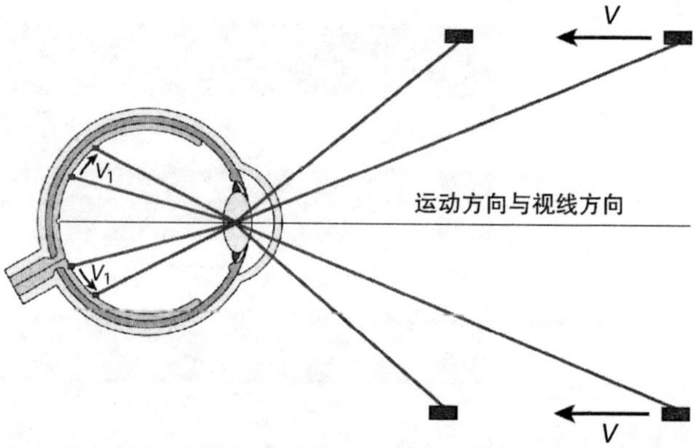

图 3.31　光流：由于环境以速度 V 向观察者运动，所造成视网膜上成像的变化。成像在视网膜上移动的速度为 V_1。此图像未按比例绘制（见封二彩图）

可以得出：对于一个移动速度恒定的观察者，光流包含了环境中物体距离变化的信息，对于速度不恒定的观察者，光流的变化率就成为了帮助其提前确定接触到物体时间的感知工具［Lee，1980］。看起来似乎是大脑中有一个特定的区域负责分析光流［Wurtz，1998］。由于大脑能够非常迅速地完成所需的处理计算，因此光流能够使高速行驶时的转向和制动成为可能。然而实际上，感知器官的机能要复杂得多。首先，当机动车驾驶员和骑车者以及行人在移动时，他们不仅仅会“遇见”静止的物体，而且还会“遇见”运动中的物体（比如其他车辆、骑车者以及行人）。而所有的这些运动的信息都包含在光流中。其次，眼睛和头部也总是处于轻微的运动之中。该运动导致的视网膜流被叠加于空间运动所导致的光流上。

从早期开展的有关运动感知机制的研究起，许多其他的研究者已经肯定并且扩展了这个课题［Blake 和 Sekuler，2006；Vaina 等人，2004］。在前面，讨论了一些视功能的实验，这些实验中受试者或观察者进行了实际上的移动，比如说有关道路周边能见度的测试（3.4 节）以及交通车流能见度的测试（3.5 节）。有关照明水平与运动信号处理关系的基础研究却寥寥无几［Billino 等人，2008a］。许多研究都显示了运动信息感知中存在与年龄相关的缺陷［Billino 等人，2008b］。本书作者并不熟悉特别针对道路照明以及光流的研究。例如照明水平与光源光谱对运动感知的基本机制的影响之类的效应尚未可知，但是可能非常重要。

3.10　照明、大脑活动与警觉性

驾驶员的疲劳与道路的安全性之间呈现负相关的关系。驾驶员在疲劳时，他的警觉性以及表现都会下降。困倦可能会导致从小于 1s 到几十秒长的微睡眠。在漫长枯燥的夜间驾驶中，发生这种轻微睡眠的风险特别高。在一项由巴黎大学开展的实验中，通过测量佩戴了仪表的夜间驾驶员们的 EEG 的方式，确定了他们驾驶时每个人进入微睡眠的时间。这项实验得出了惊人的结果［Mollard，2003］。在一段 415km 长，无照明的高速公路上，之前没有休息过的驾驶员们在夜驾中一共累计了 6min12s 的微睡眠时间。但到目前为止，尚未在同样长度的有照明的高速公路上开展过全面的测试。记录 EEG 数据的驾驶模拟器测试（见图 3.32）的结果显示，与在没有照明的夜间道路上相比，在有照明的夜间道路上驾驶的第一个小时的睡意程度要更加轻［Muzet，2003；Remande，2009］。在测试中随后的 3h 中，在有照明与无照明道路上驾驶的睡意程度并没有区别。同样的测试还显示，深夜时在没有照明的道路上驾驶 1h 之后，在有照明的道路上继续驾驶，睡意程度会大大地降低（睡意程度最高值为 5，从 4.5 下降到 3.1）。在有照明道路上，行驶 10km 的过程中测量的睡意程度相对来说较轻。

图 3.32　位于斯特拉斯堡应用生理学研究中心的驾驶模拟器可以记录模拟夜间驾驶中大脑的活动（EEG）（Remande，2009）

在接下来的没有照明的道路上，睡意程度开始上升［Brown 等人，2013］。由此看来，在该领域中，仍然需要进行更多的研究，而且这些研究可能会带来长程高速道路上一些特殊的照明场景。

参考文献

Adrian W (1989) Visibility of targets: model for calculation. Light Res Technol 21(4):181–188
Adrian W, Eberbach K (1968/1969) Über den Zusammenhang zwischen Sehschwelle und Umfeldgrösse. Optik 28:132
Adrian W, Gibbons RB (1993) Amendments in calculating STV: influence of light reflected from the road surface on the target luminance. Proceedings of the 2nd international symposium on visibility and luminance in roadway lighting. Lighting Research Institute, New York pp 93–101
Adrian W, Gibbons RB (1999) Influence of pavement reflection on target visibility. J Illumin Eng Soc 28(Summer):102–112
AFE (2002) Recommandations relatives à l'éclairage des voies publiques. Association Française de l'Eclairage, Paris
ANSI/IESNA (2000) American national standard practice for roadway lighting RP–8–00, reconfirmed 2005, ANSI/IESNA, New York
ANSI/IES (2014) RP–8–14, American national standard practice for roadway and street lighting, ANSI/IES, New York
Bacelar A (2004) The contribution of vehicle lights in urban and peripheral urban environments. Light Res Technol 36(1):69–78
Bacelar A, Cariou J, Hamard M (2000) Calculated visibility model for road lighting installations. Light Res Technol 31(4):177–180
Billino J, Bremmer F, Gegenfurtner KR (2008a) Motion processing at low light levels: differential effects on the perception of specific motion types. J Vis 8(3)14.1–10
Billino J, Bremmer F, Gegenfurtner KR (2008b) Differential aging of motion processing mechanisms: evidence against general perceptual decline. Vis Res 48:1254–1261
Blackwell HR (1946) Contrast thresholds of the human eye. J Opt Soc Am 36:624
Blake R, Sekuler R (2006) Perception, 5th edn. McGraw-Hill, New York
Brémond R, Dumont E, Ledoux V, Mayeur A (2011) Photometric meausements for visibility level computations. Light Res Technol 43:119–128
Brown T, Johnson R, Milavetz G (2013) Identifying periods of drowsy driving using EEG. Ann Adv Automot Med 57:99–108
Bullough JD, Derlosfsk JV (2004) Headlamp illumination and glare: an approach to predicting peripheral visibility. Society of Automotive Engineers, Warrendale, SAE paper 01–1094
CIE (1976) International Commission on Illumination Publication 31:1976, Glare and uniformity in road lighting installations. CIE, Vienna
CIE (1981) International Commission on Illumination Publication 19.2:1981, An analytical model for describing the influence of lighting parameters upon visual performance. Vol 1 and 2. CIE, Vienna
CIE (1995) International Commission on Illumination Publication 115–1995, Recommendations for the lighting of roads for motor and pedestrian traffic. CIE, Vienna
CIE (2000) International Commission on Illumination Publication 140:2000, Road lighting calculations. CIE, Vienna
CIE (2002) International Commission on Illumination Publication 146:2002, CIE collection on glare. CIE, Vienna
CIE (2004) International Commission on Illumination Publication 88:2004, Guide for the lighting of road tunnels and underpasses. CIE, Vienna
CIE (2013) International Commission on Illumination Publication, Visibility design in road lighting. CIE, Vienna
Crawford BH (1936) The integration of the effects from a number of glare sources. Proc Phys Soc (London) 48(1):35
Davoudian D, Raynham P, Barrett E (2013) Disability glare: a study in simulated road lighting conditions. Light Res Technol Prepublished November 6, 2013. doi:10.1177/1477153513510168
Dijon JM, Justin M (1999) Quality criteria for road lighting: luminance and uniformity levels or visibility? Proceedings International Lighting Conference, Istanbul, pp 139–141

Edwards CJ, Gibbons RB (2008) Relationship of vertical illuminance to pedestrian visibility in crosswalks. Transp Res Rec: J Transport Res Board 2056:9–16

Ekrias A, Eloholma M, Halonen L (2007) Analysis of road lighting quantity and quality in varying weather conditions. Leukos 4(2):89–98

FHWA (2008) Federal Highway Administration Publication FHWA-HRT –08–053, Informational report on lighting design for midblock crosswalks. FHWA, Washington

Fisher AJ, Hall RR (1976) Road luminances based on detection of change of visual angle. Light Res Technol 8:187

Fisher AJ, Hall RR (1978) The effect of presence lights on the detection of change of vehicle headway. Australian Road Res 8(2):13–16

Gibbons RB (2007) The influence of vertical illuminance on pedestrian visibility. Proceedings, Part 2, CIE 26th Session, Beijing D4:123–127

Gibbons RB, Hankey JM (2006) Influence of vertical illuminance on pedestrian visibility in crosswalks. Transp Res Rec: J Transport Res Board 1973:105–112

Gibson JJ (1950) The perception of the visual world. Houghton Mifflin, Boston

Hansen ER, Larsen JS (1979) Reflection factors for pedestrian's clothing. Light Res Technol 11(3):154–157

Hargroves RA, Scott PP (1979) Measurements of road lighting and accidents—the results. Public Light 44:213–221

Hirakawa S, Sato M, Sugawara T, Toeda K, Ito H, Sakamoto S (2007) Total revealing power for tunnel lighting (second report). Proceedings, Part 2, CIE 26th Session of CIE, Part 2, Beijing D4:148:151

Holladay LL (1927) Action of a light source in the field of view in lowering visibility. J Opt Soc Am 14:1

Ito H, Sat M, Oshima A, Yamada S, Ayama M (2007) Measurement of luminance discrimination threshold for positive and negative contrast stimuli to investigate visibility under tunnel entrance lighting. Proceedings, CIE 26th Session, Beijing D4:152–155

Jainski P (1962) Das Verhalten der Unterschiedsempfindlichkeit bei Blendung mit verschiedenen Lichtfarben. Lichttechnik 14:60

Janoff MS (1990) The effect of visibility on driver performance: a dynamic experiment. J Illumin Eng Soc 19:57–63

Janoff MS (1992) The relationship between visibility level and subjective ratings of visibility. J Illumin Eng Soc 21:98–107

Lecocq J (1991) Visibility levl in outdoor lighting. Adrian model applied to spherical cap targets. Proceedings of 22nd session of CIE, Melbourne D4:48–51

Lecocq J (1999) Calculation of the visibility level of spherical targets in roads. Light Res Technol 31(4):171–175

Lee DN (1980) The optic flow field: the foundation of vision. Philos Trans R Soc London. Ser B, Biol Sci 290:169–179

Mayeur A, Brémond R, Bastien C (2008) The effect of task and eccentricity of the target on detection thresholds in mesopic vision: implications for road lighting. Hum Fact 50:712–721

Ménard J, Cariou J (1994) Road lighting: assessment of an installation based on contrast of a standard target. Light Res Technol 26:19–22

Mollard R (2003) Hypovigilance and micro-sleep while driving a stretch of motorway. Paper presented at CNBE/BNCV Lighting Conference 2003, Brussels

Muzet A (2003) La conduit automobile de nuit en function de l'éclairage. Paper presented at CNBE/BNCV Lighting Conference 2003, Brussels

Narisada K (2009) Balance between energy, environment and visual performance. Proceedings of 24th Session of CIE, Warsaw D 4:17–22

Narisada K, Karasawa Y (2001) Re-consideration of the revealing power on the basis of visibility level. Proceedings of International Lighting Congress, Istanbul 2, pp 473–480

Narisada K, Karasawa Y, Shirao K (2003) Design parameters of road lighting and revealing power. Proceedings, Part 2, CIE 25th Session,San Diego D4:10–13

Narisada K, Saito T, Karasawa Y (1997) Perception and road lighting design. Proceedings of SANCI, Durban, pp 83–86

Narisada K, Yoshimura Y (1977) Adaptation luminance of driver's eyes at the entrance of tunnel: an objective measuring method. Proceedings of the 3rd international lighting symposium, Karlsruhe, pp 5–6

Niedling M, Kierdorf D, Völker S (2013) Influence of a glare sources spectrum on discomfort and disability glare under mesopic conditions. CIE Centennial Congress, Paris, CIE x038:2013:340–347

Okada A, (2003) Visibility of preceding cars and critical objects for tunnel interior lighting. Proceedings of 25th session of CIE, Part 2, San Diego D 4:22–25

Rea MS (2012) The Trotter Paterson lecture 2012: whatever happened to visual performance? Light Res Technol 44:95–108

Rea MS, Bullough JD, Zhou Y (2010) A method for assessing the visibility benefits of roadway lighting. Light Res Technol 42:215–241

Rea MS, Ouellette MJ (1988) Visual performance using reaction times. Light Res Technol 20(4):139–153

Rea MS, Ouellette MJ (1991) Relative visual performance: a basis for application. Light Res Technol 23(3):135–144

Remande C (2009) Moins d'éclairage pour mois d'accidents? Est-ce raisonnable. Lux 252:I–VII

Saraiji R, Younis D, Madi M, Gibbons RB (2013) The effect of oncoming car headlights on pedestrian visibility. CIE Centennial Congress, Paris, CIE x038:2013:1044–1050

Schreuder DA (1998) Road lighting for safety. Thomas Telford, London

Smith FC (1938) Reflection factors and revealing power. Trans Illumin Eng Soc (London) 3:196

Smith SW, Rea MS (1982) Performance of a reading text under different levels of illumination. J Illumin Soc 12:29–33

Vaina LM, Beardsley SA, Rushton SK (2004) Optic flow and beyond. Kluwer, Dordrecht

Van Bommel WJM, Tekelenburg J (1986) Visibility research for road lighting based on a dynamic situation. Light Res Technol 18:37–39

Waldram, JH (1938) The revealing power of street lighting installations. Trans Illum Eng Soc 3:173

Wooten BR, Geri GR (1987) Psychophysical determination of intraocular light scatter as a function of wavelength. Vis Res 27:1291–1298

Wurtz RH (1998) Optic flow: a brain region devoted to optic flow analysis? Curr Biol 8(16):R554–R556

第4章　驾驶员的视舒适

摘要　视舒适是与道路照明质量有关的一项主观因素。如果视舒适不够好，那么就会导致驾驶员的疲劳度上升，从而他的视功能以及警觉性就会下降。因此，视舒适与视功能对于道路安全都十分重要。主观评价研究显示：照明水平、路面亮度均匀度以及眩光都对视舒适都有着一定影响。比如径向均匀度、亮度梯度、不适眩光值等这些视舒适的量度就是在同样类型研究的基础上定义的。所使用光源的光谱也对不适眩光值有一定影响。由于LED光源的光谱比传统光源的光谱更加广，因此有时LED对于视舒适也有特殊的影响。由于LED较小的发光表面能够产生更加明显的光束，从而可能影响视舒适。大多数的LED灯具都是由一个小LED阵列组成的，造成了发光表面的非均匀亮度分布，这种非均匀亮度分布对于灯具的不适眩光也有着一定的影响。

为了长时间保持高水平的视功能，道路使用者必须要在其视觉环境中感到舒适。如果他疲于获取安全驾驶所需的视觉信息，从而会觉得不舒适。最后造成疲劳程度快速地上升。这反过来对他的视功能以及警觉性都会产生负面的影响。正如对于驾驶员自己那样，视舒适也是道路照明的一个主观方面。已知能够对视舒适造成影响的道路照明方面有照明水平、照明模式均匀度以及眩光。

4.1　照明水平

毋庸置疑，道路使用者所体验到的视舒适程度非常依赖于他所适应的平均路面亮度值。亮度值越高，他在驾驶的过程中就会感到更加舒适。为了对照明水平的作用进行量化的探究，经常使用主观评价的技术，无论是静态的，或尤其是动态的驾驶试验。20世纪70~80年代对此开展了广泛的实验，并且由van Bommel以及de Boer对这些实验进行了详细的介绍［1980］。对照明水平的评价尤其依赖于所考虑的道路类型——对于主干道（包括高速公路）以及次级公路来说，评价标准都有所不同。当次级公路的路面平均亮度略高于1cd/m^{2}时，即可获得“优秀”的评估成绩。然而对于主干道来说，路面平均亮度至少要达到2 cd/m^{2}才能获得相同的评估结果。

4.2 均匀度

4.2.1 纵向均匀度

道路照明的一个重要的舒适方面就是驾驶员前方路面亮度模式的纵向均匀度。当车辆在行驶中，前方路面迎面而来的持续变换的亮暗条纹可能会也可能不会对视功能产生负面的影响，但是如果亮暗条纹的亮度相差过大，则总是一种不舒适的体验。图 4.1 中两幅道路照明模型的照片对此进行了说明。

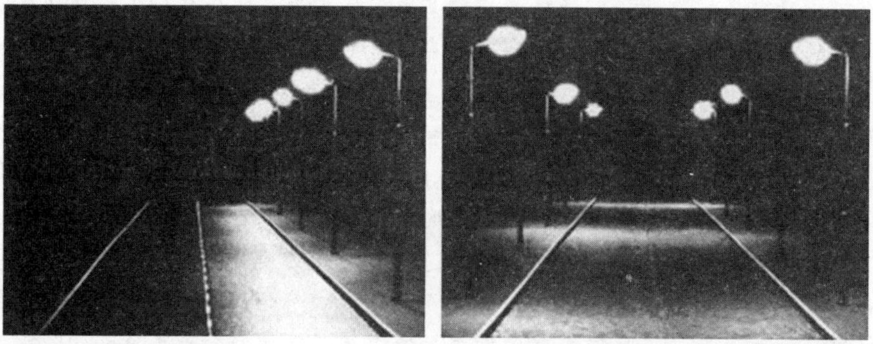

图 4.1 拍摄于道路照明模型，从视功能角度（左图：非常低的 U_0值，较高的 U_1值）以及不适性角度（右图：中等的 U_0值，非常低的 U_1值）展示了糟糕的均匀性

左侧的照片显示了一种综合均匀度 U_0（即本例中位于道路左侧的最小亮度值 L_{min}与平均亮度值 L_{av}的比值）非常低的照明安装模式。从视功能的角度来看，这是非常糟糕的道路照明，因为驾驶员不能发现道路左侧的物体。然而，从视舒适的角度来看，由于它的纵向均匀度 U_1还是非常优秀的，因此这种照明安装模式也不算太差。从视功能的角度来看，右侧照片展示的照明模式更加优秀，这是由于其最小亮度值与平均亮度的比值 U_0比较好一些。然而，从视舒适的角度来看，这种照明安装模式是极其糟糕的。它的问题就出在驾驶员前方路面上明暗交错的条纹上（也被称为“斑马效应”）。它的径向均匀度 U_1（定义为道路长轴上最小亮度值与平均亮度值之比）是非常糟糕的。正因为视功能与视舒适都如此重要，道路照明才应该被妥善设计，从而使得综合均匀度与纵向均匀度都能够达到可接受的程度。

纵向均匀度的评估取决于平均路面亮度水平与灯具间距。图 4.2 显示了随着平均路面亮度的升高以及灯具间距的扩大，评估结果达到“仅可接受”的纵向均匀度也随之下降。

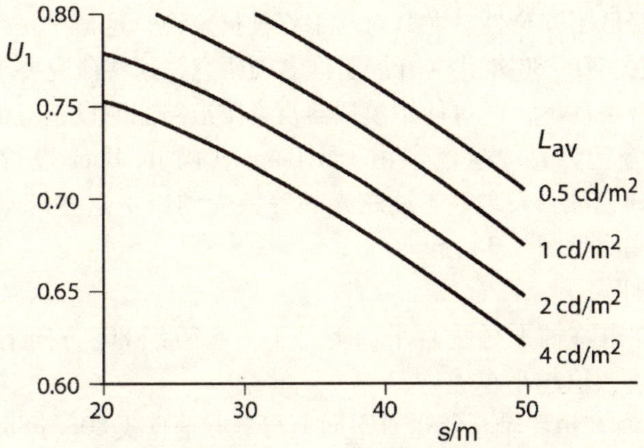

图 4.2　对于不同的平均路面亮度值 L_{av}，仅可接受的纵向均匀度 U_1 与灯具间距 s 所成函数关系。数据基于半动态道理照明模拟器中时速为 50km/h 的驾驶实验 [Walthert，1975]

4.2.2　亮度梯度

路面亮度梯度，即亮度随着距离的变化率，对视舒适也有着一定影响。如果对于纵向均匀度相同的两种情况，亮度最大值与最小值之间差距较大的情况所造成的不适效应也会较为明显。如果可能，使用传统灯具很难产生明显的光束，因此在实践中，亮度梯度就成为了一个难题。由于使用 LED 灯具可以产生更为显著的光束，一项由 de Boer 与 Knudsen 在 1963 年引入的极少用得到的老式概念在今天的环境下可以重新发挥作用。他们为亮度梯度的不适性方面定义了一个量度，即所谓的“相对最大亮度坡度”，即 S_{max}。它被定义为平行于道路 3m 或垂直于道路 1m 上的最大亮度变化值，用平均路面亮度的百分比值来表示。

4.3　眩光

4.3.1　不适眩光

正如之前所介绍的，眩光对于视功能有着明显的负面干扰效应。但是这并不是全部，它可能也有着明显的不适效应。为了区分这两种效应，将分别讨论失能眩光（已经在 3.1.3.1 节中讨论过）与不适眩光。这两种效应可能是由眼睛、神经以及大脑的部分不同的机制所导致的。有假说认为，不适眩光效应与虹膜的不适收缩（改变瞳孔大小）、晶状体以及眼球周围肌肉群相一致，并且可以通过这些现象来进行研究 [Berman 等人，1994；Murray 等人，2002；Stone，2009，Zhu 等人，2013]。不适眩光会将驾驶员的注意力从需要观察的场景转移到眩光源上去，从而降低了安全性。尤其对新手驾驶员来说，这似乎是个麻烦。

在20世纪的70～80年代又开展了许多项研究，这些研究要求观察者们在静态与动态的驾驶条件下，通过使用模拟器与真实道路照明设施对他们所感受到的不适眩光进行登记评估。这已经由 van Bommel 与 de Boer 进行了详细的探讨［1980］。这些研究项目发现，不适眩光的等级受到以下这些灯具以及安装模式特性的影响（同时见图4.3）：

- 灯具特性

I_{80}：灯具在道路轴平行垂直平面上与下方垂直线80°方向上的绝对光强度（cd），该光强度数值越小越优秀。

I_{80}/I_{88}：灯具在道路轴平行垂直平面上与下方垂直线80°与88°方向上的绝对光强度之比值，该比值越高越优秀。

F：在与下方垂直线成76°的位置上观察灯具时，灯具的可见发光面积（m^2），该面积越大越好。

- 安装模式特性

L_{av}：平均路面亮度（cd/m^2）（越高越好）。

h'：眼睛高度与灯具之间的垂直距离（越大越好）。

p：每千米灯具数量（越少越好）。

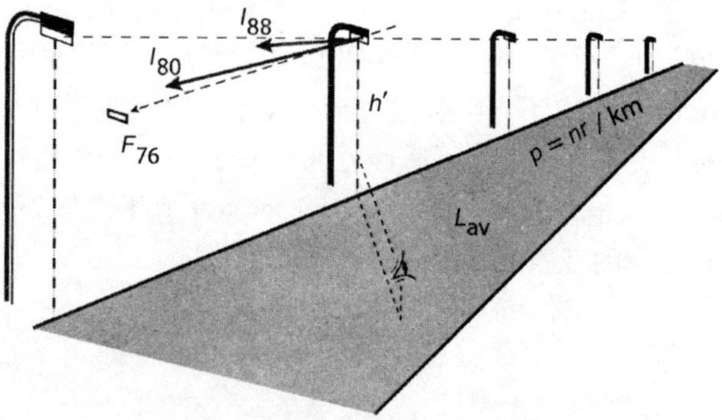

图4.3　影响不适眩光的灯具与安装模式特点

可以用一个值来描述这些特点之间的相互关系：即所谓的眩光控制指数 G。眩光控制指数的基础是由 de Boer 等人［1959］引入的9分制评价体系，该体系经常被用于主观评价研究。表4.1中展示了这一评价体系。

CIE［1976］对眩光控制指数、灯具以及安装模式特点之间相互关系的标准化定义为

$$G = 13.84 - 3.31\log I_{80} + 1.3(\log I_{80}/I_{88})^{0.5} - 0.081\log I_{80}/I_{88} + 1.29\log F_{76} + 0.97\log L_{av} + 4.41\log h' - 1.46\log p$$

表 4.1　de Boer 的 9 分制眩光评估体系

眩光指数	眩光评价
9	不明显
7	令人满意
5	勉强可以接受
3	令人不安
1	无法忍受

20 世纪 80 年代在北美照明工程学会的支持下，Benett 开展了驾驶模拟器条件下的一系列不适眩光实验，在模拟器中，模拟的路灯根据模拟的驾驶速度而改变灯具的大小与亮度［Bennett 等人，1985；Liu 和 Konz，1993］。受试人员被要求指出舒适与不舒适的分界（BCD）。实验导致了一种不适眩光量度的引入，即所谓的“可忍受累计亮度效果”，即 CBE_{tol}。它的值取决于产生眩光的灯具的亮度 L_g、观察灯具时的固体角 ω、视线与眩光源之间的夹角 θ、路面亮度 L_r 以及灯具的数量 n：

$$CBE_{tol} = \frac{3.22 \times 10^4}{L_r^{0.5}} \times \sum_{i=1}^{n} \frac{L_{g,i}^{1.67} \times \omega_i}{\theta_i^2 + 153}$$

该公式是由非公制的单位英尺朗伯㊀转换至 cd/m² 所得到的。Adrian［1991］从数学对比中指出：CIE 的眩光控制指数 G 公式与 Bennett 的累计亮度效果 CBE_{tol} 公式都有相同的特征而且得到类似的结果。

在道路照明的设计实践中，往往只有失能眩光得到限制，而过度的不适眩光也应该被避免。目前还不明确是否对于所有的 LED 灯具来说，它们的眩光控制都足够优秀（见 4.3.4 节）。

4.3.2　光谱与不适眩光

正如在第 3 章中所提到的，光谱对于失能眩光没有或仅有轻微的作用。然而，所用光源的光谱对不适眩光的感受有着很明确的影响。de Boer［1955，1974］开展了一些早期的研究。在这些研究中，观察者们在有低压钠灯、高压钠灯与高压汞灯的模型中对不适眩光进行评估（见图 4.4）。

在这些研究的基础上，得出的结论是，CIE 在 1976 年提出的眩光控制指数公式在低压钠灯的环境下应该纳入一个介于 +0.4 ~ +0.8 的修正系数，而对于高压钠灯来说，这个修正系数的范围在 +0.3 ~ +0.6［Van Bommel 和 de Boer，1980］。这是由于相比于更加冷的光色（色温更高）的灯具，这些灯具产生的不适眩光更加少。

随着光谱范围更加丰富的 LED 光源的引入，光谱对不适眩光的影响又重新

㊀ 1 英尺朗伯（fL）=3.426cd/m²。——译者注

图 4.4 de Boer 进行不适眩光评估时所使用的有照明道路照片。灯具位置上的洞被多种类型光源的光线完全均匀地填充

受到关注。最近的研究表明：单靠明视觉光谱眼睛敏感度或明视觉与暗视觉的光谱眼睛敏感度组合并不能独自决定不适眩光的光谱敏感度。尤其是感短波类型的锥状感光细胞（也被称为“S”型或者“感蓝”锥状细胞）在其中也会起到作用［Bullough，2009；Fekete 等人，2010；Bodrogi 等人，2012；Akashi 等人，2013；Niedling 等人，2013］。这就解释了为什么短波（蓝光）较多的光源会比长波为主的光源（偏黄色光）导致更严重的不适眩光效应。

目前，已经有许多窄波段光源（准单色）相关的研究得到了开展。针对传统光源（高压钠灯、荧光灯以及金卤灯）和广波段白光 LED 光源的初步测试指出，在 de Boer 的 9 分制评价体系中，在色温为 2200～6000K 的范围内，眩光控制指数的区别在 0.5～2，优于低色温的光源型号［Niedling 等人，2013；Zhu 等人，2013 a；Lin 等人，2014］。正在开展的研究将有希望能明确地指引，什么修正系数应该适用于不同光谱下的不适眩光。

4.3.3 眩光变化带来的不适感

道路使用者所体验的眩光总量随着他在有照明道路上的前行而持续发生着变化。这种眩光的变化有时也被称作脉冲眩光感，它本身就能引起驾驶员的不适感。当在最近的路灯被车顶所遮挡前一刻将会导致最严重不适感的产生，而当车辆驶过这一点时，不适感则降低到最轻微的程度（见图 4.5）。为了评估水平线上 20°的眩光，CIE 对车辆的遮挡角度进行了标准化定义。

在 4.3.1 节中已经提到，Bennett 在美国使用驾驶模拟器的研究工作实际上的目的是寻找一种针对令人不安的动态脉冲眩光效应的预测性指标［Bennett 等人，1985；Liu 和 Konz，1991］。然而不幸的是，在他去世的时候，这项工作仍然没有完成［Keck，1991］。

也许驾驶时眩光源照射到视网膜上引起的明亮光幕变化是不适脉冲效应的原因。一个对脉冲效应的直接而简单的衡量措施可以表达为光幕亮度的比值：

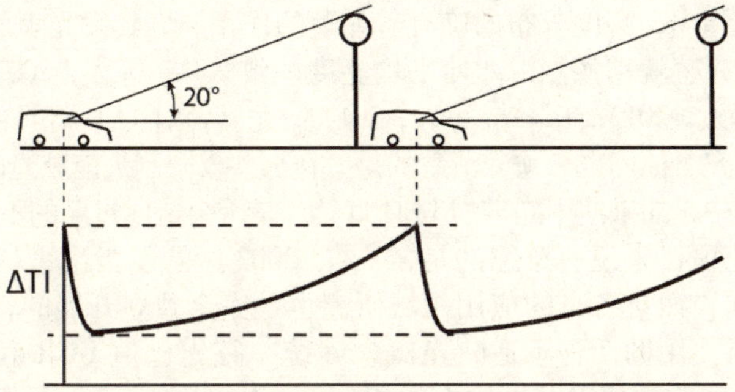

图 4.5　驾驶时引起不适感的眩光变化

$$\frac{L_{\mathrm{v,min}}}{L_{\mathrm{v,max}}}$$

也许，眩光脉冲的频率在其中也起到了一定的作用。这个频率取决于车辆行驶的速度以及路灯的间距。Liu 与 Konz［1991］从他们的驾驶模拟器实验中总结得出，对于 65 ~95km/h 车辆速度，以及模拟路灯间距为 64m（单侧布局，光源安装高度 9m）的情况下，速度对不适性没有影响，在这方面仍然需要进行更多的研究。

原则上，道路照明灯具的光束形状可以被设计为不仅仅限制眩光的总量，而且也能限制驾驶时眩光变化带来的不适感。比起发光表面较大的传统光源，发光表面更小的 LED 光源使得引起不适感的可能性大大地增加了。因此，这个以前无人问津的话题到现在才开始开展一些初步研究的现象也就不奇怪了［Zhu 等人，2013b］。

4.3.4　LED 与不适眩光

在 4.3.2 节中，已经讨论了 LED 的不同光谱对不适眩光的作用。

由于虽然单个 LED 效率很高，但是它的光通量还是不够，所以 LED 灯具使用一个由小 LED 组成的多重阵列。这同时也意味着，这些 LED 灯具发光表面的亮度分布均匀度要比传统光源灯具差很多（见图 4.6）。

LED 的空间布局以及单个 LED 的亮度决定了非均匀度的程度。在以前，无论是室内照明方面还是户外照明方面，非均匀亮度分布对不适眩光的作用几乎没有人进行过研究。最近针对室内以及道路照明的

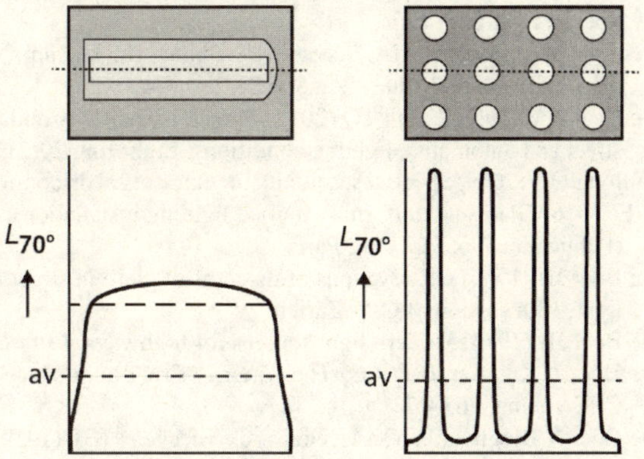

图 4.6　亮度分布相对均匀的传统光源灯具与亮度分布非均匀的 LED 阵列之间的对比范例

LED 灯具的研究指出，亮度分布的确有着显著的作用。灯具发光表面的亮度分布越不均匀，不适眩光感就越强烈，即使平均亮度一致［Lee 等人，2007；Ayama 等人，2013；Higashi 等人，2013；Tashiro 等人，2014］。尤其针对 LED 灯具的这些方面仍然需要进一步的研究。他们也必须弄清楚的是，在那些仅限制失能眩光的道路照明设计通常的实际运用中，如果使用同样的 LED 灯具，是否会造成过度的不适眩光。

对于新研究项目来说有意思的是，Vos［2003］已经指出：尽管两者的方程看起来迥然不同，而且各自的应用领域研究也是完全独立开展的，但是室内照明以及道路照明所使用的两种不适眩光概念（统一眩光比值 UGR 和眩光控制指数 *G*）之间有着很大的数值以及性质上的相似度。也许这应该是开发一种覆盖不同照明领域，更加通用的眩光评估方法的一个原因。当然，也应当包括车辆照明的应用领域。对于车辆照明，应用最为广泛的不适眩光预测系统是由 Schmidt - Clausen 和 Bindels 在很久以前开发的［1974］。这个系统使用了眩光源照射在眼部的照度，同时还有背景亮度（路面亮度）以及视线与眩光源之间的角度来计算 de Boer 9 分制系统中的不适眩光值。

一种针对眩光的完全崭新的途径已经被提了出来。这种途径通过功能磁共振成像（fMRI）的手段来反映大脑中眩光所引起的神经活动［Raynham 等人，2007］。也许在未来，这种途径会为人们带来一个不适眩光的客观模型。

参考文献

Adrian W (1991) Comparison between CBE and the CIE glare mark formula and earlier discomfort glare descriptions. Proceedings of 1st International Symposium on Glare, Orlando, pp 155–163

Akashi Y, Asano S, Kakuta Y (2013) Visual mechanisms of discomfort glare sensation caused by LEDs. CIE Centennial Congress, CIE x038:2013:327–330

Ayama M, Tashiroi T, Kawanobe S, Kimura-Minoda T, Kohko S, Ishikawa T (2013) Discomfort glare of white LED sources of different spatial arrangements. CIE Centennial Congress, CIE x038:2013:119–122

Bennett CA, Dubbert D, Hussain S (1985) Comparison of real-world roadway lighting, dynamic simulation, CBE and glaremark predictive systems. Kansas Engineering Experiment Station, Special report no. 176

Berman S, Bullimore MA, Jacobs RJ, Bailey IL, Gandhi N (1994) An objective measure of discomfort glare. J Illum Eng Soc 23(2):40–49

Bodrogi P, Wolf N, Khanh TQ (2012) Spectral sensitivity and additivity of discomfort glare under street and automotive lighting conditions. Light Eng 20(2):22–26

Bullough JD (2009) Spectral sensitivity for extrafoveal discomfort glare. J Mod Optic 13:1518–1522

CIE (1976) Glare and uniformity in road lighting installations. International Lighting Commission (Publication No. 31.) CIE, Paris.

De Boer JB (1955) Observations of discomfort glare in street lighting: influence of the colours of light. 13th session of CIE, Zurich

De Boer JB (1974) Modern light sources for highways. J Illum Soc 3(2):142

De Boer J, Knudsen B (1963) The pattern of road luminance in public lighting. 15th Session of CIE, Vienna, P63–17

De Boer J, Burghout F, Van Heemskerck Veeckens JFT (1959) Appraisal of the quality of public lighting based on road surface luminance and glare. 14th Session of CIE, Brussels, P59–23

Fekete J, Sik-Lanyi C, Schanda J (2010) Spectral discomfort glare sensitivity investigations. Ophthal Physiol Opt 30:182–187

Higashi H, Koga S, Kotani T (2013) The development of the evaluation for discomfort glare in LED lighting of indoor work place: the effect of the luminance distribution of the luminous parts on subjective evaluation. CIE Centennial Congress, CIE x038:2013:648–656

Keck ME (1991) Discomfort glare as related to roadway lighting. Proceedings of 1st International Symposium on Glare, Orlando, pp 129–133

Lee C, Kim H, Choi D (2007) A study on the estimation of discomfort glare for LED luminaires. 26th session of CIE, Beijing, vol D3, pp 33–36

Lin Y, Liu Y, Sun Y, Zhu X, Lai J, Heynderickx I (2014) Model predicting discomfort glare caused by LED road lights. Opt Express 22(15):18056–18071

Liu T, Konz S (1991) Simulator studies of discomfort glare in comparison with the CBE prediction. Proceedings of 1st International Symposium on Glare, Orlando, pp 137–154

Murray IJ, Plainis S, Carden D (2002) The ocular stress monitor: a new device for measuring discomfort glare. Light Res Technol 34:231–242

Niedling M, Kierdorf D, Völker S (2013) Influence of a glare sources spectrum on discomfort and disability glare under mesopic conditions. CIE Centennial Congress, CIE x038:2013:340–347

Raynham P, Osterhaus W, Davies M (2007) Mapping of brain functions and spatial luminance distributions as innovative tools for assessing discomfort glare in the built environment. ARCC J 4(1):87–92

Schmidt-Clausen HJ, Bindels JTH (1974) Assessment of discomfort glare in motor vehicle lighting. Light Res Technol 6:79–88

Stone PT (2009) A model for the explanation of discomfort and pain in the eye caused by light. Light Res Technol 41(2):109–121

Tashiro T, Kawanobe K, Kimura-Minoda T, Kohko S, Ishikawa T, Ayama M (2014) Discomfort glare for white LED light sources with different spatial arrangements. Light Res Technol. (Prepublished April 24, 2014), doi:10.1177/1477153514532122

Van Bommel WJM, De Boer JB (1980) Road Lighting. Kluwer Technische Boeken, Deventer

Vos JJ (2003) Reflections on glare. Light Res Technol 35(2):163–176

Walthert R (1975) The influence of lantern arrangement and road surface luminance on subjective appraisal and visual performance in street lighting. 17th session of CIE, London, P-75.60

Zhu X, Deng S, Zhang M, Cheng W, Heynderickx I (2013a) Perception of study of discomfort glare from LED road lighting. Light Eng 21(2):51–56

Zhu X, Demirdes H, Gong X, Lai J, Heynderickx I (2013b) The luminaire beam-shape influence on discomfort glare for led road lighting. CIE Centennial Congress, CIE x038:2013:331–339

第5章 行人、骑车者与居民的视功能、视舒适与愉悦感

摘要 除了对机动车交通之外，居住区域的道路照明也应该能够改善行人、骑车者、助力车驾驶者的人身安全、社区安全以及视觉导向性。这一点是非常重要的。

只要行人仍然担忧他们的安全，真正的问题就在于人行道上可能出现的危险的非常规现象，比如孔洞、裂缝、隆起或突起的路沿石。为使这些非常规现象能够被清楚地发现，则需要合适的水平照度。同时，许多行人在天黑之后感到害怕。街道以及周边充足的照度能够让他们扫视整个区域，从而感受到安全感（实际安全性与主权安全感两者俱有）。所需的亮度不仅仅取决于照度水平，同时也取决于所使用光源的光谱。

与对整个区域有一个概观同样重要的是，行人还应该接收到关于该区域中其他人的视觉信息。随着半柱面照度的上升，面部识别或身份辨别的可能性也随之上升。在完全黑暗中，视觉导向是不可能的，因此认路的能力也是不可能的。而好的视觉导向性则能提供辨别房屋以及其他建筑或环境特点的可能性。与此对应的量度是周边外立面照度。

正如白天时段中不适眩光限制以及灯具的视觉影响那样，从舒适性以及愉悦感的角度来说，光源的空间亮度以及颜色质量再次扮演了重要的角色。

正如在第2章基本的照明特性中所解释的，在绝大多数情况下，适用于该类别用户的照明参数是照度。

5.1 视功能

5.1.1 人身安全

对于行人与骑车者来说，能够看见接近的车辆是非常重要的，因为这样他们就能够判断接近车辆的距离、速度以及行驶方向。由于车辆头灯的存在，这项视觉任务并不困难。行人与骑车者同时也应该能够及时发现他们路径上的障碍物或其他违规行为，从而避免绊倒或摔跤。相比之下，例如像停放着的或者被遗弃的自行车、车架、工地路障以及街道设施这类潜在的危险还是较多的。真正的问题在于人行道或者道路表面上危险的不平整情况，比如坑、裂纹、磕碰物或者突出的路边石，这些物体往往更小，从而更加难以被发现。但是鉴于行人与骑车者相

对较慢的速度，这些潜在的障碍只要能在相对较短的视距上被发现就可以了。在一项调查实验中，15 名受试者被要求戴着配有眼球追踪器的轻头盔在三条夜间路线上行走。这项实验结果显示，在超过 40% 的时间中，受试者们会把目光放在前方的人行道上［Davoudian 和 Raynham，2012］。另一项眼球追踪实验证实了这一趋势，并将范围缩小在大约前方 4m 的区域上［Fotios 等人，2014a，b］。在一个实验室环境下，Fatios 和 Cheal［2009，2013］研究了代表不平整人行道的障碍物的探知，为了避免被绊倒，行人必须能够及时看见这些障碍物。他们总结出，在无眩光且使用高压钠灯的环境下，在行人已经适应了低照度的前提下，为了能够在 6m 外发现一个高 25mm 的真实障碍物，当地的最小水平照度至少应该为 1. 8lx。如果低于这个标准，探知概率就会迅速地下降。而当该照度高达 5. 5lx 时，小障碍物的探知概率则仍然会明显增加。如果行人的适应水平要比他路径上照明水平决定的照度还要高，则就需要更高的照明水平。由于机动车交通的安全性要求相对更高的道路照明水平，与机动车道相邻的行人与骑车者所使用的人行道以及自行车道上的最小水平照度也应该相应成比例提升。同时应该尤其注意照明必须清晰地突出人行道或自行车道与两侧区域的边界所在。在这种情况中，选择合适的路面材料会带来相当大的帮助。

5. 1. 2　社区安全

许多行人在天黑之后感到害怕，相对于白天，他们在夜间更加容易受到威胁甚至攻击，在不安全的地区尤甚。对一些人群，尤其是女性与老人来说，这就是为什么他们在天黑之后不会出门的原因［Banister 和 Bowling，2004；Blöbaum 和 Henecke，2005；Johansson 等人，2011］。因此，建成区域的照明应该需要承担一项双重的安全职能：照明应该能提供安全感（感觉到安全）；同时也应该提供真实的社区安全。前者将鼓励人们走出家门，而后者将确保他们的人身安全。

如果街道与周边的亮度，或称空间亮度，足够高，就使得人们能够对整个区域一目了然，从而增进了社区安全感。当轻松逃离危险的可能性实际上或看起来不存在时，不安全感就更有可能增加。因此，道路照明与室外环境适当设计的和谐搭配是至关重要的，以便在天黑之后逃脱危险的可能性也一目了然。一项在 24 个露天停车场里开展的实地研究［Boyce 等人，2000］显示：当平均照明水平上升到 30lx 左右时，安全感也随之上升。当照度在最高 10lx 的范围内，轻微的照度提升就能使得安全感大大增加。在一个经过安全优化设计的户外环境中，一个比停车场试验的照度还要低的照明水平，例如 3lx 或 5lx，可能已经能够满足良好安全感的需求了。与此同时，一个这样的户外环境与照明能够威慑那些有敌意的人，因为他们意识到他们将会轻易被看见并认出。在一个大厅中开展了一项模拟器实验，在这个大厅中，包括警官等不同背景受试者们站在路边，对一栋前花园长为3m 的独立房子的外墙进行评估［van Bommel 和 van Dijk，1985］。这项实验展示了在平均水平照度最高为 5lx 的街道照明条件下，低达 1.5lx 的外墙照度有助于对盗贼产生心理威慑。在更亮的周边环境下，这个照明水平也必须成比例提高，这是由于眼睛在适应更高的亮度时，较暗的位置就会更加的暗。相当多的研究也显示，光源的光谱也对亮度的主观感受有一定影响，从而间接对安全感以及实际安全程度有着影响［Morante，2008；Rea 等人，2009；Knight，2010；Schäfer 等人，2010；Fotios 和 Cheal，2011］。色温更高的光源所造成的主观亮度印象往往比色温低的光源的更加高。关于这一点将在第 6 章“中间视觉”中进行详细讨论。

除了对整个周边区域有一个大概认识之外，另一个要点是，行人应该能够获取足够的来自街道上其他人的视觉信息，以便判断他们是否构成潜在的威胁。对此，看见人体和识别情绪化的身体姿势或身体语言就十分重要了［Meeren 等人，2005；Favoudian 和 Raynham，2012；Fotios 和 Yang，2013］。在最终的判断过程中，识别出脸部以及脸部表情是至关重要的。

图 5.1 中显示，即使是在一条视野清晰的明亮街道上，识别街上的人也或许是完全不可能的。为了满足适当的面部识别要求，街道上各处面部高度的照明都应该足够高。在某些时候，面部高度的垂直照度被用作这一要求的基本照明参数。然而就此目的而言，面部高度的半柱面照度是一项更优秀的基本参数。这是由于人的面部并不是一个简单的垂直平面，而照在侧脸上的光线可以提升其自身的能见性（见图 5.2）。

图 5.1　在明亮照明条件下的街道上，周边环境视野也相当不错，然而仍然无法识别不远处的人

图 5.3 展示了道路照明条件下识别测试的结果［van Bommel 和 Caminada，1982］。作为该照明水平要求的基础，有时建议识别距离为 4m［van Bommel 和 Cami-

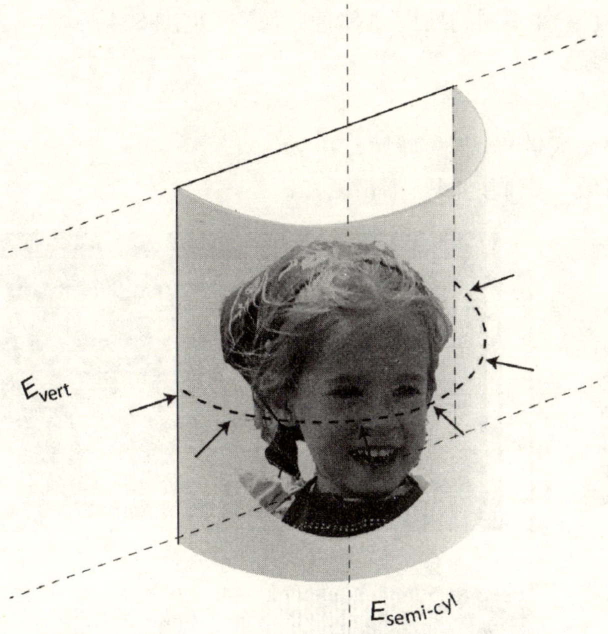

图 5.2 垂直照度与半柱面照度概念

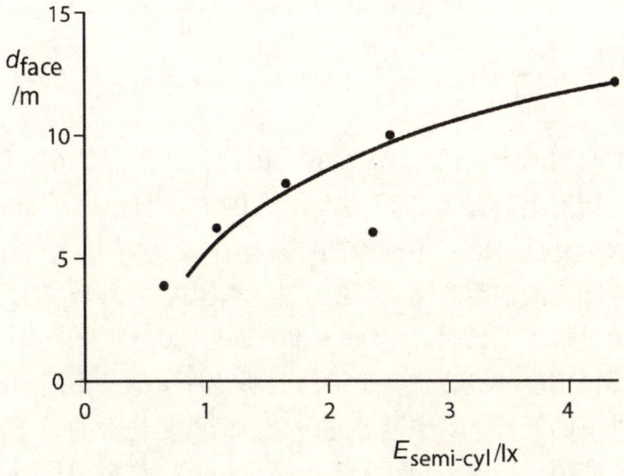

图 5.3 面部识别距离与面部高度上的半柱面照度（所用光源：白色高压汞灯）；TI 值在 8% ~15% ［van Bommel 和 Caminada，1982］

nada，1982；CIE，2000］。在这个距离上，一个警觉的人仍然有机会采取逃避或者防卫的行动。从图 5.3 中来看，略低于 1lx 的半柱面照度值能满足这个要求。人类学家 Hall ［1969，1990］确认，基于全世界范围内有关人类对空间利用的研究，人类偏好互相之间保持一定的距离，而这个距离与社交接触的类别有关。

Hall 定义了 4 种不同的所谓“邻近区域”（见图 5.4）：

- 亲密区域；
- 个人区域（家庭成员）；
- 社交协商区域（商业接触）；
- 公共区域（人们之间互不相识）。

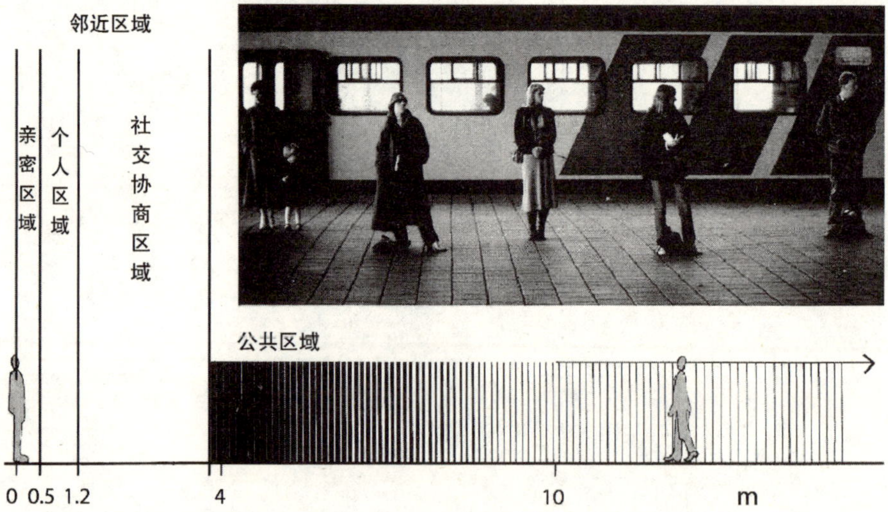

图 5.4　社交类别所决定的邻近区域

公共区域的起始间距大约在 4m 左右。因此，使得能够在此距离上识别人脸的城市照明就为街道上的互不相识的人们提供了“自然”的舒适感。从图 5.3 中可以看出，为达到该目的，半柱面的照度至少要达到 1lx。之后有关邻近区域的研究显示，人际之间的距离随着照明水平，室内、室外环境的不同而变化，这在所采用的实验过程中尤其明显［Fotios 和 Yang，2013］。

第一次面部识别度的调查是基于道路照明条件下的，不同的研究人员也开展了许多其他条件下的调查。其中调查的一个方面就是光源的光谱是否对面部识别有影响。这些研究项目产生了相互矛盾的结论。其中许多项目显示显色性更好的光源的光谱能够促进面部识别［Raynham 和 Saksvikrønnin，2003；Knight 等人，2007，Qi Yao 等人，2009］。然而，另外有丰富的研究并没有表明光谱对面部识别有着任何的影响［Alferdinck 和 Hogervorst，2013］。Rea 等人［2009］的研究也显示了同样的结论。Lin 和 Fotios［2013］研究了导致这些矛盾结论的原因。一个可能的原因是视觉任务的难度差异。在视觉规模较大（例如观察距离较短）以及观察时间更长的情况下，此视觉任务相对容易，光谱则对其没有影响。然而，在小规模视觉任务（例如观察距离较长）以及观察时间较短的情况下，光谱确实有着显著的影响。他们同时也总结出，对于光谱足以产生影响的困难视觉任务来说，该影响并不与人们所熟知的任一光谱特征有着直接的联系，比如显色指数（R_a）、色温（T_k）或 S/P 比值。光谱量度与面部识别之间关系的建立仍然需要进一步的研究分析。

与此同时，一些其他的研究并不十分关注面部识别，而是侧重于判断面部表情的可能性［Montel 和 Menard，1989；Fotios 和 Yang，2013］。一项来自日本的研究［Kohko 等人，2008］已经在某些细节上确定了眩光（表示为阈值增量 TI）对于面部识别的影响。其中一些研究使用了面部照度而不是半柱面照度作为表达方式，从而使得这些研究更加适用于不同的肤色。这些研究指出，在4m 的距离上，识别面部需要的面部照度需要 0.1（TI = 0）［Fotios 和 Yang，2013］～0.18cd/m^2（TI = 15%）［Kohko 等人，2008］。对于面部反射率为 0.4 的情况，这个数值分别对应半柱面照度的 0.8～1.5lx。

这里所描述的大部分研究都涉及了对接近目标人物的连续观察。而在现实中，当在街道上互相接近时，人们不会持续地看着其他的行人。Fotios 等人［2014］调查了在多长距离上受试者开始持续观察街道上其他行人以及观察的持续时长。为达到这一目的，研究者们为受试者们安装了眼球追踪器。研究者们在这项研究的成果基础上提出，当调查照明对于人际辨别的影响时，应该采用 15m 作为人际距离，以及 0.5s 作为观察时长。

5.1.3 视觉方向感与导向性

在完全黑暗中视觉的方向感是不可能产生的。如果没有光，就不知道自己身在何处或者走哪条路。方向感是一种复杂的过程，它涉及了期望、经验以及视觉记忆。相比那些不熟悉周围环境的人，熟悉周围环境的居民只需要更少的光照就能找到自己的方向。良好的视觉方向感所指的是对于房屋或其他建筑以及环境特征和路口的识别能力。之前所提到的眼球追踪器研究结果显示，沿着路线行走的受试者使用了略超过 50% 的时间看了房屋、道路（不是他们所走的人行道）以及树木［Favoudian 和 Raynham，2012］。当然，街道标志与房屋门牌号也应当同样清晰可见。为了实现这一切，照明设备不仅仅需要照亮区域中的水平表面，同样也应当照亮诸如外墙之类的垂直表面（见图 5.5）。实际上，视觉方向感的这一要求与之前从安全角度来说，为实现能够对周边环境一览无余并且找到逃脱路线的要求不谋而合。然而，为了不使家中的居民们受到外部光线的困扰（见第2部分“光污染”），需要尤其注意避免“过度照明”。之前所提到的模型研究［van Bommel 和 Van Dijk，1985］阐明，当街道的平均水平照度为 5lx 时，低至 1.5lx 的外墙面照度已经足以达到视觉方向感的要求。

图 5.5　对于视觉方向感，对于外墙以及环境特征的照明是必需的（见封二彩图）

5.2　视舒适与愉悦感

对于视舒适与其愉悦感，以下的 4 个方面在其中起到了重要的作用：

- 空间的明亮程度；
- 光源的颜色质量；
- 适眩光的限制；
- 白天的视觉冲击。

5.2.1　空间亮度

一个被主观判断为不安全的街道环境永远无法提供舒适或愉悦的体验。因此，在 5.1 节中提到的有关安全性指向性的考量因素在这里也同样适用。一条周围环境与自身都足够明亮到一览无余的街道是让人感受到愉悦的必要条件。愉悦感的测试显示，当照明水平低于 3 ~ 5lx 时，街道环境的主观感知亮度成为了主观愉悦程度的唯一决定性因素。而当照明水平高于 3～5lx 时，光源的光谱就在对主观愉悦程度的判定上起到了更加重要的作用（Nikunen 等人，2012）。

5.2.2　光的色彩质量

Knight［2010］开展了一项涉及荷兰、西班牙以及英国街道照明的广泛评估研究，这项研究在更换街道灯具前后进行了调查，但是更换灯具前后的照明水平、均匀度以及眩光都基本持平。当光源从白色偏黄的高压钠灯（色温为 2000K，显色指数为 25）更换为白色的金属卤化物灯（色温为 2800K 以及 4200K，显色指数为 80 左右）时，绝大多数情况下所感受到的舒适度得到了提升。实验室内中间视觉照明条件下的测试表明，在偏好方面，光谱分布中显色指数相对更加重要［Fotios 和 Cheal，2011］。图 5.6 显示了这些测试中的偏好数值与显色指数之间的关系。

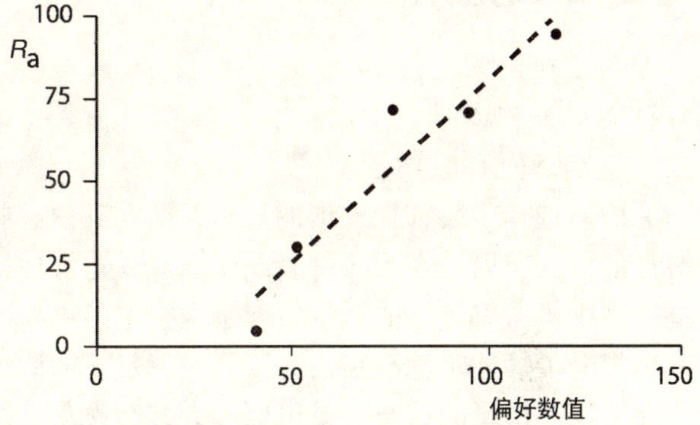

图 5.6　偏好数值与显色指数 R_a 之间的相互关系［Fotios 和 Cheal，2011］

5.2.3　不适眩光

显而易见，灯具太高所导致的过度眩光对居民和行人所体验到的舒适与愉悦感有着负面的影响。由于机动车驾驶员们将主要视线放在他们面前的道路上，因此较少直视明亮的灯具，然而，居民与行人的视线方向则往往更加随机，同时也包括直视灯具的视线。由于居民以及行人对不适眩光的感受是由靠近视线方向的个别明亮灯具所造成的，因此，限制个别灯具在临界角度上的出射光强度是合理的。灯具的发光面积越小，眩光感就更强烈，因而可容许的光强度就更低。一项同时考虑到发光强度以及发光区域效应的照明质量参数是灯具眩光指数（见图 5.7）：

$$\text{灯具眩光指数} = \frac{I_{85}}{A^{0.5}}$$

式中，I_{85} 为与垂直轴成 85°仰角处的最大光强（单位为 cd）；A 为在 85°仰角处可见的发光区域面积（单位为 m^2）。

随着灯具安装高度的增加，所要求的限制也不那么严重了。当然，这是由于随着灯具安装高度的增加，从所有普通视角上看，灯具都越来越远。对于安装高度大于 6m 的灯具，CIE 推荐的灯具眩光指数可以高达 7000，然而对于低于 4m

左右的临界安装高度来说，4000 左右的灯具眩光指数便可被接受。

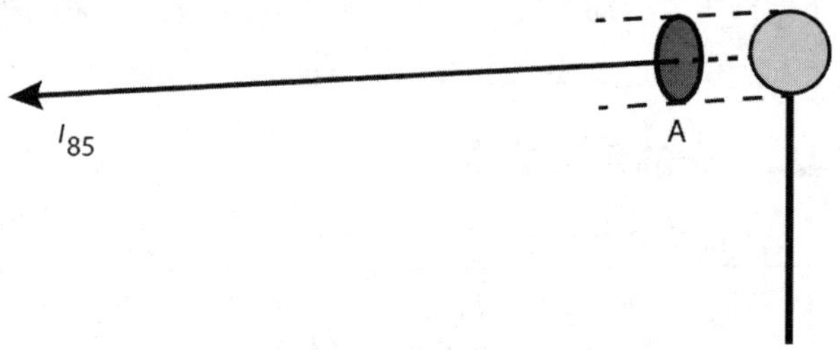

图 5.7　灯具眩光指数

5.2.4　日间的影响

尤其是在白天，灯具与灯柱能对视觉场景产生重要的影响。而有时由于这个原因，选择了装饰性外形的灯具，而在其他有些时候，则尽可能选择中性并且分散的灯具布局。在后一种情况中，灯具与灯柱被视作视觉障碍物。更大的灯柱间距减少了所需灯具的数量，但是也提出了更高的安装高度的要求。更高的安装高度提升了灯柱暗轮廓在高亮度天空背景下的清晰可见程度。通过将灯柱的高度限制为周围房屋的一半，就可以在大多数视角上避免这种轮廓现象。同时为使住宅区道路更加“人性化”，应该将此高度限制比例纳入考虑之中。这意味着，街道上的灯具应该与街道建筑的高度相关联［Caminada 和 van Bommel，1980］。考虑到这些有时相互矛盾的方面，得出结论：灯具的安装高度应该尽可能高，但是不应超过周边建筑外墙高度的一半。

5.3　照明水平、均匀度以及眩光控制

根据上述有关安全性、视觉方向性的讨论，可以得出以下有关行人以及其他慢速移动交通对照明质量的最低要求的结论。

正如照明的安全性是由最小水平照度与适应水平同时决定的，照明质量常常是由平均水平照度 $E_{hor,av}$（决定了适应状态）以及照明均匀度（通常为最小照度值与平均照度值的比值 $E_{hor,min}/E_{hor,av}$[㊀]）所决定的。平均水平照度值至少要达到 2 lx。对于周边环境比人行道或者自行车道还明亮的情况，则需要成比例提高水平照度。出于安全与视觉导向的目的，整体空间应该受到一些光照：一个相关量度可以是外墙照度，外墙照度至少需要达到 1.5lx。在这种情况下，过高的周边环境同样需要成比例提高外墙照度。空间亮度也被证实是取决于所用光源的光谱。色温较高的光源（颜色更冷的光源）要求相对较低的照明水平。对于街上行人的面部与身体识别，则要求人行道上任何位置的半柱面照度则至少达到 1lx。

㊀ 丹麦建议使用半球面照度而不是水平面照度作为发现人行道上小型障碍物的量度。这一方法据称能够更好地考虑到障碍物的三维形状。但是由于半球（障碍物）背面的光线不能够被接近的行人所发现，所以这一方法仍然存疑。

半柱面的曲面应该朝向那个需要识别其他靠近行人的人。在实际中，这通常意味着是平行于人行道的两个方向。

当然，过高的失能眩光会削弱所有道路使用者的视功能。由于机动车驾驶员将他们的主要视线放在前方的道路上，从而较少直视明亮的灯具，而骑车者，尤其是行人的视线方向更加随机，其中就包括了正对明亮灯具的方向。而用于机动车交通眩光控制的TI眩光概念并没有考虑到直视灯具的视线方向。因此，就需要另一个针对骑车者与行人的全新眩光限制系统。之前所定义的灯具眩光指数就是一项用来限制针对行人与居民的不适眩光的量度。

参考文献

Alferdinck J, Hogervorst M (2013) Face recognition at mesopic light levels and various light spectra. Lux Europe, Krakow

Banister D, Bowling A (2004) Quality of life for the elderly: the transportation dimension. Transport Pol 11:105–115

Blöbaum A, Henecke M (2005) Perceived danger in urban public space, the impacts of physical features and personal factors. Environ Behav 37:465–486

Boyce PR, Eklund N, Hamilton B, Bruno L (2000) Perceptions of safety at night in different lighting conditions. Light Res Technol 32:79–91

Caminada JF, van Bommel WJM (1980) New lighting considerations for residential areas. Int Light Rev 3:69–75

CIE (2000) Publication 136:2000 Guide to the lighting of urban areas, CIE

Davoudian N, Raynham P (2012) What do pedestrians look at night? Lighting Res Technol 44:438–338

Fotios SA, Cheal C (2009) Obstacle detection: a pilot study investigating the effects of lamp type, illuminance and age. Lighting Res Technol 18(3):113–118

Fotios SA, Cheal C (2011) Predicting lamp spectrum effects at mesopic levels. Part 1: spatial brightness. Lighting Res Technol 43(2):143–157

Fotios SA, Cheal C (2013) Using obstacle detection to identify appropriate illuminances for lighting in residential roads. Lighting Res Technol 45:362–376

Fotios SA, Yang C (2013) Measuring the impact of lighting on interpersonal judgements of pedestrians at night-time. Proceedings of CIE centenary conference "Towards a New Century of Light", Paris, France CIE centennial congress, CIE x038:2013:990–998

Fotios S, Uttley J, Cheal C Hara N (2014a) Using eye-tracking to identify pedestrians' critical visual tasks, Part 1. Dual task approach. Lighting Res Technol Prepublished February 7, 2014. doi:10.1177/1477153514522472

Fotios S, Yang B, Uttley J (2014b) Observing other pedestrians: investigating the typical distance and duration of fixation. Lighting Res Technol Prepublished April 3, 2014. doi:10.1177/1477153514529299

Hall ET (1969/1990) The hidden dimension. Anchor books, New York. (edn 1969 and 1990)

Johansson M, Rosén M, Küller R (2011) Individual factors influencing the assessment of the outdoor lighting of an urban footpath. Lighting Res Technol 43:31–43

Knight C (2010) Field surveys investigating the effect of lamp spectrum on perception of safety and comfort at night. Lighting Res Technol 42(3):313–330

Knight C, van Kemenade J, Deveci Z (2007) Effect of outdoor lighting on perception and appreciation of end-users. Proceedings of 18th biennial TRB visibility symposium, College Station TX, United States

Kohko S, Kawakami K, Nakamura Y (2008) A study on affects of veiling luminance on pedestrian visibility. J Light Visual Environ (Japan) 3:45–52

Lin Y, Fotios S (2013) Investigating methods for measuring face recognition under lamps of different spectral power distribution. Lighting Res Technol Prepublished September 30, 2013. doi:10.1177/1477153513505306

Meeren HKM, Van Heijnsbergen CCRJ, de Gelder BLMF (2005) Rapid perceptual integration of facial expression and emotional body language. Proc Nat Acad Sci U S A 102:16518–16525

Montel MC, Menar, J (1989) Eclairage public et distance d'identification. Lux Europe, Budapest

Morante P (2008) Mesopic street lighting demonstration and evaluation; final report for Groton utilities. Lighting Research Center, Troy

Nikunen H, Puolakka M, Rantakallio A, Korpela K, Halonen L (2012) Lighting promoting safety and creating a sense of pleasantness in suburban environments after dark. Ingeneria Iluminatului (Romenia) 15:31–44

Qi Yao, Yaojie Sun, Yandan Lin (2009) Research on facial recognition and color identification under CMH and HPS lamps for road lighting. Leukos 6:169–178

Raynham P, Saksvikrønnin T (2003) White light and facial recognition. Lighting J 68(1):29–33

Rea M, Bullough J, Akashi Y (2009) Several views of metal halide and high pressure sodium lighting for outdoor applications. Lighting Res Technol 41(4):297–314

Schäfer S, Völker S, Köth K (2010) Betrachtung der Energieeffizienz breitbandiger spektraler Verteilungen von Lichtquellen im mesopischen Bereich und deren Helligkeitseindruck. Tagungsband Licht 2010, Wien

Van Bommel WJM, Caminada JF (1982) Considerations of the lighting of residential areas for non-motorised traffic. Proceedings CIBSE national lighting conference, Warwick, 1982

Van Bommel WJM, Van Dijk (1985) Security lighting for domestic exteriors. Lighting Des Appl 15(5):39–44

第6章　中间视觉

摘要　视觉可以被分为3类：暗视觉、中间视觉以及明视觉。在每类视觉中，眼球中的两种感光细胞——杆状细胞与锥状细胞的活跃性都有所区别。在非常暗的视觉适应水平下，只有杆状细胞活跃响应，这种视觉即暗视觉。随着视觉适应水平从0.005cd/m^{2}开始提高，锥状细胞逐渐越来越活跃而杆状细胞则相反。这种视觉则是中间视觉。当视觉适应水平高于5 cd/m^{2}时，就只有锥状细胞是活跃的，此时的视觉种类是明视觉。绝大多数的道路照明设施的照明水平都与中间视觉相对应。锥状细胞与杆状细胞有着不同的光谱灵敏度：杆状细胞对较短的波长更加灵敏，而锥状细胞的最大灵敏波长则处于可见光谱段的中间位置。锥状细胞主要分布在眼球视网膜上主要用于清晰视野的区域，而杆状细胞只分布于视网膜上负责周边视野的区域。以上所述所造成的结果就是，在中间视觉中，由于存在出射较多短波成分的光源，周边视野的视觉表现更加出色。同样地，对于明亮程度的主观感受也得到了提升。在更低的照明适应水平下，更多的杆状细胞变得活跃，因此在较低的照明水平下这些优势更加显著。然而，由于光度学的计量单位是基于明视觉制定的，因此，从测量数据上来看，这些优势并不十分突出。因此，根据光源的光谱（通过其 *S/P* 比值表示）和道路照明设施中获得的照明水平，制定了相应的修正系数。

6.1　眼睛的光谱灵敏度

在视觉的机制中，眼睛的视网膜上的两种不同的感光细胞扮演了重要的角色：锥状细胞与杆状细胞。眼睛所适应的照明水平决定了哪种视觉细胞处于活跃状态，也就是说，视觉细胞的活跃性是取决于眼睛所观察到景象的亮度水平。在较高的适应水平下（大于5cd/m^{2}左右），锥状细胞处于活跃状态，就认为这种情况属于明视觉。由于有感红、感绿、感蓝3种锥状细胞，所以彩色的视觉得以实现。明视觉下的光谱灵敏度由 $V(\lambda)$ 曲线来表示，当波长处于555nm左右时，光谱灵敏度达到了最大值，此时相对应的颜色为黄绿色（见图6.1）。所有的光度学计量单位（光通量、光强、照度、亮度等）都是基于 $V(\lambda)$ 这项参数的。在非常低的适应水平下，大约低于0.005cd/m^2（通常被称为“伸手不见五指”），则只有杆状细胞处于活跃状态，这种情况称之为暗视觉㊀。

㊀ 沥青路面在满月条件下可以达到0.02～0.03cd/m^2 的亮度，这对于暗视觉而言有些“太亮”了。昏暗的居民区街道也有0.2～0.5cd/m^2 的亮度，远远高于暗视觉所需的亮度。

与锥状细胞相比，杆状细胞对于光的灵敏度要更高。当处于暗视觉或杆状细胞视觉条件下，色彩视觉不可能产生。暗视觉的光谱灵敏度是由 $V'(\lambda)$ 曲线来表示。当波长处于505nm 左右时，暗视觉的灵敏度达到最大值，此时相对应的颜色是蓝绿色：相对于 $V(\lambda)$ 曲线，$V'(\lambda)$ 曲线很明显地向着光谱的蓝端方向发生了漂移。当视觉适应水平处于0.005 ~5cd/m^{2}时，杆状细胞与锥状细胞同时处于活跃状态，称该状态为中间视觉。在中间视觉的范围中，当适应水平由高降低，杆状细胞的活跃程度也越来越重要。其结果就造成了光谱灵敏度逐渐向短波的方向（或说蓝端方向㊀）漂移。图6.2 展示了这种漂移。这里灵敏度是就绝对光谱光效值而言，因此之间的规模比例并不像通常情况那样相似（见图6.1），因此，灵敏度本来就较高的杆状细胞的作用变得更加显著。

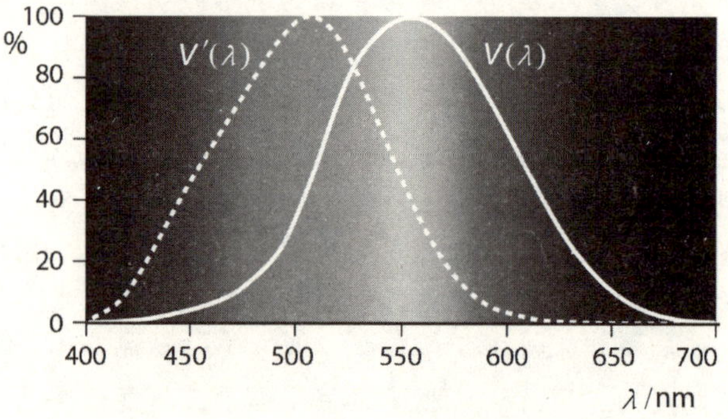

图6.1 明视觉与暗视觉下的眼睛光谱灵敏度曲线 $V(\lambda)$(CIE，1926)和 $V'(\lambda)$(CIE，1951)(见封二彩图)

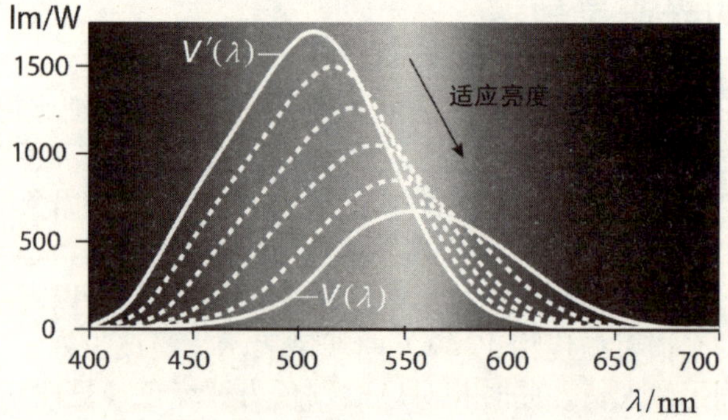

图6.2 明视觉、暗视觉以及中间视觉下的光谱发光效率曲线 $V'(\lambda)$、$V(\lambda)$和 $V_{mes}(\lambda)$(虚线)。$V(\lambda)$最大值为683lm/W，$V'(\lambda)$最大值为1700lm/W（见封二彩图）

㊀ 由于这种漂移，对于色彩的感知会有些偏蓝。这一色彩漂移效应被称为“普尔金耶效应”(Purkinje effect)。

由于漂移的方向是光谱的蓝绿端，可以声称：在道路照明条件下，也就是基本都处于中间视觉范围的情况，含有较多蓝绿光成分的光源（冷白光）比含有较多红黄色光成分的光源（暖白光）从视觉角度来看效率更高。有的时候这些主张过于夸张而有的时候并不完全有效［van Bommel，2009］。正如将在6.2节所解释的，这些主张对于周边视觉成立，对于清晰视觉则并不有效。

6.2　清晰视觉与周边视觉

锥状细胞集中于视网膜上被称为中央凹的区域，在这个区域中，景物在视线周围2°的锥形角中形成了清晰锐利的图像。杆状细胞并不存在于中央凹区域。在中央凹之外，锥状细胞的数量迅速降低至一个很低但比较稳定的数值（见图6.3）。

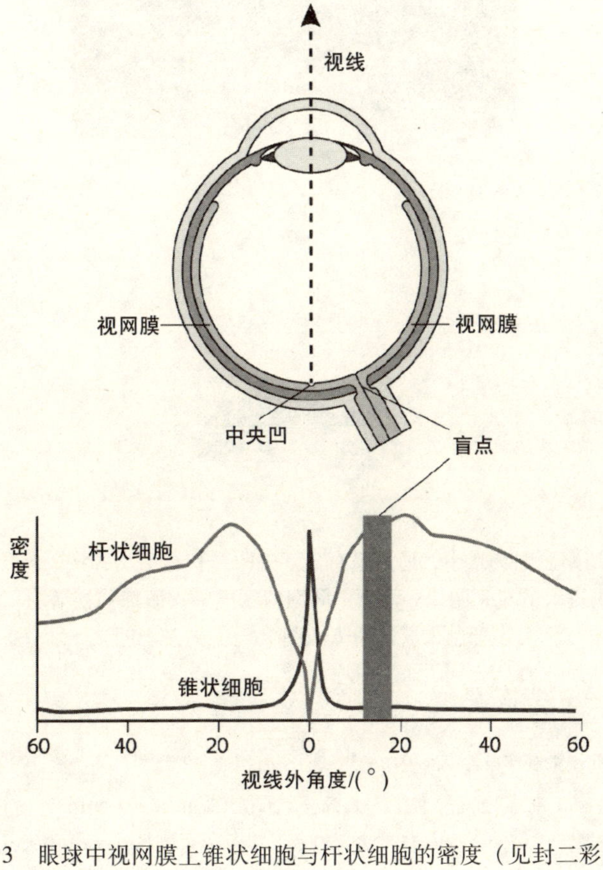

图6.3　眼球中视网膜上锥状细胞与杆状细胞的密度（见封二彩图）

因此，在“中央”视觉或“清晰视线”视觉（也被称作中央凹视觉）的情况下，只有锥状细胞在起作用。$V(\lambda)$曲线对于清晰视觉的表现提供了预测，同时，对于这种视觉情况，应该使用普通明视觉的照明单位，并且同样适用于中间视觉所对应的照明水平［CIE，2010］㊀。

中央凹视觉的视场非常小，只有2°立体角。然而，却能感知到一副大得多的清晰并且多彩的图像。这是由于人们的眼睛在下意识地将目光持续落在视野景物中不同的固定点上。部分固定点的变化被称为扫视，扫视是逐步进行的，而且要花0.04~0.2s的时间。在每个固定点上停留的时间约为0.25s。与迅速移动的照相机相比，在每一次扫视行为中，成像受到了抑制，从而使得获得的图像不模糊。通过这些眼球的移动，大脑将许多张不同的锐利中央凹图片组合成一张视角大于2°的锐利图像（见图6.4）。

图6.4　在道路照明场景中，通过潜意识下的眼球扫视活动，将2°范围内锐利视场叠加组成范围更大的锐利图像。注意中间图所示的一次眼球扫视活动，通过对成像的抑制来获得清晰的图像（见封二彩图）

㊀ 中央凹中间视觉观察条件下的视功能测试会给出相冲突的结果。一些测试显示，冷白光有着正面的效果［Fotios 等人，2005；Fotios 和 Cheal，2007；Szabó等人，2010］。而其他一些测试却并未显示光谱的特殊影响［Kebomaki 等人，2003；Alferdinck 和 Hogervorst 等人，2013］，原因可能是杆状细胞与其他3种锥状细胞之间的相互作用影响了中央凹的中间视觉［Ripamoni 等人，2009］。

杆状细胞的密集程度在视网膜的外围（周边视觉）区域迅速上升，而在此区域锥状细胞的数量却急剧减少。杆状细胞最集中的区域是在视线方向周围15°立体角左右（见图6.3）。因此，杆状细胞对于周边视觉或“视线外”视觉的作用是至关重要的。在中央凹中，所有的锥状细胞与大脑都由独立的神经连接，从而得以形成锐利的图像（见图6.5）。然而，大多数的杆状细胞是互相连接的，因此大脑获得的信号损失了一些初始信息，造成周边视觉的图像不但不清晰，反而有些模糊[㊀]。

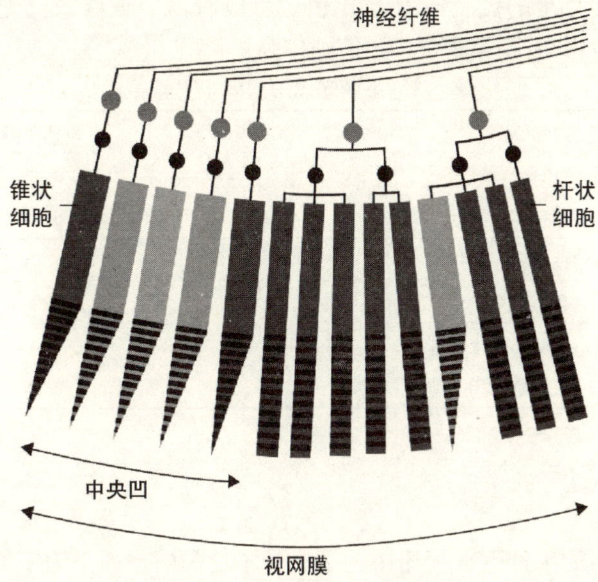

图6.5　大脑与中央凹处的锥状细胞与视网膜周边杆状细胞的神经纤维连接示意（见封二彩图）

6.3　光源的 *S/P* 比值

为了能够量化光源光谱在中间视觉亮度范围中对周边视觉产生的影响，必须将光源光谱在 $V'(\lambda)$ 曲线与 $V(\lambda)$ 曲线中的比重分别表示出来。所谓的 *S/P* 比值已被证明是一个比较适合该目的的量度。这个值是基于 $V'(\lambda)$ 曲线的暗视觉加权光谱与基于 $V(\lambda)$ 曲线的明视觉加权光谱的比值。根据光源的光谱，可以轻松地计算出它的 *S/P* 比值。举个例子，假设使用一只波长为500nm的理想单色光源。

㊀ 人眼有12600万个锥状细胞与杆状细胞，但却只有100万根左右的神经纤维。在视网膜的边缘区域，几百个杆状细胞才有一根神经纤维与之相连［Tovée，1996］。

从图6.1中，不难发现在暗视觉 $V'(\lambda)$ 曲线中，该波长的敏感度相对数值为0.99，而在明视觉 $V(\lambda)$ 曲线这一相对数值则为0.30。为了将这些相对数值转换为绝对数值，将它们分别乘以两种视觉的最大视觉敏感度值（明视觉：1700；暗视觉：683）。这样便可以计算出本例的 S/P 比值：

$$(0.99\times1700)/(0.30\times683)=8.2$$

对于非单色光源，其所包含的所有波长都应该遵循这一计算过程。许多灯具制造商都将 S/P 比值作为灯具的数据资料的一部分给出。表6.1提供了道路照明所使用的不同灯具的代表性 S/P 比值。可以看出，暖白光色光源的 S/P 比值相对较低，而冷白色光源的 S/P 比值则较高。

表6.1 不同光源的大致 S/P 比值

光源	S/P 比值
黄色低压钠灯	0.25
黄白色高压钠灯	0.65
暖白色金属卤化物灯	1.25
暖白色 LED	1.3
冷白色金属卤化物灯	1.8
蓝白色 LED	2.15

6.4 适应亮度

在道路照明的条件下，视场中的亮度是不均匀的。通常为了简化，路面的平均亮度被错误地作为适应亮度使用。其实在适应亮度中，视场中许多其他高亮度值的物体也扮演了重要的角色，例如耀眼的道路照明灯具，以及迎面车辆的头灯、发光的指示牌和各种表面所反射来的光线等。所有的这些高亮物体都会提高适应亮度，导致适应亮度值高于路面平均亮度。因此，光谱向短波端的漂移程度就会小于仅考虑路面平均照度时的漂移程度。这里调查分析的主题就是究竟如何确定适应亮度的数值。特别地，使用了眼球追踪器来研究眼睛视线的方向与固定点。这项研究的目的是要确定适应视场的位置、形状以及大小。CIE 的一个技术委员会（CIE JTC-1“CIE 191 户外照明中间视觉光度学的实施”）负责了这项研究的协调工作。一旦适应视场被确定下来，下一步就要确定这个视场中的不同灯具的权重方法。在这个视场中，眩光源的影响可以通过其光幕亮度［Uchida 和 Ohno，2013］来大致估算。在此研究的基础上，计算得出了不同眩光条件中应该在平均路面亮度上增加的亮度值。表6.2中给出了这些增加亮度值的计算结果。从表中可以清楚地看出，当在估算大多数道路照明状况下的适应亮度时，至少需要在平均路面亮度值上额外增加25%左右的亮度值。

表 6.2 为得到 TI 值不同的眩光场景下的适应亮度，平均路面亮度 L_{av} 额外增加的百分比

TI（%）	$L_{av}=0.1cd/m^2$	$L_{av}=0.5cd/m^2$	$L_{av}=1cd/m^2$
10	24%	18%	15%
15	37%	26%	23%

6.5 光度学数值的修正系数

前面已经清楚地指出，在中间视觉的条件下使用光度学值来衡量照明水平、亮度以及照度时，只要这些光度学数值与周边视觉和观察者的实际视觉适应情况相关，就需要对该数值进行一定的修正。然而，视觉是一种复杂的现象。在视觉中，感短波（对蓝光最敏感的S形锥状细胞）、感中波（对绿光最敏感的M形锥状细胞）以及感长波（对红光最敏感的L形锥状细胞）这3种锥状细胞与杆状细胞起到了重要的作用。即使是发现于2002年［Berson等人，2002］的对照明的非视觉生物学效应中扮演重要角色的感光视网膜神经节细胞也对视觉产生了一定的影响：比如会影响瞳孔大小的调节。与其他方面一样，哪些视觉细胞通过各种方式组合也取决于当时的视觉任务以及环境条件。这从根本上意味着：对于不同的视觉任务以及不同的环境条件，针对中间视觉的光度学修正系数都是截然不同的。前面已经指出，对于道路照明，视觉任务的表现与感知亮度尤为重要。

6.5.1 周边视觉任务表现

6.5.1.1 CIE修正系数

CIE（2010）在周边视觉任务表现的基础上定义了一个中间视觉光度学系统。在这个系统的开发过程中定义了不同的光谱对多种道路照明状况下需要完成的周边视觉任务的效应。在美国［Rea和Bullough，2007］、欧洲［Goodman等人，2007］与亚洲［Sagawa和Takeichi，1992］，许多不同的研究机构开展了大量的针对该类型的研究。这些研究形成了两大系统：所谓的美国USP（统一光度学系统）与欧洲MOVE（视觉效率的中间视觉优化）系统。USP系统的基础是受试者对不同周边位置上出现的物体的反应时间测量值［He等人，1997，1998］。而MOVE系统是基于3项子任务：一个周边物体能否被探测到［Freiding等人，2007］、探测到它需要多长时间［Walkey等人，2007］以及它能否被识别［Várady等人，2007］。在这些调查结论以及各研究小组代表合作的基础上，CIE发布了《基于视功能的中间视觉光度学的建议系统》文件［CIE，2007］。这一系统定义了可以计算图6.2中曲线的光谱效率函数 $V_{mes}(\lambda)$。该函数表示为

$$V_{mes}(\lambda)=mV(\lambda)+(1-m)V'(\lambda)$$

式中，m 为适应性亮度与 S/P 比值实际光谱的函数，当 $L_{adapt} \geqslant 5cd/m^2$ 时，$m=1$，当 $L_{adapt} \leqslant 0.005cd/m^2$ 时，$m=0$。

CIE 文件在其附录中以适应性亮度和 S/P 比值函数的方式给出了 m 的数值，从而可以对 $V_{mes}(\lambda)$ 进行计算。这进而允许在给定光源光谱的情况下，对实际路面亮度或照度使用的（周边视觉）修正系数进行计算。幸运的是，由于这份 CIE 文件中为大范围内的 S/P 比值和适应性亮度都给出了相应的修正系数，无需为每一种场景分别计算 $V_{mes}(\lambda)$。表 6.3 作为相应 CIE 表格的总结，给出了 3 项不同适应性亮度数值情况下的修正系数。

表 6.3 对 S/P 比值不同的各类光源，周边中间视觉的明视觉亮度修正系数 CF_{mes}。基础条件：视觉任务对象偏离视线 10°时的视觉任务表现。L_{adapt} 单位为 cd/m² [CIE, 2010]

CF_{mes}			
S/P 比率	$L_{adapt}=0.03$	$L_{adapt}=0.3$	$L_{adapt}=3$
0.65	0.80	0.92	0.99
1	1.00	1.00	1.00
1.45	1.22	1.09	1.01
2.25	1.57	1.24	1.04

举个例子，对于适应性亮度为 $0.3cd/m^2$ 的周边视觉，S/P 比值为 1.45 的光源（例如金属卤化物灯）的效率远高于 S/P 比值为 0.65 的光源（例如高压钠灯）：实际上，其有效修正系数为 1.09/0.92 = 1.18 强。对于蓝光富集且 S/P 比值为 2.25 的冷白光源（如偏蓝白光 LED），有效修正系数为 1.24/0.92 = 1.35 强。也可以看出，对于更高的适应性水平，修正系数多少有些可有可无：$3cd/m^2$ 下同样的 S/P 比值例子，修正系数仅分别为 1.01/0.99 = 1.02 和 1.04/0.99 = 1.055㊀。图 6.6 用图形表达了 CIE 表格，其给出了道路照明中常见适应性亮度范围的修正系数的概观。

6.5.1.2 道路照明实践的结果

为了将中间视觉的知识应用到实践中去，人们总面对这样一个问题：在实际情况中，周边视觉或者中央凹视觉是否更加有实际意义？当执行周边视觉并不重要，而中央凹视觉相当关键的视觉任务时，就无需对其进行修正。一个明显的例

㊀ 有时将 S/P 比值本身作为修正系数使用。在该例子中其导致修正系数分别为 1.45/0.65 = 2.23 以及 2.25/0.65 = 3.46。这不仅误导而且错误：对于适应性亮度为 $0.3cd/m^2$ 的情况，正确的修正系数仅分别为 1.18 和 1.35。这些修正系数在适应性亮度为 $3cd/m^2$ 的情况下已经可有可无，可见其声称可以修正户外照明等高照明应用中光源是多么错误。

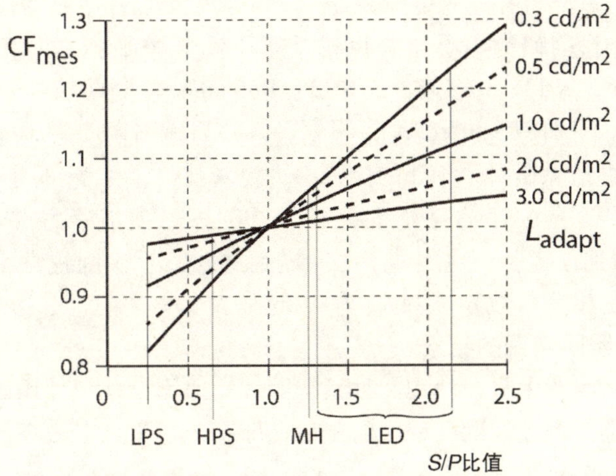

图 6.6 与 *S/P* 比值和适应性亮度相关的周边视觉功能的中间视觉修正系数 CF_{mes}［CIE, 2010］。LPS 代表低压钠灯，HPS 代表高压钠灯，MH 代表金属卤化物灯

子如车道两边皆有护栏且无路口高速公路的照明。对于那些周边视觉能够对视觉任务起到一定作用的室外照明设施，其相应的修正系数在表 6.3 中给出。这些修正系数根据其不同的 *S/P* 比值应用于实际的光源光谱中。只要与周边视觉相关，就可以使用修正系数来降低照明水平。但是还应该意识到，这样一来中央凹视觉任务的表现就会逊色一些。这一副作用对于老年人更加严重。完成 CIE 修正系数表的这项研究的实验对象年龄为 20 ~ 35 岁。而人眼的晶状体会随着年龄增长而黄化，这也就意味着很大一部分蓝光会被晶状体所吸收（见第 7 章“年龄的影响”）。这意味着对于年长的驾驶员，上述中间视觉在富蓝光下的优势会更小一些。

在不均匀光环境中确定实际适应性亮度的方法尚未被确定及标准化。正如 6.4 节中所探讨的，当估算适应性亮度时，至少应该在实际平均路面亮度的基础上增加平均路面亮度的 25%。

6.5.2 明亮程度

6.5.2.1 明亮程度预估模型

在第 5 章中已经提到，有不少研究结论显示光源的光谱影响了人们对明亮程度的主观判断［Morante，2008；Rea 等人，2009；Knight 2010；Schäfer 等人，2010；Fotios 和 Cheal，2011］。这一现象不是中间视觉的特质，对于明视觉也同样成立。在中间视觉的范围中，相对大部分光辐射都是短波的光源，即色温与 *S/P* 比值都较高的光源能够在相同照度的情况下产生更高的明亮感觉。CIE

[2001] 开发了一套“补充光度学系统”，其中光源或者被照物体都使用比较亮度进行衡量[㊀]。目前研究人员也在探讨基于不同光敏细胞之间相互作用的模型 [Fotios 和 Cheal，2011；Rea 等人，2011；Bullough 等人，2014]。Fotios 和 Cheal [2011] 测试了不同模型的明亮度预测方法，并与道路照明常用光源的明亮度评估作对比。这些光源在两个相邻的位置中进行对比，参照亮度为 0.25cd/m²。不出意外，CIE 的明亮度评估补充系统展示了良好的预估能力（相关系数 R^2 = 0.89）。有趣的是，实验中也测试了之前提到过的 CIE 中间视觉系统。其预估能力也不错，但是相关系数 R^2 略低，为 0.86。

6.5.2.2 道路照明实践的结果

由于在道路照明中只能使用一种系统的现实原因，建议使用同一套 CIE 系统来进行周边视觉任务以及明亮程度的预估，即基于视觉任务表现的中间视觉光度学建议系统 [Fotios 和 Cheal，2011；Fotios 和 Goodman，2012；CIE，2014]。使用高于 0.25cd/m² 的参照亮度的进一步测试可以被用来强化佐证这一建议。在实践中，该建议即，可以将 CIE 2010 年文件中给出，并在表 6.3 以及图 6.6 中总结的修正系数同时应用于周边视觉任务表现以及明亮程度的预测。

参 考 文 献

Alferdinck J, Hogervorst M (2013) Face recognition at mesopic light levels and various light spectra. Lux Europe, Krakow

Berson DM, Dunn FA, Takao M (2002) Phototransduction by retinal ganglion cells that set the circadian clock. Science 295:1070–1073

Bisketzis NV, Topalais PF, Bouroussis A, Topalis FV (2009) Is the fovea vision only photopic? Lux Europa, Istanbul

Bullough JD, Radetsky LC, Besenecker UC, Rea MS (2014) Influence of spectral power distribution on scene brightness at different light levels. Leukos J Illum Soc North Am 10:3–9

CIE (1926) Proceedings CIE 6th session 1924, Geneva. Recueil des Traveaux et Compte Rendu de Séances. University Press, Cambridge, pp 67–69

CIE (1951) Proceedings CIE 12th Session, Stockholm 3:37–39

CIE (2010) CIE Publication 191:2010, Recommended system for visual performance based on mesopic photometry

CIE (2011) CIE Publication 200:2011, Supplementary system of photometry

CIE (2014) CIE Publication 206:2014, The effect of spectral power distribution on lighting for urban and pedestrian areas

Fotios SA, Cheal C (2007) Lighting for subsidiary streets: investigations of lamps of different SPD. Part 1: visual preference. Lighting Res Technol 39:215–232

Fotios SA, Cheal C (2011) Predicting lamp spectrum effects at mesopic levels. Part 2: preferred appearance and visual acuity. Lighting Res Technol 43:159–172

Fotios SA, Goodman T (2012) Proposed UK guide for lighting in residential roads

Fotios SA, Cheal C, Boyce RR (2005) Light source spectrum, brightness perception and visual

---

㊀ 其中所使用的数值为明视觉与暗视觉亮度以及色度学坐标 X 和 Y（也被用于在色彩三角中标出光线色度的位置）。

performance in pedestrian environments: a review. Lighting Res Technol 37:271–294
Freiding A, Eloholma M, Ketomäki J, Halonen L, Walkey H, Goodman T, Alferdinck J, Várady G, Bodrogi P (2007) Mesopic visual efficiency I: detection threshold measurements. Lighting Res Technol 39:319–334
Goodman T, Forbes A, Walkey H, Eloholma M, Halonen L, Alferdinck J, Freiding A, Bodrogi P, Varady G, Szalmas A (2007) Mesopic visual efficiency IV: a model with relevance to nighttime driving and other applications. Light Res Technol 39:365–392
He Y, Rea M, Bierman A, Bullough J (1997) Evaluating light source efficacy under mesopic conditions using reaction times. J Illumin Eng Soc Winter 1997:125–138
He Y, Bierman A, Rea M (1998) A system of mesopic photometry. Lighting Res Technol 30:175–81
Kebomaki J, Elolma M, Orreveteläinen P, Halonen L (2003) Mesopic lighting condition and pedestrian visibility. Ing Illum 11:29–40
Knight C (2010) Field surveys investigating the effect of lamp spectrum on perception of safety and comfort at night. Lighting Res Technol 42(3):313–330
Morante P (2008) Mesopic street lighting demonstration and evaluation; final report for Groton utilities. Lighting Research Center, Troy
Rea M, Bullough J, Akashi Y (2009) Several views of metal halide and high pressure sodium lighting for outdoor applications. Lighting Res Technol 41(4):297–314
Rea M, Radetsky L, Bullough J (2011) Toward a model of outdoor lighting scene brightness. Lighting Res Technol 43(1):27–30
Rea MS, Bullough JD (2007) Making the move to a unified system of photometry. Lighting Res Technol 39:393–408
Ripamonti C, Woo WL, Crowther E, Stockman A (2009) The S-cone contribution to luminance depends on the M- and L-cone adaptation levels: silent surrounds? J Vis 9:16
Sagawa K, Takeichi K (1992) System of mesopic photometry for evaluating lights in terms of comparative brightness relationships. J Opt Soc Am 9:1240–1246
Schäfer S, Völker S, Köth K (2010) Betrachtung der Energieeffizienz breitbandiger spektraler Verteilungen von Lichtquellen im mesopischen Bereich und deren Helligkeitseindruck. Tagungsband Licht 2010, Wien
Szabó F, Vas Z, Schanda J (2010) Investigation of the effect of light source spectra on visual acuity at mesopic lighting conditions. Proceedings CIE lighting quality and energy efficiency symposium, Vienna, CD-Proceedings
Tovée MJ (1996) An introduction to the visual system. Cambridge University Press, Cambridge
Uchida T, Ohno Y (2013) Effect of high luminance sources to peripheral adaptation state in mesopic range. CIE Centennial congress, CIEx038 pp 529–536
Van Bommel WJM (2009) The spectrum of light sources and low light levels: the basics. Light Eng (Svetoteknika) 18(1):39–43
Várady G, Freiding A, Eloholma M, Halonen L, Walkey H, Goodman T, Alferdinck J (2007) Mesopic visual efficiency III: discrimination threshold measurements. Lighting Res Technol 39:355–364 (CIE)
Walkey H, Orreveteläinen P, Barbur J, Halonen L, Goodman T, Alferdinck J, Freiding A, Szalmás A (2007) Mesopic visual efficiency II: reaction time experiments. Lighting Res Technol 39: 335–354

第7章　年龄的影响

摘要　随着年龄的增长，眼睛的光学部分会发生一些变化，这种变化会对视力造成一定损伤。年龄增长可以改变视觉神经信号转换以及对大脑皮层的传输效率，而这种改变也会损害视力。对于60岁以上的人，这种神经上的改变只会造成负面的影响。然而，这种光学上的变化在很早之前就已经产生负面的影响了。瞳孔的直径会随着年龄的增长而缩小，从而导致穿过瞳孔到达视网膜的光量减少。早在20岁之前，眼球晶状体就开始了黄化的过程，这种黄化尤其减少了到达视网膜的蓝光的总量。对一个65岁的人，瞳孔的缩小以及晶状体黄化的综合效应导致到达他的视网膜的光量减少了30%。在本章中，使用30岁、50岁以及65岁的机动车驾驶员的显示能力值展示了年龄变化因素影响。

7.1　年龄与视觉机制

包括本书案例在内的大多数对道路照明的调研中，通常都是使用相对的年轻受试者（一般在20~30岁的年龄段）。而随着年龄的增长，视力也会恶化。在这里将深入探究视力退化的原因。

随着年龄的增长，眼球的光学部分在两方面产生了变化，即杆状细胞与锥状细胞的转校效率方面以及视觉信息在大脑中的神经传输路径。这两种变化因素对60岁以上的人有尤其严重的负面影响。即使是在60岁之前，眼球光学器官的变化也会造成明显的负面后果。年龄增长带来了晶状体透明度以及眼球透明度的降低（云翳）晶状体的黄化以及弹性降低带来的瞳孔缩小，这些因素都会对到达视网膜的光通量带来严重的不良后果。举个例子，表7.1给出了中间视觉条件下，50岁和65岁人群与25岁人群的瞳孔尺寸的对比。图7.1同样展示了相同的效果概念，这张图片中显示的是一位24岁的年轻人的瞳孔（左）与一位66岁的老人的瞳孔（右）在同样光照条件下的对比。这种缓慢的瞳孔缩小在60岁之后逐渐稳定下来［Nakamura等人，2009］。

表7.1　瞳孔相对最大尺寸

年龄/岁	瞳孔大小（%）
25	100
50	65
65	55

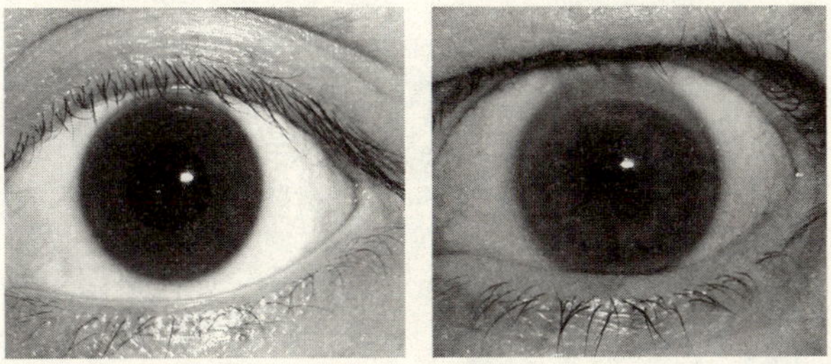

图 7.1　在相同光照条件下所摄的两张照片显示，24 岁年轻人（左图）的眼睛与 66 岁老人（右图）的眼睛瞳孔大小有着显著的不同

在年龄增长的过程中，眼球的晶状体会逐渐损失弹性并且黄化，同时曲率也有可能发生变化。弹性损失与曲率变化会使得对近处物体的对焦愈发困难（老花眼）。这种视力问题可以通过佩戴眼镜等来解决。双焦或者多焦镜片也能解决这个问题。通常对于使用视力的机动车驾驶员来说，老花眼并不会造成太坏的后果。然而，如在图 7.2 中展示的眼球晶状体逐渐黄化的过程却会降低眼球的透光性，从而导致到达视网膜的光量减少。图 7.2 中显示，眼球晶状体的黄化从 25 岁就已经逐渐开始了。

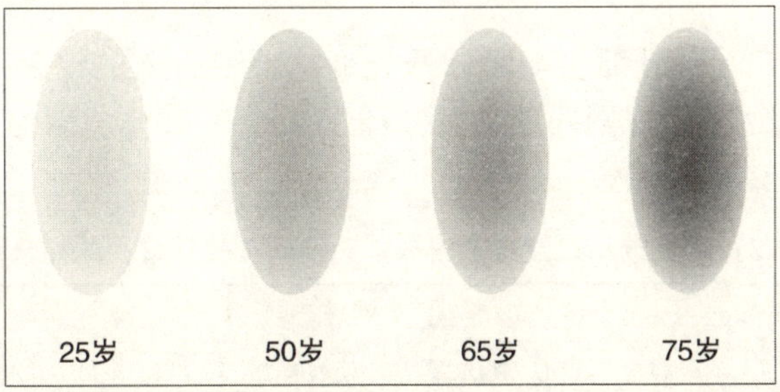

图 7.2　眼球中晶状体随着年龄增长而黄化的示意（见封二彩图）

大多数的黄光、绿光以及红光可以穿透黄化的晶状体，但是大量的蓝光都会被晶状体所吸收（光谱中蓝光的位置远离黄光）。图 7.3 显示了晶状体在不同波长下的透光率，不难看出，晶状体的黄化确实影响了透光性，尤其是蓝光部分的透光性。晶状体黄化所导致的这种效应叫做“蓝光损失效应”。

对于年龄较大的人群，光线中蓝光成分更多的光源（冷白光光源）的照明效果更加低。这是由于只有很小的一部分蓝光能够最终到达他们的视网膜。根据图 7.3 所示的曲线，表 7.2 计算得出了以 25 岁人群为参照，50 岁和 60 岁人群对 2700K 的暖白 LED 以及 4000K 的冷白 LED 两种光源的眼球透光程度。

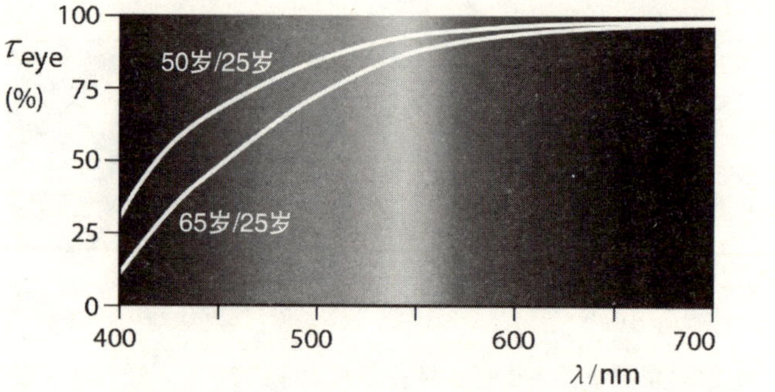

图 7.3 50 岁人群和 65 岁人群相对于 25 岁人群的人眼透光率 τ_{eye}
[van de Kraats 和 van Novren，2007；CIE，2012]（见封二彩图）

表 7.2 暖白色与冷白色 LED 光线穿过 50 岁与 60 岁人群晶状体的相对透光率（相对于 25 岁人群）

相对于 25 岁人群的透光率（%）		
年龄	暖白色 LED 2700K *S/P* 比值：1.28	冷白色 LED 4000K *S/P* 比值：1.47
50	66	55
65	62	51

表 7.3 中给出了瞳孔缩小与眼球透光度降低所带来的综合效应。对于 50～65 岁的人群，到达他们视网膜的光量减少了 43%～28%。而作为参照，一副普通的太阳眼镜能够减少 30%～45% 的光线。

表 7.3 瞳孔缩小以及透过眼球到达视网膜光线减少的综合影响

相对于 25 岁人群的透光率（%）		
年龄	暖白色 LED 2700K *S/P* 比值：1.28	冷白色 LED 4000K *S/P* 比值：1.47
50	43	36
65	34	28

图 7.4 所示的是从一名 25 岁受试者以及一名 65 岁受试者眼中所“看到”的同一幅景象的不同视觉效果。

眼球的黄化效应最终会导致白内障的产生（举个例子，图 7.2 中 75 岁老人的晶状体）。通过相对简单的手术，可以用人造替代品来替换黄化的晶状体，这种替代品也就是所谓的人工晶体（IOL）。现在人们还在争论，人工晶体是否应该让所有可见光穿透，还是应该使用所谓的阻蓝晶体来吸收一部分的蓝光[Henderson 和 Grimes，2010]，这种阻蓝晶体的透光光谱与 50 岁左右人群的晶状体相似，也就是说，透光性的衰减感受仍然不可逆。该争议中所涉及的一方使用

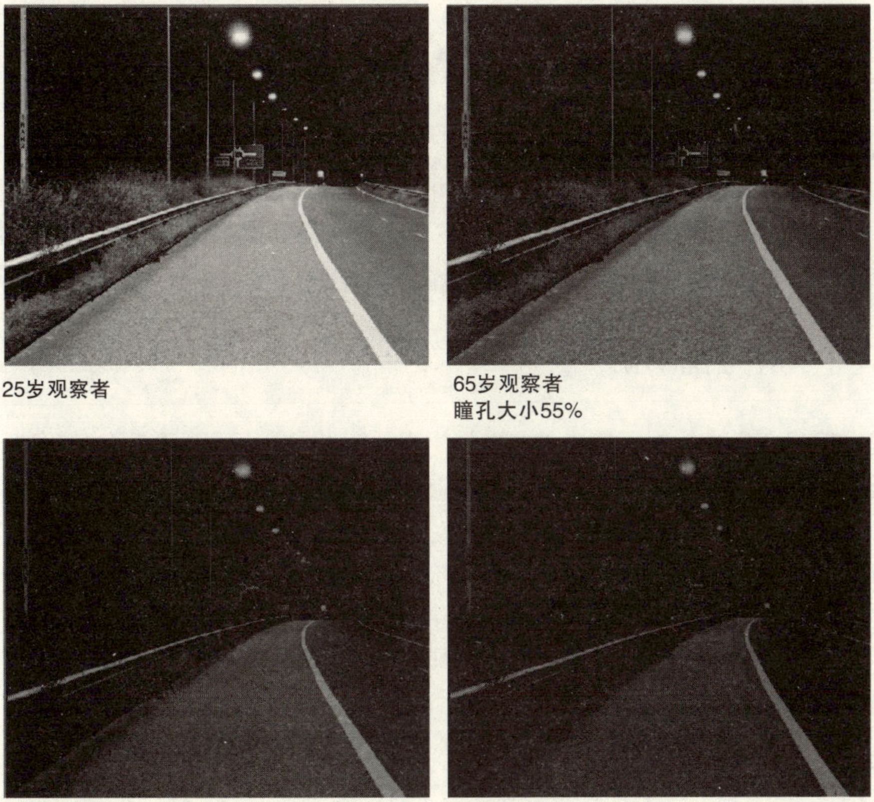

25岁观察者

65岁观察者
瞳孔大小55%

65岁观察者
瞳孔大小55%
眼球透光率62%(2700K LED)

65岁观察者
瞳孔大小55%
眼球透光率51%(4000K LED)

图 7.4　同一张照片上添加的滤镜效果显示了 25 岁人群和 65 岁人群眼球透光率不同而产生的视觉差别（见封二彩图）

了一项目前为止尚未被证实的假说，这种假说认为，一生受到蓝光照射所造成的视网膜损伤会增加老龄性黄斑变性（AMD）的风险，从而导致视场中央视觉的损伤。这项假说的支持者认为，晶状体的黄化过程其实是对长时间高能量的蓝光的自然保护。而争议的另一方中的一些反对该项假说的科学家指出，清晰的晶状体对视力有益，而且尤其是对视网膜上的 ipRGC 光敏细胞的非视觉生物效应有益。这种不久前发现的细胞［Berson 等人，2002］对短波蓝光有高度的敏感性。它们在生物钟节奏与神经 - 行为调节中起到了非常重要的作用［Lucas 等人，2013］。

如果有人想通过提高光量的方法来补偿老年人视觉的退化效应，就应该牢记，由于晶状体的云翳，老年人对眩光更加敏感。光线在晶状体与眼球中的散射，很大程度上导致了不适眩光的产生，这种光线散射可以使用光幕亮度的概念来表达。在同样的照明条件下，50 岁人群的光幕亮度是 23 岁人群的 1.3 倍之多。对于 60 岁的人群与 70 岁的人群，这个比例甚至上升到了 1.6 倍与 2.2 倍［Fisher 和 Christie，1965；CIE，2000］。由以上可以明显看出，应该格外注意针对老年人的合适眩光控制。

必须做出一条备注：视觉系统的老化效应在个体之间有相当大的不同。比如说，有些人在 50 岁出头就必须进行白内障手术，而其他很多人需要这种手术的时间却要晚很多，甚至不用戴眼镜就能阅读报纸。

7.2 年龄与视功能

在 3.2.1 节中，显示能力的概念被用来说明平均路面亮度 L_{av}、均匀度 U_o 与眩光限制这些照明参数对 30 岁的机动车驾驶员视功能（障碍物视角为 7′）的影响。图 7.5 中同时给出了良好均匀度与眩光限制条件下 30 岁、50 岁与 60 岁人群的显示能力曲线，这种戏剧性的年龄效应已经很明显了。这些年龄效应的曲线是使用第 3 章中讨论过的 Adrian 模型计算得来的［Adrian，1989］。当亮度为 1cd/m^{2}时，50 岁与 60 岁人群的显示能力值都为 0，这个数值说明应该倡导处于这些年龄段中的驾驶员减速驾驶。

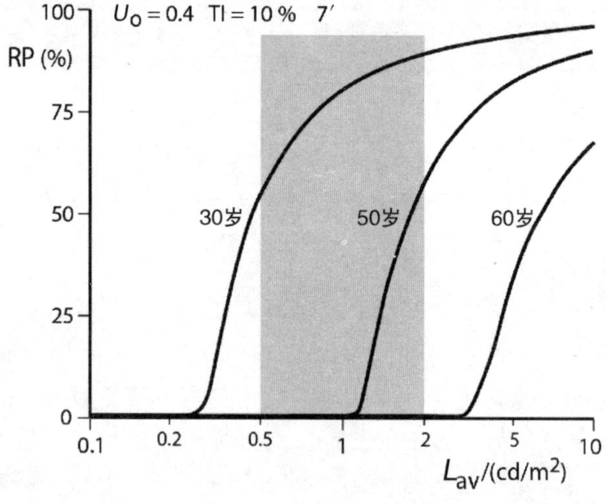

图 7.5 当 U_o = 0.4 且 TI = 10% 时，路面上最暗处衣物目标的显示能力（RP）与平均路面亮度（L_{av}）的函数关系。观察者年龄分别为 30 岁、50 岁以及 60 岁，视角为 7′（即从 100m 外观察 20cm × 20cm 大小的物体，100m 为车辆速度为 100 ~ 120km/h 时的安全制动距离）

当行驶速度比较慢时，安全制动距离就会缩短。而在一个较短的距离上，同样的障碍物看起来的视角更大，从而提升了能见度。为了直观演示这个效应，图 7.6 给出了良好均匀度与眩光限制条件下对于一个视角为 9′的障碍物的显示能力。这个结果所对应的条件是从 75m 远的距离上观察一个 20cm × 20cm 的障碍物（75m 是时速为 80 ~ 90km/h 的车辆的安全制动距离）。当照明水平为 1cd/m² 时，30 岁人群与 50 岁人群同时获得了足够高的显示能力值。然而，为使 60 岁的人群得到仅仅中等的显示能力值，则需要达到 2cd/m² 的照明水平。

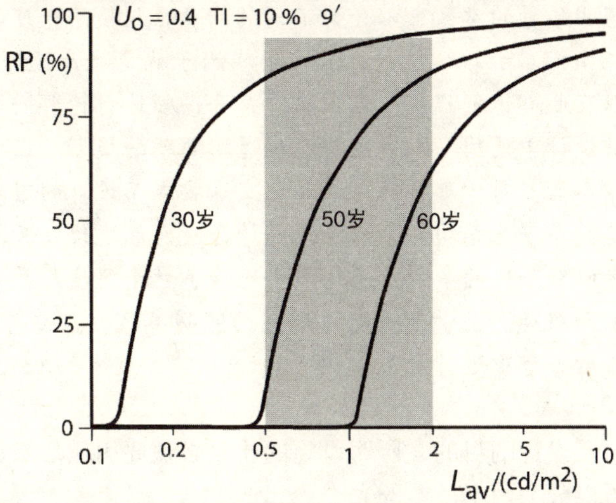

图 7.6　当 U_o = 0.4 且 TI = 10% 时，路面上最暗处衣物目标的显示能力（RP）与平均路面亮度（L_{av}）的函数关系。观察者年龄分别为 30 岁、50 岁以及 60 岁，视角为 9′（即从 75m 外观察 20cm × 20cm 大小的物体，75m 为车速为 80 ~ 90km/h 车辆的安全制动距离）

参考文献

Adrian W (1989) Visibility of targets: model for calculation. Light Res Technol 21(4):181–188

Berson DM, Dunn FA, Takao M (2002) Phototransduction by retinal ganglion cells that set the circadian clock. Science 295:1070–1073

CIE (2000) Publication 140:2000, Road lighting calculations

CIE (2012) CIE Publication 203:2012, A computerized approach to transmission and absorption characteristics of the human eye

Fisher AJ, Christie AW (1965) A note on disability glare. Vision Res 5:565

Henderson BA, Grimes KJ (2010) Blue-blocking IOL's: a complete review of the literature. Surv Ophthalmol 553:284–289

Lucas JR, Peirson SN, Berson DM, Brown TM, Cooper HM, Czeisler CA, Figueiro MG, Gamlin PD, Lockley SW, O'Hagan JB, Price LLA, Provencio I, Skene DJ, Brainard GC (2013) Measuring and using light in the melanopsin age. Trends Neurosci 1020:1–9

Nakamura K, Bissen-Myajima H, Oki S, Onuma K (2009) Pupil sizes in different Japanese age groups and the implications for intraocular lens choice. J Cataract Refract Surg 35:134–138

Van De Kraats J, Van Norren D (2007) Optical density of the aging human ocular media in the visible and the UV. J Opt Soc Am A24(7):1842–1857

Weale RA (1992) The senescence of human vision. Oxford University Press, New York

第8章 照明质量参数

摘要 道路照明设施的质量可以使用同时影响了视功能以及视舒适的光度学标准来表达。照明质量的参数可以分为不同的两类：仅使用光度学单位表示的参数；使用视功能指标表示的参数。后者的一些例子就是显示能力、能见度水平、小目标能见度以及面部识别程度。在本章中，会简短地讨论哪一类参数最适合在道路照明规划及设计中使用。本章也将明确道路照明的规划、设计以及测试中确切使用的光度学参数。对于那些针对机动化交通要求而设计的道路照明设施，这类参数为平均路面亮度、总均匀度以及纵向均匀度、环境比以及阈值增量。而针对行人、骑车者以及居民的参数是平均水平照度、最小照度与最大照度、半柱面照度与平均外墙面照度。至于光源光谱规范的照明参数，只要与道路照明相关，就会在本章的最后一节中进行定义。

对于规划以及设计的目的，照明设施的质量必须要用质量参数值来表示。这里的质量参数可以分为两个基本的大类：

- 仅基于光度学单位的参数，比如照明水平、均匀度以及眩光限制；
- 基于视觉任务表现参量的参数，比如显示能力、能见度指数、小目标能见度以及面部可识别度。

第一类的参数只取决于照明设施的各方面。在这里，道路表面也被作为照明设施的一部分。然而，第二类参数则取决于照明设施与非照明设施因素的组合，这里的非照明设施因素指障碍物的类别（大小、形状、反射系数等）和不同的驾驶策略（保持车距，对其他车辆、自行车以及行人的位置变化的反应等）。一个视觉任务表现参量只能表现一个或少数几个视觉任务的方面而忽略其他的方面。视觉任务的表现参量也忽略了视舒适方面的重要性。就道路照明设施的综合质量而言，这有可能会导致错误结论的产生。当道路照明的某方面质量非常优秀的同时，可能会导致另一方面质量变差。当然，视觉任务表现参量不能作为安装完成之后的测试、调试以及维护的基础。Bremond［2007］提出了4种提升道路照明质量指数的不同水准：一种为功能水准（比如道路安全或者人身安全）；另一种为任务水准（比如小目标的发觉或面部的识别）；第三种为建模水准（关系到视觉科学数据的相关任务）；最后一种为操作水准（确定可测量的真实质量指数的方法）。从一个基本的角度来看，这有一定的道理，但是在日常的实践中，针对每次出现的新状况，重复这一过程并不实用。

本书认为，最好而且最实用的办法是完全使用光度学单位来表达道路照明设施的质量。对于一个给定的状况，认真地考虑这些光度学参数的不同数值的影响应将会成为确定规范的基础。在本书前几章中讨论过的这些调查结果可以作为这种方法的指南。

为了满足相同的需求，往往有许多不同的解决方案。最后确定的方案通常是基于成本以及环境（包括能耗）的考量。在这样的情况下，一项明确相关的表现量度可以作为选择最终方案时的附加考量。

在本章接下来的内容中，将分别从机动车交通以及行人、骑车者与居民的角度来定义这些在规划、设计以及测量道路照明设施中所使用的光度学参数。这里采用 CIE 的推荐值作为理论的基础［CIE，2010］。一些国家或者地区的标准与这些基础标准略有出入。在相关的情况下，我们将在第 9 章“标准与建议”中讨论这些偏差。

8.1 机动车交通

8.1.1 照明水平

照明水平所采用的照明质量参数是驾驶员前方 60～160m 处道路表面的平均亮度值。160m 以内的路面区域是作为路上障碍物的背景，而这个障碍物必须能够被在大多数驾驶速度下被发现。驾驶员前方 0～60m 的区域能够轻易被车辆前照灯的光线覆盖，所以这片区域就不是固定道路照明的“责任区”了。而前方 60～160m 的区域则很大程度上确定了驾驶员眼睛的适应状态。

为了确定平均路面照度，驾驶员的侧面位置通常被认为处于近侧路边向内 1/4 车道宽度处。表示平均路面照度的符号是 L_{av}。

8.1.2 均匀度

当在路面的最暗处亮度值与平均路面亮度差别很大的亮度分布状态下，在最暗区域的背景下分辨障碍物可能会比较困难，这是由于眼球自身已经适应了较高的平均亮度值。这就是为什么引入了总体亮度均匀度的概念。总体亮度均匀度的定义是：路面亮度的最小值与平均值的比值，即 L_{min}/L_{av}。由于作为驾驶员，就必须要能够看见路面上所有可能存在障碍物的区域，因此路面亮度最小值所处的位置是无关紧要的。使用 U_o来表示总体均匀度。为了确定总体均匀度，通常认为驾驶员的侧面就是处于近侧路边向内 1/4 车道宽度处位置。

面前道路上的明暗交错的光斑所带来的一个后果就是驾驶员的极端不适。这种道路照明设施的不适性可以通过规定径向均匀度的最小值来限制。这个值被定义为路面上与道路长轴平行方向，最小路面亮度值与最大路面亮度值的比值(L_{min}/L_{max})。用符号 U_l来表示。除了表示实际的亮度差异之外，它还表示这种起到一定作用的差异的变化率。变化率越低，非均匀度所造成的麻烦就越少。当灯具的间距越大，这种变化率也就越低，这也就意味着较低的 U_l值在一定程度上也是可以容忍的。

8.1.3 道路周边的照明

已经看出，将全部的光线全部聚集在路面上而将道路周边环境置于黑暗之中，会导致路沿或便道上的障碍物很难被发现。而且，为了能够判断前方路面的情况，道路周边的能见度也十分重要。为了能够保证光线在路沿位置上不会太快截止，引入了周边环境比（SR）这一照明质量参数。它的定义是：离道路左右两边 5m 处的道路相邻区域的平均水平照度与离道路左右两边 5m 处的道路自身区域的平均水平照度的比值（见图 8.1）：

$$\mathrm{SR} = \frac{E_{\mathrm{surround\ (right+left)}}}{E_{\mathrm{road\ (right\ +\ left)}}}$$

图 8.1　周边环境比（SR）与边缘照度比（EIR）的原理。为便于展示，本图只显示道路的右侧

在此定义中，道路左右相邻区域的照度值共同产生了平均值。在出现一边照明水平非常高而另一边非常低的情况下，平均值仍然能够保持相对较高。因此，尽管实际上相邻黑暗区域的能见度并不好，SR 值却仍然能保持较高。因此，道路照明的欧洲标准使用了一种不同的参数。这种参数被称为边缘照度比（EIR）。它的定义分别考虑了道路左右两边的情况。左右两边的数值都必须同时符合要求。EIR 并不严格要求左右两边的距离必须为 5m，但是必须与一条车道等宽。

$$EIR_{right} = \frac{E_{surround\ (right)}}{E_{road\ (right)}}$$

$$EIR_{left} = \frac{E_{surround\ (left)}}{E_{road\ (left)}}$$

8.1.4　眩光限制

已经知道，眩光总是以两种形式之一出现：失能眩光，或是不适眩光。在大多数道路照明的标准或建议中，往往只要求限制失能眩光。这些标准与建议认为，如果失能眩光得到了限制，不适眩光的程度也往往可以被接受。正如在 3.1.3.1 节中所展示的那样，失能眩光的最后效果取决于等效光幕亮度与平均路面亮度的组合。失能眩光等级的整体量度被称作阈值增量（TI，用百分比表示），可以用下式表示：

$$TI = 65\frac{L_{veil}}{L_{av}^{0.8}}$$

8.1.5　小结

表 8.1 列出了机动车道路照明的照明质量参数：

表 8.1　机动车道路照明的照明质量参数

方面	照明质量参数	缩写
照明水平	平均路面亮度	L_{av}
均匀度	总体均匀度	U_o
	径向均匀度	U_l
周边照明	周边环境比	SR 或 EIR
眩光限制	阈值增量	TI

8.2　行人、骑车者与居民

8.2.1　照明水平

在计算照明水平时，将平均水平照度 $E_{hor,av}$ 与本地最小水平照度值 $E_{hor,min}$ 结合使用。对平均水平照度的要求数值应该能够确保在此照度下适应水平足够高，并由此为反差视觉产生足够的敏感度。与此同时，本地最小水平照度也应该通过提供人行道（或自行车道）所有区域的障碍物的良好可视性，从而确保行人与骑车者的安全[1]。

---

[1] 在一些国家，第 2 章“基本的照明特性”中所述的地球半球面照度被作为水平照度的替代参数。

对于那些照明可以威慑犯罪的区域，面部高度（定为 1.5m）上的最小半柱面照度 $E_{semi-cyl,min}$被额外作为一项照明质量标准[⊖]。在有的时候，也可以使用面部高度的最小垂直照度来替代半柱面照度。

8.2.2 均匀度

在照明水平中，同时使用了平均水平照度与最小水平照度。但是仍然需要提出对均匀度的单独要求。如果本地最小照度很低，而平均水平照度却在一个比较高的水平上，这种情况也许刚好满足对均匀度的要求，但是就会导致暗处的障碍物无法被发现。这是由于较高的平均水平照度，眼睛保持在适应很高照明水平的状态所导致的。这项通常针对均匀度的标准是平均水平照度的最大值。

8.2.3 周边环境的照明

对于周边环境的照明，表示照明质量的参数是在那些应该被充分照亮的平面位置上的垂直照度。这些位置通常都是指人行通道或是自行车道旁边的房屋的外墙。在有些时候，人们使用平均垂直平面照度 $E_{plane,av}$（或 $E_{facade,av}$），有时也使用绝对最小平面照度值 $E_{plane,min}$（或 $E_{facade,min}$）来表示这里的照明质量参数。

8.2.4 眩光限制

阈值增量 TI 的概念通常被用来限制机动车交通的眩光，同时这一概念也能够以相同的目的帮助骑车者与居民在行驶路线或街道上获得所需的清晰视觉导向。在这些区域中，人们的视线更加随机（比如直视明亮的灯具），因而需要一种不同的概念来限制眩光。限制灯具在一些临界角度的光强度就可以在以上情况中限制不适眩光。在标准中通常规定仰角为 70°、80°以及 90°处的最大光强度（见图 8.2）：

$$I_{max\ at\ 70°} \text{ 与 } I_{max\ at\ 80°} \text{ 以及 } I_{max\ at\ 90°}$$

CIE 在这些光强度的基础上定义了所谓的灯具的“光强度等级”（G1 ~ G6）。在表 11.2 中具体给出了这些等级。

然而道路照明灯具的不适眩光效应并不仅仅取决于灯具的光强度，也取决于灯具的发光表面积的大小。有一项照明质量参数同时顾及了光强度与发光面积效应，这项参数就是灯具眩光指数，已经在 5.2.3 节中定义该参数为

⊖ 有些时候，使用平均半柱面照度作为照明质量参数是完全没有意义的。这是因为尽管街道上某处的识别能力很优秀，但并不有助于其他识别能力糟糕的位置。因此，保证街道上所有位置上识别能力的正确参数应该是绝对最小半柱面照度。

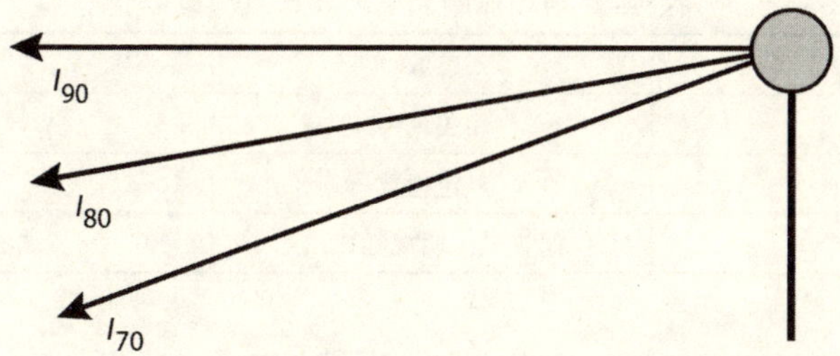

图 8.2　居民区灯具眩光控制 G 分级系统的原理

$$灯具眩光指数 = \frac{I_{85}}{A^{0.5}}$$

8.2.5　小结

表 8.2 列出了针对行人、骑车者以及居民的道路照明质量参数。

表 8.2　针对行人、骑车者以及居民的道路照明质量参数

方面	照明质量参数	缩写
照明水平	平均水平照度 最小水平照度威慑犯罪的目的 最小半柱面照度	$E_{hor,av}$ $E_{hor,min}$ $E_{semi-cyl,min}$
均匀度	平均水平照度（最大值）	$E_{hor,av}$
周边照明	平均或最小外墙平面照度	$E_{plane,min}$ 或 $E_{plane,av}$
眩光限制	阈值增量 70°、80° 与 90° 仰角处的光强度限制 灯具眩光指数	TI $I_{max\ at\ 70°}$ 与 $I_{max\ at\ 80°}$ 以及 $I_{max\ at\ 90°}$ $\frac{I_{85}}{A^{0.5}}$

8.3　光线的光谱

在道路照明中，应该区分光线光谱的 3 个不同方面：光的色温、光线的显色特性以及光线光谱对中间视觉的影响。表 8.3 列出了这些方面以及相关的参数。一些研究提出，除了 T_k、R_a 以及 S/P 比值之外，还应该需要一些另外的特性来更好地预测光谱对视觉的不同方面的影响。［Fotios 和 Cheal，2007，2011；Lin 等人，2014］

表 8.3 道路照明光源的光色方面参数

方面	参数	缩写
光色	相关色温	T_k
显色性	显色指数	R_a
中间视觉	暗视觉 - 明视觉比值	*S/P* 比值

参 考 文 献

Bremond R (2007) Quality indexes for road lighting: a review. Proceedings, Part 2, CIE 26th session, Beijing D 4:100–103

CEN (2013) Pre-Standard prEN 13201-2, Road Lighting—Part 2: performance requirements

CIE (2010) Publication 115:2010, Lighting of roads for motor and pedestrian traffic

Fotios SA, Cheal C (2007) Lighting for subsidiary streets: investigation of lamps of different SPD. Part 2-brightness. Lighting Res Technol 39(3):233–249

Fotios SA, Cheal C (2011) Predicting lamp spectrum effects at mesopic levels. Part 1: spatial brightness. Lighting Res Technol 43(2):143–157

Lin Y, Liu Y, Sun Y, Zhu X, Lai J, Heynderickx I (2014) Model predicting discomfort glare caused by LED road lights. Opt Express 22(15):18056–18071

第9章　标准与建议

摘要　在之前，所描述的许多调查的研究结果都被认为是反映了道路照明的标准与建议。在本章中，首先将总结国际照明委员会（CIE）的建议。这些建议关系到机动车交通的照明、交通冲突区域的照明、行人以及低速交通的照明、光线的光谱以及将自身融入不同环境的照明。CIE的建议为世界上许多的国家和地区的道路照明标准建立了基础。后面将会提到一个例子，就是欧洲标准化委员会（CEN）所制定的欧洲道路照明标准。在北美，主要的标准是由北美照明学会（IESNA）制定，由美国国家标准学会（ANSI）批准的。在从前，这项标准与CIE的方式在一些方面有着明显的出入，而在今天也很大程度地向CIE靠拢了。将会在本章的最后一部分讨论这一话题。

本章中所有涉及的标准与建议中规定的参数值都关系到现有维持的参数值。在照明设施的整个寿命周期中，就必须符合这些照明参数值。新道路照明设施的设计参数值都必须在考虑光源灯具折旧的维护系数的前提下被确定（见13.5节“维护性”）。

本章的关注点是规范道路照明所使用的不同标准与建议的方式方法。由于版权的原因，所以这些标准与建议的表格只是部分展示。

9.1　CIE的建议

这项建议是在2010年的CIE出版物115：2010“机动车以及人行交通的道路照明”中发布的。对于机动车交通，这项建议采纳了道路照明的亮度方法，并且使用了表8.1所提到的照明质量参数。对于人行和低速交通，该建议使用了表8.2所列出的参数。

9.1.1　机动车车道的照明

M1～M6这6个照明等级组成了这项CIE建议的基础（“M”指的是机动车交通）。在每一个等级下都单独规定了照明水平L_{av}、均匀度U_o和U_l、眩光限制TI以及周边环境比S/R这些标准的参数值。表9.1中给出了高等级M6、中间等级M3以及低等级M1的每项规定的参数值。从这个表中可以看出，照明等级数越低，对照明质量的要求就越高。从M1等级到M6等级，照明水平的数值从2.0cd/m^{2}降低到了0.3cd/m^2。

表 9.1　机动车交通的 CIE 照明分级以及不同照明标准的对应数值（现有）［CIE，2010］

	L_{av}/（cd/m^2）	U_o	U_l	TI（%）	S/R
M1	2.0	0.40	0.70	10	0.5
M3	1.0	0.40	0.60	15	0.5
M6	0.30	0.35	0.40	20	0.5

对于一个特定的情况，以下的因素决定了哪一个照明等级是适用的：

- 道路车道分离与路口密度等地理上的困难程度；
- 车速、车流量、交通结构、停车可能性等交通特点；
- 区域的平均明亮程度（环境亮度）；
- 视觉导向与交通控制信号的质量。

为了根据这些因素来确定适用的照明等级，CIE 给出了针对所有因素的不同的权重值 V_w。表 9.2 给出了这些权重值。而通过下方的公式，可以使用所有权重值的总和确定了照明等级数值：

$$M = 6 - V_{ws}$$

举例说明：假设在本例中，一条主干道的参数以及相应权重数如下：高速交通（$V_w=0.5$）；高车流量（$V_w=0.5$）；混合交通（$V_w=1$）；非分离车道（$V_w=1$）；高路口密度（$V_w=1$）；道路上不准停车（$V_w=0$）；黑暗的周边环境，即低环境亮度（$V_w=-1$）；视觉导向/交通控制良好（$V_w=0$）。将所有的权重数加起来，得出 $V_w=0.5+0.5+1+1+1+0-1+0=3.0$。因此，与此案例相对应的照明等级为 M=6－3，即 M3 级。表 9.1 中规定了该等级的照明参数值。比如说，这种情况下的照明水平应该为 1cd/m^2。还是这个案例，假设这条主干道上的交通结构要被改为仅有机动车而不是混合交通，则交通结构的权重值由 1 改为 0。作为结果，照明等级就由 M3 改为了 M4，在新等级下，所要求的照明等级也从 1cd/m^{2}改为了 0.75cd/m^2。当然在此新情况下，相应的视觉任务难度自然要降低。

表 9.2　通过权重值确定照明等级的参数范例［CIE，2010］

参数	选项	权重值 V_w
车速	高	0.5
	中	0
车流量	高	0.5
	极低	-1

（续）

参数	选项	权重值 V_w
交通结构	混合结构，非机动车所占比例较大	2
	混合结构	1
	仅机动车	0
是否分离车道	不是	1
	是	0
路口密度	高	1
	中	0
停车	有	0.5
	无	0
周边环境亮度	高	1
	低	-1
视觉导向/交通控制	糟糕	0.5
	中等或良好	0

9.1.2 冲突区域的照明

同样这份 CIE 的建议对所谓的冲突区域的照明也进行了规范，冲突区域即道路上不同车流交汇，或者道路的地理条件发生变化（比如车道减少），或者在相同道路条件下存在着混合交通结构以及一些其他的交通形式（行人、自行车等）的地点。同样地，现在使用特殊针对冲突区域的权重值来确定该冲突区域的照明等级（C0～C5）。根据人们所熟知的照明标准，即照明水平、均匀度、眩光限制以及周边照明等标准，来确定相应的冲突区域照明等级 C 所的要求。

对于人行路口，CIE 城镇区域照明指南规定了表 9.3 中所列的水平照度值。

表 9.3 人行路口的照明要求（现有数值）[CIE，2000]

区域种类	照明标准	
	$E_{hor,av}$/lx	$E_{hor,min}$/lx
商业以及工业区域	30	15
住宅区	20	6

注：平均水平照度值不允许小于巷道上交叉口两边的平均照度的 1.5 倍。

9.1.3 行人以及低速交通的照明

规范对行人和低速交通照明的方法和之前所讨论的规范机动车交通照明的方

法一样。然而，各照明标准以及所规定的数值是不同的。在这里，建议的基础由P1～P6这6个照明等级组成（“P”代表的是行人）。每一个照明等级都涵盖并规定了这些标准的数值：照明水平、$E_{hor,av}$和$E_{hor,min}$、均匀度（最大平均水平照度）、$E_{hor,av,max}$与需要震慑犯罪地区的面部高度的$E_{vert,min}$和$E_{semi-cyl,min}$。作为示范，表9.4给出了P1、P3以及P6这3个等级的这些数值。从P1等级到P6等级，平均水平照度的照明水平范围从15lx降至2lx。

表9.4 针对行人以及低速交通的CIE照明等级与不同照明标准的对应数值（现有）［CIE，2010］

照明等级	照明标准				
	$E_{hor,av}$	$E_{hor,min}$	$E_{hor,av,max}$	面部高度的$E_{vert,min}$	面部高度的$E_{semi-cyl,min}$
	lx	lx	lx	lx	lx
P1	15	3.0	22.5	5.0	3.0
P3	7.5	1.5	11.2	2.5	1.5
P6	2.0	0.4	3.0	0.6	0.4

CIE在均匀度要求的陈述中这样提到：“现有平均照度的实际数值不得超过该等级所规定的1.5倍”。在某些区域，从防范犯罪的角度来看，面部识别被认为是非常重要的。在这些区域中，最小垂直照度或最小半柱面照度应当被作为除了水平照度之外的附加标准使用。

对于一个特定的情况，以下因素决定了哪一个照明等级是适用的：

- 就速度、车流量、交通结构、停车可能性而言的低速交通特点；
- 这个区域的平均明亮程度（环境亮度）。

为了能够根据这些因素来确定适合的照明等级，CIE提供了针对所有这些因素的不同权重值V_w。表9.5中列出了这些权重值的一部分。所有权重值的总和V_{ws}决定了该交通环境的照明等级数，计算方法为

$$P=6-V_{ws}$$

对于眩光限制，CIE的出版物《机动车以及人行交通的道路照明》［CIE，2010］引用了一系列各国本国范围内使用的方法。在接下来的某章中将会详细讨论欧洲的方法（这里许多方法之一）。目前仍然有效的《CIE城镇区域照明指南》使用8.2.4节中所描述的灯具眩光指数来限制影响行人的不适眩光，灯具眩光指数这一方法中使用了灯具仰角85°处的光强度以及灯具发光部分面积（见图5.7）。表9.6中列出了灯具在不同安装高度上的极限值。

表 9.5　决定 P 照明等级的参数示范以及其权重值［CIE，2000］

参数	选项	权重值 V_w
车速	低	1
	极低（步行速度）	0
车流量	极高	1
	极低	-1
交通结构	行人、骑车者以及机动车	2
	只有行人与骑车者	1
	只有行人	0
停车	有	0.5
	无	0
周边环境亮度	高	1
	低	-1

表 9.6　减少行人的不适眩光的灯具眩光指数值限制范围

安装高度	灯具眩光指数 $I_{85}/A^{0.5}$
< 4.5m	< 4000
> 6m	< 7000

9.1.4　光线的光谱

CIE 出版了一份关于市区以及人行区域的照明的光谱效应的技术报告（CIE，2014）。在这份报告中，基于 6.3 节“中间视觉”（见表 6.3）中通给出的中间视觉修正系数，允许高 S/P 比值的光谱环境下有更低的照明水平。然而，在同一份报告中还提到，只有在光源的显色系数 R_a 大于 60 的情况下，才能允许使用低照明水平。如果用 S/P 比值为 0.6 的高压钠灯作为未修正灯具的参照，则对 P1 ~ P6 的各个等级中所有 S/P 比值更高（也就是色温更冷）的灯具都能有更低的平均水平照度。作为示范，表 9.7 中给出了 P1、P3 以及 P6 等级的较低数值。

表 9.7　各 S/P 比值下使用表 6.3 中中间视觉修正系数之后的平均水平照度值（现有）。修正系数仅当 $R_a \geqslant 60$ 时适用。参照基础：高压钠灯（S/P 比值为 0.6）

	$E_{hor,av}$（lx）			
	S/P = 0.6	S/P = 1.0	S/P = 1.4	S/P = 2.2
P1 等级	15	14.4	13.8	12.8
P3 等级	7.5	7.1	6.6	5.9
P6 等级	2.0	1.8	1.6	1.3

9.1.5 自适应照明

在傍晚至深夜的过渡中，随着照明水平的降低，表9.2与表9.5中所定义的那些决定照明质量的交通特征可能会发生变化。CIE的建议明确地指出，自适应照明能够自主适应暂时变化的环境，例如交通、天气以及环境照明条件，因此自适应照明具有大幅降低能耗的可能性。如果照明设施被设计为能够真正尽可能地适应（调光）环境照明水平的大幅降低。值得注意的是，在这种环境下，只允许适当降低照明水平而不能降低均匀度。因此在这里，单独关闭一盏灯具是不可能的。

9.2 欧洲标准

欧洲标准化委员会（CEN）在2003年发布了第一份欧洲道路照明标准，一份完整的修订版也即将在2014年或2015年问世。在本节中将讨论修订版标准（CEN，2013a，b）的公开征求意见草案（prEN 2013）。这份草案很大程度上是基于上述CIE系统所制定的。因此，在这里只讨论欧洲标准的一些重点。

9.2.1 机动车交通道路的照明

同CIE系统一样，欧洲标准也使用了同样的6级照明等级（M1～M6）。在标准草案EN1 3201－2《道路照明—第2部分：功能要求》（CEN b）中规定了每一个等级所需的照明参数。其中，L_{av}、U_o、U_l与TI的数值要求与表9.1中列出的CIE标准一模一样，但是只有一个例外（M6的U_l值不同）。因此，在照明等级M1～M6中，照明水平范围为0.3～2.0cd/m^2。

对于行车道周边的照明，欧洲标准没有使用SR值（定义见8.1.3节），而是使用了EIR参数。EIR参数的范围是0.3～0.35。

在CIE草案CEN/TR 13201－1《道路照明—第1部分：照明等级选择指南》中规范了在特定的环境中如何确定照明等级。同样在这里，欧洲标准也遵循了上述草案中的CIE系统标准。一个确定环境中的照明等级数取决于以下这些因素：

- 道路的地理困难程度，主要在于是否车道分离，以及路口密度；
- 交通特点，包括车速、车流量、交通结构、路上停车的可能性；
- 该区域的平均明亮程度（环境亮度）；
- 目视导航任务的难度。

同CIE标准一样，为了用上述的这些因素来确定适用的道路照明等级，欧洲标准也使用了不同的权重值V_w。而且所使用的因素也大部分与CIE标准相同（见表9.2）。与之前一样，所有权重值的总和V_{ws}决定了照明等级数M：

$$M = 6 - V_{ws}$$

9.2.2　冲突区域的照明

交通道路上的冲突区域指的是车流交汇、道路条件变化（比如车道数减少），或是同样的道路条件下存在机动车与其他类型（行人、自行车等）混合的交通结构的区域，对于这些区域的照明，欧洲标准中（CIE 标准也是）使用了权重值来确定冲突区域（C0～C5）的照明等级（CEN, 2013a）。每一个照明等级 C 都涵盖并规定了这些熟悉的标准：照明水平、均匀度、眩光限制以及周边照明（CEN b）。

对于人行路口的照明，目前并没有具体量化的规定。据标准描述，针对人行路口的照明的目的是照亮行人自身，并且将机动车驾驶员的注意力集中到该路口上。这份草案中提处，正因为如此，路口的垂直照度应该大大高于水平照度。在人行路口的两端，也就是行人等候进入路口的区域，也应该获得足够高的照度。

9.2.3　行道以及低速交通的照明

规范标人行道以及低速交通照明的方法和之前讨论的机动车道路的照明是相同的。但是不言自明，这里所规范的标准以及照明数值是不同的。与机动车交通类似，针对行人以及骑车者的照明等级也分为 7 级，即 P1～P7，也是通过权重数表格来确定照明等级。欧洲标准中使用的因素与 CIE 所使用的在很大程度上相同，即

- 移动速度（范围从低速至步行速度）；
- 道路使用程度（范围从繁忙至安静）；
- 交通结构（从行人与骑车者与机动车的混合结构和只有骑车者的单一结构）；
- 道路上是否有停靠的车辆；
- 环境的亮度（从高到低）；
- 面部识别的需要。

欧洲标准中的权重值与 CIE 标准有着细微的出入。但是同 CIE 标准一致的是，可以使用所有权重值的总和 V_{ws} 通过下式确定照明等级 P 的数值：

$$P = 6 - V_{ws}$$

这里的照明等级 P 中所规定的平均照度以及最小照度的数值与 CIE 标准中所规定的完全一样（见表 9.4）。

对于这些需要照明来降低犯罪率以及增进安全感的区域，还有一组额外的照明等级制度作为照明等级 P 的补充。这组额外等级制度被称为 SC 照明等级，SC 代表的是半柱面，半柱面照度就是这项照明等级的测量标准。在 SC 照明等级

中，半柱面照度的数值范围为0.5~10lx。标准中规定的另一组额外照明等级是为了应用于那些需要垂直照度的环境，比如说街道的路口等。这类额外照明等级被称为EV照明等级，EV的含义是垂直照度。相比于对应的CIE标准，SC照明等级与EV照明等级所要求的半柱面照度以及垂直照度更高。欧洲SC照明等级中的最小半柱面照度值范围为0.5~50lx（CIE标准中为0.4~3lx），而EV照明等级中的垂直照度范围为0.5~50lx（CIE标准中为0.4~5lx）。然而欧洲标准中并未提供选择SC以及EV照明等级的指导方案。标准将这一方案留给各个成员国来单独决定。

欧洲标准中使用了两种针对眩光限制的不同灯具分级系统，也就是针对光强度的G等级系统与针对灯具眩光指数的D等级系统（后者除了光强度之外，还考虑了灯具的发光部分的尺寸）。两种系统的定义都在8.2.4节中。照明等级的数值越低，眩光或者光线突兀的风险也就越大。所以这些“低等级”的灯具只能在周边环境明亮与/或可以适度容忍较多眩光的情况中使用。

9.2.4 光线的光谱

欧洲标准草案对所用灯具的光谱、色温或者显色系数并没有进行详细的规定。所有欧洲标准中对于照明水平的规定都与光谱无关。

9.2.5 自适应照明

这份欧洲标准明确地提到了自适应照明。在从傍晚向夜晚过渡的时段中，决定照明质量的交通参数可能会发生变化。这也就允许某些时段中的照明水平适当地降低。标准中使用了一个权重表格来强调这一目的的重要性。表9.8中给出了一个不同时段的范例。在这个范例中，使用了一条对应M2照明等级的双车道道路，在这条道路上，车流量在傍晚和夜晚的时间区间中有显著的不同。表9.8中显示了欧洲标准中对应“车流量”参数的部分权重值。

表9.8 各时段中基于不同的“车流量”权重值 V_w 的自适应照明等级示例

参数	选项	描述	V_w	选择的 V_w			
		占总量的百分比（%）		17：00－20：00	20：00－23：00	23：00－05：30	05：30－09：00
车流量	非常高	>45	1	1			1
	中等	15~45	0		0		
	非常低	<15	－1			－1	
其他权重值 V_{ws} 的总和				3	3	3	3
权重值 V_{ws} 的总和				4	3	2	4
$M=6-V_{ws}$				M2	M3	M4	M2

在表中的例子里，对应时段 17：00－20：00 与 05：00－09：00 的 M2 等级的权重值总和是 4。由于在 20：00－23：00 时段（权重因素：0）以及23：00－05：30 时段（权重因素：－1）中的车流量比较低，因此 M 照明等级数从 M2 降至 M3 和 M4，然后又回到 M2。根据这份欧洲标准，对 M2 等级道路的照明水平要求是 $1.5\mathrm{cd/m^2}$，M3 等级的照明水平要求是 $1.0\mathrm{cd/m^2}$，M4 等级的照明水平要求是 $0.75\mathrm{cd/m^2}$。因此如果照明设施能够被关闭或调光到这些较低的水平，使用这样的自适应照明系统能够节约相当可观的能源。但是要注意，在自适应调光的过程中，均匀度值不应该受到影响。

9.3　北美标准

9.3.1　机动车道路的照明

美国道路及街道照明国家标准已经通过了北美照明工程学会（IESNA）的修改，并且在 2014 年被美国国家标准学会（ANSI）所采纳为 RP－8－14（ANSI/IES 2014）号标准。标准中建议了直线道路以及街道的灯具设计的方法，以及路口和交汇处的水平照度设计的方法。对于人行区域，标准中也建议了相关水平照度以及垂直照度的设计参数。关于小目标可视性（STV），这份标准中这样写到：

这种方法尚在评估中，但是如果将其与两种得出近似照度与亮度的设计方法对比，不失为一种有价值的计算工具。

北美标准中有关亮度与照度的部分在很大程度上与 CIE 相关标准非常相似，但是也有一些较小的例外情况。与 CIE 相同的有：照明水平也使用 L_{av} 作为标准方法。不同之处比如，均匀度方面也使用了两种方法，即 L_{av}/L_{min} 以及 L_{max}/L_{min} 比值。L_{av}/L_{min} 比值与 CIE 标准中的 U_o 有着相同的目标，但是互相成反比关系，$U_o = L_{min}/L_{av}$。需要注意的是，与 CIE 标准中 U_1 成反比的 L_{max}/L_{min} 比值的并不是基于道路纵轴的测量结果，而是基于整个道路区域的测量结果。对于眩光限制方面，美国标准与 CIE 一样，也使用了光幕亮度 L_v、平均路面亮度 L_{av} 的组合。但是组合方式有轻微的不同。RP－8－14 使用的是 L_v/L_{av} 比值，也就是光幕亮度值，然而 CIE 使用的是 TI 值，也就是 $65L_v/L_{av}^{0.8}$。

对于那些不针对行人以及骑车者的道路，道路照明等级是根据自由道路（分为 A 级和 B 级）以及高速道路两大类来进行定义的。而那些允许行人以及骑车者使用的道路的照明等级则主要分为主干道、支干道以及本地道路。在这里，行人的活跃程度也分为高中低三档。举个例子，表 9.9 中就展示了 A 等级的自由道路、主干道以及本地道路的建议照明参数值。在表 9.9 中，照明水平的变化范围从 $1.2\mathrm{cd/m^2}$ 降至 $0.3\mathrm{cd/m^2}$。这里规定的最高照明水平值比 CIE 标准以及欧洲标准还大约低 0.2cd/m²。

这份美国标准中，均匀度比值 L_{av}/L_{min} 的范围在 3.0 ~ 6.0，相对应的 CIE 标准中 U_o 值则分别为 0.33 和 0.16。由于 CIE 标准与欧洲标准都要求 U_o 值达到 0.35 ~ 0.4，美国标准也明确地规定了均匀度数值的下限。

在眩光方面，美国标准中规定的光幕亮度比值范围为 0.3 ~ 0.4，对应的 CIE 标准中的 TI 值则为 30 ~ 50。因此，美国标准中所允许的眩光要大于 CIE 以及欧洲标准。

表 9.9　美国标准 RP-8 中规定的不同道路等级的照明建议值（现有）[ANSI/IES，2014]

道路	照明标准				
	行人活跃度	$L_{av}/(cd/m^2)$	L_{av}/L_{min}	L_{max}/L_{min}	L_v/L_{av}
A 级自由道路		0.6	3.5	6.0	0.3
主干道	高	1.2	3.0	5.0	0.3
	中	0.9	3.0	5.0	0.3
	低	0.6	3.5	6.0	0.3
本地道路	高	0.6	6.0	10.0	0.4
	中	0.5	6.0	10.0	0.4
	低	0.3	6.0	10.0	0.4

9.3.2　路口的照明

从表 9.9 中可以看出，美国标准在高、中、低三档行人活跃度中各自进行了区分。对于路口，这项美国标准还增加了特定的平均水平照度要求。举个例子：主干道的路口平均水平照度为 18 ~ 34lx，支干道的路口平均水平照度为 12 ~ 24lx，本地道路的路口平均水平照度为 8 ~ 18lx。范围内的具体数值则取决于行人冲突区域的类型（分别为高、中、低）。

9.3.3　行人区域以及自行车道的照明

这项标准根据行人冲突程度，将人行道和自行车道的照明需求划分为高、中、低这 3 个等级。在这里所指的冲突类型主要指的是车辆/行人的交汇。这项标准认为：由于此处视觉环境比较杂乱，并且要求车辆能够发现行人，因此水平照度以及垂直照度都必须满足最低要求。这里所定义的垂直照度是在平行主要人流前后方向的 1.5m 高度上的垂直照度。表 9.10 中展示了一些示范区域的推荐值。

表 9.10　美国标准 RP-8 中对于一些人行道与自行车道区域案例所规定的照明建议值（现有）[ANSI/IES，2014]

行人冲突区域等级	现有道路用户	照明标准		
		$E_{hor,av}$/lx	$E_{hor,av}/E_{hor,min}$	$E_{vert,av}$/lx
高	车辆与行人	20	4	10
	行人	10	4	5
低	中等密度行人	4	4	1
	乡村/半乡村区域	2	10	0.6

这项标准明确地声明，这些推荐数值的适用区域并没有纳入那些犯罪率上升的区域。

这项标准并没有明确量化地规定针对人行道以及自行车道的眩光限制。其仅仅表示，必须要重视灯具安装高度、光输出以及其光度学分布等指标，来对眩光进行一定的限制。

9.3.4　人行路口

对于人行路口，美国联邦高速公路管理局［FHWA，2008］的一项研究制订了照明参考标准，这在本书的 3.8 节中也有所提及。这项 FHWA 的研究结论可以概括为，为使驾驶员能够及时发现人行路口上的行人，1.5m 高度上的照度必须达到至少 20lx。同时也认为，当存在迎面车灯眩光的可能性时，或人行路口所处位置环境亮度较高或本身就有照明设施，则之前所述的照度值要求更高。

9.3.5　光线的光谱

这项标准参照了 CIE［2011］标准中对于周边视觉与中间视觉的光谱修正系数，这之前在本书的第 6 章中（见表 6.3 与图 6.6）也进行过描述。这项标准还额外增加了道路照明委员会的建议，即这些乘法系数只适用于限速小于 25mph（40km/h）街道的照明中，而不适用于那些存在会大幅提高适应水平的明亮光源或周边的应用情况中。

9.3.6　自适应照明

这项标准中建议，当车流量或者预期车流量下降时，照明水平也应该相应地下降。这项标准参照了 CIE 115 号报告［CIE，2010］（见 9.1 节）、大不列颠 ILP 27 号报告［ILP，2005］以及 AASHTO 照明设计指南［AASHTO，2005］，也提供了相应指南。

参考文献

AASHTO (2005) Roadway lighting design guide

ANSI/IES (2014) RP-8-14, American National Standard Practice for Roadway and Street Lighting

CEN (2013a) Pre-Technical Report prCEN/TR 13201-1, Road lighting—Part 1: guidelines on selection of lighting classes

CEN (2013b) Pre-Standard prEN 13201-2, Road lighting—Part 2: performance requirements

CIE (2000) Publication 136:2000 guide to the lighting of urban areas

CIE (2010) Publication 115:2010 lighting of roads for motor and pedestrian traffic

CIE (2014) Publication 206:2014 the effect of spectral power distribution on lighting for urban and pedestrian areas

FHWA (2008) Federal Highway Administration Publication FHWA-HRT-08-053, Informational report on lighting design for midblock crosswalks

ILP (2005) Technical Report 27, code of practice of variable lighting levels for highways

第 10 章 设备：光源与控制器

摘要 自从1932年起，有无数的道路沐浴在最早的商业化气体放电灯——低压钠灯黄色的灯光下。仅仅几年之后，光色偏蓝的高压汞灯也参与了对道路的照明。直到在20世纪60年代后期，光色偏黄、光效更高的高压钠灯迅速地在许多应用环境中取代了高压汞灯。在那些对照明水平要求不高，而且偏好白光的地方，有时候也常使用紧凑型荧光灯来提供照明。

20世纪末出现了拥有超长使用寿命的无极灯，差不多与此同时，也出现了白光质量极佳的金属卤化物灯，并且其使用寿命也足以适用在道路照明中。这意味着，高照明水平、高质量白光以及高光效的道路照明也成为了可能。

在21世纪初，一种全新类型的，由固态半导体制造的光源进入了商业化市场。这种光源就是发光二极管（LED）。如今，LED已经取代了许多道路照明中所使用的气体放电灯。在本章中，将详细描述原理、构造与应用上都大相径庭的这些光源，也将探讨附属的电气设备，比如实现功能所需的整流器、辉光启动器以及驱动器。由于现在LED所展现出的重要性，这种光源正越来越吸引人们的关注。

在机动化道路的照明中，都使用了气体放电光源与固态光源。图10.1中根据相应使用的技术对光源进行了分类。

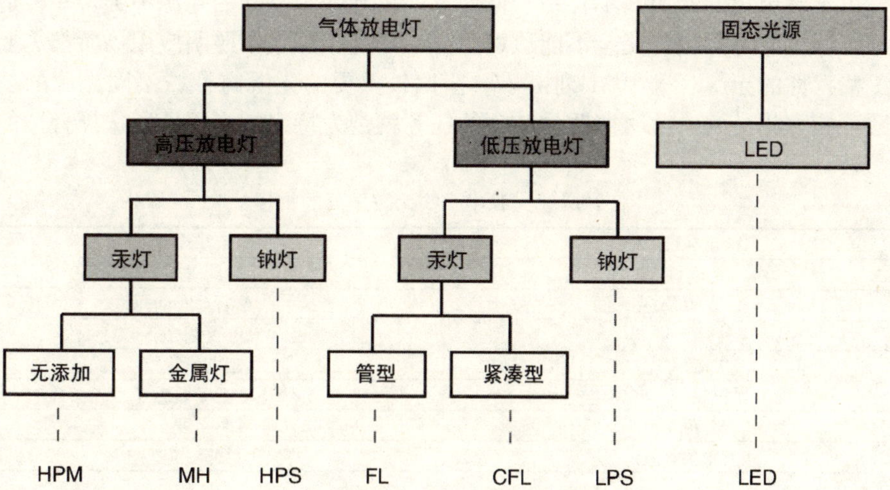

图10.1 根据技术进行分类的道路照明灯具

在20世纪中期，道路照明中主要使用的是高压汞灯（HPM）以及低压钠灯（LPS）。高压汞灯的应用区域主要是建筑区，而低压钠灯主要应用于高速道路的照明中[㊀]。有的时候也使用双管或三管的管状荧光灯（FL）。

自从20世纪60年代末期出现了高压钠灯以来，由于其光效几乎为高压汞灯的两倍，这种光源已经成功取代了绝大多数的高压汞灯。80年代晚期出现的紧凑型荧光灯（CFL）有时也被应用于建筑区域中。相比于光色偏黄的高压钠灯，这种光源的优点是光色更白。如今，道路照明中也使用了专门设计的白光金属卤化物气体放电灯。

在21世纪的初期，人们在道路上安装了一些实验性的固态照明系统（SSL）。而现在许多新建的道路照明已经经常地使用固态LED系统了。这主要是由于LED的效率更高（lm/W），使用寿命也更长，同时人们也越来越重视光色质量以及光线光谱的改善。优秀的效率不仅仅包括更高的光效（lm/W），而且还由于这种光源的尺寸较小，使得人们能够更好地控制光束角分布。

气体放电光源与固态光源都不能直接在工频交流电压下工作。因此光源的线路中必须接入相应的电气或电子设备。这类设备被统称为电气控制器，包括辉光启动器、镇流器以及调光器，固态光源光源中还包括驱动器。10.4节将要讨论这些控制设备以及驱动器，但在此之前要详细介绍不同种类的光源以及它们的特性。

10.1 性能特点

10.1.1 光源特性的调查

由于理想化的光源并不存在，世界上存在着许多不同的光源种类。一种适用于某一环境的光源也许完全不能适用于另一环境。每一个照明应用场所都需要具备一些特性的光源。表10.1列出了一些比较重要的光源特性，不同光源的这些参数可能大相径庭。此时照明设计师的任务就是为特定的应用场所选择合适的光源参数。

表10.1 光源中一些比较重要的特性

光效/(lm/W)	形状与尺寸
光通量/lm	启动时间
光源价格	重启动时间
使用寿命/h	可否调光
色温（T_k）	燃点位置
显色指数（R_a）	环境温度敏感度
S/P 比值	明亮度
光源光衰	是否含对环境有害物质

㊀ 在英国，低压钠灯曾经被广泛应用于建筑区（包括居民区）的照明。

表10.2给出了在道路照明中所使用的不同光源的一些比较重要的参数。表10.2中给出的数值也包括了电气设备的影响，并且代表了道路照明中所广泛使用的功率值范围。

表10.2 机动车道路照明中所使用的光源的特性调查。包括光效（lm/W）、相关色温 T_k、显色指数 R_a、使用寿命（h，基于20%故障率）与光源形状。基于道路照明中常用功率的光源

光源类型	lm/W	T_k	R_a	使用寿命/h	形状
高压汞灯（HPM）	60	4500	40~60	15000	紧凑
金属卤化物灯（MH）	100	4000	60~80	20000	非常紧凑
高压钠灯（HPS） 管状高压钠灯	120~140	2000	25	20000	紧凑 非常紧凑
低压钠灯（LPS）	150~190	1700	0	15000	长直线形
管状荧光灯	70~90	4000	80	15~20000	长直线形
紧凑型荧光灯（CFL）	70~75	4000	80	12~20000	直线形
LED（白光）	80~150	3000~6000	60~80	35~100000	点状光源

10.1.2 系统光效

在光源的测量中，与能耗效率有关的就是光效，即lm/W。除了光源之外，光源的电气设备，即气体放电灯的镇流器和固态光源的驱动器，也会消耗一定能量。因此很重要的一点是，在光源的光效（lm/W）中也应该考虑镇流器或者驱动器的能耗，得出所谓的系统光效特性。当然，表10.2以及本书其他各处都是按照这一方法计算的。

从图6.2中的标准眼睛敏感度曲线$V(\lambda)$可以看出，当一台假想中无能量损耗产生电磁辐射的理想光源的单峰辐射波长位于眼睛敏感度最高波长处时（例如555nm），光效达到理论最大值，为683lm/W。这一理论最大值只对单色光有效。而产生白光的光源理论最大光效尚未被明确界定，因为其理论最大光效必须取决于白光的质量。假想有一台理想的白光源，白光的光色也足够好，同时所有的电磁辐射产生都不产生能量损失，它所能达到的最大光效在350~450lm/W［Ohno，2004］。一个有趣的现象是，如今离理论最高光效值683lm/W最接近的光源是光效为190lm/W，只产生单色光的低压钠灯。而且低压钠灯或其他气体放电灯的光效远超这个记录也不大可能了。在白光光源中，光效为130lm/W（高显色指数）的白光LED是最接近白光光效理论最大值的光源。而且白光LED的光效在未来还有相当的提升空间。

10.1.3 使用寿命与光衰

当拥有超长使用寿命的 LED 出现之后，能够在实际中了解如何确定以及估算光源的使用寿命就变得重要起来。本节将会从质量角度深入探讨光源的使用寿命，以及相关的光源光衰。

明智地确定光源的使用寿命需要以大量相同类型的光源为基础，测量它们达到使用寿命的统计学变化量。图 10.2 中展示了一条光源的使用时间 - 存活率的曲线（实线）。除了故障光源之外，仍在工作的光源光衰也决定了照明设施能在规划寿命内还能以一定效率工作多久。图 10.2 中的虚线展示了流明光衰曲线。光源故障以及光源光衰的综合后果就是光效以及照明水平的下降，下降到某一阶段时，如果此时更换所有光源反而会比等到光源全部坏掉再换更加具有经济效益。因此，使用了经济寿命或额定寿命这样一个概念，这一概念同时考虑到了光源的故障以及光源的光衰。一盏光源或者照明设施的经济寿命或者额定寿命的定义是，在某段时间之后，由于光源的故障以及光衰，整个照明设备的光输出已经降低了一定的百分比，这段时间就被称为经济寿命或额定寿命。这里所说的特定百分比实际上是取决于照明应用的种类以及更换光源的实际成本（包括人力成本）。对于道路照明来说，通常使用的光输出减少百分比为 20%~30%。其相对应的经济寿命被分别称为 L_{80} 与 L_{70}，数值 80 与 70 所指的是光源达到经济寿命之后还剩余的光输出百分比。图 10.2 给出了一个基于 L_{70} 的光源额定寿命例子：仍可使用的光源比例为 88%，剩余光源的光衰为 80%，因此可以得出该照明设施的总剩余光输出为 88% ×80% =70%。

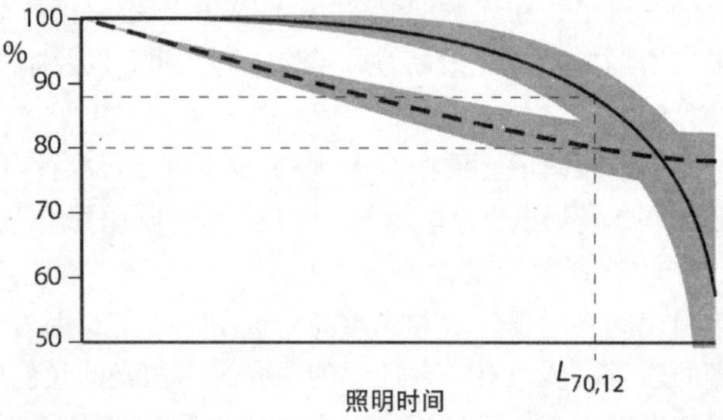

图 10.2　关于灯具使用寿命（实线）和光衰（虚线）的示例

国际电工委员会（IEC）建议，对于 LED 系统来说（尤其是使用许多独立 LED 芯片的光源），额定寿命中除了剩余光通量［IEC/PAS 2011a，b］之外，应该还考虑“灾难性”（即完全的）故障。因此，使用光衰与完全故障所带来的剩余光通量比例 L_x，以及该额定寿命中实际故障的比例 F_y 来表达 LED 额定寿命。

图 10.2 中例子的额定寿命的对应表达方式为 $L_{70}F_{12}$。对于一个使用了许多独立 LED 芯片的 LED 模组（或者一台 LED 光源），这意味着在达到所声明的额定寿命时，大量这种模组/光源的整体光输出还剩余 70%，并且模组/光源总数的 12% 被认定为发生了故障。

鉴于 LED 的超长使用寿命，光源厂商几乎无法实际测量整个所声明使用寿命周期内的 LED 故障以及光衰，因为为此可能会花上好几年的时间来采集数据。基于实际的考虑，IEC 文件 LM－80“LED 光源光通维持率的测量”中制定了 LED 寿命测试的规范［LES，2008］。其中要求 LED 的寿命测试必须长于 6000h，建议测试时间为 10000h。测试进行时 LED 的温度必须有 3 档（55℃、85℃，第三档温度由制造厂商确定），这样一来，使用者以及光源厂商就能了解温度对光输出的影响。LM－80 文件还规定了一些额外的测试条件，以确保结论的一致性与可比性。领先的 LED 厂商们会实打实地根据 LM－80 规范将他们的产品测试至少 6000h 或 10000h，然后再按照 IES TM－21 规范所述，通过推算法来得出 L_{90}、L_{70} 与 L_{50} 的寿命［IES，2011］。

10.2　气体放电灯

10.2.1　原理

一只气体放电灯包含有一支由全透明或半透明材料的管子，在这支管的两端，还有使用金属材料制成的封装电极。管子的内部被充入了某种气体或者金属蒸气。当在两端电极上施加一定的电压时，自由电子从负电极中逸出（被拉出），并且向着管子另一端的正电极方向移动。

在自由电子在放电管中运动的过程中，这些电子也许会与管中的气体或蒸气的原子以 3 种方式发生碰撞或相互作用（见图 10.3）：

- 一些低速电子的动能被气体或蒸气原子吸收，进而加热了管中气体（即所谓的弹性碰撞）。
- 电子高速与原子发生碰撞，使原子轨道上围绕原子核旋转的电子完全脱离束缚，从而产生了一个自由电子（即电离），此过程中产生的额外电子也接着参与到放电的过程中去。
- 电子高速与原子发生碰撞，使原子轨道上的电子暂时脱离束缚，进入到能级更高的高电子轨道中（被称为激发）。被激发的电子很快又落回到之前的低能级轨道上，相差的能量以电磁辐射的形式被发散出去。

这三种相互作用类型都有至关重要的作用，而且需要用适当的手段来进行控制。弹性碰撞决定了管内气体的温度、电离程度，当然还有出射光的激发。电磁

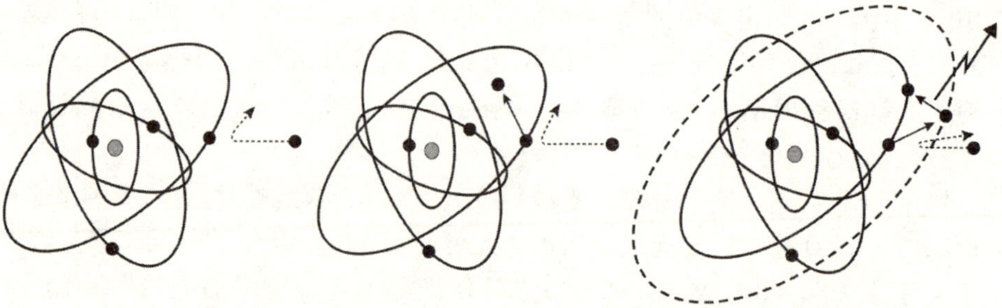

图 10.3　气体或蒸气电子的弹性碰撞、电离或者激发会导致气体温度上升，从而增加自由电子的数量以及电磁辐射的强度［Meyer 和 Nienhuis，1988］

辐射的波长取决于管中气体或蒸气的种类，以及管中气压的大小［Meyer 和 Nienhuis，1988；Coaton 和 Marsden，1997］。为了控制管中温度，有时需要在放电管周围套一只次级管，以起到隔温的作用。为了避免自由电子数量无限增长，因此在光源中需要一只限制电流的设备，即所谓的镇流器。大多数的气体放电灯都需要一只辉光启动器来暂时产生一个很高的电压波峰，从而帮助放电的启动，换句话说，就是要在放电管还冷的时候从电极中释放出自由电子。在有些气体放电的过程中，电磁辐射的很大一部分都不在可见光波长范围内，而是在光谱的紫外光波长上，在这种情况中，就需要荧光粉来将紫外光辐射转换为可见光辐射。荧光粉通常指的就是“磷粉”。这种将短波电磁辐射转换为较长波电磁辐射的物理现象被称为光致发光。光致发光的过程是，高能短波电磁辐射将荧光材料分子中的电子暂时激发到能及更高的电子轨道中，当受激发电子落回原来的低能轨道上时，剩余的能量则以较长波电磁辐射的形式发散出去[㊀]。今天所使用的荧光粉材料中通常使用了稀土金属。稀土金属总共包含了 17 种元素，由于它们的特性，也在许多能源技术中受到了广泛的应用。通过以不同的比例混合各种荧光粉，光源能够发出不同色调的白光，比如，可以产生色温或显色指数不同的白光。图 10.4 展示了 3 种不同的荧光粉。在白光下都显示出黄白色，然而在紫外线下观看，经过转换后可见的颜色却分别变成了黄色、红色与蓝色。

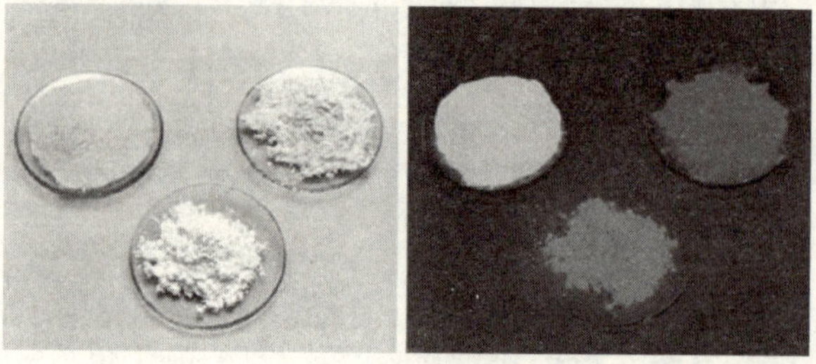

图 10.4　在白光（左图）以及紫外光（右图）照射下的不同荧光粉样品（见封二彩图）

㊀ 根据马克·普朗克的量子理论，光子的能量 E 与波长的倒数成比例：$E = h \times f = h \times c/\lambda$。其中，$h$ 为普朗克常数，f 为光频率，c 为光速，而 λ 为波长。波长较长的光子比波长更短的光子能量更少。

10.2.2　低压钠灯

所有的低压气体放电灯都有一个共同的特点：呈长管状，低压钠灯（LPS）就是其中的一个例子。由于低压钠灯的光输出很高（即光强度很高），因此被归类为高强度气体放电灯（HID）的一员。低压钠灯的光效非常高（最高 190lm/W），并且使用寿命也很长，但是完全无显色性可言。因此，这种光源的应用领域十分受限，只能用于对显色性毫无要求的区域，比如高速公路等。当低压钠灯被安装在沿着道路的灯杆上时，由于灯管的长度，并不能很好地控制路面上光线的分布。因此，一个关于这种光源的光输出的重要部分是，将近 50% 的光线并没有照在路面上，而是散布在道路的邻近区域。这种缺点降低了整个照明设施的效率。紧凑型高压钠灯的光效虽然较低，但是在许多应用环境中的系统效率却与高光效的低压钠灯相差无几。

10.2.2.1　光源的构造

图 10.5 中展示了低压钠灯的构造。为了缩短光源的长度，放电管被折成了 U 形。但是，光通量最高的低压钠灯型号仍然要求使用长度为 1.2m 的灯管。在放电管中有一个小凹坑，用来放置金属钠。当放电的过程在所谓的启动气体中开始时，气体被加热，导致金属钠挥发并接替启动气体继续放电。此时钠蒸气的气压略小于 1Pa（10^{-5}atm）。整个启动放电的过程大概需要花上 10min。当光源被关闭时，钠蒸气在温度最低的凹坑处凝结。通过使用凹坑的方法，没有钠蒸气会在放电管的内壁中随处凝结，也就避免了电弧的逐渐形成，从而导致光传输的大幅降低。为了隔温，U 形放电管被放入一个真空的玻璃外玻壳中。为了进一步提升隔温效果，在玻璃外玻壳的内壁上镀了一层膜，这种膜能够反射红外线却能透过可见光。当光源在工作时，玻璃外玻壳的玻璃以及金属的微小粒子会受热挥发。为了吸收这些杂质粒子，同时吸收抽真空过程中玻壳内残留的空气和水，外玻壳中还添加了一种吸气剂。在大多数的气体放电灯中，都使用了外玻壳以及某种形式的吸气剂。

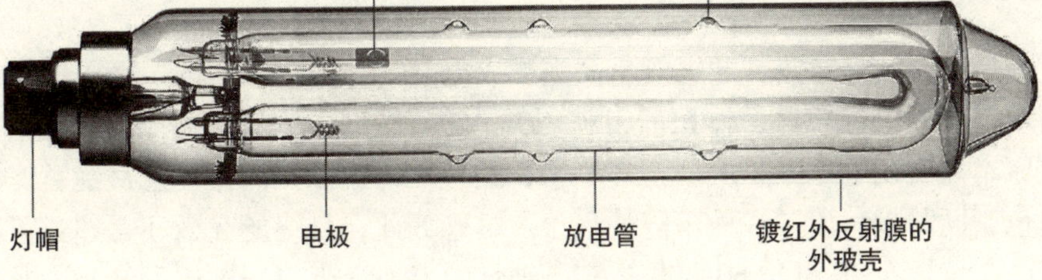

图 10.5　一只低压钠灯的主要部件

10.2.2.2 光源的属性

光谱与光色的属性 低压钠灯能够发出波长为589nm的黄色单色光，这一波长非常靠近眼睛敏感度最高的555nm波长（见图10.6）。这样一来，光源的光效就高得惊人。然而，这也就意味着这种光源几乎没有显色性可言，即 $R_a=0$。低压钠灯的色温大约为2700K，S/P 比值为0.25。

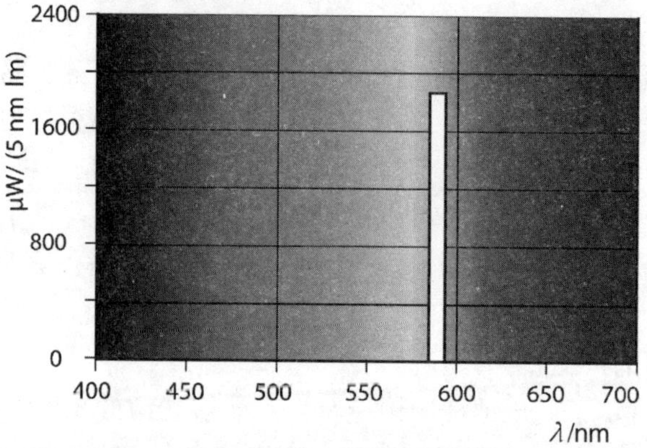

图10.6 低压钠灯的589nm波长单色光谱线与视觉敏感曲线（见封三彩图）

光通量范围 低压钠灯的光通量可以达到2000~30000lm，与这一范围相对应的功率范围为18~180W。

系统光效 低压钠灯系统的光效是由光源的功率所决定的，光效的范围在70（18W型号）~190lm/W（131W型号）。

使用寿命 低压钠灯基于 L_{80} 的经济使用寿命最高可以达到15000h。

启动与重启动 低压钠灯的升温过程大约要花上10min。重启则十分迅速。然而高功率型号（131W与180W）在这里是个例外，它们需要花10min来重新启动。

调光 低压钠灯无法进行调光。

燃点位置 电极与导入线如果与冷凝的钠发生接触，就会最终受到损害。因此在低压钠灯中对燃点的位置有一定的限制：高功率型号的燃点位置误差为水平上下±20°，低功率型号的燃点位置为灯座在垂直方向上摆动±110°。

10.2.3 高压钠灯

高压钠（HPS）蒸气放电灯是高强度放电（HID）灯的一种。高压钠灯与其他高压气体放电灯一样，体积都相对紧凑。随着钠灯中蒸气压的提高，光谱范围也在原本的黄线上逐渐扩大。这样一来，显色性得到了提高，光色从纯黄变成了黄白色，同时也付出了光效下降的代价。尽管如此，最终的光效还是超过了高压汞灯的2倍。在20世纪60年代，高压钠灯的出现为用户们提供了针对当时使用广泛的高压汞灯之外的高效率替代方案，直到今日，高压汞灯仅偶尔得到使用。

自从那时起，全世界的道路照明设施频繁地使用高压钠灯。今天的 LED 则成为了高压钠灯的高效率替代方案。

10.2.3.1 光源的构造

图 10.7 展示了高压钠灯的内部构造。放电管使用的是烧结陶瓷材料，这种材料在很高的工作温度下也不会与钠发生反应。在许多高压钠灯的型号中，金属钠是以钠汞合金的形式放置进放电管内，当光源达到工作温度时，一部分的合金发生挥发。高压钠灯的工作蒸气压高达 10kPa，比低压钠灯的气压高了将近 10000 倍，但是仍然远低于 0.1atm。为了放电管的隔温，同时也防止部件氧化，在放电管的外部也使用了外玻壳。氙气在高压钠灯中作为启动气体，在无汞的高压钠灯型号中，氙气也可以作为调节电压，减少热损耗的缓冲气体。如果氙气的气压升高，光源的光效也会提高。在一些利用了这一现象的型号中，还要求在非常靠近放电管的位置布置了一根被称为天线的辅助启辉片，以保证正常的启辉过程。与其他大多数气体放电灯一样，为了维持光源使用寿命中的真空度，这种光源的外玻壳中也放置了吸气剂。

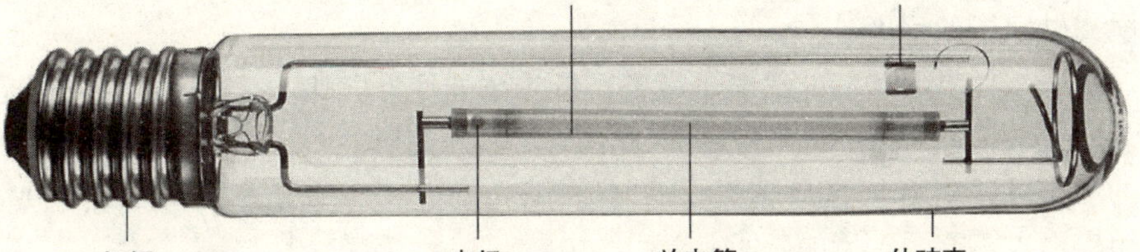

图 10.7 一只管状高压钠灯的主要部件

10.2.3.2 光源的属性

光谱与光色的属性 与所有气体放电灯一样，高压钠灯的光谱也是不连续的（见图 10.8）。光谱主要部分的中心是黄色的钠辐射波长线。因此它的光色呈黄白色，色温大约是 2000K，显色指数 R_a 为 25。对于道路照明来说，这样的显色指数还是可以接受的，但是对于室内照明来说，这样的显色指数则明显远远不够㊀。由于高压钠灯的光谱在红色区域相对较强，因此在这种光线下的人脸往往看起来有些谄媚。高压钠灯的 *S/P* 比值为 0.65。

光通量范围 高压钠灯的光通量可以达到 4000～150000lm，与这一范围相对应的功率范围为 50～1000W。

系统光效 对于低功率的高压钠灯，光效为 90lm/W。高功率型号的光效则高达 140lm/W。

㊀ 随着钠蒸汽压的进一步提高，光线的色彩质量也得到提升，从而获得了显色指数达到 80 的白光。这类灯具适用于室内照明应用场景，但是由于光效降低至 50lm/W 以下，因此很少用于道路照明。

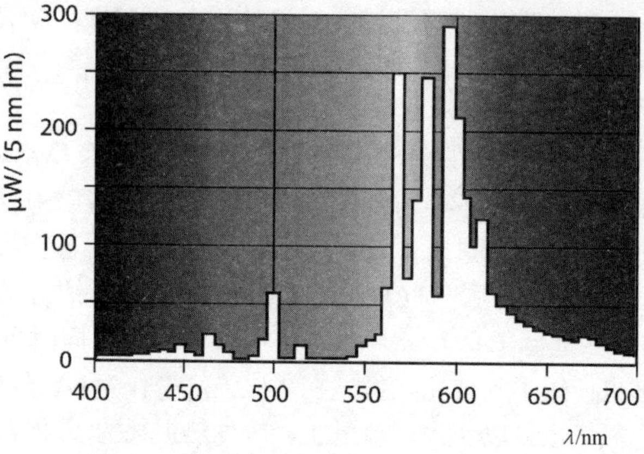

图 10.8　高压钠灯的光谱功率分布（见封三彩图）

使用寿命　高压钠灯基于 L_{80} 的经济使用寿命最高可以达到 20000h。

启动与重启动　高压钠灯要花上 3～5min 来达到正常蒸气压以及全部光输出。重新启动炽热的光源则需要先冷却大约 1min，使蒸气压降低到启辉脉冲足以电离钠原子的程度。

调光　如果使用特殊的电子设备，低功率的型号（100～150W）可以调暗至 20% 的光输出。如果在光源电路中加上一个额外的感性线圈（镇流器），功率更高的版本可以调暗至 50% 光输出左右。调光的过程中，光色几乎不发生变化，使用寿命也不会受到影响。

灯泡形状　外玻壳的形状无非是管状（T 形）或卵圆形。卵圆形玻壳的内壁上常常涂有散射光线的粉末。其产生的效果就是，这些型号在光通量接近的条件下亮度更低。一开始这样做的目的是为了使高压钠灯获得与高压汞灯相同的发光表面积（见图 10.12），从而能够在针对高压汞灯设计的光源光学部件中使用涂粉的卵圆形高压钠灯球泡。

10.2.4　管状荧光灯

管状荧光灯是低压汞灯家族的一员。与其他低压气体放电灯一样，它们也呈长形：高功率的管形型号甚至能长达 1.8m。然而在道路照明中，由于灯管的长轴垂直于道路的长轴，这样的长度使得几乎无法控制沿长轴任何平面的光学分布。鉴于管状荧光灯中等的光输出，那些需要中高照明水平的应用中就需要将几支灯管放入一台光源，以获取足够的照明水平。因此，目前人们在考虑道路照明光源时，这种荧光灯的灯管长度以及中等的光输出都被认为是劣势。虽然在一些老旧的道路照明中仍然使用管状荧光灯，但是在这里，就不深入探讨这种光源的细节了。

在居民区以及人行区域，有时紧凑型荧光灯不失为一种经济的方案，因此接下来就要探讨这一种光源。

10.2.5 紧凑型荧光灯

形状紧凑的低压汞灯通常指的就是紧凑型荧光灯（CFL），这种光源最初开发于20世纪80年代，主要目的是应用于那些传统上使用白炽灯的场所。今天，“双管”紧凑型荧光灯的应用范围已经拓宽至对照明水平要求较低的居民区街道。除了这种光源之外的替代方案还有低功率高压钠灯、金属卤化物灯以及越来越多的固态照明光源。

10.2.5.1 光源的构造

紧凑型荧光灯的工作原理与管状荧光灯完全一样，都是充满惰性气体与少量汞的玻璃管。为使光源启动，使用高电压脉冲启辉之前，灯管两端封装的电极都会先进行预热。一旦汞全部蒸发，灯管内就达到了略微小于1Pa（$\pm 10^{-5}$ atm）的工作气压。低压汞蒸气放电所产生的辐射包含了大量紫外线辐射以及少量的蓝光。因此，在灯管的内壁涂有一层混合荧光粉。这种荧光粉能够将紫外线辐射转换为能够穿透涂层的可见光辐射，最终产生出了白光。白光的光色性质是由所使用的混合荧光粉决定的。

为了实现这种光源的紧凑性，通常将灯管折成U形，或者将两根平行的灯管之间使用一根焊接桥将其连接起来，这样自由电子与离子就能通过这一通道从一端电极向另一端电极移动（见图10.9）。除此之外，也有许多其他种类的灯管形状。比如为了节能地替代白炽灯，有一体化电气部件，灯座与白炽灯完全相同的紧凑型荧光灯型号。道路照明中使用的紧凑型荧光灯通常都是光源与电气部件分离的，电气部件通常都被安装在光源中。这里主要是双管形荧光灯或者环形荧光灯。双管形型号的长度与功率有关，通常都在100~600mm。

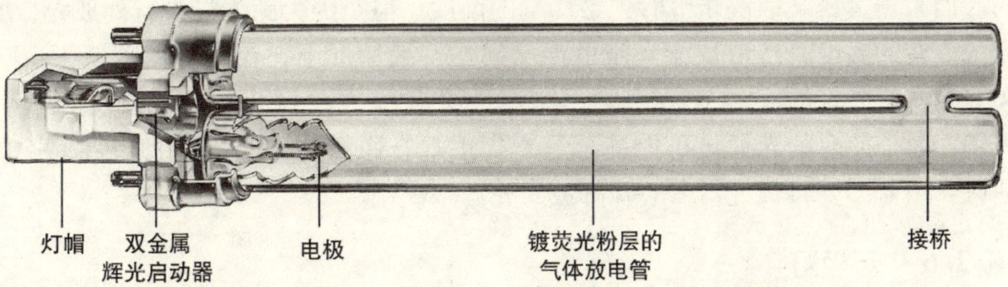

图10.9 一只紧凑型荧光灯的主要部件（焊接桥型号）

10.2.5.2 光源的属性

光谱与光色的属性 之前提到过，不同的混合荧光粉可以产生不同的光谱。与其他气体放电灯一样，紧凑型荧光灯的光谱也是不连续的。荧光灯的光色类型名称已经得到了标准化，第一位数字代表的是显色指数 R_a，最后两位数字代表的是色温 T_k。一种常应用于街道照明的紧凑型荧光灯是 840 型光色，也就意味着该光源的显色指数为 80～89，色温大约是 4000K（见图 10.10）。*S/P* 比值大约为 1.5（对于 830 型光色这一比值大约在 1.3）。

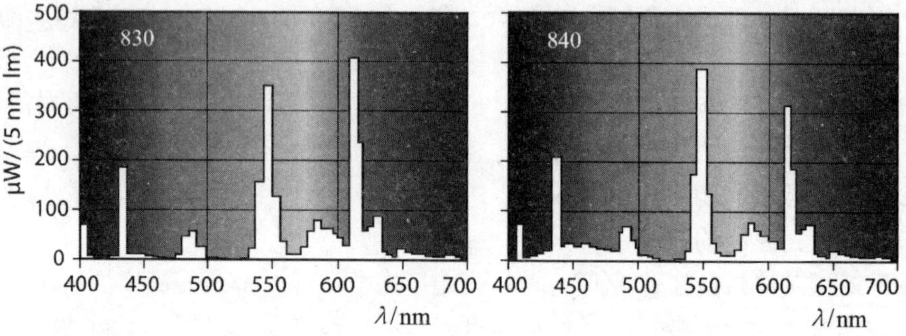

图 10.10　830 色型与 840 色型的紧凑型荧光灯光谱功率分布（见封三彩图）

光通量范围　非一体化紧凑型荧光灯的光通范围大约为 250～6000lm，所对应的功率范围为 5～80W。

系统光效　对于非常适用于街道照明的高功率型号，光效最高可以达到 70lm/W 左右。

使用寿命　非一体化紧凑型荧光灯基于 L_{20} 的使用寿命在 7000～20000h，高功率型号的寿命还要更加长一些。

启动与重启动　使用现代电子镇流器的荧光灯可以在 1.5s 内无闪启动。当温度较高的灯管关断时，管内蒸气压急速下降，因此重启动几乎是瞬时的。

调光　装有 4 针灯座的非一体化紧凑型荧光灯可以进行调光。

对环境温度的敏感性　荧光灯的光通量是由灯管工作时管内汞蒸气压所决定的。而汞蒸气压又取决于灯管内最冷端的温度。但是因为荧光灯没有外玻壳，所以最冷端的温度直接取决于环境的温度。在一般情况下，当环境温度低于 20～30℃时，荧光灯的光效就会下降。对于一个开放式光源来说，当环境温度为 -10℃时，此时的光通量可能甚至达不到正常光通量的 20%。因此，在寒冷的地区，绝对不要将荧光灯安装在开放式光源中使用。

10.2.6　无极灯

与荧光灯一样，无极灯也是低压汞灯家族的一员。但是与其他气体放电灯不同的是，无极灯中没有电极，这就是为什么它们被称为“无极灯”的原因。没有电极所带来的优点就是非常长的经济使用寿命，可以长达 60000～75000h。这也是无极灯的主要特点。无极灯的应用环境主要是那些几乎无法更换光源或费用极其昂贵的地方。在许多这种环境中，LED 也是一种选择方案。这两种光源的主要技术差异是发光面积的不同：LED 的发光面积仅以平方毫米计，而无极灯的发光面积则以平方分米计。

10.2.6.1　光源的构造

在一只无极灯中，通过在放电管中或周围的铁心上缠绕电感线圈的方式，就能够为气体放电提供所需的自由电子（见图 10.11）。这支电感线圈与高频率的电源相连，起到了类似变压器中一次绕组的作用。放电管中环绕着铁心的汞蒸气也是金属，因此起到了变压器中二次绕组的作用。汞蒸气启发的二次电流则是由环绕铁心自由运动的电子组成。与其他荧光灯中气体放电的过程一样，这些自由运动的电子将其他原子电离并激发，因此产生与其他荧光灯一样的辐射。由于放电管中涂有与其他荧光灯一样的荧光粉，产生出来的光线也是相同的。这其中电子线圈产生的频率可高达 2.65MHz。

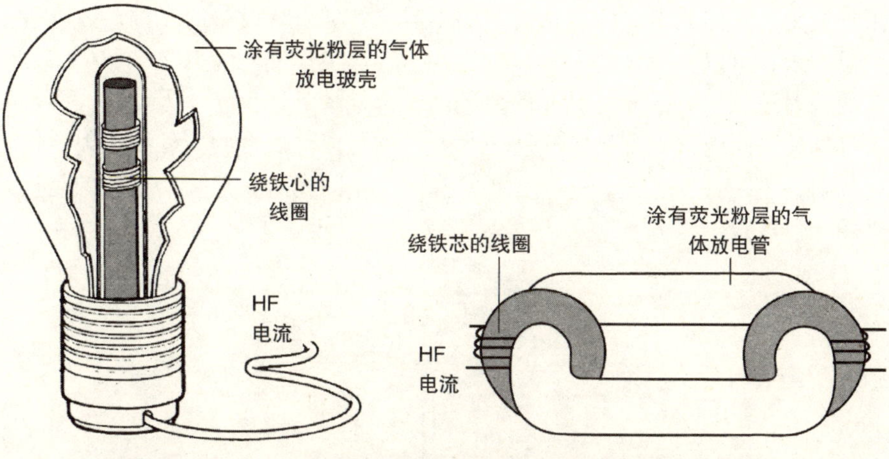

图 10.11　一只圆柱形腔内铁氧体心缠有线圈的球泡形无极灯，以及一只铁氧体心外缠线的平面形无极灯

10.2.6.2　光源的属性

光谱与光色属性　无极灯的低压汞蒸气放电辐射和荧光粉成分与普通荧光灯是一模一样的，因此它们的光谱与光色属性也完全一样，见 10.2.5 节。

光通量范围　量产的无极灯的光通量范围为 3000 ~ 12000lm。

系统光效　无极灯的系统光效比普通的荧光灯小一些，根据功率的不同，光效范围在 65 ~ 75lm/W。

使用寿命　无极灯的寿命极其长，基于 L_{20} 的寿命在 60000 ~ 75000h。

启动与重启动　高频发生器产生的高压启辉脉冲能在 5s 内启动光源，之后的 1min 内光输出可以达到最大值。无极灯的热重启也没有延迟。

调光　一些特殊型号的无极灯可以调光至 50%。

10.2.7 高压汞灯

高压汞（HPM）灯是高强度气体放电（HID）灯的一种。高压汞灯与其他所有高压气体放电灯一样，体积都比低压气体放电灯紧凑很多。高压汞灯的光效与显色性都属于中游。由于这种光源冷白色的光线，它们被广泛使用在道路照明，尤其是建筑区域的照明中。由于在20世纪60年代出现了效率更高的高压钠灯，在目前许多情况下，高压钠灯已经取代了高压汞灯。

10.2.7.1 光源的构造

图10.12中展示了高压汞灯的构造。其中放电管由石英制成，石英的熔点要比玻璃高许多，可以忍耐光源工作时的高温。放电管的外面包围着充满惰性气体的卵圆形玻壳，所以外界环境温度不会对放电管的工作造成影响。为了辅助启动，两根主电极之一的附近安装了一个辅助电极。由于这个辅助电极的存在，高压汞灯成为了气体放电灯中屈指可数的不需要外部启辉设备的光源。放电管中装有少量的汞，可以在工作时完全挥发为汞蒸气。工作气压为10^6Pa（10 atm）。汞蒸气的辐射波长主要落在可见光的范围内，但是缺乏红色光。因此，大多数的高压汞灯外玻壳的内壁上都涂有一层荧光粉。这可以将少量的紫外线辐射转换为可见光辐射，主要是红色光。这种方式提高了少量的光效，但是最主要的是提升了白光的光色质量。

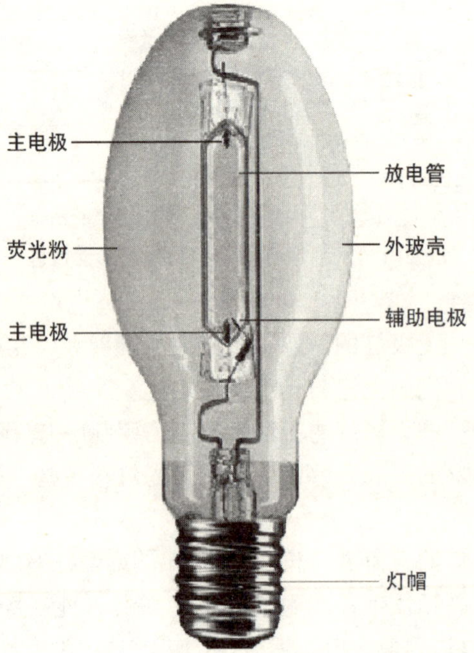

图10.12　一只高压汞灯的主要部件。为了便于展示，部分荧光粉已被移除

10.2.7.2　光源的属性

光谱与光色属性　图 10.13 展示了产生蓝白色光线的典型不连续线形光谱。红色区域的两条光谱线来自于荧光粉对紫外线辐射的转换。通过使用不同比例与分量的荧光粉，就可以让光源产生色温为 3500~4500K 的光线，以及显色指数达 60 左右的优质光色型号与显色指数为 40 左右的普通型号。由于普通型号的光效更高，因此常常被应用于道路照明中。高压钠灯的 *S/P* 比值大约在 1.1~1.4 浮动。

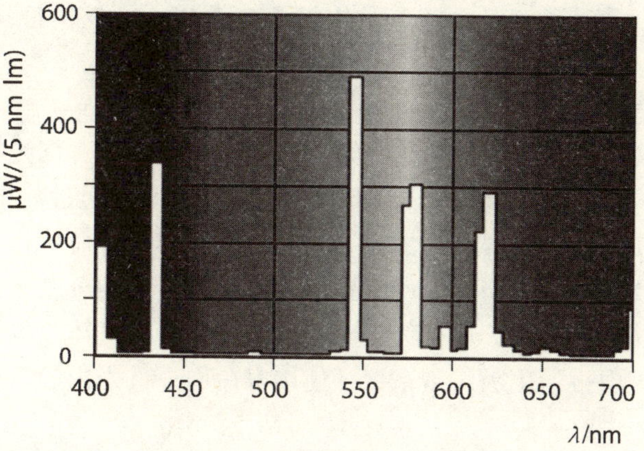

图 10.13　一只涂有荧光粉涂层，色温为 4500K 的紧凑型高压汞灯的光谱功率分布（见封三彩图）

光通量范围　高压汞灯的光通量范围大约在 2000~60000lm，相对应的功率范围为 50~1000W。

系统光效　由于光源功率与光色质量的不同，其光效也有所区别。大致范围为 35~60lm/W。

使用寿命　基于 L_{80} 的经济使用寿命根据型号而不同，范围为 10000~15000h。

启动与重启动　高压汞灯达到工作温度与相应标称气压的启动时间大约为 4min。热光源必须要等到完全冷却，气压降低到市电压能够再起弧之后才能重启动。因此，重启动大约要花上 5min。

调光　高压汞灯不能进行调光。

10.2.8　金属卤化物灯

金属卤化物（MH）灯指的是除汞之外还含有金属卤化物的高压汞灯。因此，这种光源也属于高强度气体放电灯。在炽热的放电管中，金属卤化物参与了放电的过程，并且有自身的辐射光谱。与高压汞灯相比，金属卤化物灯的光色质量与光效都有相当大的进步。由于金属卤化物灯中不需要荧光粉，体积很小的放电管自身就是发光表面，小发光表面使得这种光源特别适合配合反射器使用，或是泛光照明中。

最初通常只生产这种光源的超高功率型号（高达200000lm以上），应用于体育场中的泛光照明中。金属卤化物灯的使用寿命在6000h左右，虽然比较短，但是对于一年中光源使用率不高的体育场馆照明来说已经足够了。今天，市场上也出现了低光通、寿命大大延长的紧凑型金属卤化物灯，它们因而也适用于道路照明。在市区与居民区，相比于光通量相似的高压钠灯，金属卤化物灯可以提供高质量的白光，并且光效也略高。现在LED光源也成了这类应用中的另一个替代方案。

10.2.8.1　光源的构造

图10.14展示了一只金属卤化物灯的构造。放电管是由石英或者陶瓷材料制成。在高温下，金属卤化物成分中的某些金属有缓慢渗透过放电管石英壁的趋势。但是如果使用陶瓷材料，就无需担心了，所以使用寿命较石英管更长，而且寿命内的光色质量也更加稳定。所有在道路照明中使用的金属卤化物灯都有真空或充满惰性气体的外玻壳，用来为放电管隔温。与其他气体放电灯一样，金属卤化物灯的外玻壳中也使用吸气剂来保证使用寿命内外玻壳内的真空度。

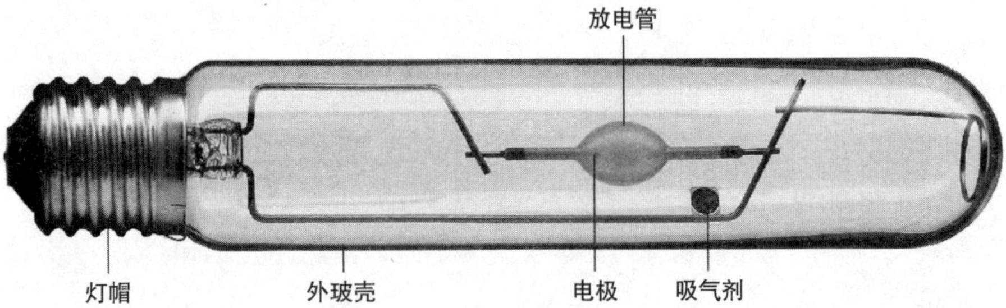

图10.14　一只金属卤化物灯的主要部件。本例中光源使用了陶瓷气体放电管

能够在炽热放电管中挥发并参与到放电过程中的合适金属并不能直接掺入放电管的汞中。这是因为合适的金属往往会破坏放电管的管壁。而人们发现的解决办法就是将这些金属以活性更低的金属卤化物（碘、溴或氯）的形式放入放电管，因此这种光源被称为金属卤化物灯。在一定的温度时，固态的金属卤化物开始挥发。当金属卤化物的蒸气进入放电管中央汞蒸气放电的区域时，此处的温度极高（大约为3000℃），金属卤化物分解为两部分：金属与卤素。因而纯净的金属蒸气参与到了放电过程中，并在辐射的光效与光色特性方面起到了重要的作用。而活性极高的金属蒸气却无法接触到放电管管壁，这是因为管壁处的温度较低（大约为1000℃），金属蒸气会与卤素重新组合为无害的金属卤化物。事实上，激发所谓的稀土元素要比激发汞容易得多。这意味着金属卤化物灯中的汞并

不参与光的产生，而仅仅是维持在温度与电压调节过程（缓冲气）中的放电。

10.2.8.2　光源的属性

光谱与光色属性　金属卤化物灯的光谱在很大程度上是由所使用的稀土金属混合物所决定的。理论上，总共可以使用 50 种左右的金属，而且不同的厂商还采用了许多种金属混合物，以产生不同的光谱。用于荧光灯的色彩指定系统也同样被用于金属卤化物灯。图 10.15 中展示了道路照明所使用的金属卤化物灯的光谱，色彩指定数为 728 与 942。量产的金属卤化物灯的色温范围为 2700～4500K，显色指数范围为 60～90。暖白光色的金卤灯的 *S/P* 比值为 1.25，冷白光色版本的 *S/P* 比值则为 1.8 左右。

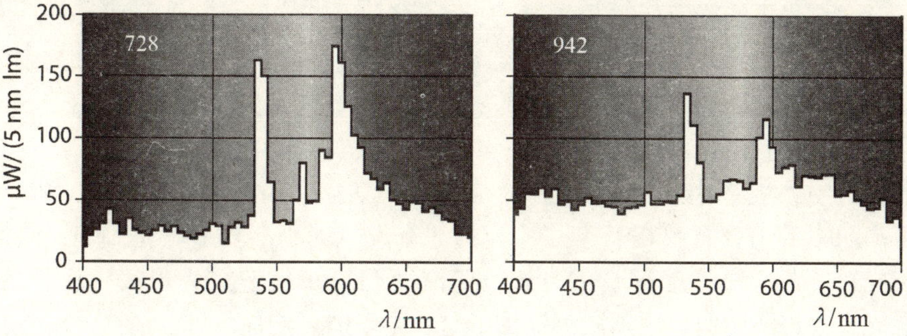

图 10.15　色号为 728（T_k = 2800K，R_a = 70）与 942（T_k = 4200K，R_a = 90）的金属卤化物灯的光谱功率分布（见封三彩图）

光通量范围　为道路照明而开发的金属卤化物灯典型的光通量范围大约在 5000～50000lm。而泛光照明中使用的型号的光通量范围可以达到 20000～200000lm。

系统光效　道路照明型号的光效范围在 80～110lm/W，泛光照明型号的光效范围则在 75～105lm/W。

使用寿命　专为道路照明而开发的陶瓷金属卤化物灯的使用寿命最高可达 20000h（基于 L_{80}）。泛光照明专用的型号则寿命较短，大致为 4000～10000h。

启动与重启动 放电管中的金属卤化物需要时间来加热、挥发，并分解为金属与卤素。此过程大约要花上 2～3min，其间光通量与光色会逐渐发生变化，直到最终的稳定状态。如果此过程中电源受到干扰，中高功率的光源大概会在10～20min 之后，直到灯中的蒸气压达到一定程度，才会重新启动。而紧凑型陶瓷金卤灯的重启要快一些，大概需要 3～10min。

调光　金属卤化物灯的调光比较困难，这是由于调光会造成温度降低，继而金属卤化物会发生凝结，最终导致光源的光色特性发生变化。只有使用特殊形状的燃烧器才能避免这一现象的产生。大多数道路照明专用的金属卤化物灯都可以被调光至最大光通量的50%。而泛光照明专用的金属卤化物灯则不能进行调光。

球泡形状 道路照明中使用的金属卤化物灯有着不同形状的球泡。其中最重要的当属与管状高压钠灯类似的管状球泡、与卵圆形高压钠灯与高压汞灯相似的卵圆形球泡（涂有漫反射粉末），以及为了方便光源光学设计而要求确保准确燃烧位置，有着特殊双针灯座的紧凑型管状球泡。

燃烧位置 道路照明中使用的大多数金属卤化物灯都有着自由的燃烧位置。而泛光照明专用的型号则对燃烧位置有一些限制条件。

10.3 固态光源

1907年，一位名叫Round的无线电工程师报告称，一只将被用作无线电接收器的碳化硅晶体发出了光线。这其实就是世界上第一只固态照明光源（SSL），即小发光二极管（LED）。直到1962年，第一只实用性的发光二极管才出现在人们的视野中。从那时起，LED被广泛应用在一切家电的指示灯上。在1990年出现了高功率LED。而在1995年，中村修二开发成功了高功率蓝光LED，通过使用荧光粉覆盖这种蓝光LED的方式，使白光LED的制造成为现实。从此之后，固态光源为许多照明应用领域都提供了这一全新的可能性。可以期待，随着技术的提升，固态光源一定会成为未来的支柱光源。

10.3.1 原理

10.3.1.1 光出射

在固态光源中，光线来自于由两种不同半导体材料夹成的固态材料内部，这两种半导体材料被称为p型半导体与n型半导体。这种发光的物理现象被称为电致发光。半导体是由电的不良导体材料制成。通过在半导体材料中掺入（这种过程叫做掺杂）特殊的杂质（另一种材料的原子），这种杂质的材料要么电子多余，要么电子不足。掺杂的过程使得原先的材料导电性更加强，因此得名半导体。电子多余的材料就是n型的半导体（相当于带有负电荷）而电子不足的材料则视为带有正电荷“空穴”，被称为p型半导体。在n型半导体，原子中多余的电子移动到能级相对更高的外层电子轨道中。而p型半导体中的少数电子则移动到能级相对较低的低电子轨道中。如果将n型半导体接至负极，p型半导体接至正极，就将n型原子中的电子与p型原子中的空穴推向p-n半导体的结合面（见图10.16）。

当一个n型原子的电子与一个p型原子的空穴在p-n结的结合面相遇时，n型原子的电子被p型原子捕获至自身低能级的轨道上。电子能量与相应能级能量的差值就以光线的形式辐射出去，或是转化为热能。如果复合造成了光线的辐

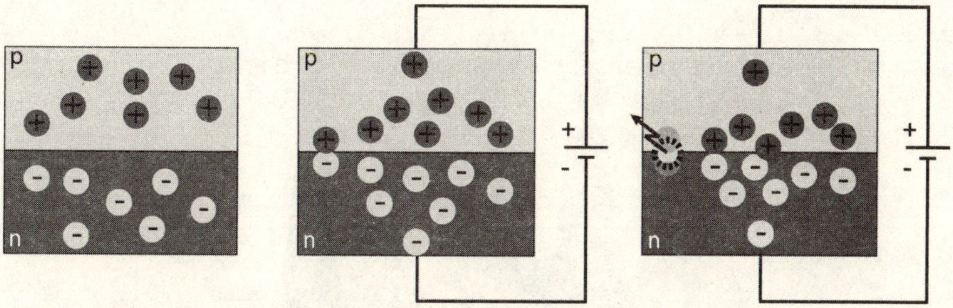

图 10.16　固态光源的工作原理：p 型原子内空穴与 n 型原子内电子向 p－n 型半导体的结合面移动并成功复合，产生光辐射

射，那就认为这是一次成功的电子空穴复合。辐射光线的波长取决于 p 型材料与 n 型材料的能级差异，换句话说，取决于所使用的半导体材料。因此，不同的半导体材料能够辐射出不同波长的光线，即颜色不同。辐射的光谱总是窄带光谱（准单色光）。固态光源辐射光线的过程与气体放电时辐射光线的过程比较类似，都是受激发的电子回落到能级更低的原始轨道，从而发出光线。如果反转施加在 p－n 材料上的电压极性，不会有载流子流向结合面。n 型材料中的自由电子会被推向正电极并被吸收，p 型材料中的自由空穴会流向负电极并被吸收。因此 p－n结半导体其实是一种整流二极管。这就是为什么固态光源被称为发光二极管（LED）的原因。一只单独的 LED 芯片的发光面积为 0.5～5mm^2，是目前最小的人工光源。使用有机材料（含碳）制成的发光二极管（OLED）则呈偏平或平板状，也为许多的照明应用提供了新的可能性。但是 OLED 不适用于绝大部分的道路照明，因此在这里就不讨论这一类型了。

10.3.1.2　白光

之前提到，单一 LED 芯片的光谱总是很窄。因此发出的光线都带有颜色（见图 10.17）。通过将 3 种（或两种）不同颜色的 LED 芯片组合起来，就可以获得白光。一个常用的方法是将红、绿、蓝 3 种颜色的 LED 芯片封装进同一只模组，从而混合产生白光（RGB LED）。但是，这种系统效率并不很高，因此不适用于道路照明。

如果要获得适用于道路照明的高质量白光，就需要将蓝光 LED 芯片与荧光材料组合在一起使用。这样就可以将短波的蓝光转化为分布在整个可见光范围内不同波长的光线（见图 10.18）。蓝光 LED 使用了氮化铟镓（InGaN，一种氮化铟与氮化镓半导体化合物）这种材料。荧光粉则由荧光稀土材料制成。因此这类白光 LED 被称为白色荧光 LED。

一种相对新颖的转化蓝光（或者紫外线辐射）的方法是使用量子点。量子点是由半导体材料制成，直径在 2～10nm 的微粒。由于它们尺寸微小，只相当

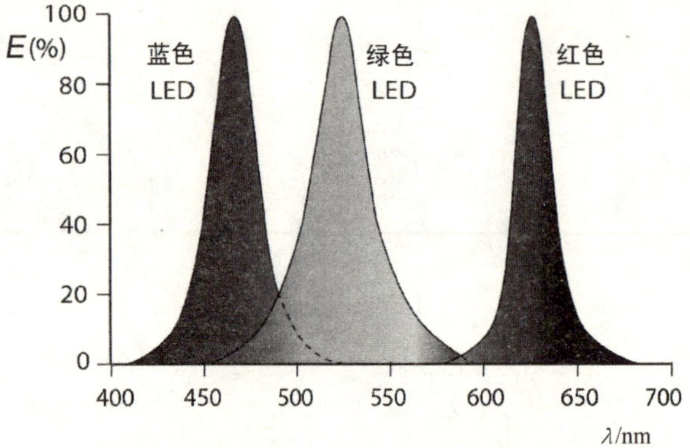

图 10.17　蓝色、绿色与红色 LED 的窄光谱功率分布（见封三彩图）

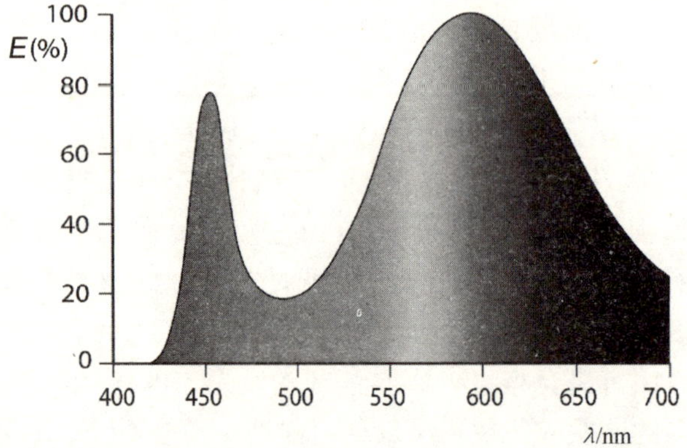

图 10.18　白色荧光粉 LED 光谱功率分布的图例，$T_k=3000K$，$R_a=75$，S/P 比值 = 1.28（见封三彩图）

于大约 50 个原子的大小，因此其特性与大体积的同样材料有所不同。当受到短波辐射的激发时，量子点能够辐射出波长较长，但频带极窄（小于 35nm）的光线。这种光线的波长取决于量子点的大小（体积越大，波长越长）。因此，可以精确控制量子点的大小来获得任何波长的光线。因此原则上来讲，通过将蓝光 LED 表面上涂上不同量子点混合物，可以为最后光谱的调整带来丰富的可能性。举个例子，传统的稀土荧光粉同时也会产生红外辐射，这对可见光辐射没有任何帮助。有了量子点的参与，就可以更好地控制红外线的产生。量子点可以单独发挥转换作用，也可以与荧光粉同时使用。在未来可能会被应用在道路照明的 LED 系统中。

有关生产单一多层 LED 芯片的研究也在开展中，每层芯片只产生一种特定的光色，再通过混合达到产生白光的效果。

10.3.2　LED

10.3.2.1　光源的构造

LED 系统的结构通常可以被区分为几个不同的梯级或层面，分别为第 0 层 ~ 第 3 层。

- 第 0 层：LED 芯片。
- 第 1 层：LED 的封装。即将芯片与电路结构、机械结构、保护结构、散热结构与基本的光学部件封装在一起。
- 第 2 层：LED 阵列。由于单一 LED 芯片无法满足绝大多数照明应用对光通量的要求，因此将许多 LED 安装在同一块印制电路板（PCB）上。
- 第 3 层：LED 模组。一只 LED 模组包括了 LED 阵列、散热器、电气驱动器，有时还包括了光学部件。LED 模组已经具备了光源的功能。

有时，LED 光源被称为第 4 层，而 LED 照明设施则相应被认为是第 5 层。

LED 芯片　作为 LED 芯片基本元素 p－n 结材料，半导体晶体是在一种被称为外延生长的复杂工业生产流程下，在适合成分的基板上沉积生长获得的。p－n 结与基板的材料同时决定了 LED 芯片的质量。从这个流程中 LED 芯片得到的结果是“光阱或光子阱”：也就是说，芯片内产生的大量光线都被自身表面（LED 材料与空气的界面）反射回了芯片内部，经过多次反射之后，这部分光线最终被材料自身吸收（因此产生热）。只有方向几乎垂直于材料表面（大约为 20°）的光线才能射出。但是通过将芯片制成特殊的形状，所谓的出光效率就可以得到改善。图 10.19 展示了一种特殊形状的芯片的例子。

图 10.19　能够提升出光效率的特殊形状 LED 芯片

LED 封装　LED 的设计进行得十分迅速，因此 LED 的结构也会发生改变。图 10.20 给出了一种应被视为典型范例的高功率 LED 封装的结构。LED 芯片被放置在一只反射杯中，反射杯由高反射率的材料或者陶瓷材料制成，其形状可以将光线向上方进行导引。所有的高功率 LED 都有一个高热导率材料制成的散热器，可以耗散芯片产生的热量。在芯片中，p 载流子与 n 载流子在界面处的失败复合，以及被光子阱吸收的光线，都会产生热量加热芯片，而更高的结温会减少光通量，并且缩短使用寿命。因此在 LED 系统的正常操作中，高效的热管理是至关重要的。这也就意味着，LED 光源的设计中必须包括热传导与热对流等功能。为了对芯片进行供电，芯片的 p 端与 n 端必须与金属电极相连接。连接线所使用的材料是黄金合金，这是因为金合金能与芯片表面产生化学键。图 10. 19 中展示了一个电极与键合线。由于电极会阻挡由芯片射出的光线，因此，尤其是位于光出射面的那部分电极与键合线的尺寸是决定 LED 光效率的一个重要因素。在芯片的正上方，反射杯与键合线都被硅封装保护。这种封装硅的另一个重要作用是填补芯片与空气之间的间隙。它同初级光学部件（透镜）一起，提升了芯片的光引出效率，光引出效率对 LED 的高光效是极其重要的。

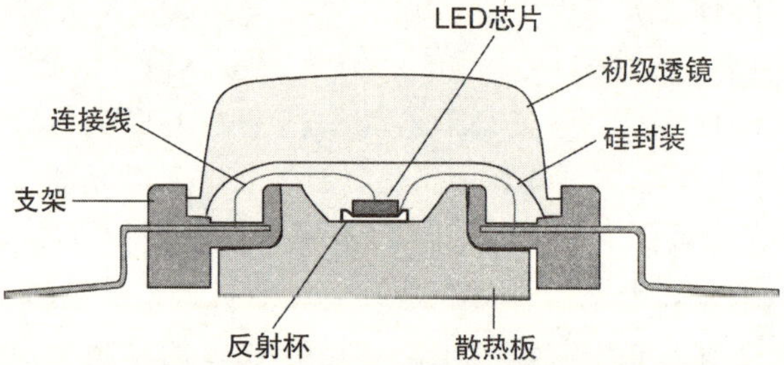

图 10. 20　高功率 LED 的主要部件

对于白光 LED，LED 芯片的表面必须涂有荧光粉。而所涂荧光粉的量则是决定光效的关键因素之一。如果涂得太少，则部分蓝光可以不经转换就辐射出来。而如果涂得太多，则转换后的光线会被荧光粉自身所吸收。这同时也意味着，LED 表面的荧光粉涂层必须十分均匀。荧光材料可以悬于封装硅之上，或是使用黏合剂喷涂在芯片自身表层（保形涂层）。后一种方法产生的涂层更加均匀（见图 10. 21），从而在整个 LED 表面产生的白光的光色质量也更加均匀。

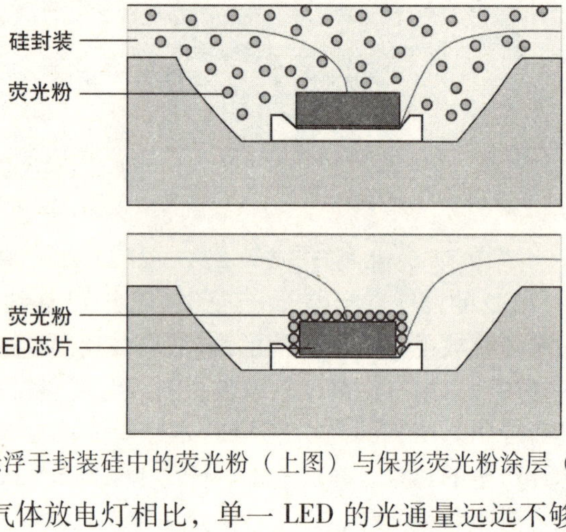

图 10. 21　悬浮于封装硅中的荧光粉（上图）与保形荧光粉涂层（下图）

LED 阵列　与气体放电灯相比，单一 LED 的光通量远远不够。因此将许多 LED 芯片安装在一块 PCB 上，以此获得一个高光通的 LED 模块。这块 PCB 上建立了所有部件之间和与外部驱动设备之间的电气连接。而且 PCB 必须能够将单只 LED 芯片散热器上产生的热量导出至芯片外部。

LED 模组　LED 模组将 LED 阵列与电气驱动设备、机械结构、决定光强分布的次级光学部件整合到了一起。

有些 LED 模组使用了被称为“远程荧光粉”的技术（见图 10.22）。在这里，一定数量的蓝光 LED 被放置在混合了高反射与漫反射材料的区域内，而荧光粉层则远离 LED，被放置在这个区域的底部，将 LED 产生的蓝光转换为白光。在这种方法中，由于混合效应，个别 LED 芯片的光通量差异与光色差异便不再可见。并且由于大面积荧光层的亮度比单一 LED 的小面积荧光层的亮度小许多，因此还降低了眩光干扰的风险。

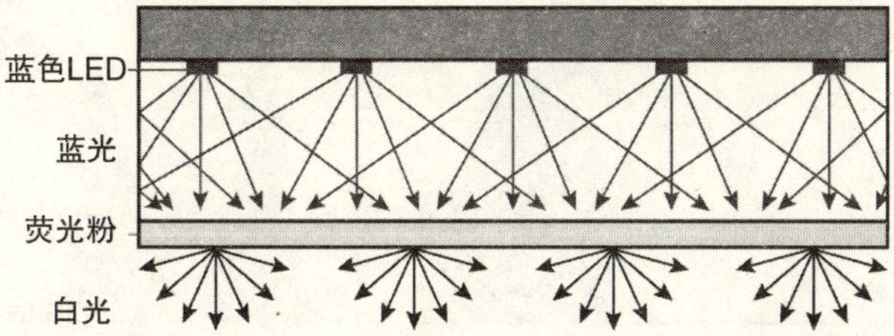

图 10.22　能产生白光的远程荧光粉 LED 模组的原理

对于用户来说，使用 LED 模组（也被称为 LED 光引擎）可能会起到比较重要的作用。因为如传统光源一样，不同厂商的光源产品都可以互换。Zhaga，一个全球性的工业组织［Zhaga，2013］，出台的规范实现了 LED 光源的互换性。这项规范规定了除 LED 技术之外，光源的物理接口尺寸，以及热学、电气、光度学的特性。这样一来，LED 光引擎制造商们就可以完全独立地开发与创造他们的产品。

10.3.2.2　光源的属性

结温　在之前已经提到，随着 p－n 结温度的上升，LED 的功能表现就会下降，尤其在光通量与使用寿命方面。光源的功能参数都是在结温为 25℃ 的条件下规定的。然而，在日常的工作条件下，结温常常能轻易达到 60～90℃。对于不同的 LED 类型，当结温从 25℃ 上升至 80℃ 时，光通量能下降至 60%～90%。所有类型的 LED 中，蓝光 LED 对结温变化的敏感度最低：80℃ 时，光通量也降低至 80%～95%。因此，如能同时给出 25℃ 与 80℃ 下 LED 的性能参数，将能使人们更好地洞悉光源在现实条件中的预期表现。

分级　LED 的大规模生产将会导致同类 LED 在光色、光通以及电压上有所差异。为了保证 LED 符合设计规范，生产过程中加入了一道分级的流程。在生产过程的最后阶段，LED 的各项属性都被测量一遍，之后被归入特定参数中不同的亚类/级别。由于某个级别的定义不随时间而改变，因此即使来自不同的生产批次，也能保证 LED 质量的统一。随着 LED 材料技术的进步，与大规模生产流程的提升，可以预见，最终 LED 分级将会消失（即“无分级 LED”）。

光谱与光色属性 通过使用不同的荧光粉，可以生产色温为 2700～10000K 的白光 LED。通常，高色温型 LED 的显色性仅能达到中等（R_a为 50～75）。而对于低色温型 LED，它们的显色性范围能从良好（R_a大于 80）至极佳（R_a高达 90 以上，甚至95）。应用于荧光灯与金属卤化物灯的同一种三位数颜色指定系统也经常被用于 LED。图 10.23 展示了一个暖白光（2800K）与冷白光（4000K）LED 光谱的例子。如其他所有光源一样，追求高光色质量往往付出了光效的代价。暖白光、冷白光、蓝白光 3 种型号的 *S/P* 比值分别为 1.3、1.8 与 2.2。

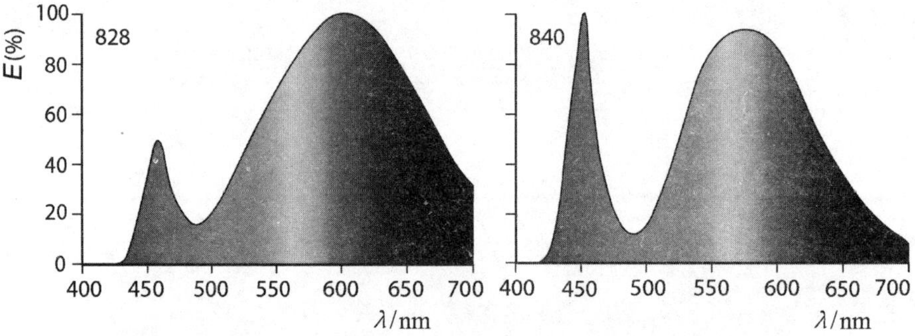

图 10.23 荧光粉色号为 828（T_k =2800K，R_a =80，*S/P* 比值 =1.2）与 840（T_k =4000 K，R_a =65，*S/P* 比值 =1.4）的 LED 光谱功率分布（见封三彩图）

光通量范围 如今，现有高功率 LED 的光通量能够高达 1000lm。在这样的光通量下，极小的发光表面上产生了如此大量的光线。为了限制眩光，需要进行严格的筛选。如人们所见，通过将许多 LED 安装在一块 PCB 上，LED 模组能够产生满足道路照明所要求的光通量。

系统光效 与大多数传统光源相同，LED 的光效取决于 LED 的功率与其产生的光色质量。功率较高的 LED 的光效也更高，同时显色性越好的 LED 光效就越低。今天，市售的冷白光 LED 的光效大约在 150lm/W，显色指数在 80 左右的暖白 LED 的光效约为 120lm/W。这些光效数据已经包括了驱动设备的能量损耗，但是并没考虑次级光学部件产生的光通损失。在未来应该还有提升的空间。通过工业界、院校、学术界、实验室以及美国政府的共同努力，美国能源部（DOE）做出了对 LED 未来的预测。在图 10.24 中可见，这项预测估计了 2025 年前的两组不同色温 LED 的发展进程。据其估计，荧光 LED 的光效最终可以达到 200lm/W 左右。

使用寿命

LED 光源的 L_{80} 寿命在 50000～100000h。正如之前所述，LED 的实际寿命取决于工作条件下的芯片结温。LED 球泡灯由于其散热空间狭小，所以寿命仅为

25000 ~ 35000h。

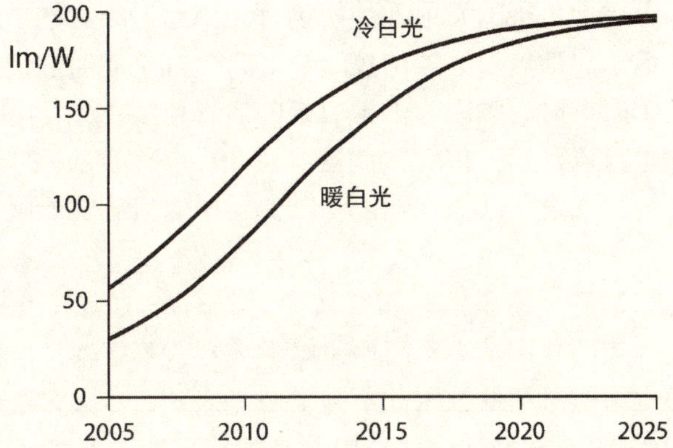

图 10.24　商业化封装 LED 的白光效率预测。暖白光：T_k范围为 2600 ~ 3700K 且 $R_a > 80$；冷白至蓝白光：T_k范围为 4800 ~ 7000K 且 $R_a > 70$

启动与重启动　无论初启动还是重启，LED 均能瞬时达到最大光输出状态。

调光　使用简单的脉冲宽度调制方式，LED 能被调光至全光通量的 0.1%。

环境温度敏感度　由于结温对 LED 的影响，LED 往往在低温下表现得更加好（光效与使用寿命）。结温对 LED 的精确影响程度取决于不同的 LED 芯片或光源类型。因此如果将在高温环境中使用，需要从制造商处获取相关的环境温度敏感度信息。

10.4　控制器

需要控制器来操作光源并实现其一系列的功能：这些控制器能够确保光源的启动，并且在启动之后能够长时间稳定地工作。不仅如此，如果光源种类允许，控制器还能对光源进行调光。气体放电灯所需要的这类控制器被称为辉光启动器与镇流器。对于固态光源，瞬时启动并不成问题，但是市电源必须经过整流，降至较低的电压，而且还需要确保经过光源的电流的稳定性。为固态光源此类目的服务的电气控制设备通常被称为驱动器。为了根据需求即时调整照明水平，许多光源，但不是所有的，都可以通过适合的调光设备进行调光，通常不同的光源类型需要使用不同的调光手段。

10.4.1　气体放电灯的辉光启动器

大多数的气体放电灯的内部阻抗都如此之高，以至于需要一个高于正常工作电压的电压波峰来启动放电。在辉光启动器的设计中，一旦光源启动之后，它就不再输出高电压波峰。

在管状与紧凑型荧光灯中，在施加高电压波峰之前，电极会被预热几秒钟。预热程序促进了电极上电子的发射。传统的辉光启动器或者电子启动器都可以提供高电压波峰。电子启动器对波峰的控制更好，而且总能通过仅一个启动脉冲来启动光源，杜绝了启辉时的频闪。由于更好的启辉控制，光源电极遭受的损害更轻微，因此寿命也得以延长。传统镇流器（见10.4.2节）中的辉光启动器则是隔离于电路之外的独立设备，而现代电子镇流器中的启辉功能则是被整合在镇流器中。

HID灯（低压钠灯、高压钠灯与金属卤化物灯）的启辉也是由高电压波峰启动的，不存在预热的程序。由于高压汞灯的内建式第三辅助电极的存在，高压汞灯的启辉电压比市电压还低，因此不需要辉光启动器。大多数低压钠灯的启辉电压仅略微低于230V市电压的2倍，因此只需使用变压器将市电压提升至所需电压即可启辉。所使用的耦合自耦变压器也可以起到限流镇流器的作用。低压钠灯专用的镇流器中有一个整合的电子启动器，它的效率也更高。一些低功率的高压钠灯有一个内部辉光启动器。高功率的高压钠灯（HPS）对启辉电压的要求为3000~5000V，金属卤化物灯（MH）的启辉电压需为600~5000V。这些光源通常使用电子启动器来产生一系列相应大小的高电压脉冲来启动。在该电路的设计中，一旦启辉成功，脉冲就会停止输出。由于对启辉电压、波峰形状与脉冲频率的不同要求，每种HID灯（还常常包括同类型但不同功率）都需要针对自身的特殊辉光启动器。

10.4.2 气体放电灯的镇流器

气体放电灯的镇流器需要实现两种功能。之前讨论气体放电灯原理的内容中，可以知道，是气体的电离导致了不断增加的自由电子流。为了避免光源中电流无限增长所导致光源的最终损坏，就需要一种被称为镇流器的限流装置。由于市电压的一个周期（50Hz或60Hz）内会出现两次电流零值，整流器还必须确保在电流零值器件光源的正常工作，而不是不断关断重启。

不断增长的电子流导致气体放电灯负阻抗的特性（见图10.25左图）。这就意味着，如果不采取措施，电流的增长就会失去控制（即所谓的“电流失控”）。电流可以通过光源电路中增加一个额外电阻来稳定（见图10.25右图）。图中粗曲线表示的是将镇流器的负阻抗（虚曲线）添加至串联电阻（虚直线）的结果。

如此一来，气体放电灯的限流镇流器中可以使用简单的电阻，但是这些电阻会耗散大量能量，所以并不常用。取而代之的是铁心上环绕铜线的感性线圈。这类线圈既能产生与电阻相同的效果，又可以大大降低镇流器中的能量损失。这类传统的感性镇流器被称为“电磁镇流器”，这是因为其中的线圈能产生电磁场。有时它们也被称为“扼流圈镇流器”。

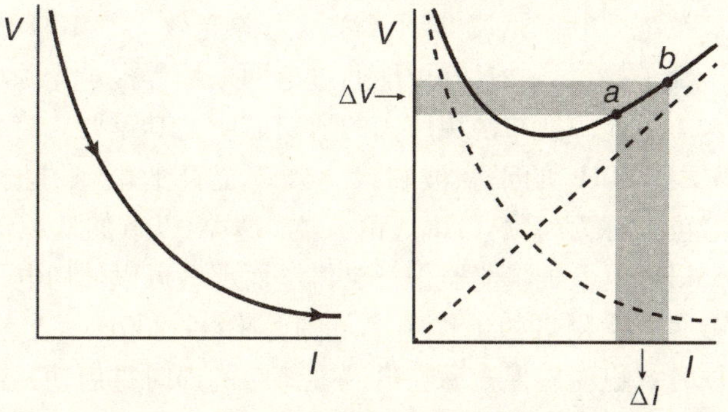

图 10.25　左图：电流失控的负阻抗器件。右图：在电路上串联电阻之后，电流稳定与 a 与 b 点之间

感性镇流器能够降低电流零值时光源的“关断”时间，理想情况下，关断时间为零。图 10.26 的左图显示，在市电压与光源电流相位相同的情况下，光源的电压在电流零值之后的一段时间内是低于重启辉电压要求的。一旦市电压又高于重启辉电压，光源就会重新启辉。图 10.26 中的灰色区域标明了这一过程所导致的“关断”时期。感性镇流器系统可以有效帮助电流零值时光源的关断时间，这是因为感性系统能改变市电压与光源电流之间的相位（见图 10.26，右图）：当电流值为零时，也有足够的电压来将光源立即重启。

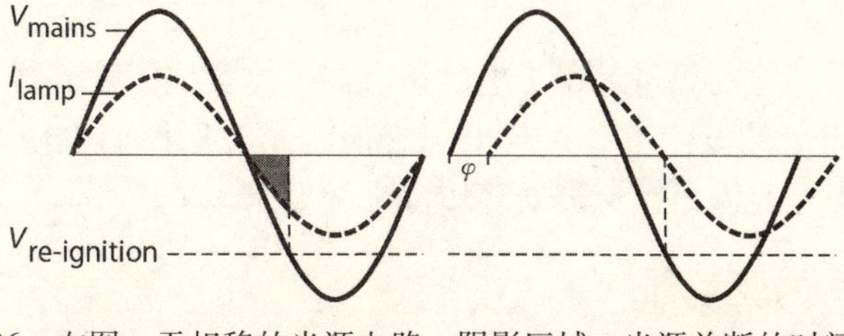

图 10.26　左图：无相移的光源电路，阴影区域：光源关断的时间间隔。右图：相位移动的感性光源电路，电流为零时电压仍然足以重新启辉

在 20 世纪 80 年代之前，所有的镇流器都是感性电磁镇流器。而自那时起，许多类型的光源都能使用功能完全一样的电感镇流器进行工作，其中还包括了效率更高的冷重启动的功能。由于荧光灯电感镇流器能效较低，因此在 2005 年之前，欧洲委员会禁止欧洲市场上使用这类电感镇流器。

根据光源类型的不同，电子镇流器能够提供不同的优势。对于所有类型的光源，镇流器的能耗降低了（从而提升了系统的光效），光源寿命延长了，调光（如果原理上允许）也更加简单，并且在整个寿命期间都能获得稳定的光输出（维持照明水平等同于新安装时的照明水平），启辉功能也得到了整合，并且最后，整个镇流器的重量与体积都下降了。

对于荧光灯系统，电子镇流器还带来了光源光效大约 10% 的提升，因此整个系统光效都得到了提高。并且有可能通过电网来远程提示光源故障，促进了远程光源管理。这对于光源散布区域广大的道路照明尤其重要。荧光灯中的电子镇流器将市电 50Hz 或 60Hz 的正弦波转换为频率更高的电压方波：20 ~ 100kHz。因此这类镇流器也被称为高频（HF）镇流器。90W 以下的低压钠灯可以使用方波频率为 45 ~ 55kHz 的电子镇流器进行工作。而那些可以使用电子镇流器的低功率高压钠灯与金属卤化物灯的工作频率范围为 100 ~ 200Hz，当然，这些电子镇流器的方波工作方式也能确保光源在电流零值时的即时重启动，带来了理想的零"关断"状况。

根据不同的电磁镇流器质量与光源类型，这种镇流器的能量损耗约为光源标称功率的 10% ~ 30%，电子镇流器的能耗也取决于其质量与光源类型，大约为光源标称功率的 5% ~ 15%。而相比于电磁镇流器，电子镇流器使得光源的使用寿命提升了 30% ~ 50%。

电磁镇流器会产生热量，而过高的温度将会对镇流器的寿命造成巨大的负面效应。镇流器上必须标明线圈绕组的最高允许温度 T_w。根据不同的线圈绝缘性能，这一温度值在 105 ~ 150℃。在每一只镇流器的外壳上也标明了 ΔT 值，这一数值规定的是标准环境温度状态下，温度的增长值。其数值为 50 ~ 70℃。T_a所表示的是环境温度，镇流器的环境温度值可以通过以下算式得出：

$$T_a = T_w - \Delta T$$

电子镇流器产生的热量远小于电磁镇流器。这类电子镇流器上有一个温度测试点 T_c，这一点上的温度不允许超出规定值。光源厂商们也使用这一测试点来检查他们的光源是否满足镇流器对环境温度的要求。

10.4.3 LED 的驱动器

与气体放电灯一样，固态光源也不能直接在交流市电压下正常工作。而解决这一问题的电气设备就被称为驱动器。固态光源是一种低电压的整流管，仅允许电流从一端通过。这也就意味着交流市电必须先进行降压，再通过整流变为直流电，才能被 LED 所使用。尽管固态光源的阻抗特性为正，但是工作区间内的电压 - 电流关系却呈指数相关。电压的细微变化也会导致电流的巨大浮动，从而损坏 LED 光源（见图 10.27，左图）。而电路中添加一只简单的串联电阻即可稳定电流，产生了"恒定"的供应电流（见图 10.27，右图）。在现实情况中，只有指示灯用途的微型 LED 才会使用这样的串联电阻来稳定电流。高功率的 LED 总是使用电子驱动器来获得相似的恒定电流特性。

对于不同质量的电子驱动器，它们的能量损耗约为光源标称功率的 10% ~ 30%。劣质驱动器的能量损耗可以高达 50% 之多。当然，由于电压小波动导致

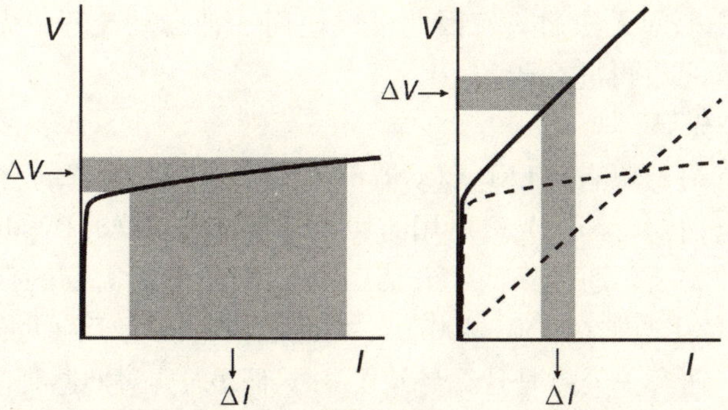

图 10. 27　左图：LED 电流变化较大时的伏安曲线。
右图：串联电阻（虚线）之后电流更加稳定

的大电流，这样的驱动器会轻而易举地对固态光源的寿命产生负面的影响。

在实验室中，驱动器也以芯片的形式，与 LED 芯片自身安装在一起。这显示了 LED 的小型化进程在未来能够走多远。

10. 4. 4　调光器

调光的目的是在优化能耗的同时，能根据当前实际照明需求来选择合适的照明水平。低压钠灯的工作温度会由于调光而迅速下降并停止工作，因此低压钠灯无法进行调光。高压汞灯以及某些金属卤化物灯的调光则会产生令人无法接受的光色漂移。

10. 4. 4. 1　气体放电灯

如果荧光灯使用的是电磁镇流器，调光方式多数是晶闸管电路辅助下的切相调光方式。这种调光方式切去了频率为 50Hz 或 60Hz 的交流电流的每个半周期内的一部分波形。在此期间内，电流被切断，光源也暂时被关断，也不会产生能耗，因此在降低光输出的同时还节省了能源。荧光灯与高压钠灯也可以通过开关一个与镇流器串联的附加线圈镇流器来实现调光。这一方式提高了整个电路的电感，从而降低了通过光源的电流，即降低了光源的光输出。通过这一方式可以将光输出调至总光通的大约 50%，而此时的能耗是全功率值的 65%。在某些高压钠灯中，这类双镇流器系统可以与使用切相的电子控制器相结合，这样一来，整个光输出就可以在 35% 的功率下被调至 20%。

可以被调光的光源与使用电子镇流器的光源可以通过调节电源的频率来实现调光。在电子镇流器能够确保电极处于合适发射温度的前提下，荧光灯的调光可以低达标称光通量的 1% 以下。这也就意味着荧光灯中的 2 只电极必须能够与调光电路相连，因此仅仅对于 4 针版本的荧光灯有效。对于那些能够被调光的 HID 灯，如果使用电子调光器，则可以在 35% 标称功率下被调光至 20% 左右。由于冷 HID 灯在切相期间无法启辉，因此可以使用一种自动流程，先将光源全功率启动，3~10min 之后再进行调光。

10.4.4.2　固态光源

大多数具有调光功能的 LED 驱动器都使用了脉冲宽度调制（PWM）来调节 LED 的功率。与白炽灯与荧光灯所用的切相调光方式一样，PWM 方式将 LED 迅速地不停开启和关断，通过降低“开启时间”来获得所需要的调光水平。这里开关 LED 的频率（通常在 150~400Hz）如此之快，以至于绝大部分人不会注意到灯光的闪烁。而有关究竟是什么导致了一小部分人群对此感到的不适感的研究也正在进行中［DOE，2013b］。在 PWM 中，相对于“开启”时间（脉冲宽度）的“关断”时间越长，LED 的光线也就越暗（见图 10.28）。系统所能开关的最小脉冲宽度决定了光源的最低调光水平：通常为 5% 左右。一种相对较简单的电子定时器也能提供开启关断的基本功能。由于在“开启”脉冲中，电流值保持为 LED 的设计标准值，因此这种调光并不会对 LED 的工作产生负面的效应，也不会对使用寿命造成负面影响。

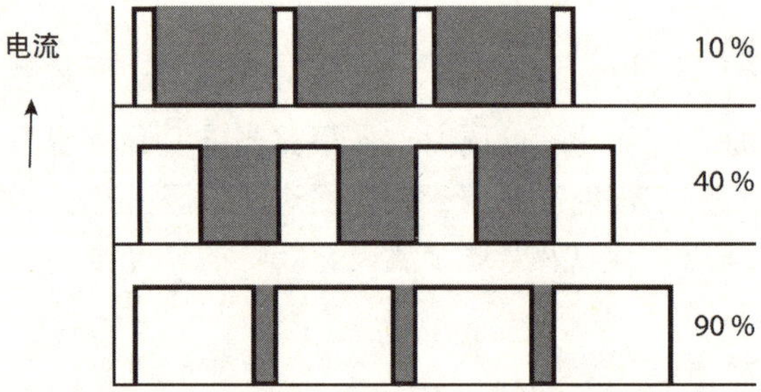

图 10.28　LED 调光所使用的 PWM 方式

LED 的调光器之间有着巨大的质量上的差别，因而在调光情况下，LED 系统的光效会下降多少也区别颇大。

10.4.5　功率质量

10.4.5.1　谐波失真

在气体放电灯与固态光源中，市电电流的波形会发生失真，换句话说，就是不再是纯粹的正弦波（见图 10.29，上图）。其中的一些原因有：光源启动时的启辉波峰与电流零值时的重启辉波峰，切相调光系统的使用，以及对于 LED，将交流市电变压转换至低压直流电的需求。这类波形的失真被称为谐波失真。使用这一术语的原因是失真电流中含有大量被称为谐波的小幅正弦波，这类谐波的频率比市电的频率高很多。高次谐波的频率是市电基本频率（50Hz 或 60Hz）的整数倍并依次进行了编号。图 10.29 的下图展示了这些谐波，以及它们叠加之后

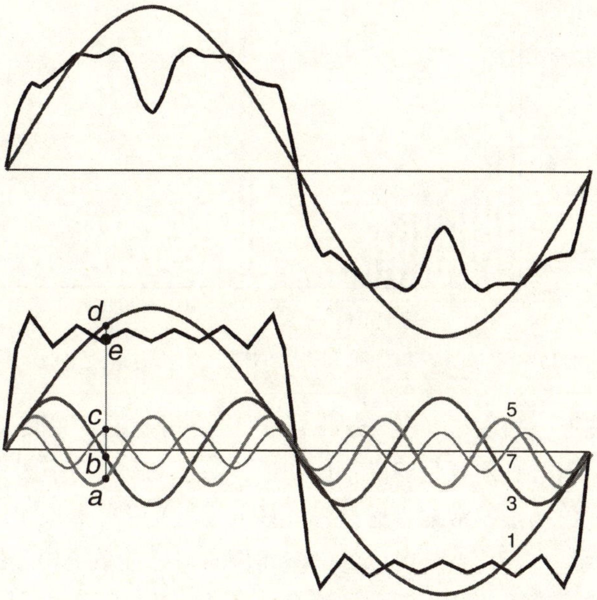

图 10.29　上图：理想化的正弦电流波与失真电流波。
下图：不同的正弦波（谐波）叠加为失真波形

形成的失真的方波（如纵轴上各点所图示：$d+c-b-a=e$）。所有的高次谐波皆造成了电灯线路中线圈与电容的阻抗差异。这将导致额外的能量负荷。一些电流谐波还能回流进电网中，并且对电网中其他设备产生干扰影响。尤其是所谓的 3 倍谐波（3 倍、9 倍、15 倍等）对电网的负面影响特别显著，这是因为这些频率的高电流能通过零线流回电网，可能会造成火灾的隐患。为了保护电网，必须限制光源电路所产生的总谐波失真。其中第一步就是使用高质量的光源、辉光启动器以及镇流器、调光器，或者光源、驱动器与调光器的组合。图 10.30 分别展示了一台劣质 LED 光源一台优质 LED 光源所产生的谐波电流的对比范例。不仅如此，为了阻断高次谐波电流，驱动电路中常常还整合了电子滤波器。

10.4.5.2　功率因素

正如人们所见，使用了电磁镇流器与电子镇流器系统的光源的电感式工作方式会导致光源电流相位相对于电压相位发生漂移。这类漂移被称为相移。相移是以正弦波形的电流与电压之间的角度 ϕ 来表示的（见图 10.26 右图）。过分大的相移是不可取的，这是由于在能耗相同的情况下，通过光源接线与电网的电流将会更高，因此电线也必须加粗。不仅如此，电力公司也无法轻易测量这种更高的电流，也就无法准确收取相应的电力费用。系统中有功功率与视在功率的比值被称为功率因数：

功率因数 = 有功功率/视在功率

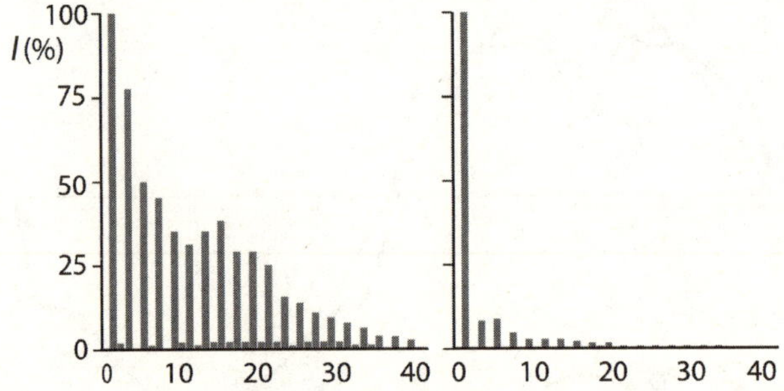

图 10.30　劣质 LED（左图）与优质 LED（右图）的相对谐波电流。横轴为谐波数

对于正弦波形，功率因数等于 cosϕ。电力公司要求，尤其是对于那些高功率的光源，功率因数必须要足够高：比如说要高于 0.9。功率因素校正，或者人们常说的功率因数补偿，常常是通过将一只电容与光源并联或串联来实现。这种有效方法的原因是，容性系统可以将电流相位向与感性系统相反的方向移动。谐波失真的出现使得精确的功率因数补偿十分复杂，几乎不可能实现，这是由于每种谐波都必须得到补偿。这也是为什么要使用高质量产品来限制谐波失真的原因之一。对于一些光源，相移与功率因数会随着使用时间的增加而变化。因此这类光源需要更加复杂的功率因数补偿。

10.4.6　电磁干扰

光源的控制装置必须确保光源线路严格符合 EMI 的要求。电气设备与电子设备可能会辐射出多余的电磁辐射，这种辐射可以干扰其他比如计算机或无线电之类的电气电子设备。这种干扰被称为电磁干扰（EMI）。并且，气体放电灯与固态光源的电路可能会带来干扰的问题，如果使用电子控制器问题尤甚。为了避免电磁干扰带来的各种问题，各个国家与地区都针对限制电磁辐射水平作出了规定。光源的控制装置必须确保光源电路严格符合这些对 EMI 的要求。

参考文献

Anikeeva PO, Halpert JE, Bawendi MG, Bulovic V (2009) Quantum dot light-emitting devices with electroluminescence tunable over the entire visible spectrum. Nano Lett 9/7:2532–2536

Coaton JR, Marsden AM (eds) (1997) Lamps and lighting, 4th edn. Wiley, New York

DOE (2013a) Solid-state lighting research and development: multi-year program plan. Prepared for lighting research and development, building technologies office, office of energy efficiency and renewable energy. Washington, DC

DOE (2013b) Solid-state lighting technology fact sheet: flicker. Building technologies office, energy efficiency and renewable energy. Washington, DC

Holonyak N Jr, Bevacqua SF (1962) Coherent (visible) light emission from Ga(As1-xPx) junctions. Appl Phys Lett 1:82–83
IES (2008) Document LM-80-2008, Measuring lumen maintenance of LED light sources
IES (2011) Document TM-21-2011, Projecting long term maintenance of LED light sources
IEC/PAS (2011a) Document 62717, LED modules for general lighting—performance requirements
IEC/PAS (2011b) Document 62722-1, Luminaire performance. Particular requirements for LED luminaires
Meyer C, Nienhuis H (1988) Discharge lamps. Kluwer Technische Boeken, Deventer
Nakamura S, Senoh M, Iwasa N, Nagahama S (1995) High-power INGaN single-quantum-well-structure blue and violet light-emitting diodes. Appl Phys Lett 67/13:114359–114362
Ohno Y (2004) Color rendering and luminous efficacy of white LED spectra. Proceedings SPIE 4th International Conference on Solid State Lighting 5530
Round HJ (1907) A note on carborundum. Electric World 49:309
Schubert EF (2006) Light-emitting diodes, 2nd edn. Cambridge University Press, Cambridge
Talapin DV, Steckel J (2013) Quantum dot light-emitting devices. Mater Res Soc Bull 38:685–691
Van Driel WD, Fan XJ (eds) (2013) Solid state lighting reliability: components to systems. Springer, New York
Zhaga (2013) Zhaga interface specification book 1: overview and common information, edn 1. 4, April 2013

第 11 章　设备：灯具

摘要　对于不同的灯具类型以及不同的应用环境，灯具的特性也大相径庭。道路照明中使用的灯具主要分为 3 种基本类型：第一种是将大部分光线投射到道路表面上的灯具，也就是高速公路上大部分灯具的情况；第二种是配光更加旋转对称的灯具，比如那些使用在广场或居民区等非直线区域的灯具；第三种是高杆照明使用的灯具，这种灯具的配光分布可能旋转对称，但是通常是非对称分布的，以满足多等级路口的照明需求。

光分布本身与光学系统效率是一台灯具质量的关键点。然而，灯具的机械、电气以及热学方面的因素也非常重要。这些因素决定了灯具本身与光源和控制器等零部件的使用寿命。从安全性能与维护性来看，这些因素也不容小觑。最后一点，在白天的时候，道路照明灯具也是整个区域景观的一部分，因此灯具的美观性也会在景观中起到一定的作用。本章中将讨论灯具的所有方面。

灯具是一种控制内部光源的光分布的设备，包括除光源外所有固定和保护光源所需的零部件（有时也包括控制装置），以及与电源连接所必需的线路附件。在美式英语中，常用 fixture 这个术语来表示灯具，在盎格鲁 - 撒克逊国家中有时也使用术语 fitting 来表示同样的意思。

一台灯具的首要特性可以分为以下 6 类：

- 光度学特性；
- 光学特性；
- 机械特性；
- 电气系统；
- 热学特性；
- 美观性。

11.1　光度学特性

一只裸光源向空间中各个方向辐射光线的强度都大致相等，因此产生的光分布比较均匀。而灯具的作用就是改变这些光线的方向，使其向需要的方向辐射，并且避免分布在可能会产生干扰的方向上。达到这一目的的同时，也会损失一些光线。从照明工程的角度讲，灯具的光线分布应该与应用环境相匹配，并且灯具的光输出比也应该足够高。光输出比的定义为光源光通量与灯具光通量之比值。

11.1.1　光分布与光输出比

灯具的光分布决定了灯具产生的光线是如何向空间中各个方向辐射的。由于其是由灯具辐射光线的各个方向上的光强度所决定的，因此也被称为光强度分布。图 11.1 展示了一台灯具的光分布。图中的各个方向上的箭头长度表示的是该方向上的光强度。其实，灯具的光分布可以被看作这台灯具的指纹。

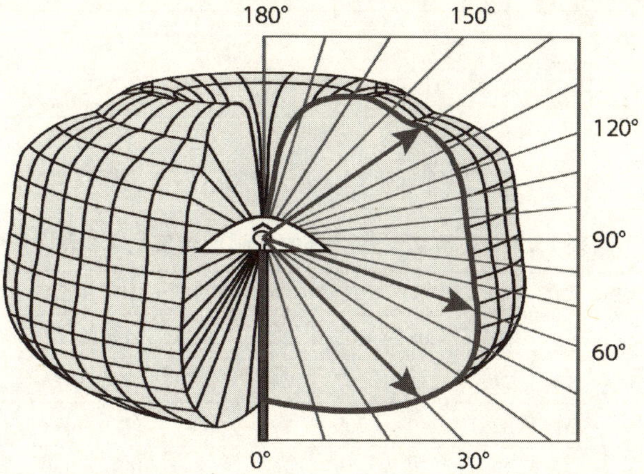

图 11.1　一台灯具的空间光线分布图，箭头长度代表该方向上的光强度［Jansen，1954］

为了规范灯具各个方向上的完全光分布，人们采用了各种不同的标准化坐标系统。通常用于道路照明灯具（也包括室内照明灯具）的系统是所谓的 $C-\gamma$ 系统。在 $C-\gamma$ 系统的坐标中，C 平面的旋转中心轴是垂直的，并且穿过灯具的中央（见图 11.2）。对于道路照明的灯具，$C0°$ 与 $C180°$ 面指的是与道路长轴平行的平面。使用角度 γ 来表示一个特定 C 平面中的方向，这个角度的范围为 0°（底部）~180°（顶部）。

一台灯具的光强度表格，或称为 I－表格，是这台灯具以数字形式表示的光分布，也是所有照明计算软件的基础数据来源。表 11.1 展示了 $C-\gamma$ 系统中I－表格的一部分。这种表格通常给出的是相对光强度值，即 cd/klm 灯具光通值，这样做是为了使得该数据仅取决于灯具本身而不是取决于灯具的实际光通量。除了光强度数值之外，光度学数据文件也需要包含灯具的发光表面尺寸等信息，以便照明计算。

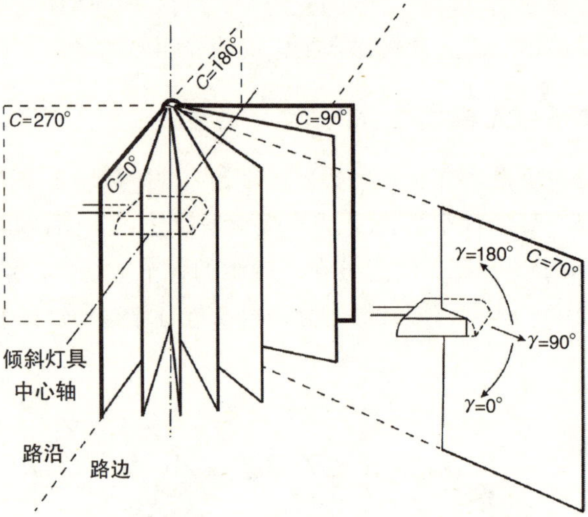

图 11.2　用于规范灯具光分布的 $C-\gamma$ 坐标系统

表 11.1　表示某型号灯具的光强度数值的 I－表格（单位：cd/klm）

γ	C 90°	C 105°	C 120°	C 135°	C 150°	C 165°	C 180°	C 195°	C 210°	C 225°	C 240°	C 255°	C 270°
0.0°	205	205	205	205	205	205	205	205	205	205	205	205	205
5.0°	221	221	218	216	212	207	201	197	192	188	186	185	185
10.0°	237	236	231	226	219	209	197	188	178	171	167	165	165
15.0°	247	246	241	236	230	219	203	184	168	160	155	152	152
20.0°	257	256	251	246	24	229	208	179	158	149	143	139	139
25.0°	261	259	260	271	283	272	236	184	154	144	139	134	134
30.0°	266	262	269	296	325	316	264	189	149	139	134	128	128
35.0°	257	262	276	323	377	369	283	191	145	136	131	124	122
40.0°	260	266	277	325	381	379	286	182	143	134	127	118	114
45.0°	225	250	274	267	372	403	315	183	142	131	122	111	105
50.0°	142	175	211	212	349	389	328	192	147	132	114	101	94
55.0°	92	107	121	140	308	428	372	195	140	125	109	93	83
60.0°	60	71	78	106	276	452	397	196	131	115	100	82	74
65.0°	36	50	63	90	214	416	408	188	123	104	88	70	60
70.0°	21	33	52	79	142	306	361	171	117	89	70	53	41
75.0°	10	23	37	25	41	126	191	83	52	52	35	21	13
80.0°	4.01	4.61	9.02	7.41	6.01	25	55	26	18	13	9.02	5.01	3.01
85.0°	1.00	1.20	1.00	1.00	2.00	3.81	8.12	5.66	2.91	2.20	1.30	1.00	0.00
90.0°	0.00	0.00	0.00	0.00	0.00	0.00	0.00	0.00	0.00	0.00	0.00	0.00	0.00

不同的照明计算软件所使用的光度学数据文件的格式也不同。最常用的格式为 IES 与 EULUMDAT。IES 格式是由北美照明工程学会［IES，2002］所标准化，并得到了 ANSI 的批准。这一格式除了美国之外，也在欧洲等地区被使用。EULUMDAT［Stockmar，1990］格式在欧洲被广泛地使用，虽然这一格式在欧洲并未被定义并且被公认的标准化组织认可，但是在事实上，它被作为工业标准使用。

塑造灯具光分布的光学器件会吸收一部分的光线。这也就是为什么灯具的总光通量要低于灯具中光源的总光通量。光输出比（η）被定义为灯具的总光通量与光源的总光通量之比：

$$\eta = \Phi_{\text{luminaire}} / \Phi_{\text{lamp}}$$

有时，灯具的光输出比被误称为“灯具效率”。灯具中真正的高效指的是其光分布能有效地将光线投射到所需要的地方，也就是说，一只光分布合适并且光输出比优秀的灯具才是真正的高效灯具。如果一台灯具的光输出比极其高，但是光分布不合适，也不能称其为高效灯具。道路照明中所使用灯具的光输出比在 0.65～0.90 浮动，具体数值取决于灯具的质量与相应的应用环境。有时，除了直白的光输出比之外，厂商还会分别给出向上方与向下方的光输出比。向上方的光输出比越小，灯具所产生的干扰性夜空辉光效应（光污染之一）就会越低。

为特定的应用环境选择合适的灯具时，必须对灯具的光度学质量有一个清晰的认识。这也是为什么灯具厂商提供包括至少光输出比与极坐标光强分布图的原因。极坐标光强分布图很好地标明了特定的应用环境下的光分布适用性。在这种图中，光强度被表示为由所用灯具标称光通量计算得出的 cd/klm 值，并以 $C-\gamma$ 系统的曲线形式表现。每一条曲线都代表了一个 C 平面。厂商通常仅会给出重要 C 平面上的光强曲线。图 11.3 给出了一种道路照明灯具的极坐标光强度分布图的例子。在这张例图中，整个灯具的非对称的光分布显而易见表示的是垂直穿

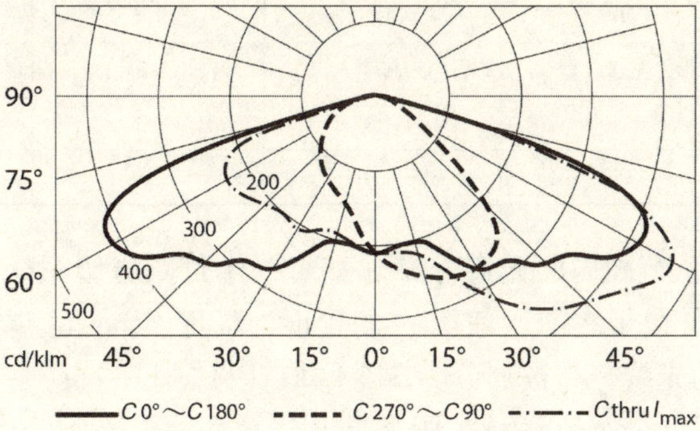

图 11.3　表 11.1 中灯具的极坐标光强度分布图

越路面的平面（C 270°～C 90°平面）：更多的光线射向与道路平行的方向，而不是射向路沿的方向。光线射向道路平行方向的效果可以通过 C 0°～C 180°平面上的曲线看出来。通过同一条曲线更高仰角下的数值也可以看出灯具对眩光的限制效果。

在这个图例 65°以上的区域，处于限制眩光的目的，灯具的光强度迅速地下降。最终，图中的上半部分展示了灯具是如何限制中央水平线上光线的，这对于防止光污染十分重要。在本例中，灯具的中央水平线上方几乎没有光线射出。图中也展示了灯具光强度最大处的 C 平面的光分布曲线。对于旋转对称的灯具，所有 C 平面上的光分布都是相同的（见图 11.1）。这些灯具主要被应用于广场以及没有直路的住宅区的照明。

对于泛光灯的光分布，光束角是一项十分重要的特性。光束角的定义是，在沿光束轴（光强最大的方向）平面上，当两边光强度降低至最大值的 50% 时，所形成的角度。为了提供有关光束角特性的更多信息，有时厂商也会列出其他光强比例下（比如 10%）的光束角范围。

11.1.2 灯具等级

道路照明中所使用的灯具可以划分为三大基本类型：将大部分光线沿道路方向投射的常规道路照明灯具；旋转对称的灯具；光束相对较窄的泛光灯（其中一个例外是悬索型灯具，将在 13.1.8 节中提及）。CIE 与欧盟标准仅从眩光角度来对灯具进行分级，而北美的 IESNA 则从许多不同的角度来对灯具进行分级。

CIE［2010］根据仰角 70°、80°、90°以及 90°以上区域中每 1klm 的光强度，将灯具划分为 G1～G6 这 6 个等级。表 11.2 中列出了最为严格的 3 个等级的要求。欧盟标准使用同样的分级制度。

表 11.2 CIE 光强度等级［CIE，2010］

	I_{max}及以上/(cd/klm)			
	70°	80°	90°	95°
G4	500	100	10	1
G5	350	100	10	1
G6	350	100	1	1

IES 基于立体角范围内的光通分布建立了一个灯具分级系统（LCS）［IES，2007］。这一系统替代了之前所使用的全截止、截止、半截止以及无截止系统。在 LCS 中，灯具的光线分布被划分为 3 个区域（见图 11.4）：

- 灯具背面的 1/4 光球区域，用字母 B 表示。
- 灯具上半部分光球区域，用字母 U 表示。

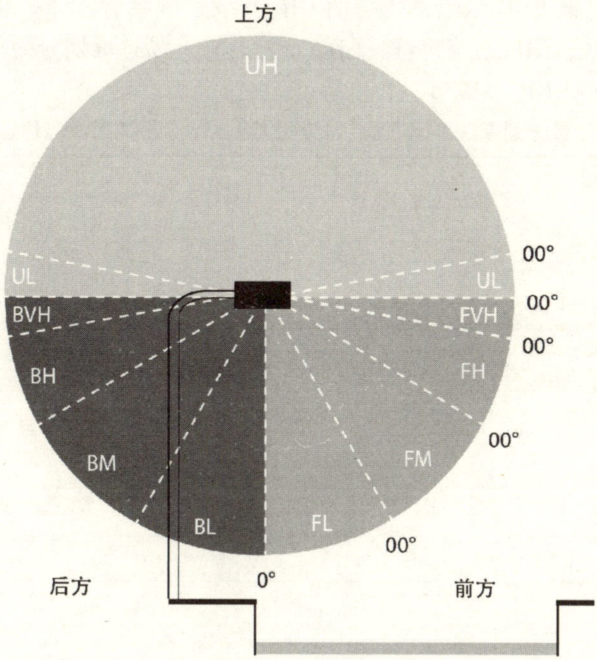

图 11.4　BUG 分级系统所基于的立体角光分布图

- 灯具前方的 1/4 光球区域，用字母 F 表示，这一区域负责将目标区域照亮。在此 1/4 球中，高仰角处的光线也会对区域外的道路用户产生潜在的眩光风险，这也就是为什么这一区域有时也被用字母 G（眩光）来表示。

在这些区域中，每一个区域又被划分为几个立体角子区，分别用“低（L）”、“中（M）”、“高（H）”与“极高（VH）”来表示。根据每一个子区的各立体角内的总光通量，一台灯具可以被划分为 6 个背面区域等级（B0 ~ B5）、6 个上方区域等级（U0 ~ U5）以及 6 个以眩光等级表示的前方区域等级（G0 ~ G5）。因此常常称包括了 B、U、G 三种区域的分级系统为 BUG 分级系统。相关立体角内的光通量越高，等级也就越高。作为范例，表 11.3 中给出了 B、U、G 区域中等级为 0、1、5 的光通量数值。在 BUG 分级系统中，决定等级的光通量数值使用的是绝对数值。这也就意味着，在同样的灯具中，如果使用了低光通型号的光源，那么 BUG 分级也就会降低。

这里将使用一些例子来说明该分级系统的实际意义。比如，有一台灯具的 BUG 分级为 102，说明其背面的光线相当受限，而且几乎不产生向上的光线，对于眩光的控制也很不错。如果一台灯具的 BUG 分级为 254，说明其对于背面光线的限制比较合理，对上方光线的限制则相当差，眩光的控制也比较差。应该注意，这里所说的“前方”并没有区分平行与垂直道路方向射出的光线。因此在这一方面，如果把BUG分级系统与前CIE分级系统结合起来，将产生十分有趣的结果，这是由于CIE系统将灯具向前方射出的光线总量划分为平行与垂直道路方向的不同等级［CIE，1976］。

表11.3 IES灯具分级系统BUG区域内分别为0、1、5级的最大光通量［IES，2007］

固定角区域	B0	B1	B5
BH	110	500	>5000
BM	220	1000	>8500
BL	110	500	>5000
固定角区域	U0	U1	U5
UH	0	10	>1000
UL	0	10	>1000
FVH	10	75	–
BVH	10	75	–
固定角区域	G0	G1	G5
FVH	10	250	>750
BVH	10	250	>750
FH	660	1800	>12000
BH	100	500	>5000

11.2 光学特性

一台灯具通过应用以下一种或者几种物理现象来获得理想的光分布：反射、折射以及漫透射。许多灯具也利用了某种形式的遮挡，以获得所需的眩光限制角度，并且抑制光污染的产生。折射器、漫透射板、镜面反射器都可以起到遮挡的作用，对眩光控制特别严格的情况，还可以使用黑色表面来遮挡光线。灯具中所使用的这些方法以及材料的光学性质决定了这台灯具的光输出比。

11.2.1 反射器

如果对光分布的要求非常精准，灯具中经常使用镜面反射器（也被称为高光镜面反射器）。通过合适的形状，反射器会产生数个光源的镜像，这些镜像互相重叠，从而在受照面上产生均匀的亮度分布。最常用的反射材料是薄铝片，这种材料的强度足以维持反射器的稳定性。如果需要获得高镜面的效果，可以通过以下方式对铝片进行抛光：机械法、化学法、电解法或这些方法的结合。通常这种材料的反射系数在0.70左右。作为替代，也可以在民用级铝片外包裹薄薄一层高纯度铝或者银。包层为纯铝时，可以最高得到 0.80 的反射系数，而用纯银作为包层时，则可以获得高于 0.90 的反射系数。最后还有一种方法就是真空金属喷镀，通过这种方法可以在适当平滑的表面（金属、玻璃或者塑料）上沉积一层镜面铝层，可以达到 0.80 ~ 0.90 的反射系数。这一反射系数主要取决于基板材料与金属喷镀工艺的质量。

使用曲面反射器可以获得最好的光学性能。通过不同的曲率，可以为灯具创造多种不同类型的光束。一只曲面反射器可以是柱面、抛物面、椭圆面、双曲面或其他适合特定情况的形状。其中最为常用的曲面是柱面与抛物面的反射器。在某些情况中，这些形状也可以结合使用（见图 11.5）。

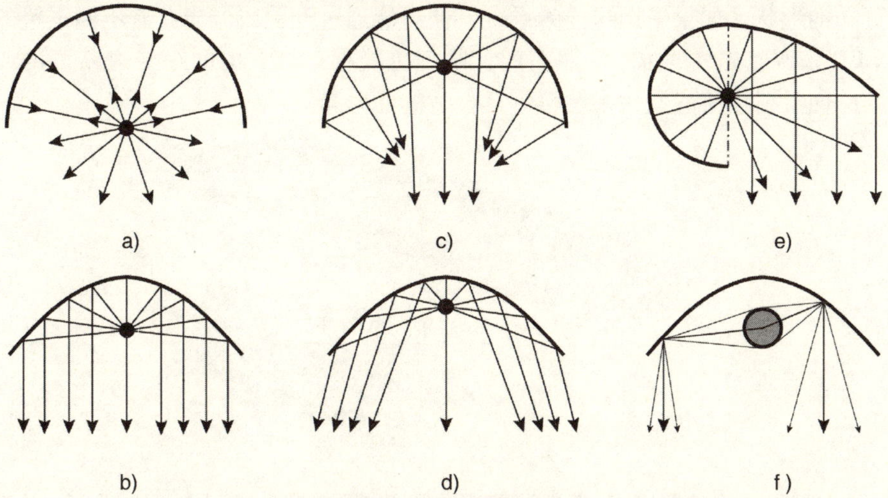

图 11.5　反射器形状

a）圆柱面反射器　b）点光源在焦点处的抛物面反射器　c）与 d）光源不在焦点上的抛物面反射器　e）圆柱面与抛物面相结合的组合式反射器　f）由于光源不是点光源，因此该反射器将光线发散（非成比例）

抛物面反射器最重要的光学特性是在其焦点处的点光源可以产生一束平行的反射光线（见图 11.5b）。如果点光源不在焦点处，而是在焦点之前或之后，那么反射出的光线就不平行（见图 11.5d）。因此，通过确定光源与反射器焦点的相对位置，就可以得到所需的光束角（由窄到宽）。一台灯具中也会使用几种不同反射器形状的组合（见图 11.5e）。由于现实中的光源不可能是真正的点光源，因此获得的光束形状与理论上的点光源产生的光束形状总会有一些偏差（见图 11.5f）。最终的光分布形状的决定因素是，相对于反射器焦距、开口宽度以及光源形状的光源尺寸［Coaton 和 Marsden，1997］。光源相对于反射器越小，产生的光束形状也就越精确，但是与此同时，对于眩光的控制也会更加具有挑战性。

11.2.2 折射器与透镜

折射器分为透镜与棱镜两种。它们能够弯曲透射过自身的光线。光线被弯曲的角度取决于折射器的形状与其折射率（Shell 定律）。在道路照明中，尤其是居民区的道路照明，所使用的是塑料棱镜折射器。在过去，道路照明的高压汞灯与高压钠灯有时使用的是玻璃碗式折射器，这种折射器在如今已经被淘汰了。一部分原因是这类折射器比较重，但更主要的原因是它很难控制向上方射出的光线，因此很难达到限制光污染的效果。如今在 LED 灯具中，常常为每个单独的 LED 光点分别使用先进的透镜式折射器（见图 11.6）。这样一来，便可以精确地控制光分布的形状。如果采用这样的系统，便可能通过开关或调光有着不同透镜的单独 LED 来调整光线的分布。照明设计师们也能根据灯具的间距与道路宽度或天气与路面反射性质的变化来调整灯具合适的光分布。

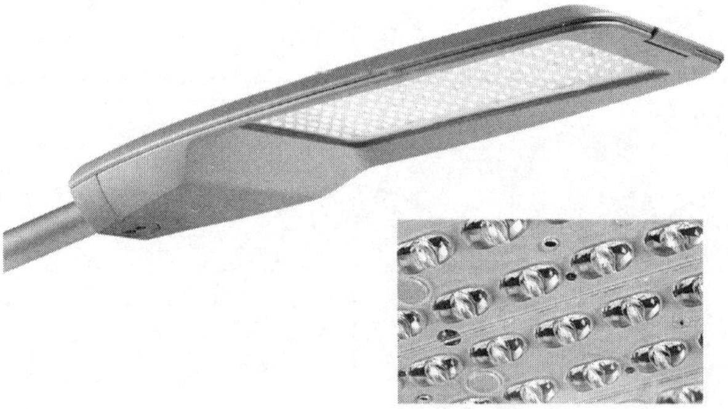

图 11.6　LED 芯片上有独立透镜的道路照明灯具

11.2.3 漫透射器

半透明的漫透射器扩大了光源的外观尺寸，它能无规律地将光源的光线向各个方向进行散射。漫透射器的主要作用是降低灯具的表面亮度，从而减少其产生的眩光。漫透射器的材料是半透明的塑料，通常是丙烯酸树脂或者聚碳酸酯。这种材料应该在散射光线的同时，尽可能地少吸收光线。通常，只有在对光学控制要求不高的灯具上才会使用漫透射器，这类灯具通常是为人行区域所设计，并且偏重于装饰功能。在灯具的设计中，常会使用顶端镜面反射器或遮挡装置来限制少量向上方射出的光线，以达到减少光污染的目的。

11.3 机械特性

灯具外壳的机械特性可谓是一举多得：其既固定了灯具内如光学部件与电气

部件等零件，又保护这些零件免受外界的影响，还为灯具的安装与固定提供了途径。

11.3.1　材料

铝合金是一种在纯铝中添加了其他元素，以增强其机械、物理性能与化学防护的材料。这种材料被用于灯具的铸件、冲压件以及钣金部件的生产中。铸铝指的是将熔化的铝合金在铸模中冷却成型的流程；冲压指的是将软化的铝合金放在压模的开口中挤压成型的流程。冲压铝合金件与铸铝合金件通常被作为在道路、隧道以及泛光照明灯具的外壳材料。它们可以在无防护层的情况下在潮湿与干燥的环境中使用。

塑料也可能被用作整只灯具的外壳材料，也可以用作透明盖板或许多小零件的材料。当然，全塑料的外壳只能与工作温度较低的光源一同使用。如果在 LED 灯具中，就必须考虑到，这种塑料是不是良好的热导体。透明塑料盖板的材料往往是甲基丙烯酸甲酯或聚碳酸酯。甲基丙烯酸甲酯在相当长的时间内都能保持自身的高透光性能，但是耐冲击性能相对较差。聚碳酸酯的耐冲击性能非常高，足以提供应对人为破坏的高等级防护，同时也可以对聚碳酸酯进行化学处理，来避免紫外线照射所产生的黄化效应。

11.3.2　强度

灯具与其安装部件组成的结实结构必须确保灯具与其内部零件位置的准确与稳定。任何结构上的弱点都可能导致灯具光分布的改变，继而引起整个照明设施质量的变化。灯具中与强度相关最为关键的部位就是安装托架。这里可以用安全系数来囊括所需的强度要求：安装托架必须至少能够支撑灯具自身 5 倍的重量。在道路照明与户外泛光灯灯具中，安装托架的强度必须能够抵抗本地可以想象的最强大风。这类灯具优秀的空气动力学外形会带来一些优势，同时也能减轻灯杆所需的强度。使用风阻这个术语来表示灯具对风产生的阻挡效果。它指的是灯具在垂直平面上的投影面积。风阻越小，灯具对风的阻挡效果也就越低。

在需要防护人为破坏的灯具部位，灯具自身的耐冲击性能也十分重要。在这方面可以参考 IEC 标准［IEC，2002］制定的 IK 代码。IK 代码的范围为 IK01（低耐冲击性能：可耐 200g 物体从 7.5cm 高处落下产生的冲击）~ IK10（防冲击：可以抵抗 5kg 物体从 40cm 高处落下产生的冲击）。同时也可以用实验室中测试灯具所用的摆锤或弹簧锤冲击产生的焦耳值来表示这些耐冲击要求。举个例子，对于 IK01 级别，冲击产生的焦耳值为 0.14J，而 IK10 级别的冲击焦耳值则为 20J。

11.3.3 灰尘与潮湿的防护

一台灯具应该能够保护其包含的光学与电气部件免受灰尘与潮湿的影响。如IEC标准［2013］所述，灯具的防护等级使用了国际防护等级（IP代码）的分级制度。一个IP编码包括了两位数字：IP XX。

• 第一位数字用来表示灯具外壳防御外部固体（范围从手指、工具到细小灰尘）进入以及避免接触到危险部件的能力（见表11.4的第一部分）。

• 第二位数字用来表示灯具外壳抵御液体（水分）渗透的能力（见表11.4的第二部分）。

表11.4 根据防护外来固体异物侵入（第一位数字）和防护液体渗透（第二位数字）的IP防护等级［IEC，2013］

IP第一位数字	描述	有效作用于
1•	防手掌进入	固体异物 >50mm
2•	防止手指进入	固体异物 >12mm
3•	防止工具进入	固体异物 >2.5mm
4•	防止电线进入	固体异物 >1mm
5•	防止尘粒进入	有害的积尘
6•	完全防尘	渗透灰尘
IP第二位数字	描述	有效作用于
•1	防滴水	垂直滴水
•2	防滴水	倾斜15°时垂直滴水
•3	防雨	倾斜60°时上方喷雾
•4	防泼溅	任何倾斜角度时上方溅水
•5	防喷水	水压为30kPa（从口径为6.3mm的喷嘴中喷水）
•6	防高压喷水	水压为100kPa（从口径为12.5mm的喷嘴中喷水）
•7	完全防水	短时间浸入水下
•8	高水压下完全防水	长时间浸入深水

IP等级的数字越高，代表灯具的防护能力越强。

灯具中的防尘防水盖板必须与密封条结合使用，并且与灯具外壳内的密封槽对接，以获得最大的防护效果。由于灯具开关前后所产生的内外部空气温度差，随之而来的是灯具密封区域内外的压力差异。因此当灯具冷却时，密封条或者垫片应该能够防止腐蚀性气体、水汽与灰尘被吸入灯具内部。抵御固体和液体侵入的灯具密封面板的有效性与密封功能的持久性取决于密封材料的类型与质量。

11.3.4 安装与维护

许多灯具的形状、尺寸与重量都使得它们的安装工作困难而且费时间。灯具的安装，还包括更换光源与清洁，往往需要在离地面很高的位置进行，这也就意味着，灯具的人体工学设计应该让这样的操作尽可能地简单并且安全。举个例子，为了良好的可维护性，灯具的盖板应该被设计为合页式，这样一来，电气维修人员便可以同时使用双手来操作光源与设备。通过改善清洁与无障碍开启的便利性，一台结构简单并且线条简洁的灯具不仅能帮助缩短更换光源与清洁灯具的时间（从而降低了维护费用），同时还减少了道路因为维护照明设施而关闭的时间长度。

11.4 电气特性

一台灯具的结构应该保证它的所有环节的电气安全性。IEC［2009］根据防触电等级对灯具进行了分级（见表 11.5）。

表 11.5　IEC 电气安全等级［IEC，2009］

安全等级	防护方式
Ⅰ	带有接地保护的基本绝缘
Ⅱ	无接地保护的双层或加强型绝缘
Ⅲ	超低压电路，用 SELF 表示（安全超低电压）

灯具中所使用电导体（电线与衔接处）的尺寸应该符合其实际的电气负载要求。线缆的绝缘处理必须足以防御可能远高于工作电压的启辉电压，并且还能经受灯具工作时产生的常见高温。为了释放电线与衔接处可能存在的应力，还要求使用一种夹持电线的方式。

11.5 热学特性

在光源中，相当一部分的电能被转换成了热能。而且镇流器的存在还加剧了灯具内的热效应。为了保护镇流器不发生过热，有时还需要将其放置灯具中的隔离仓（尤其对于高功率光源），以屏蔽光源所产生的热辐射。对于使用超高功率光源的灯具，比如某些型号的泛光灯，镇流器应该被独立放置在灯具之外的镇流器盒中。

对于一个给定的光源/镇流器组合，灯具可以达到的工作温度主要取决于以下 3 个因素：

• 灯具的体积。灯具的体积越大，其内部的温升就越低。

• 灯具产生的热量被传导至外界空气的便捷性。一种增加穿过外壳热量的方法是在外壳构造中使用金属材料。大多数金属材料在这方面都比较优秀。塑料却是热的不良导体，因此不能作为高功率光源灯具的外壳材料。

• 周边空气的冷却效应。良好的散热需要很大的周边空气接触面。对于一些泛光灯之类使用了高功率光源的灯具，以及一些 LED 灯具，由于它们对高温比较敏感，因此需要散热鳍片来进行冷却。

灯具的设计通常是为了满足可能性最大的使用条件。灯具安全工作时的最高环境温度 T_a 通常在产品标签上标明。如果标签上没有给出任何的温度信息，则说明该灯具可以在最高环境温度为 25℃ 下安全工作。如果在超出规定最高温度的环境下使用灯具，则可能会降低灯具的安全余量，并且导致灯具各部件使用寿命的普遍降低。对于 LED 灯具，不仅仅使用寿命会降低，而且还会带来光通量与光效的减少。

11.6 安全认证

灯具必须要符合适当的安全规范。在欧洲，ENEC（欧洲标准电器认证）认证标记表示产品符合所有的欧洲安全规范。UL（美国保险商实验室）是与 ENEC 类似的美国认证标记。两种安全认证都提供样机测试以及生产流程测试。

11.7 美观性

除了功能性之外，灯具的美观性也同样重要，即灯具的整体外观与风格。要记住，当白天所有照明设施关闭时，路灯也能被所有人所清楚地看到。在人行区域尤其是这样，即使是没有点亮的照明设施也能在一定程度上增加当地社区的吸引力。

11.8 智能灯具

在第 13 章《设计环节》中，将探讨能够同时控制与监控照明的智能动态照明系统。这里我们所说的“控制”指的是对例如车流量、车速、交通密度、天气状况、机动车或行人之类其他交通类型出现时间的控制。为达到这一目的，就必须使用各种不同类型的传感器与遥控通信设备。如 LED 包含发光芯片一样，大多数的这类设备都由芯片组成。当这些设备都能被整合入灯具中，甚至是直接镶嵌在 LED 阵列的基板上时，就形成了智能灯具。对于可以利用这类智能灯具的系统，“数字照明系统”是一个比较准确的称呼。

参考文献

CIE (1976) CIE Publication 30:1976, Calculation and measurement of luminance and illuminance in road lighting

CIE (2010) CIE Publication 115:2010, Lighting of roads for motor and pedestrian traffic

Coaton JR, Marsden AM (1997) Lamps and lighting, 4th edn. Wiley, New York

IEC (2002) IEC 62262 ed. 1.0 B:2002, Degrees of protection provided by enclosures forelectric equipment against mechanical impacts (IK code)

IEC (2009) IEC 61140 ed3.1, Protection against electric shock—common aspects for installation and equipment

IEC (2013) IEC 60529 ed 2.2, Degree of protection provided by enclosures (IP code)

IES (2002) IES LM-63-02 (R2008), ANSI approved standard file format for electronic transfer of photometric data and related information

IES (2007) TM-15-07 (revised), Luminaire classification system for outdoor luminaires

Jansen J (1954) Beleuchtungstechnik Band I Grundlagen. Philips Technische Bibliothek

Stockmar A (1990) EULUMDAT—Ein Leuchten-Datenformat für den europäischen Beleuchtungsplaner. Tagungsband der Gemeinschaftstagung der lichttechnischen Gesellschaften, Licht 90, Rotterdam

第12章　设备：道路表面

摘要　当看见“道路表面”被列为“设备”的副标题，大家可能会觉得有些奇怪。然而，路面的亮度是决定视功能与视舒适质量的一个重要因素。从光源和灯具射向路面的光线总量与从路面向驾驶员方向反射的光线总量决定了路面的亮度。因此，光源、灯具与路面一起，成为了最终照明质量的决定因素。通过调整光源、灯具以及路面相互之间的组合，便可以最小化光源－灯具组合提供的光线量。因此，道路表面的反射特性同时决定了照明质量、成本以及道路照明设施的能效。遗憾的是，计算路面反射特性的理论方法并不能产生能够准确描述实际特性的可行方案。目前就道路照明而言，可以使用一种简化的描述体系来表示反射特性，这种方法被称为 Q_0-S1 体系。基于这种描述体系的路面分级系统可以被用来简化满足道路照明要求的所有计算。这种描述与分级体系将会在本章进行详细探讨。除此之外，本章还会探讨从特定路面中获得 Q_0 值与 $S1$ 值的方法。

12.1　道路表面反射表

道路表面的反射特性不能用一个简单的数值来表示。从路面反射出的光线总量取决于观察者的位置、观察者所观察的位置点以及该位置点上光线的入射角度（见图12.1）。

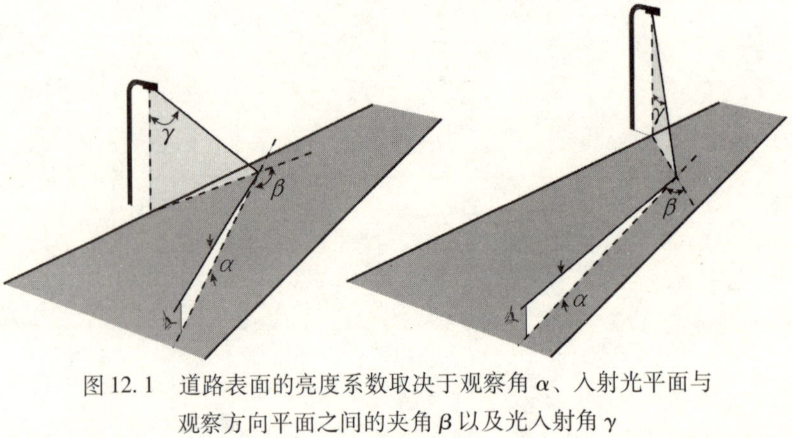

图12.1　道路表面的亮度系数取决于观察角 α、入射光平面与观察方向平面之间的夹角 β 以及光入射角 γ

一种能够完整表示路面反射特性的方法是使用一组被称作亮度系数的数值。亮度系数用 q 来表示。它的定义为，在单一光源的照射下，路面某点的亮度值与路面上同一点照度值的比值：

$$q=\frac{L}{E}$$

路面的亮度系数取决于路面材料的自然特性，以及相对于路面被观察点而言，光源与观察者的位置。在图 12.1 中，用 3 个角度 α、β、γ 来表示它们之间的相对关系。可以用图 12.2 中的反射椭球来直观地表示指定路面的亮度系数 q。

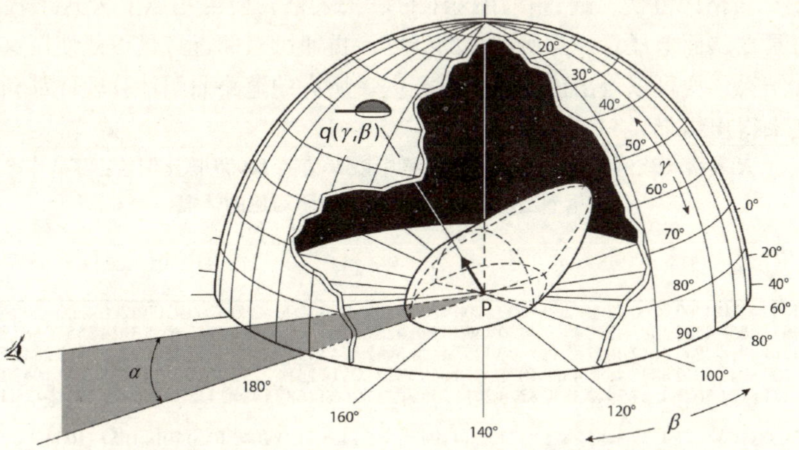

图 12.2　一条镜面反射系数中等道路表面的亮度系数椭球图［De Boer，1967］

在图中的反射椭球里，任何方向上的箭头长度表示的是路面 P 点处在 β 与 γ 角度下被照射，以及被从 α 角度观察时的亮度系数。路面上的散射（即各方向上反射相同）越多，椭球的形状也越接近正球形。路面对光线的全反射越强，椭球的尖端就会更加显著。

在实践中，由于在机动化交通中，驾驶员对前方重要路段（车前 60～160m）［De Boer 等人，1952］的观察角只在 0.5°～1.5°变化，因此可以忽略观察角 α 所带来的影响。所以亮度系数值是在观察角 α 为 1°的条件下所制定的。在撰写本书的同时，相关研究正在致力于找到一种针对多种不同观察角的实用道路表面反射系统，比如说，针对行人的相关观察角等［Chain，2008；Chain 等人，2011］。对机动车驾驶员的观察条件，可以认为道路表面的亮度系数仅由 γ 与 β 这两个角度所决定：

$$q=q(\beta,\ \gamma)$$

如果使用所谓的降低亮度系数 R 来取代 q 在等式中的位置，就可以将亮度的计算简化：

$$R=q(\beta,\ \gamma)\ \cos^3\gamma$$

单一光源下路面某点的亮度表达式可以写作

$$L = qE = q\frac{I}{h^2}\cos^3\gamma = R\frac{I}{h^2}$$

式中，R 为路面上某点的降低亮度系数（cd/m^2/lux），由 β 与 γ 决定；I 为路面此点方向上的光强度（cd）；h 为灯具的安装高度（m）。

从一张指定了一系列 $\beta-\gamma$ 组合的 R 值的表格中，可以得出道路表面的完全反射特性。这种表格被称为道路表面的反射表格，或者 R 表格。表 12.1 中给出了一张 R 表格的范例。通过使用这样的一张表格，便可用以上公式来轻松计算单一灯具在路面上任意一点所产生的亮度。再通过对邻近灯具重复使用这一方法并叠加结果，便可以得出该点上的总亮度。所有的道路照明计算软件都利用了这一方法来得出结果。

表 12.1　R 表格（该例中为 $R3$ 路面），**表格中以 R 值的 10000 倍比例给出了 396 个 R 值。方框圈出的数值为图 12.1 中所对应的情况**

β/(°) tanγ	0	2	5	10	15	20	25	30	35	40	45	60	75	90	105	120	135	150	165	180
0.00	4200	4200	4200	4200	4200	4200	4200	4200	4200	4200	4200	4200	4200	4200	4200	4200	4200	4200	4200	4200
0.25	4657	4657	4585	4585	4528	4457	4400	4400	4328	4257	4200	4000	3871	3742	3685	3614	3557	3485	3428	3428
0.50	4914	4914	4842	4842	4657	4528	4400	4257	4128	3942	3742	[3357]	3100	2914	2842	2842	2842	2842	2771	277
0.75	5100	5042	5042	4842	4585	4328	4071	3814	3485	3171	2914	2514	2257	2128	2128	2128	2071	1942	1942	2000
1.00	5171	5171	5028	4657	3942	3557	3228	2914	2585	2257	2000	1685	1485	1428	1428	1428	1428	[1428]	1428	1428
1.25	5100	5100	4971	4257	3485	2971	2514	2200	1942	1685	1485	1185	1042	1000	1014	1057	1100	1100	1100	1114
1.50	5042	4971	4657	3814	3100	2514	2071	1671	1428	1228	1114	1029	857	814	828	857	857	857	871	885
1.75	4842	4785	4328	3300	2457	1814	1485	1271	1128	1000	885	728	642	628	642	657	642	642	657	671
2.00	4657	4585	4000	2714	1942	1428	1171	1014	885	771	685	557	485	485	485	500	514	514	528	542
2.50	4128	4000	3171	1814	1228	928	771	628	542	485	357	328	314	328	342	342	342	342	342	357
3.00	3614	3357	2328	1214	757	542	442	357	328	285	257	214	214	200	214	214	228	228	242	242
3.50	3100	2771	1742	857	500	357	314	271	228	214	185	142	128	128	142	157	157	171	171	185
4.00	2714	2328	1285	614	371	285	228	200	171	142	128	100	100	100	114	114	128	128	128	142
4.50	2328	1942	1042	442	285	214	171	142	128	114	114	71	71	71	71	85	100	114	114	128
5.00	2071	1557	857	342	228	171	128	114	114	100	85	57	48	42	57	57	71	100	100	100
5.50	1814	1342	671	257	200	142	114	100	85	85										
6.00	1614	1100	514	214	157	128	114	100	71											
6.50	1485	971	428	157	114	85	71	57												
7.00	1357	857	342	128	100	71	57	42												
7.50	1242	757	300	100	71	57	57													
8.00	1185	671	242	85	57	57	42													
8.50	1114	600	214	71	57	42	42													
9.00	1042	542	171	57	42	28														
9.50	985	485	142	57	57	28														
10.00	928	457	128	42	28	28														
10.50	885	414	114	42	28	28														
11.00	842	371	100	42	28	28														
11.50	800	342	85	28	28															
12.00	757	314	85	28	28															

剩余的问题是如何从一个特定的道路表面取得相应的反射表格，以便在该特定路面的道路照明设计过程中进行亮度计算。只有通过对路面样品进行冗长而乏味的实验室测量，才能精确地确定反射表格中的各项所需参数（见第 13 章）。在 12.7 节中将会提到，总体上并不存在可以进行现场路面测量的便携式反射测

量计。而且，道路照明的设计环节往往是在道路建造之前进行的。幸运的是，还有一种获得合适反射表格的替代方法，这种方法使用的是路面分级系统。由于人们发现，现实中大多数干燥路面的反射性质都可以用两种特性参数来表示，因此这种方法是可行的。

12.2 描述系统

道路表面（与其反射表格）反射特性的描述系统是基于这样的考量：大多数表面都能够被两种基本量来合理地进行描述。这两种基本量为路面的深浅度（或称灰度）与光洁度（或称光泽度）。20 世纪 60 年代第一次出现了基于这种考量的描述系统［de Boer 和 Westermann，1964；de Boer 和 Vermeulen，1967］。在 1976 年，基于多种进一步的研究调查［Erbay，1974；Sørensen 和 Nielsen，1974］，CIE 采纳了被称为 Q_0-S1 的描述系统，直到今天，这一系统还被 CIE 所推荐，并在世界各地得到广泛使用［CIE，1976，1984，2001］。

这一系统中的参数如下：

- 深浅度相关：平均亮度系数 Q_0；
- 光洁度相关：光洁因子 $S1$。

较低的 Q_0 值表示的是黑暗的道路表面，较高的 Q_0 值所表示的是较浅的路面。而较低的 $S1$ 值代表了散射性较强的路面（即较低的光泽度），较高的 $S1$ 值则代表了光泽度较高的路面（即较高的光洁程度）。从反射表格中可以计算得出 Q_0 与 $S1$ 的数值。Q_0 值表示的是所有亮度系数的加权平均立体角，$S1$ 表示的是两个 R 值之比：

$$Q_0 = \frac{1}{\Omega}\iint_{\Omega} q \mathrm{d}\beta \mathrm{d}\gamma$$

$$S1 = \frac{R(\beta = 0, \tan\gamma = 2)}{R(\beta = 0, \tan\gamma = 0)}$$

式中，Ω 是包含所有光线入射以及反射方向的表面上点的测量立体角。

这些光线入射方向之间的边界得到了标准化［CIE，2001］。基于这些边界，附录 C 中给出了一张权重系数的表格，这些权重系数可以在路面的 R 表格中作为乘数使用，以获得相关的 Q_0 值［Sørensen 和 Nielsen，1974；CIE，2001］。2 的正切值等于 63°，这样 R（$\beta=0$，$\tan\gamma=2$）就对应于光入射的大倾角角度。这同时也意味着，在光洁因子 $S1$ 的定义中，R（$\beta=0$，$\tan\gamma=2$）也对应着反射椭球中靠近椭球尖端的一处位置，因此的确代表了这块路面的全反射程度（见图 12.3）。

从图 12.4 中的 4 种不同道路表面中不难看出，Q_0 与 $S1$ 值确实非常适合被用来描述道路表面的特性。左边展示的两幅路面的光洁程度相同，但是明亮程度不同。这意味着它们的反射椭球的形状比较相似（见图 12.3 左图）。图 12.4 上方所展示的两种路面的明亮程度相同，但是光洁程度不同，因此它们的反射椭球形状也不同（见图 12.3 右图）。事实上，Q_0指示的是反射椭球的体积。与之类似的是，图 12.4 右边的两种道路表面的光洁度相同（比左边的两种路面的光泽度更高），而下方两种路面的深浅度相同（比上方的两种路面更加暗）但光洁度不同。在亮度计算实践中，每一种特定路面都可以用深浅度（Q_0）与光洁度（$S1$）来充分表示其特性。

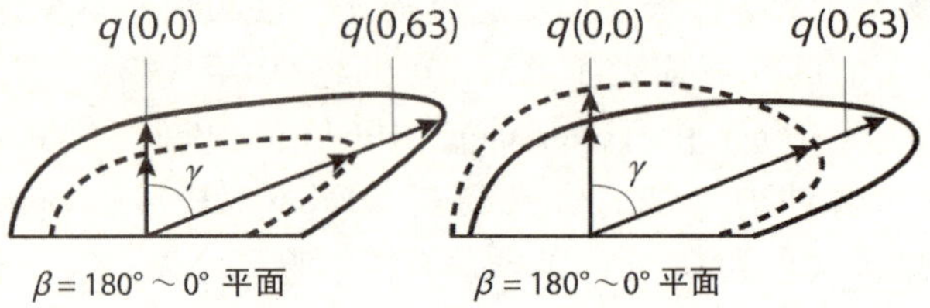

图 12.3　两个反射系数椭球。箭头指明了 q（$\beta=0$，$\gamma=0$）以及 q（$\beta=0$，$\gamma=63$），$S1=q(0,63)\cos 3\gamma/q(0,0)$。左图：$S1$ 值相同但是 Q_0 值不同。右图：$S1$ 值不同但是 Q_0 值相似

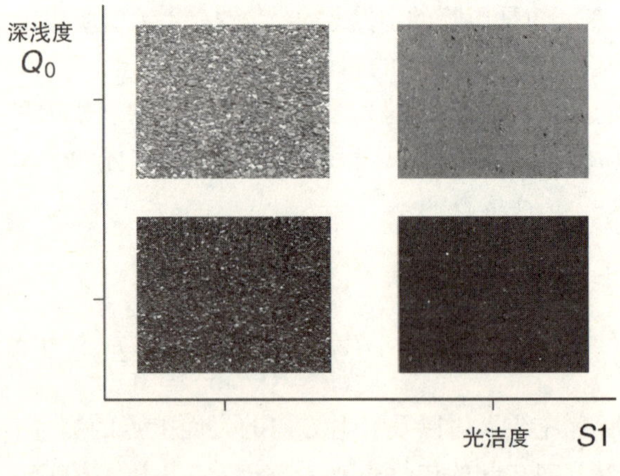

图 12.4　4 种不同的道路表面。左侧与右侧相比较：低光洁度（$S1$）相对于高光洁度，例如粗糙表面之于光滑表面。下方与上方相比：低亮度相对于高亮度（Q_0），例如黑暗表面之于明亮表面

Q_0的判定需要 R 表格中所有的 396 个数值，这一现实使得实际的测量工作不仅困难，并且耗时巨大。在 12.2.4 节中将会讨论其中的一些细节。因此人们提出了其他一些方法，通过数量有限的一些细心挑选的亮度系数来获得 Q_0值，或者进一步，获得道路表面的反射性质。其中有些提议是基于这样的考量：平均

亮度系数是由反射的散射部分，即反射椭球的“球状部分”所决定的。Burghout［1979］建议使用垂直入射光的亮度系数 q（$\beta=0$，$\gamma=0$）来取代 Q_0，这是由于 Q_0会在道路照明的亮度计算中产生不可接受的大误差［van Bommel，1980］。Demirdes［2008］在他的计算中假设平均亮度系数 Q_0是一个散射成分与一个较小的全反射成分的总和。基于从实际路面反射性质测量中得到的 244 张 R 表格［Erbay，1974］，Demirdes 总结出，Q_0可以通过下式进行较精确的估算：

$$Q_0 = 10.304 \times \{R(\beta=90,\tan\gamma=2)+0.085R(\beta=0,\tan\gamma=2)\}$$

这项等式中的第一个 R 值代表的是 Q_0中散射的成分，而第二个 R 值代表的是全反射的成分。

必须要注意的是，这些计算都是基于 20 世纪 60 年代与 70 年代的路面测量。最近开展的路面实际测量显示，20 世纪老旧的道路表面在今天的实践中不再具有代表性［Fotios 等人，2005；Chain 等人，2007；Dumont 和 Paumier，2007；Iacomussi 等人，2011］。研究者们基于更加广泛的近期 R 表格，已经开展了寻找 Q_0的良好近似值以及 $S1$ 的潜在替代方案的相关研究［Dumont 和 Paumier，2007；Chain 等人，2011］。第一批的研究结果显示，使用了两项 R 值来近似估算 Q_0的 Demirdes 方法并不足够精确。使用第三项或第四项 R 值可以提升 Q_0的精确性。比如说，在 Q_0的近似方程中使用 R（$\beta=0$，$\tan\gamma=2$）、R（$\beta=0$，$\tan\gamma=0$）以及 R（$\beta=5$，$\tan\gamma=5$），便可以大幅提高估算的精确性［Chain 等人，2011］。Korobko［2013］在将反射椭球作为椭球体处理的数学模型的帮助下，尝试得出亮度系数（例如反射椭球）的近似空间分布。通过这种方法来确定模型的各项参数，之后便可能通过少数几个亮度系数得出整个 R 表格。或者，这一方法可以让人们从一个观察角为 1°的有效数学模型中确定观察角度为 1°之外的反射椭球以及 R 表格。CIE 已经成立了一个专门起草一项基于现有路面的报告的技术委员会。

12.3　分级系统

出于无需测量实际路面而获得反射表格的目的，道路表面的分级系统得到了开发。当然，这项系统开发的要求是：亮度计算必须基于足够精确的反射表格。每一种干燥路面都被根据其 $S1$ 值，也就是光洁度，列为 4 种等级之一。图 12.5 中展示了 CIE［1984，2001］定义的 R 分级系统下的 4 种等级。等级越高，该等级中路面的光洁度就越高。通过采纳一定的误差值，就可能仅靠某等级中一张典型的反射表格来表达该等级中的每种道路表面的性质。换句话说，每一等级可以分配一张标准反射表格，通过这张表格可以对该等级进行亮度计算。CIE 规定了这类被称为 $R1 \sim R4$ 的反射表格。表 12.1 中的反射表其实是等级Ⅲ的标准反射表格 R3。由于标准反射表格按照的是 Q_0值为 1.0 的比例，因此这些表格必须根据将要进行亮度计算的路面的实际平均亮度系数 Q_0值进行重新调整比例。然而，路面的实际 Q_0值往往并不可知。为应对这样的状况，CIE 基于各等级中大量的实际路面测量的平均 Q_0值，为各个等级规定了标准的 Q_0值。在图 12.5 中也可以找到这些标准 Q_0值。

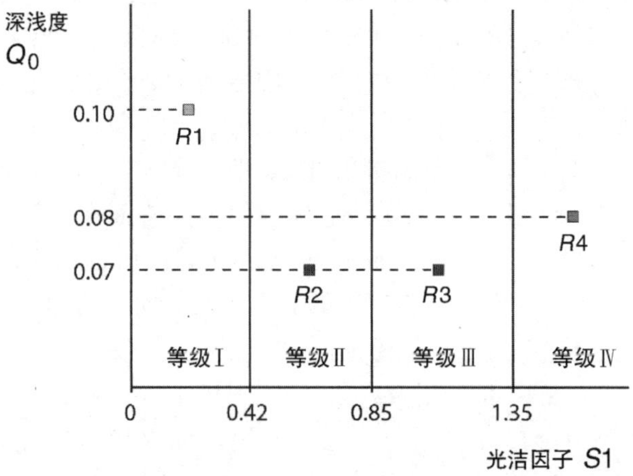

图 12.5 R 分级系统的路面等级范围以及各等级的标准 Q_0 值

为更深入了解 R 分级系统中牵涉的误差，研究人员使用了一台眩光控制优秀的典型灯具，将其以交错与单侧形式布置在涵盖了 4 种 R 等级的 60 条不同道路中，从而计算得出了整体均匀度 U_o与纵向均匀度 U_l。之所以选择均匀度计算的原因是，它们所受到来自 S1 分级系统的影响远大于深浅度水平计算带来的影响。60 条道路中每一条的均匀度结果都与标准 R 表格中改等级的结论进行了对比。图 12.6 中分别展示了各个等级中 U_o与 U_l的平均偏差与其分布（标准偏差）。

真实表面的 U_o与相关等级下的标准 U_o值之间的偏差影响了平均亮度的计算，但并不影响均匀度的计算。4 个等级中 U_o的平均偏差也在图 12.6 中给出。

Burghout［1979］建议采用一种两级式分级系统。如果为这两个等级仔细挑选两份适当的标准 R 表格，其误差相比于四等级 R 系统并未增加［van Bommel, 1980］。CIE 为这一系统定义了两张标准反射表格，并将其称为 C 表格［CIE, 2001］。表 12.2 中给出了该系统中 S1 等级的界限，与此同时还提供了 R 系统与 N 系统的界限，之后将对此进行介绍。尽管在 2001 年发布的文件中，CIE 建议采纳涵盖了 C1 与 C2 反射表的 C 分级系统作为首选，但是 R 系统仍然得到了广泛的使用。

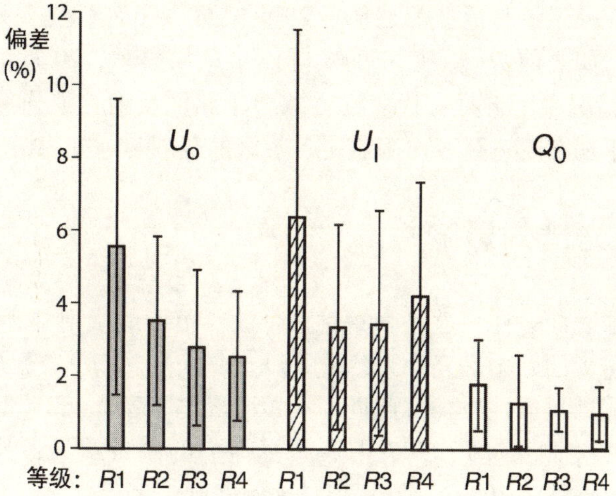

图 12.6　基于 60 条路面计算得出的 U_o 与 U_l 值有比于相关 R 等级标准表格结果的平均偏差（标准偏差）。安装条件为：灯具高度为 10m，间距为 45m，布灯方式为单侧及交错方式，路面宽度为 10.8m。还同时给出了 60 条路面的 Q_0 值与相关等级的标准 Q_0 值之间的偏差

表 12.2　*R*、*C* 与 *N* 分级范围与等级标准

等级名称	等级范围	等级标准	标准 Q_0
*R*Ⅰ	$S1<0.42$	*R*1	0.10
*R*Ⅱ	$0.42\leqslant S1<0.85$	*R*2	0.07
*R*Ⅲ	$0.85\leqslant S1<1.35$	*R*3	0.07
*R*Ⅳ	$1.35\leqslant S1$	*R*4	0.08
*C*Ⅰ	$S1<0.40$	*C*1	0.10
*C*Ⅱ	$0.40\leqslant S1$	*C*2	0.07
*N*Ⅰ	$S1<0.28$	*N*1	0.10
*N*Ⅱ	$0.28\leqslant S1<0.60$	*N*2	0.07
*N*Ⅲ	$0.60\leqslant S1<1.30$	*N*3	0.07
*N*Ⅳ	$1.30\leqslant S1$	*N*4	0.08

每一等级中最为合适的等级限制、标准表格与标准 Q_0 值都在一定程度上取决于实践中可能面对的路面类型。这就是为什么 CIE 在此同时也针对北欧斯堪的纳维亚国家的常见路面定义了 *N*（北欧）分级系统，这些国家通常使用颜色较浅，散射性较强的人工路面。在所有优秀照明设计软件的数据库中，都应该具备 *R*、*C*、*N* 3 种标准反射表格。

R、*C*、*N* 3 种系统与标准都是基于 20 世纪 60~70 年代对一系列路面的测量结果而制定的。如之前所提，最新的实际测量结果显示，20 世纪的道路表面在 21 世纪的实际情况中不再具有代表性。致力于路面反射性质研究的 CIE 技术委员也将尝试基于现在的道路表面来制定各等级的范围与标准表格。

12.4 光线光谱的影响

如许多其他表面一样，道路表面对整个波长范围的反射并不是始终一样的，换句话说，道路表面并不是完全无色的。Ekrias 等人［2009］测量了 8 种不同沥青碎石路面的光谱反射性质，与此同时，Adrian 与 Jobanputra［2005］也对混凝土表面进行了相关测量。图 12.7 中展示了他们的测量结果，其中各条曲线将 400nm 处的反射率作为 100% 进行了相对比例缩放。

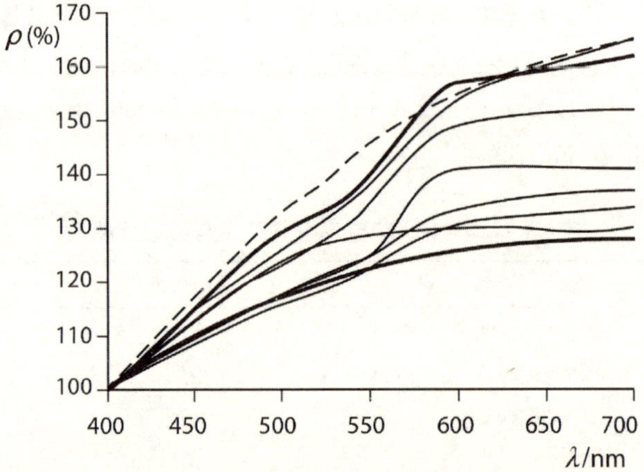

图 12.7 图中实线部分为沥青路面的相对光谱反射率［Ekrias 等人，2009］，虚线部分则为混凝土路面的相对光谱反射率［Adrian 和 Jobanputra，2005］

如图 12.7 中可见，所有路面对长波的反射更加强烈。因此，道路表面对长波比例更高的光源（即偏暖色光）产生的光线反射更多，因此在形成路面亮度的过程中效率更高。从图 12.7 中便可看出，这一效应相当显著。然而，也需要记住的是，人类眼球对长波的敏感度较低。对于光谱效应最大的沥青路面（见图 12.7 中的加粗曲线），研究人员计算了不同光源能对其产生的路面亮度。图 12.8 中展示了各类其他光源相对于高压钠灯光源对沥青路面所产生的路面亮度结果。

在光谱效应最强的道路表面上，金属卤化物灯产生的路面亮度仅比高压钠灯低了 5% 左右。各种 LED 光源产生的路面亮度也仅仅比其低了 3%~4%。因此，这类差异相对而言并不高。

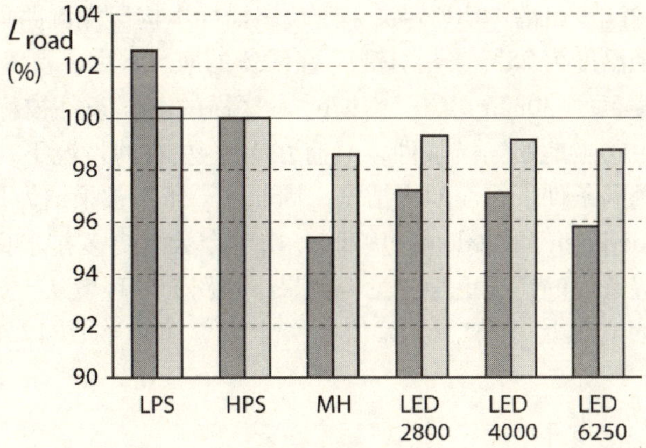

图 12.8　低压钠（LPS）灯、高压钠（HPS）灯、4500K 金属卤化物（MH）灯以及色温不同的各型 LED 在沥青路面极端反射特性（图 12.7 中粗实线）下产生的相对路面亮度

12.5　潮湿路面

对于光洁或近似光洁的路面，亮度系数便不再是一项孤立的路面特性，而是取决于所用光源的尺寸与亮度。第 3 章的图 3.26 中展示了一张被淹路面的照片，可以看出在这种情况下，灯具的亮度决定了路面的亮度。随着路面漫反射成分的增加，灯具亮度的影响也随之减少，当路面成为理想漫反射体时，这种影响才会完全消失。然而在实际应用中，如果光源指向测量点的立体角 ε（见图 12.9 左图）小于该光源所射出平行光束被路面反射的立体角 θ（见图 12.9 右图）［de Boer，1967］，则基本可以安全忽略光源亮度对亮度系数大小产生的影响。只要路面不被水完全淹没，所有类型的灯具都在实际应用中符合这一条件。

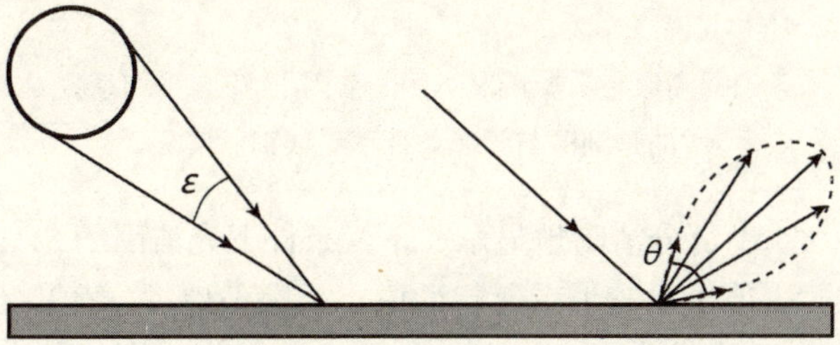

图 12.9　如果光入射立体角 ε 小于光反射立体角 θ，则可以忽略光源亮度对亮度系数的影响

对于潮湿但并未被淹没的路面，也可以规定有实际意义的亮度系数，这也意味着，在这些情况下可以使用反射表格中的数值来进行有效的亮度计算。当然，

设计潮湿气候下道路照明的第一项要求就是：对于潮湿道路而不是被淹道路的准确定义。为达到这一目的，CIE 定义了一块路面样本构成潮湿路面的条件：这块路面样本在一个温度为25℃、相对湿度为50%的通风室内，被等效5mm/h降水量的水均匀地喷洒了30min［CIE，1976］。这样的测试条件被称为标准潮湿条件。在丹麦，由于当地的气候条件，只有在10%左右的情况下，路面的光洁度能够超过标准潮湿条件下路面的光洁度，因此这一条件被采纳为丹麦道路测量的基础之一［Frederiksen 和 Gudum，1972］。由于今天有更多排水良好的路面，因此超过标准潮湿条件的情况更加少见。如果一块路面的环境从干燥转变为标准潮湿条件，则它的光洁因子 $S1$ 与 Q_0 值都会上升，可以在图 12.10 中看到这一现象。

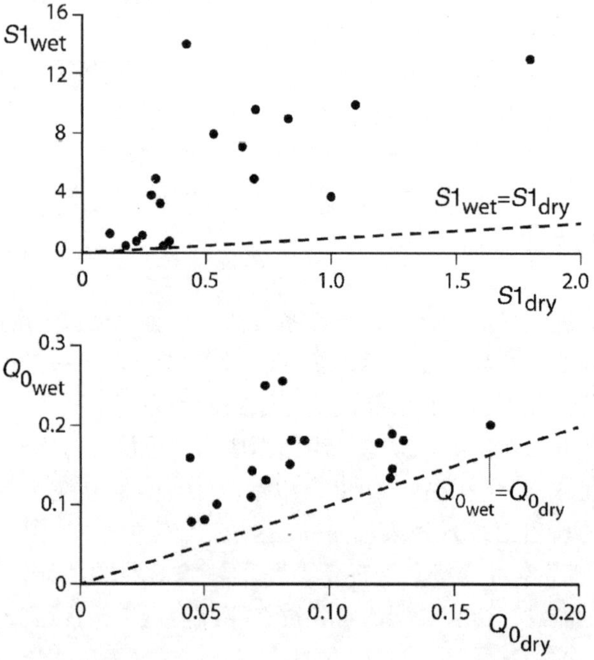

图 12.10　一条路面潮湿与干燥情况下的光洁因子 $S1$ 与平均系数 Q_0。虚线表示的是潮湿与干燥条件下无区别的情况

图 12.10 中的 $S1$ 部分清晰地显示，干燥条件下光洁因子 $S1$ 相对较小的路面在潮湿条件下的 $S1$ 值也比较小。换句话说，干燥条件下（R Ⅰ级）$S1$ 较小的路面在潮湿条件下并不会发生太大的变化，因此这类路面比较受欢迎。

除了干燥路面的分级系统之外，CIE 同样基于标准潮湿条件定义了潮湿路面的分级系统，即 WⅠ～WⅣ等级。各等级的潮湿路面都可以由一项标准 R 表格来代表，即 $W1$～$W4$ 潮湿路面标准 R 表格。表 12.3 中给出了每一 W 等级的潮湿表

面 $S1$ 范围以及标准 W 表格的特性。通过使用 W 分级系统与其 $W1 \sim W4$ 标准 R 表格，不仅可以完成干燥条件下的亮度计算，还可以完成潮湿条件下的亮度计算。从比较了 WⅠ等级范围的图 12.10 中可以看出，大多数 WⅠ等级中的路面都与干燥条件下 RⅠ等级的路面相对应。

表 12.3　潮湿路面条件下的 W 分级范围与等级标准

等级名称	等级范围	等级标准	标准 Q_0
WⅠ	$S1 < 4.5$	$W1$	0.114
WⅡ	$4.5 \leqslant S1 < 7.2$	$W2$	0.150
WⅢ	$7.2 \leqslant S1 < 9.8$	$W3$	0.196
WⅣ	$9.8 \leqslant S1 < 12.0$	$W4$	0.247

如人们所见，由于在潮湿条件下，路面的 $S1$ 与 Q_0 值都会发生变化，Frederiksen 与 Sørensen［1976］针对潮湿条件定义了一种特殊的光洁因子。这种因子被他们称为修正光洁因子 $S1'$。其定义在潮湿 $S1$ 与潮湿 Q_0 数值的基础之上被描述为

$$\log\left(\frac{S1'}{0.147}\right) = \frac{\log\left(\frac{S1_{\text{wet}}}{0.147}\right)}{1 - \frac{Q_{0_{\text{wet}}}}{0.687}}$$

基于这种修正光洁因子 $S1'$ 的分级系统有着更高的精确度。然而，在进一步开发更加精确的分级系统之前，当务之急是需要对在潮湿气候条件下的现代道路表面进行进一步的研究。

12.6　Q_0 与视功能

不难看出，平均路面亮度与实际路面的平均亮度系数 Q_0 呈正比关系。Q_0 的数值越高，即路面颜色越浅，它达到规定路面亮度水平所需的光源光通量就越少。因此，Q_0 值更高的路面能够节约更多的能源。初看这一结论，似乎表明在路面亮度相同的情况下，路面材料的选择只能够对节能产生一定的影响，但对视功能不起作用。然而，从发现障碍物的角度来看，Q_0 值更高的路面确实能够对视功能产生正面的效应。对于 Q_0 值更高的路面，灯具光通量的降低会同时导致垂直与水平照度的下降。但是由于 Q_0 值较高，路面本身的亮度并不会下降。障碍物上的垂直照度与路面亮度之比会降低，因此负反差增大，视觉的轮廓效应更强，便于驾驶员发现更多的障碍物。图 12.11 中演示了这一 Q_0 值对视功能的正面效应，图中分别计算了垂直照度与平均路面亮度之比为 3.5 与 5 情况下的显示能力，这些比值对应 Q_0 值为 0.1 与 0.07 的情况。在之前的内容（第 3 章与第 7

章）中，计算显示能力时所使用的比值都为5。

不难看出，对于相同的视功能，较低的照明水平就足够了。举个例子，亮度仅为0.7cd/m²的较亮表面就能达到亮度为1cd/m²较亮表面所能产生的显示能力：额外节约了30%。当然，视功能的正面效应仅与在路面背景下被发现的障碍物有关，而已经知道，这类路面背景仅适用于机动车道的情况。

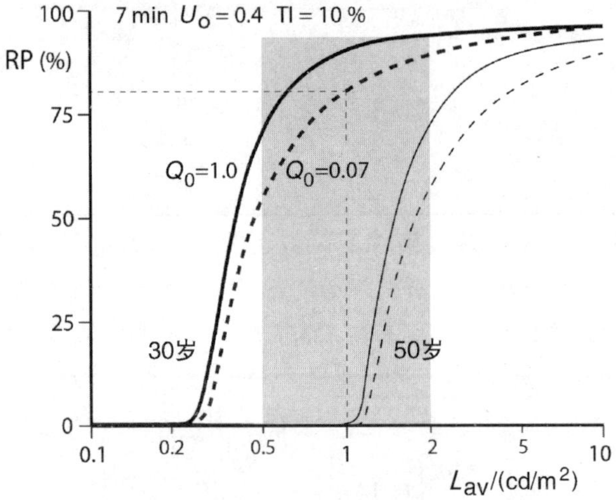

图 12.11　路面亮度比值分别为3.5和5的情况下，显示能力与垂直照度的关系曲线。这些比值所对应路面的 Q_0 分别为0.1与0.07

12.7　反射性数据的获取

在这里将要探讨确定特定路面反射性质的方法。其目的是为了了解如何将道路分级，以及在照明设计中使用哪张标准反射表格。在此必须认识到，大多数的道路表面的反射性质都会由于磨损而发生改变，这种改变在道路投入使用的前几个月尤其显著，而之后则会渐渐稳定。因此在照明设计中应该考虑稳定之后的路面条件。不仅如此，路面上反射性质的变化并不均匀。因此在理想状况下，应该从路面上一定数量的位置采集反射数据，其平均值将被确定为该道路的“平均”反射数据。这也意味着，这种方法对于高精度测定路面反射性质的实际意义并不大。

12.7.1　实验室的测量

通过测量相关路面的小型样本，便可以绘出一份完整的反射表格。但这种方法既复杂而且耗时：样品必须从路面上切下，并被运至设备齐全的照明实验室。

切取样本的路面必须足以代表整条道路。而且由于新建道路的反射性质尚未稳定，因此这种方法不适用于这类道路。

12.7.2　现场的测量

目前几乎没有能用于现场测量且精度足够高的便携式反射计。因此通常这一方法并不适用于日常的道路照明设计实践。第 14 章中将会介绍一些便携性反射计的工作原理。

12.7.3　材料与建造方法的比较

在一个给定的地区中，如果路面的结构采用了类似的材料，并且建造方法也同样类似，就可以大致认为这个地区中所有道路的反射性质也相仿。同样地，如果通过实地测量能够确定该地区中某些道路的等级与 Q_0 值，便可以认为这一地区中所有的道路都具有相同的等级与 Q_0 值。在现实中，这种方法已经得到了广泛的应用。

参 考 文 献

Adrian W, Jobanputra R (2005) Influence of pavement reflectance on lighting for parking lots. Portland Cement Association, Research & Development Information, PCA R & D Serial No. 2458

Burghout F (1979) Proposal for a new parameter system for the description of reflection properties of road surfaces. Report to CIE Subcommittee TC4.6.4

Chain C (2008) R-tables for other observation angles: specific needs for two applications in the field of public lighting. Proceedings of CIE Symposium on Road Surface Photometric Characteristics, Turin, Italy

Chain C, Lopez F, Verny P (2007) Impact of real road photometry on public lighting design. CIE 26th Session, Beijing, D 4:26–29

Chain C, Ledoux V, Demirdes H (2011) Road surface photometry, simple ways to determine key reflection parameter CIE 27th Session, Sun City, Div 4:277–285

CIE (1976) Publication 30:1976, Calculation and measurement of luminance and illuminance in road lighting

CIE (1984) Publication 66:1984, Road surfaces and lighting; joint technical report CIE/PIARC)

CIE (2001) Publication 144:2001, Road surface and road marking reflection characteristics

De Boer JB (ed) (1967) Public lighting. Philips Technical Library, Eindhoven

De Boer JB, Westermann H (1964) Die Unterscheidung von Straßenbelägen nach Reflexionskennwerten und deren Bedeutung für die Straßenbeleuchtung. Lichttechnik 16:117

De Boer JB, Vermeulen J (1967) Simple luminance calculations based on road surface classification. CIE 16th Session, Washington P-67.14

De Boer JB, Onate V, Oostrijck A (1952) Practical methods for measuring and calculating the luminance of road surfaces. Philips Res Rep 7:54

Demirdes H (2008) A simple method for easy determination of the average luminance coefficient "Q0" of road surfaces in road lighting. Proceedings of CIE Symposium on Road Surface Photometric Characteristics, Turin, Italy

Dumont E, Paumier JL (2007) Are standard tables R still representative of the properties of road surfaces in France? CIE 26th Session, Beijing D 4:110–113

Ekrias A, Eloholma M, Halonen L (2009) The effects of colour contrast and pavement aggregate type on road lighting performance. Light Eng 7:76–91

Erbay A (1974) Der Reflexionseigenschaften von Fahrbahndecken. University of Technology, Berlin

Fotios S, Boyce P, Ellis C (2005) The effect of pavement material on road lighting performance. UK Department for Transport, UK Roads Liaison Group

Frederiksen E, Gudum J (1972) The quality of street lighting under changing weather conditions. Light Res Technol 4:90

Frederiksen E, Sørensen K (1976) Reflection characterisation for dry and wet road surfaces. Light Res Technol 8:175

Iacomussi P, Rossi G, Zinzi MA (2011) Comparison between standard and titanium dioxide treated road surfaces in lighting applications. 27th CIE Session, Sun City, South Africa

Korobko AA (2013) Approximation of road surface luminance coefficient. Light Eng 21(4):39–43

Sørensen K, Nielsen B (1974) Road surfaces in traffic lighting. Lysteknisk Laboratorium, Lyngby, Denmark, Report no. 9

Van Bommel WJM (1980) Analysis of various road surface reflection classifications. Licht-Forschung 2(2):87–89

第 13 章　设 计 环 节

摘要　在本章的第一部分中，讨论了照明设计师为达到照明水平、均匀度、视觉导向性与眩光限制等照明要求而可以使用的基础照明规划。如果在设计阶段没有考虑不利的天气条件，那么照明质量在这种情况下可能会大幅地恶化。因此给出了如何针对不利天气优化照明设施的设计指导。同时由于光源的光衰、故障以及灯具的积垢，照明质量也会恶化。因此照明设计师就有责任提出合适维护周期的建议，并且在初始设计阶段便要确保照明质量不会低于设计规范。在本章之后的部分中，将探讨照明设计与维护的优化。照明设计师的另一项任务就是为照明设施的控制与操作制定方案。这一主题同样会在本章中提及。最后，为确保照明设施的可持续性，本章还将探讨道路照明的环境因素。

原则上，道路照明的设计需要一个制定如何提前照亮路面区域的方案，以便能够对其进行充分的调查。通过结合单只灯具产生的 T 形亮度分布便可以达成这一目的（见图 13.1）。只有完成这一步骤，才能够保证最终的亮度分布足够均匀且处于合适的眩光控制范围之内。图 13.2 中的等亮度曲线图显示了 T 形分布的典型案例。该图的网格间距使用了灯具的安装高度来表示。这张图是根据一名在平行于穿过灯具的道路长轴，并且距离该轴 10 个安装高度的垂直平面上的观察者而计算的。图中等亮度曲线的轮廓表示的是最大亮度的百分比值。

通过使用单只灯具的亮度分布覆盖路面的最终结果取决于以下两项：

- 单只灯具的亮度分布（图 13.1 中的蓝色部分），而它又取决于：
  - 路面的反射性质（如果路面漫反射性降低，全反射性上升，则 T 形分布会变得更小且更长，可以比较图 13.2 的左图与中图）；
  - 灯具的光分布（比方说，为使主路面比路沿更明亮，许多灯具的 T 形亮度分布都不对称：可以比较图 13.2 中的右图与中图）。
- 不同灯具亮度分布的重叠，其取决于：
  - 照明设施的空间分布（照明布置中的安装高度、间距以及侧向灯具位置）；
  - 道路的结构（道路宽度）。

通常，道路照明的设计流程都是在照明设计软件的辅助下进行的，在已知光分布、路面、照明设施以及道路宽度的前提下，这些软件可以精确地预测这些条件所产生的亮度分布以及眩光限制。

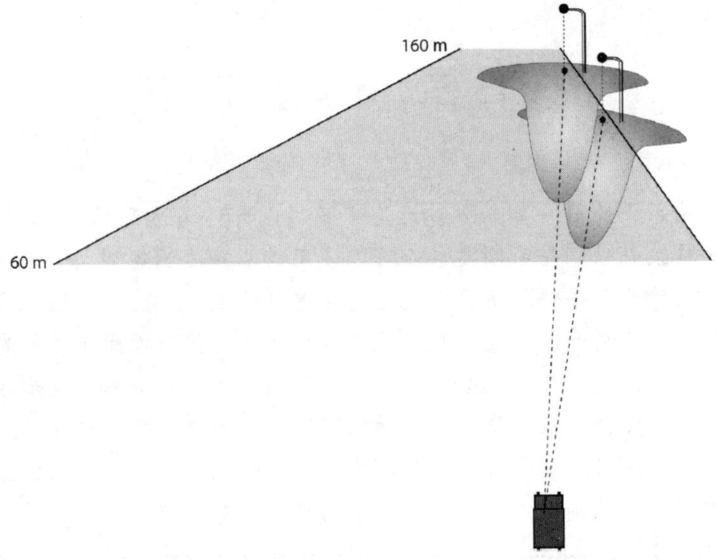

图 13.1　两台具有轴对称光分布的灯具所产生的 T 形受照区域

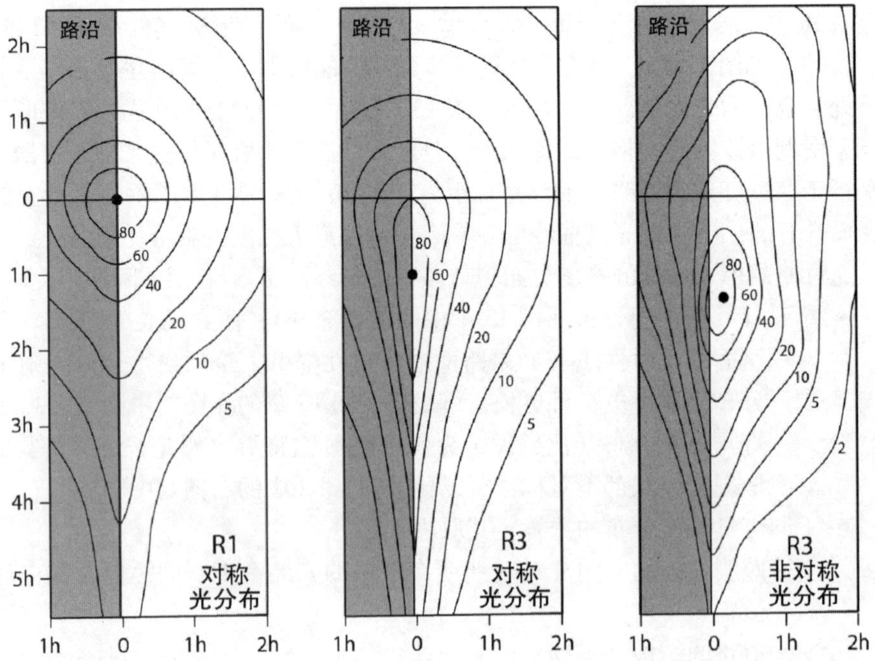

图 13.2　3 张等亮度曲线图。左图与中图：理论上的对称灯具分别在漫反射型道路 R1 以及光滑道路 R3 上的等亮度曲线，其在所有方向上的光强度恒定不变。右图：一只眩光控制严格的非对称灯具在 R3 型道路上的等亮度曲线

在那些机动车交通受限的居民区中，道路照明的目的应该是在提升道路安全的同时，还要保证社区的安全性与美观性。这表明，针对机动化交通与针对行人、骑车者与居民的照明质量参数（如第8章“照明质量参数”中所述）都必须符合第9章“标准与建议”中提出的要求。照明设计师的任务不仅仅是使路面充分地受到光照，还必须保证整个空间尽可能高效地受到所需的光照（垂直或半柱面照度，以及外墙照度）。还要再一次强调的是，照明计算软件是照明设计师的重要工具。

对于靠近机动车道的人行区域，机动车道的安全性便不再是一项设计考量因素，而应该将提供安全有效且美观的照明作为整个设计考量范围。如果设计得当，居民区域与人行区域的照明应该能够提高这些区域在居民以及游客眼中的吸引力。照明设计师可以与建筑师、城镇规划师以及照明工程师一起，结合各自的知识与经验来应对这一挑战。

13.1　照明布置

基础照明布置方案一共有5种。如图13.3所示，这些方案是：单侧布灯、双侧交错布灯、双侧对称布灯以及中央（横向悬索）布灯与中央对称布灯。当然，实际中这些布灯方式也被组合使用。对于给定的道路宽度，布灯类型在很大程度上决定了灯具的所需最小安装高度以及相应的灯具间距。在街道曲折的居民区域，则可以使用灵活性更高的非标准布灯方式。布灯方式与道路宽度一起决定了设计中一个重要的部分，即灯具的安装高度、间距、外伸距离以及倾角。

13.1.1　有效的道路宽度

灯具的外伸距离（即灯具从路沿伸出的长度）有助于确定道路的有效宽度（见图13.4），从而得以确定这类灯具所需的最小安装高度。

通过向上方倾斜灯具，可以提升一定灯具安装高度下光线所能覆盖的道路宽度。但是这种方式并不十分有效。如果有效道路宽度与灯具安装高度相比大很多，则倾斜灯具将会提高到达道路另一侧的光量，但是此处的亮度并不会按比例增加。这是由于不受驶近车辆驾驶员欢迎的入射光角度。倾斜灯具会提高产生眩光与光污染的概率，尤其是在道路的转弯处，而且难以提供良好的视觉导向性。从以上角度看，建议限制相对正常安装角度的倾斜程度，首选水平的安装方式。

13.1.2　单侧布灯

在单侧布灯的方式中，所有的灯具都位于道路的一侧。这些灯具的安装方式

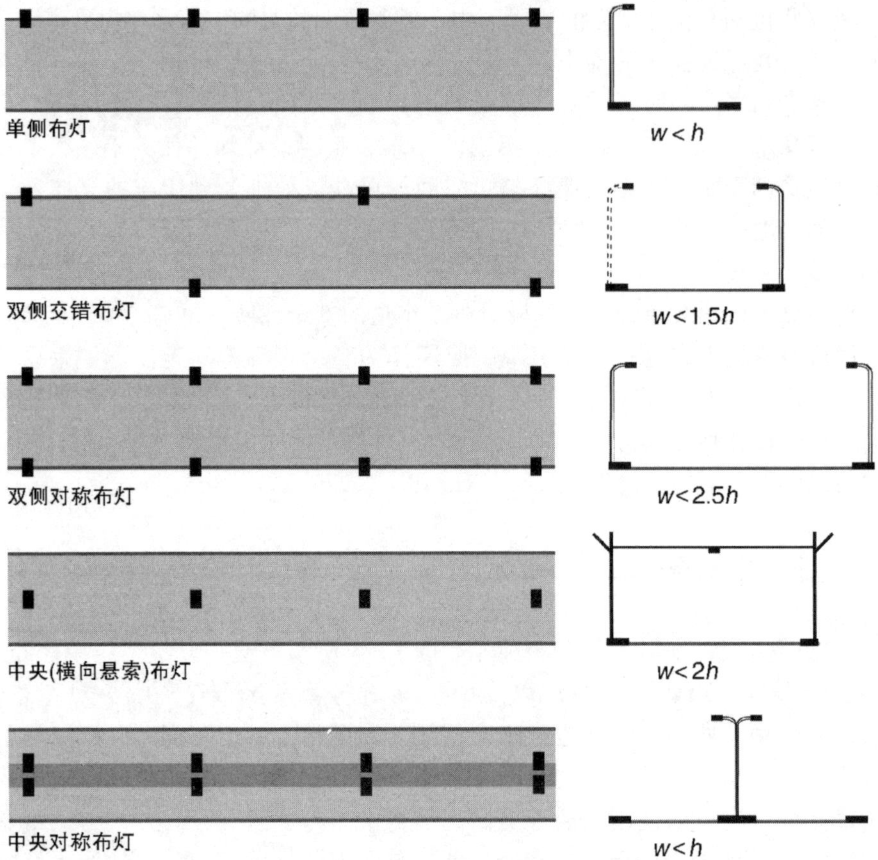

图 13.3　基本的 5 种布灯方式

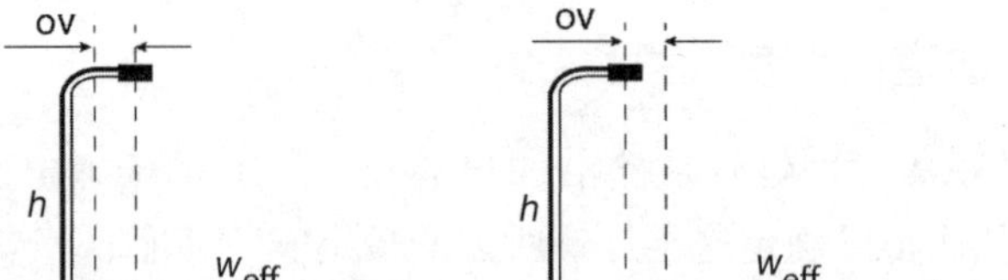

图 13.4　正外伸以及负外伸式灯具以及其有效道路宽度

通常为灯杆式，有时在路面过窄、无法安装灯杆的情况下，也会采取壁挂的方式。在这种布灯方式下，路灯对面一侧的路面亮度往往低于靠近路灯一侧的路面亮度。因此，为了确保足够的总体均匀度，只有在灯杆高度等于或大于道路有效宽度的情况下使用单侧布灯方式。在道路弯曲的环境中，这种布灯方式能够带来很好的视觉导向性。与本章中其他几种方式不同，单侧布灯能为双向车流带来不同的照明条件。

13.1.3 双侧交错布灯

在这种方式中，灯具被交错放置在道路的两侧。与单侧布灯相同，这种方式也可以采用灯杆式或壁挂式安装。只要有效路面宽度小于灯具安装高度的1.5倍左右，交错布置灯具便可以带来充分的总体均匀度。由于这种布灯会在路面上产生明暗相间的“斑马纹”，因此纵向亮度均匀度整体较低。在道路弯曲处，灯具的交错排列有时会给驾驶员带来更多困惑。由于这些原因的存在，有时建议在此处采用加高灯杆的单侧布灯方式，单侧布灯中开槽与布线节省的费用（只需单侧布线）也许可以抵消加高灯杆产生的费用。然而在潮湿的天气下，双侧交错布灯便展现出相对单侧布灯的优势。这是因为路面整体的高反射性要好于单侧布灯产生的明暗高反射条纹效果，而双侧交错布灯能够将路面上的暗条纹最小化。

13.1.4 双侧对称布灯

这种将灯具对称排列的布灯方式通常应用在较宽的道路上。道路的宽度通常为2~2.5个安装高度。与单侧布灯和双侧交错布灯相同的是，这种方式也可以通过灯杆式与壁挂式安装。

当双侧对称布灯用在中央隔离带宽于车道1/3宽度的双车道道路时，则这种布灯情况应该被看待为两条独立的单侧布灯。如果中央隔离带中布置了障碍物（例如树木、防眩光隔离栏等），这种对待方式也同样成立。如果应用在道路的弯曲处，由于驾驶员不能清晰地识别灯杆的左右位置，从而不能准确分辨前方道路的情况，因此可能会导致较远处视觉导向性的恶化。

13.1.5 中央布灯

灯具被悬挂于横穿道路上方的悬索上的方式被称为中央布灯方式（这种方式不应与本章后面将会讲到的中央悬链式布灯相混淆）。横向悬索的布灯方式通常应用于市区较窄道路，并且安装高度较低（6~8m）的情况，在这些地方往往无法安装路面的灯柱。悬索仅简单地跨接于道路两边的建筑物上。这种方式足以照亮路宽为安装高度两倍左右的道路。这种方式也可以解决如何安置灯具才能不被树木遮挡光线的难题。

当然，用悬索代替灯柱的原理也可以应用在以上3种布灯方式中。

13.1.6 中央对称布灯

中央对称布灯方式主要适用于双车道的照明，该方式中的灯具被安装在中央隔离带中间的T形灯杆上。由于这种方式在本质上为两排背靠背放置的单侧布灯，因此灯具的安装高度应该大于或等于有效的道路宽度。靠近路灯一侧车道

(即快车道)的亮度通常高于另一侧慢车道上的亮度。

在中央隔离带不太宽的前提下，该方式中灯具向前方道路以及后方路沿射出的光线都能提升路面的亮度。而双侧布灯方式与中央对称布灯相反，只有灯具向前方路面射出的光线才能提升路面亮度。因此中央对称布灯比两种双侧布灯效率更高。然而应该注意的是，当天气潮湿、道路中央隔离带比较窄且没有放置障碍物的情况下，双侧对称布灯方式的表现要略强。中央对称布灯的视觉导向性非常优秀。

13.1.7 不规则布灯

在广场或非直线道路的布局中，往往需要灵活多变的布灯方式。这种要求并非不可，但是必须特别留意灯具的朝向，以避免灯具在住宅或商店的窗户等的方向上产生眩光。

13.1.8 中央悬链式布灯

在中央悬链式布灯方式中，灯具以较窄的间距被悬挂于沿双车道中央隔离带安装的宽间隔灯柱之间的悬链上(见图13.5)。

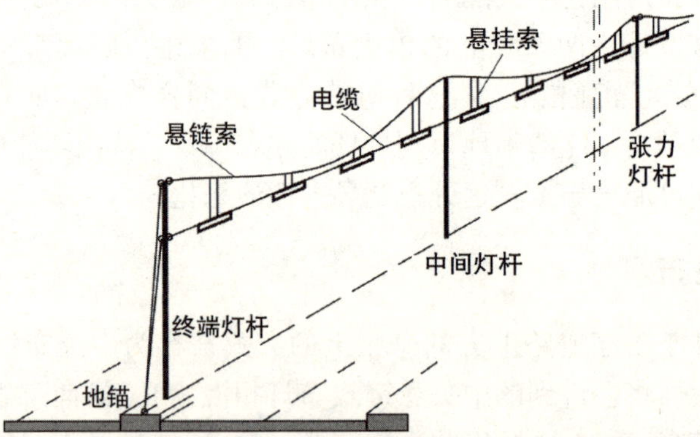

图13.5 中央悬链式照明设施的主要结构特点

这种特殊的悬链式专用灯具倾向于将灯具长轴平行于道路长轴，从而使得大多数出射光与道路方向垂直。由于这种特性，悬链式布灯可以比常规布灯照亮更宽的路面。即使灯具安装高度小于车道有效宽度的0.5倍，也可以获得 $U_o = 0.4$ 的优秀整体均匀度。这是由于驾驶员几乎是以沿轴向观察灯具，这种观察角度所产生的不适眩光与失能眩光都非常有限。而且在这种布灯方式下，驾驶员在行进中感受到眩光波动也比其他常规布灯方式要轻微一些。由于灯具间距较窄，这种方式的视觉导向性非常优秀(13.3节中将详细描述)。在之后的“糟糕天气下的照明”一节中还会提到，中央悬链式布灯在恶劣天气下也有一定的优势。在现实中可以安装悬链式灯具的地方，即使悬链式布灯产生的平均亮度仅为常用方式的 80%，这种照明质量通常还是可接受的。另一方面，横向排列为主的光分布也意味着悬链式布灯产生的亮度要低于常规的布灯方式。由于悬链式布灯的成本要高于常规方式，并且只能够被安装在双车道中央的隔离带中，因此在最近的 20 年中，悬链式布灯变得越来越少见。

13.1.9　高杆照明

高杆照明这一术语主要被用来描述灯具安装高度大于等于 20m 的照明情况。通常，一根高杆上都会同时安装几台灯具，以达到必要的照明覆盖程度。这种照明方式通常应用于主干道的复杂路口与高速公路的交汇区。在此类环境中，高杆照明展现的主要特点是它能在几乎不占用灯杆地面的前提下，在道路用户观察路口与高速出口时提供一个清晰整洁的视野。即使路口处各路面高低不同，这种照明方式也不会造成太大的眩光困扰。灯具的维护也能在不影响交通的情况下进行。

高杆照明通会使用 3 种灯具安装的布局方式，即平面对称式、中心对称式和非对称式（见图 13.6）。

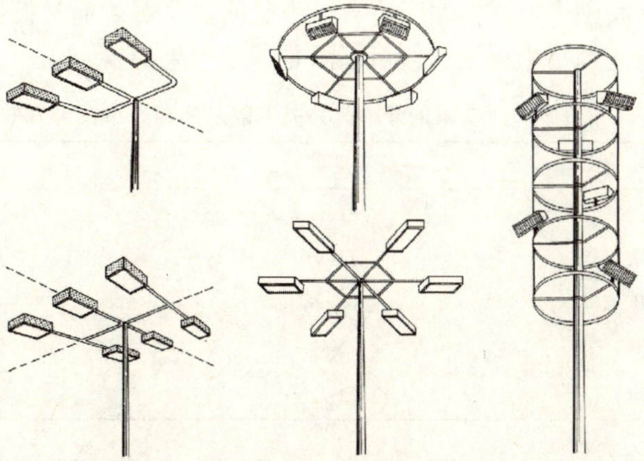

图 13.6　高杆照明的布灯方式

平面对称式布局通常采用常规的道路照明灯具，尤其适用于照亮近乎笔直且宽阔的道路。其中每台灯具都以合适的角度指向路面，同常规照明方式一样，将绝大多数光线沿走向投射在路面上。

中心对称式布灯主要用于各个方向上光线需求大致相同的场合。使用常规灯具或泛光灯都能获得这种光分布，其通常被置于紧凑路口中央对周边进行照明。对于高速公路路口与类似的不同等级道路交汇处，使用这种灯具存在着一定的风险，这是由于靠近灯具的高等级道路区域的照明将会不甚均匀。由于区域美观性的原因，有时也会部分选用高杆中心对称式照明。

在非对称式的布灯方式中，则完全不用考虑任何对称因素。其中的每一台灯具（仅使用泛光灯）都有独立的朝向，以便最大限度地利用光线。这种技术尤其适用于道路复杂交汇处的照明，由于这种方式能在所需方向上提供照明（即光线指向道路而不是周边），因此特别适合大面积分散的多车道情况。为避免这种布灯在关键方向上产生眩光，有时会在所用的泛光灯上安装特殊的遮挡物或格栅。

13.2 安装高度与灯具间距

如之前所讨论，表 13.1 总结了最小的灯具安装高度。应该牢记的是，安装高度越低，眩光便会相应增长。而另一方面，相对道路宽度过高的安装高度也会导致道路周边的过度照明（溢光）。实际所选的安装高度在白天所产生的视觉效果比夜间更强。安装高度应该与街道的规模相匹配，如果灯具与灯杆的总高度比街道上大多数的楼房和树木还高，则在白天的视野中会形成明亮天空背景下的黑色轮廓，而在夜间则会形成黑暗天空背景下的明亮区域。通常将安装高度限制在路面楼房平均高度的一半以下，便可以满足视觉效果的要求。

表 13.1　不同布灯方式所要求的最小灯具高度以及间距，单位为有效路面宽度 w

布灯方式	最低高度 h_{min}	最小间距 s_{min}/h
单侧	$1w$	3 ~ 5
双侧交错	$1.5w$	3 ~ 5
双侧对称	$2 \sim 2.5w$	3 ~ 5
中央式	$2w$	3 ~ 5
中央对称	$1w$	3 ~ 5

在布灯方式以及光分布给定的情况下，灯具的间距取决于安装高度以及规划的径向均匀度。安装高度越高，灯具间距便可相应增大以获得相同的径向均匀度。对于径向均匀度 U_l 为 0.5 ~ 0.7，常见相应灯具间距 - 安装高度比值为 3 ~ 6，实际数值主要取决于光分布的质量。

13.3 视觉导向性

道路照明设施导引道路用户的程度是视功能其中的一个方面，被称为视觉导向性。优秀的视觉导向性能够让道路用户看清以及预测前方道路的情况，并能够分辨所处车道以及与其他车道的交汇点。视觉导向中至关重要的就是道路设计、道路标识以及防撞护栏的引导。这些道路的引导功能应该通过照明进一步地强化。只要特别注意路灯的对齐排列与布局方式，道路照明设施便可以在白天与夜晚都能提供良好的视觉导向。这样的道路照明应该能够清晰地向驾驶员展示前方产生的任何变化（见图 13.7）。与反光道路标牌相比，这类视觉导向能在大得多的距离上为驾驶员提供信息［Boyce，2009］。

图 13.7　通过布灯获得良好视觉导向的案例

必须特别关注位于小半径弧线上的灯具。一张简易三维图往往可以帮助道路照明设计师避免错放的灯具产生的误导性。例如在图 13.8 中，弯道外弧单侧的灯具比内弧单侧或双侧对称的灯具能够更好地标示道路的走向。白天往往凭借可见的灯杆排列提供视觉导向，而夜晚则通过明亮的灯具作为引导。

弯道处的灯具选址也会对此处路面上的亮度分布产生较大的影响。弯道外弧处的灯具比内弧处灯具更有助于路面亮度的形成，这是由于内弧处灯具产生的光线主要被路沿而不是路面所反射（见图 13.8 上方两台灯具的 T 形亮度分布）。

不同光色光源的系统使用也有助于视觉导向质量的提升。举其中一个例子，高速公路出口处的照明与高速公路照明的光色有所不同。通过在主路与区域道路上使用不同的光色，便可导引道路用户顺利通过市区内外的道路网。这种差异效果也可以通过安装高度与灯具类型的不同来进行强化。当然，这便要求对整个地区的道路照明进行总体上的规划。

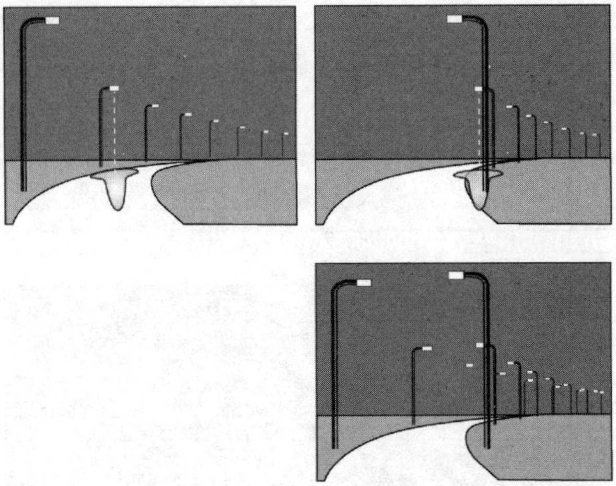

图 13.8　弯道处的灯具布置及其产生的视觉导向和路面亮度模式

13.4　糟糕天气下的照明

13.4.1　潮湿天气

正如在第 12 章“设备：道路表面”中所述，潮湿路面对于特定照明条件下视觉的影响的直接原因就是道路反射特性的改变。当路面由干转湿时，表面平均亮度随之下降，与此同时，总体均匀度与径向均匀度也相应下降。因此其导致的主要问题便是平均度的下降。通常来说，如果使用由干转湿后反射特性变化较小的路面，则在潮湿天气下的照明质量仅会小幅下降，这一期望是比较合乎逻辑的。在实际中，路面的光洁度越低，总体均匀度与径向均匀度也就越优秀。如图 13.9 所示，为具有中央隔离带的双车道上的中央对称式布灯的两种均匀度值与路面潮湿时的光洁因子 *S*1 所成的函数关系［van Bommel，1976；van Bommel 和 de Boer，1980］。

图 13.9 中清晰地展示了 *S*1 下降时均匀度的上升情况。通常，干燥条件下光洁度较低的路面在潮湿条件下的光洁度也比较低。这一结论已经在图 12.10 中阐述。因此，为了优化潮湿气候下的道路照明质量，很重要的一点就是要使用干燥条件下低光洁度的路面，最好是 I 级（*R*、*C* 或者 *N*）。

毫无疑问，路面的特性对于潮湿天气下的道路照明质量至关重要。然而，灯具的光分布与布灯的方式对其影响虽小却不容忽视。道路照明设施中灯具射出的光线被潮湿的路面向道路用户方向完全反射，从而在路面上产生亮斑，导致了亮度均匀度的下降。如果使用向观察者产生全反射的方向上光强较小，但是向其他

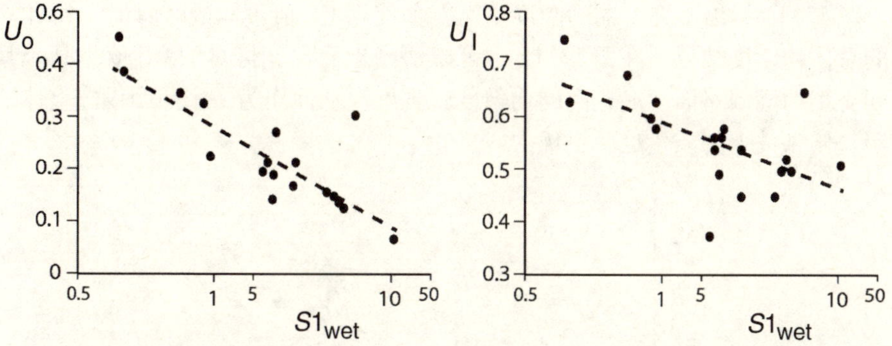

图 13.9　随着湿表面光洁度 $S1_{wet}$ 的下降，总体均匀度 U_o 和径向均匀度 U_l 都上升。图中的每一个黑点都代表 24 台不同的灯具在中心对称式布灯方式下产生的均匀度平均值

方向出射光线最大化的灯具，便可以改善路面上的亮度均匀度。遵循这样的思路，van Bommel［1976］推导出了一项灯具的品质因数，被称为交叉因数（CF）。通过这一因数可以对潮湿天气下任何给定灯具的适用性进行描述。

van Bommel 指出，CF 的定义应该为

$$CF = \frac{I_{c1h}}{I_{l2h}}$$

式中（见图 13.10），I_{c1h} 为灯具对位于正前方垂直于道路，并且距离等于安装高度（h）的位置方向上（45°）的光强度；I_{l2h} 为灯具对沿道路长轴上，并且距离 2 倍于安装高度（h）的位置方向上（63.4°）的光强度。

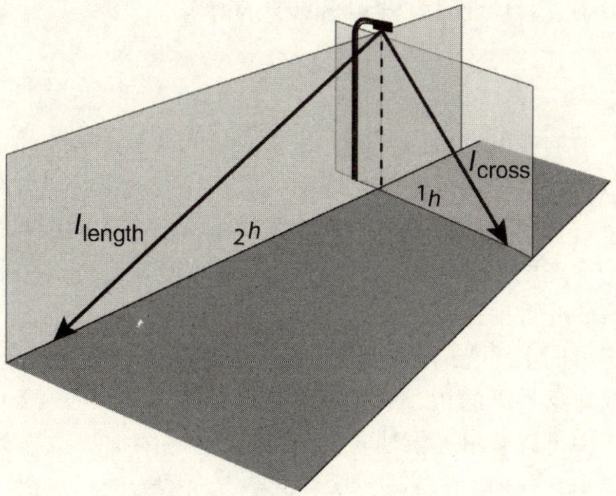

图 13.10　一台灯具中 CF 的定义

图 13.11 给出了在不同的潮湿路面上，使用 CF 值不同的灯具时，所计算得出的总体均匀度结果。在图 13.11 中可以清晰地看出，灯具的 CF 值越高，其在不同类型的潮湿路面上能达到的均匀度就越好。从而作为一个照明设施整体，在潮湿气候条件下的质量也就更优秀。

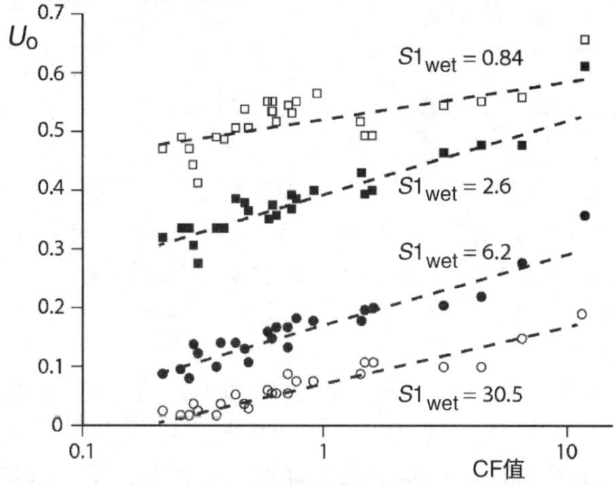

图 13.11　中心对称式布灯的总体均匀度 U_o 与多种光洁因子为 $S1_{wet}$ 的潮湿路面之间的关系

一种在潮湿气候下效果优秀的道路照明设施就是 13.1.8 节中描述的悬链式灯具。悬链式灯具的 CF 值高达 10 甚至更高，相比之下，大多数的常规灯具的 CF 值往往低于 1。

还有另一种改善潮湿气候下道路照明设施质量的方法，就是要确保整条道路上灯具产生的亮斑的均匀分布。在亮度均匀度方面，采用双侧对称或双侧交错式布灯要比单侧或中央对称式布灯有相当显著的改善。

13.4.2　大雾天气

大雾中道路上的能见度相当糟糕，这是由于光线被大雾中悬浮于大气中的小水滴所吸收与散射。其中一部分的光线损耗了，还有一部分以明亮雾幕的形式向道路用户方向反射，使得前方道路的细节模糊不清。在车辆照明中，这一现象被称为“白墙效应”。虽然没有办法解决光线损耗，但是仍可以采取一些办法来降低针对道路用户的光散射干扰。

雾气在一定方向上对光的散射程度取决于发射光的轴向夹角 θ。图 13.12 中显示了浓雾与淡雾条件下的相对散射等级。

从图 13.12 中可以看出，当轴向夹角接近 90°左右时，散射光的程度降到了最低值。由此得出，任何 CF 较高，垂直道路方向的光线相对更多的灯具，都会使得由雾气颗粒散射至驾驶员向前视野的散射光降到最低。之前提到，悬链式灯具的交叉因数最高。因此在大雾天气频发的地带，悬链式灯具是最理想的选择，而且这类灯具的视觉导向性还特别优秀。

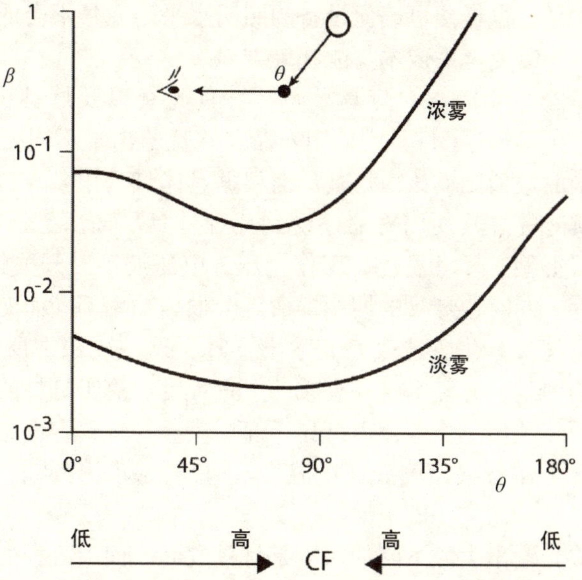

图 13.12　散射函数 β 作为入射光方向与散射光方向之间夹角 θ 的函数

在大雾频发的地区，建议将灯具安装在较低的位置，要低于驾驶员的眼睛高度。通过这一方式，能够很大程度地避免驾驶员眼睛高度上方雾气颗粒带来的散射干扰，而且由于光线到达路面的距离缩短，因此被吸收的光线也相应减少。这些灯具间距较窄的照明设施，可以增强视觉导向性，并且提高眼睛位置下方物体的可见性［Girasolet 等人，1998］。由于安装高度较低，因此这类灯具较难照亮整个道路的宽度，而且灯具间距较窄，这两种特性导致成本的居高不下。

13.4.3　降雪天气

当降雪时，道路灯具出射的大部分光线都由于雪花的吸收而损耗，还有一部分光线被散射至驾驶员的眼睛，导致了更多的眩光。目前并没有解决这一负面效应的特殊手段。当路面被大雪覆盖时，平均路面亮度上升了 4～5 倍，并且由于雪的漫反射特性，均匀度也不会下降太多［Ekrias 等人，2007］。如果可以对照明设施进行调光，只要雪地保持干净，便可以相应地降低照明水平。

13.5　维护性

只有得到了良好的维护，道路照明设施才能高效地工作，提供质量充分的照明。然而即使维护良好，一些质量参数也会不可避免地退化。维护工作必须在这种衰退达到最大化时开展。照明设计师所面对的任务是确定维护周期以及照明设施的初始照明水平，这样便可确保设备的照明水平与质量不会低于标准规定。除照明质量之外，还需要考虑成本与能耗等方面。

影响退化率的主要因素有灯具故障、灯具光衰以及灯具积垢。在第 11 章“设备：灯具”中，定义了灯具的使用寿命，并且给出了不同类型灯具的预期寿命值范例。准确的数值则应该由灯具厂商根据具体灯具型号与功率来提供。必须要注意的是，实际的灯具使用寿命还受到几种灯具厂商所无法掌控的因素的影响，例如镇流器类型、环境温度、工作电压、电压波动、开关频率、燃点位置、机械振动强度等。同时，灯具的使用寿命还会根据功率不同而变化。灯具流明衰减，指的就是由灯具老化所造成的光输出下降，这一现象在所有灯具中都有发生。灯具寿命期内某一时刻下这一衰减的严重程度取决于灯具的类型与功率。再次强调，实际的相关信息都应该由灯具厂商提供。与灯具寿命相同，流明衰减也取决于一些实际工作参数，例如环境温度、电压波动、燃点位置以及机械振动强度。

另一种造成光输出大幅下降的因素是灯具发光表面上沉积的灰尘。当然，积尘的严重程度取决于灯具的类型以及当地大气的污染程度。高 IP 等级（见第 11 章）的封闭式灯具比开放式灯具对积尘以及腐蚀的保护性更优秀。CIE [2003] 针对不同灯具的 IP 等级、环境类型（轻度、中度、重度的污染）、清洗间隔的防积尘要求，发布了灯具的维护系数。维护系数的定义为在一块被照亮的平面上，照明设备初安装时获得的平均亮度或照度与使用一段时期之后该平面上获得的平均亮度或照度数值的比值。表 13.2 中给出了一部分针对灯具积尘的 CIE 维护系数。

表 13.2 根据 CIE 以及英国标准，工作年限为 1 年及 3 年，处于不同污染环境且 IP 等级不同的灯具的积尘维护系数

IP 等级	污染等级	CIE 1 年	英国 1 年	CIE 3 年	英国 3 年
IP2x	严重	0.53		0.42	
IP2x	中等	0.62		0.53	
IP2x	轻微	0.82		0.78	
IP5x	严重	0.89		0.76	
IP5x	中等	0.90		0.82	
IP5x	轻微	0.92		0.88	
IP6x	严重	0.91	0.94 ~ 0.97	0.83	0.89 ~ 0.94
IP6x	中等	0.92		0.87	
IP6x	轻微	0.93	0.98	0.90	0.94

英国最近已经实施了不同污染等级环境中使用不同 IP6x 灯具的测试。从这一系列测试中得出的结论是，高 IP 等级灯具的实际积尘比 CIE 预期数值要低。表 13.2 中“英国”栏下列出了这些测试中得到的数值。有趣的是，他们的测试显示安装高度大于等于 8m 的灯具的积尘比安装高度为 6m 或者 4m 的灯具要少。因此对于污染较高的环境，表 13.2 分别为安装高度较高与较低的两种情况给出了维护系数。

在维护周期的末期，影响道路照明光衰的多种因素的整体效应可以轻易造成 25%~40% 的流明损失。可以做个比较，在无污染的地区，每年产生的光衰可能达到 15%~30%。这一整体效应必须提前进行评估，而且新建道路照明设施的照明水平应该根据此估算相应地在规划照明水平上提高。只有经过这一流程，才能保证在整个照明设施的寿命期间内，照明水平仍符合规划要求。维护间隔越长，维护费用便越低。但是与此同时，灯具故障、灯具光衰以及积尘都会更加严重，从而照明设施新建时所需的照明水平就必须更高。因此，为了制定最优维护日程规划，都必须在实际成本以及光衰条件的基础上，针对每一种情况进行具体的成本计算。当光源烧坏之后，可以对其进行单独更换，也可以在一定合理的工作时期之后，对所有光源无论好坏进行一次整体的维护更换。在整体更换的过程中，通常会清洁灯具以及检查电气机械的连接部位。有时候也可以采取整体更换以及单独更换（关键部位的灯具故障）相结合的方式。从成本以及能耗角度考虑，整体更换（结合灯具清洁以及检查）往往是最好的解决方案。通过这种方式，便可将光源流明衰减以及灯具积尘导致的灯具光输出下降控制在较低的范围内。最终，照明设施所需的“初始”照明水平便会相对接近规划的水平。

即使在使用了系统性维护的照明应用中，当到了应该更换光源时，其照明水平也会轻易下降 20% ~30% 或更多。因此在设置初始照明水平时，应该采用与预期衰减相对应的维护系数（MF）（比如下降 20% 时采用 0.8，下降 30% 时采用 0.7），可以通过下式计算：

$$L_{\text{initial}} = \frac{L_{\text{spec}}}{\text{MF}}$$

图 13.13 中示范了所述整体更换灯具情况中照明水平随时间的下降。细虚线代表的是不可逆的反射器反射性能的损失或者折射镜透光性能的下降。如果使用高质量的材料，则这些损失也可在实践中忽略不计。

从图中可以看出，在相当长一段时间内，实际的照明水平必须高于规划的照明水平（过度照明）。当然，从实际能耗角度看，这种方法有一定的劣势。后面会提到，如果使用自动照明控制系统，便可以持续监控实际照明水平，将监控结果输入至调光设备，从而对光衰进行自动补偿。这一方法便可实现无过度照明的稳定光输出。因此这种维持照明的控制方法被称为 CLO（稳定光输出）控制。

其节约的能量在图 13.14 中以阴影面积表示。

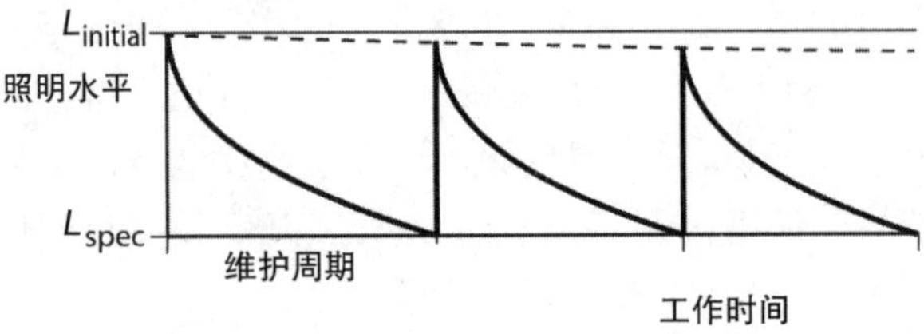

图 13.13 整体更换灯具情况下照明水平的变化

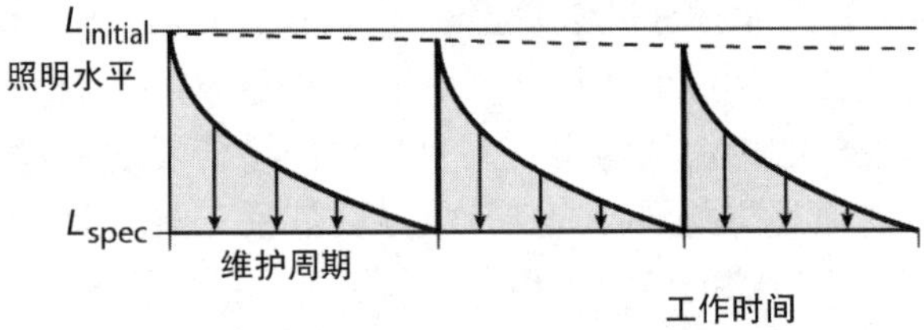

图 13.14 自动光衰补偿所实现的节能

灯具上的积尘不仅仅影响灯具的光输出，还会影响灯具的光分布。比如说，一些 LED 灯具的棱形光学透镜会在边角处积灰，从而对高角度处的光强产生较大的影响。这种效应会对道路表面的亮度均匀度产生负面的影响。

13.6 照明控制

今天，大多数道路照明设施的照明控制系统仍然往往仅是中央时钟或光电传感器控制下的整体开启或关断。然而，更加现代化、自动化的照明设施管理方式可以确保任何环境条件下正确的照明方式，从而大大提升照明设施的成本效益以及能效。最先进的自动控制系统使用一系列的数据采集设备，例如光电传感器、定时器、车流传感器以及天气传感器，这些设备都进行了集中编程，从而可以控制大量的独立或群组灯具的照明状态。这样一个动态照明系统具备以下特点：

- 照明设施可以从车流、车速以及交通密度等方面与变化的交通状况相适应；
- 照明设施可以与不利天气条件（雨、雪等）下可视性的变化相适应；
- 照明设施可以与特殊情况相适应，如交通事故、道路施工与校车时段等；
- 如之前所述，照明水平可以调至实际规划的照明水平，以避免过度照明；
- 可以通过调整照明水平来应对行人与骑车者出现的情况。

使用这种动态照明系统可以避免不必要的照明与能源消耗，并且对道路交通的安全性没有负面影响。

之前在第 9 章中讨论过，大多数的道路照明建议都明确表示，尽量采用适应性照明可以大幅降低能耗。这些建议也就何种情况下可以降低照明水平给出了说明。

接下来的一步将为人们带来既能控制又能监控的真正的智能照明系统。在这里，不仅仅灯具能够接收所需照明状态的相关信息，而且灯具自身的工作状态信息（比如光源的工作时间、实际光源电压、流明输出以及系统故障）也被发送至中央处理器进行分析、检查以及管理。这类系统还有一些额外的好处：

- 维护工作可以根据实际工作时间以及系统故障进行优化；
- 不再需要定期现场巡检照明设施的工作状态；
- 由于照明设施故障而导致的道路交通危险状况得以绝对最小化。

图 13.15 展示了道路照明控制监控系统的工作原理。这一系统支持双向通信，因此中央处理系统可以获得各个灯具的工作状态信息。如图 13.15 所示，其信号是通过电力线（市电）进行传输。电力线载波通信已经应用了一段时期，主要是简单地分两阶段（傍晚与夜间）来对道路照明进行控制。照明水平也可以通过本地连接 Wi－Fi 的智能手机进行控制。现在也出现了实现完全无线的控制系统，以取代电力线载波通信系统。

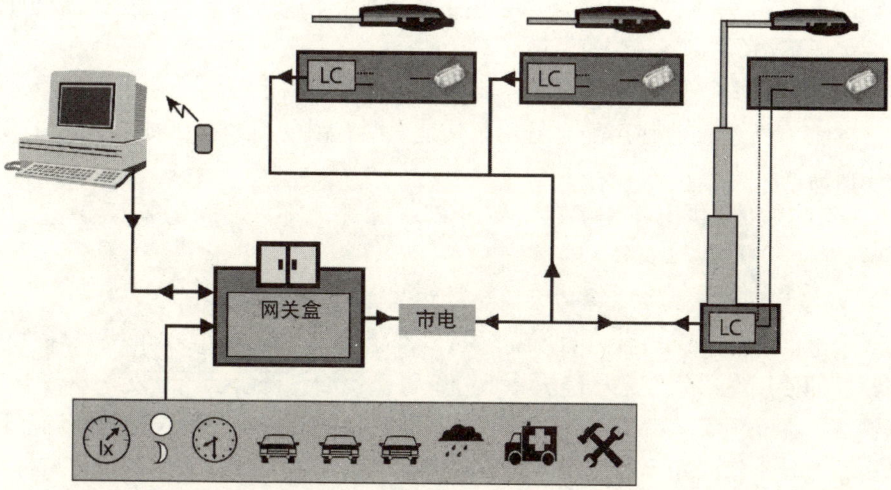

图 13.15　道路照明监控系统的原理图。动态照明可以通过以下参数控制：实际所测的照明水平；自然光总量（日间/夜间）；当前时间；交通流量；天气状况；交通事故或路面施工的状况。图中 LC 即照明控制器

对于控制与监控，还需要不同类型的传感器以及遥控通信设备。这些设备往往被整合进智能灯具中，有时甚至直接安装在 LED 阵列的外壳上。使用这类智能灯具的智能动态照明系统有时也被称为“数字照明系统”。

13.7 光污染

照明不仅仅会照亮那些应该被照亮的区域，还会不受控制地发散至周边环境以及天空中，从而对社会造成了干扰。这类光线可能会干扰居民以及野生动物，还会对道路使用者带来危险因素。黑暗的天空可以便于天文学家以及天文爱好者开展他们的观察研究，并且也使得人们能够欣赏星空。应该意识到，天空辉光的产生意味着糟糕的照明质量；这类照明浪费的能量提高了二氧化碳的排放，并且助长了相关的气候变化。专业、精心设计的照明设计只在所需的时段，照亮需要被照亮的地方，而只有这类照明设计才能满足 13.8 节中所讨论的可持续性要求。针对户外功能性以及装饰性照明的详细光污染限制准则将会在本书第 2 部分进行探讨。

13.8 可持续性

对于照明，可持续性意味着“对照明的正面效应与照明对环境产生的负面影响的平衡”。本书之前已经详尽描述了照明的正面效应。会对环境造成负面影响的主要影响包括：

- 在荧光灯、高压钠灯以及金属卤化物灯中使用汞等污染性或有害的材料；
- 使用无法回收使用的材料，尤其是来源有限的材料，诸如白光 LED 荧光粉中所需的稀土材料；
- 能源的浪费以及相关的二氧化碳、二氧化硫、二氧化氮等温室气体的排放；
- 干扰居民、天文学家以及野生动物的光污染。

上述的前两条应当由照明厂商通过“生态设计”的方式来解决。灯具中有害物质的使用在这些年来已经大幅地降低了。比如，目前已经开发了不含汞的高压钠灯。在光源实验室中，针对稀有材料替代品的研究是一项关键的课题。现有光源，尤其是新兴光源的使用寿命上的大幅增长在很大程度上降低了这类材料的消耗。光源的能效在过去的几十年中逐渐得到了提升，并且在过去的 10 年中尤其显著。如今的灯具中使用了利用系数更高的专业光学系统，因此可以透过更多射向路面的光线。智能照明系统能够根据许多参数来对照明水平进行控制，诸如交通密度、天气状况、时间以及暮光程度等，这样便可将“过度照明”限制在绝对最低水平。越来越多的照明产品都能够被回收利用，也有越来越多的国家开展了回收这类产品的项目。在本书的第 2 部分中将广泛地探讨限制光污染的主题。

照明设计师有责任为自己的照明工程选择合适的产品，并且要设计出提供最低所需光线的节能照明设施。可以通过对特定道路照明项目中满足同一规划要求的不同方案之间的能耗指数对比，来达到最优化的照明设施设计。功率密度即这类指数中的一种，其定义为

$$功率密度 = 功率/（\sum 面积_i \times 规划照明水平_i）$$

其中功率指的是该照明设施中包括光源、驱动器以及照明控制设备的总功率。面积指的是需要被照亮的面积；照明规划中的周边区域也应被作为被照亮面积对待。规划照明水平指的是针对这一区域照明规划中的平均亮度或平均照度。如果照明规划在不同的环境条件下有所不同，如车流密度、天气、夜间时长等，则必须针对这些不同环境下不同规划水平分别进行计算。通过在该公式中使用规划照明水平而不是实际测量照明水平值，这一指数还考虑了高于规划值的照明水平带来的负面效应。照明能耗相关的国内与国际标准都采用了不同的指数以及不同的基准［Iacomussi 等人，2011；Schwarcz，2011；CEN，2013］。

13.9 总体规划

目前，所有给出的设计准则都与单个照明设施有关。如果照明设施不能被单个规划以及设计，则还远远不够。但是对于一整个区域、一整个地区、一整个城市的明确规划，即所谓的“总体规划”，是基于对社区的分类以及对道路与街道的等级划分制度。图 13.16 中给出了一个总体规划的案例。举个例子，社区的分类可以是以排屋为主的纯住宅区，或是独立房屋为主的纯住宅区、购物街、商业中心、旅游景区、工业区等。

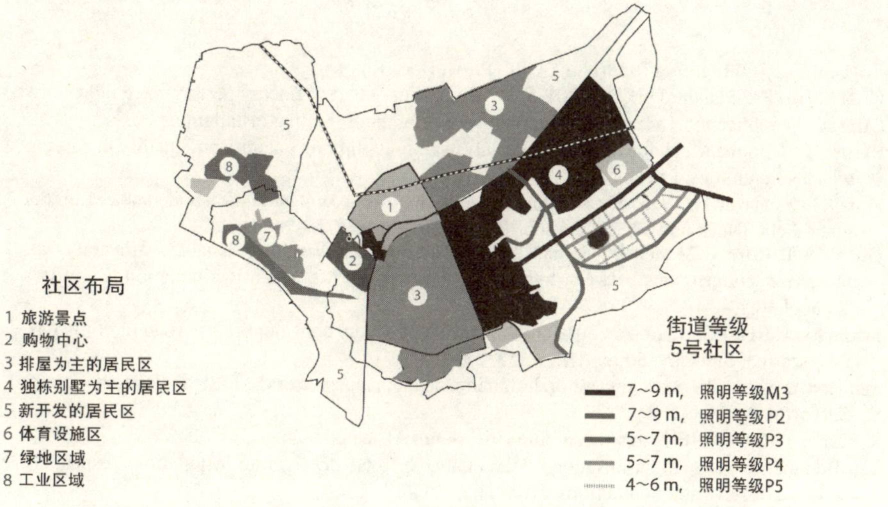

图 13.16 城市概念规划图是户外照明规划的基础（见封三彩图）

为了对道路街道进行明确的划分，可以使用不同的道路标准方面的标准与建议，来对机动车交通以及行人和居民区域的照明等级进行分别划分（比如，对机动车交通使用 CIE 的 M1 ~ M6 照明等级，对人行以及慢速交通区域使用 P1 ~ P6 照明等级）。在此还必须同时考虑短期与长期目标。总体规划不仅仅要规划照明质量参数，以满足各社区街道的等级，还要规划灯具的布局类型、灯杆高度、光色、灯杆灯具类型，以及何时降低照明等级、何时使用开关和调光等。作为例子，表 13.3 列出了之前城市地图中一个社区的总体规划的一些元素。

表 13.3　图 13.15 中 5 号社区总体规划中的一些元素范例

元素范例							
道路	宽度/m	照明等级	布灯方式	h/m	T_k/K	灯具类型	适用等级
——	7 ~ 9	M3	单侧	9	2500	A	M4
——	7 ~ 9	P2	双侧交错	6	3500	B	P3、P4
——	5 ~ 7	P3	双侧交错	6	3500	B	P4
——	5 ~ 7	P4	双侧交错	6	3500	B	—
…………	4 ~ 6	P5	单侧或双侧交错	4	3500	C	

一个优秀的总体规划还应该考虑到诸如雕塑、纪念碑以及建筑物的装饰性照明，这在本书中并不会涉及。一个明确的、可执行的总体照明规划能够提升该地区在居民以及参观者眼中的吸引力；能够给他们在该区域明确的导向；还能够避免街道与区块的过度/过低照明；其还能够防止各照明设施之间的相互负面影响；由于设备的标准化设计，总体规划将初始投资以及维护成本降到了最低；也简化了短期与长期的预算编制流程。

参考文献

Boyce PR (2009) Lighting for driving. CRC Press, Boca Raton

CEN (2013) Pre-Standard prEN 13201-5, Road Lighting—Part 5: Energy performance indicators

CIE (2003) Publication 154:2003 the maintenance of outdoor lighting installations

Ekrias A, Eloholma M, Halonen L (2007) Analysis of road lighting quantity and quality in varying weather conditions. Luekos 4(2):89–98

Foitzik L, Zschaeck H (1953) Messungen der spektralen Zerstreuungsfunktion bodennaher Luft bei guter Sicht, Dunst und Nebel. Zeitschrift für Meteorologie 7:1–5

Girasolet T, Rozé T, Maheu B, Gréhan G, Mê nard J (1998) Visibility distances in a foggy atmosphere: comparisons between lighting installations by Monte Carlo simulation. Light Res Technol 30:29–36

Iacomussi P, Rossi G, Soardo P (2011) Optimization of energy consumptions in road lighting. CIE 27th session, Sun City, South Africa 257–263

Sanders A, Scott (2008) A review of luminaire maintenance factors. Mott MacDonald County Surveyors Society

Schwarcz P (2011) CIE 27th session, Sun City, South Africa 264–269

Van Bommel W (1976) Optimisation of the quality of roadway lighting installations, especially under adverse weather conditions. JIES 55:99–104

Van Bommel WJM, De Boer JB (1980) Road lighting. Kluwer Technische Boeken, Deventer

第 14 章　计算与测量

摘要　为了达成满足照明设计要求的解决方案，照明设计师必须要对照明进行计算。许多通用的计算机软件都能达到这一目的。之前已经描述了基本的计算公式，而在本章中，将探讨计算点的常用数量与位置，以及观察者的常用位置。CIE 以及欧盟与美国标准等各类标准与建议都使用了不同的惯例。至关重要的是，道路照明设施的设计规范必须明确使用哪一类惯用方式。

与道路照明相关的测量可以归为四类：可以决定灯具性能的参数测量、灯具的性能测量、路面反射特性的测量以及照明设施性能的测量。前三项测量主要与实验室测量相关。有时道路照明工程师想要在现场联查光源光谱特性，尤其是光源的 *S/P* 比值。对于路面反射特性测量也同样成立，可以开展实验室路面样品测试与在现场使用反射表进行测量两种方式。可以对新建的道路照明设施进行实地测量，以检查其是否满足质量规范，也可以对现有道路照明设施进行实地测量，来判断是否需要维护、改进或更换。本章中将会同时讨论实验室测量以及现场测量的准则。

14.1　常用计算方法

在整个照明项目的照明设计阶段，照明设计师必须进行一系列的照明计算，以获得符合相关照明要求的解决方案。由于照明计算相对耗时，尤其是与亮度相关的计算，因此广泛使用计算机来完成计算任务。目前有许多通用的计算机软件都能达到这一目的。本书之前已经描述了一些基本计算公式。这里我们将探讨计算点的常用数量与位置，以及观察者的常用位置。

14.1.1　计算点

为计算平均值与均匀度而测得的数值，无论是照度还是亮度，都只有在确定计算点的数量与位置的前提下才能具备意义。对于亮度计算，普遍的观点是，布置计算点网格的位置应该是道路用户前方 60～160m 的这一段代表性路面，这是因为这一路段是道路用户主要的关注区。实际上，通过实验性计算可以看出，如果计算点网格能够覆盖至少一个跨度区（即道路同侧两盏相邻灯具之间的区域），就足以满足这一要求。CIE［2000］与欧盟标准［CEN，2013］建议：该跨度区应该位于同排两盏灯具之间，其中第一盏灯具在观察者前方 60m 处。美国标准［ANSI/IES，2014］则定义跨度区的起始位置为观察者前方的 83m 处。

根据 CIE、CEN 以及ANSI/IES 这三项标准，计算点网格径向应该有 10 个计算点（见图 14.1）。

然而 CIE 与 CEN 还补充了一点，对较大的灯具间隔，计算点径向间距不应超过 3m。这两项标准还建议每车道在横向上应有 3 个计算点（见图 10.1）。ANSI/IES 标准则建议每条车道应仅使用两个横向计算点。如图 14.1 所示，最外侧的计算点与路沿以及与前后两盏灯具之间的距离应该为计算点间距的一半。

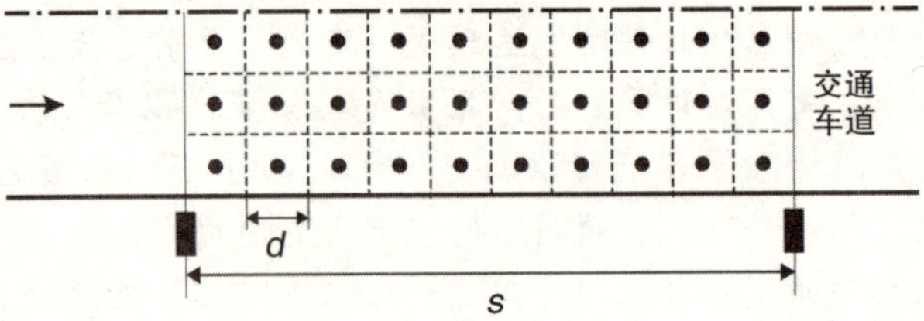

图 14.1 计算网格：其中 s 为灯具间距，d 为计算点间距。CIE 与 CEN 使用 3 个横向计算点，而 ANSI/IES 使用两个横向计算点

道路用户对前方道路的观察是立体的，并且会根据路面区域的大小来权衡其亮度。也就是说，如果前方路面离用户越近，该区域不仅看起来更大，并且比远处同样大小的区域对道路用户的影响更大。如果按 CIE、CEN 以及 ANSI/IES 所规定的均匀分布计算点，则每一点上的亮度权重并不与该点的目视区域大小相符合，近处点的权重过低，而远处点的权重过高（见图 14.2 上图）。

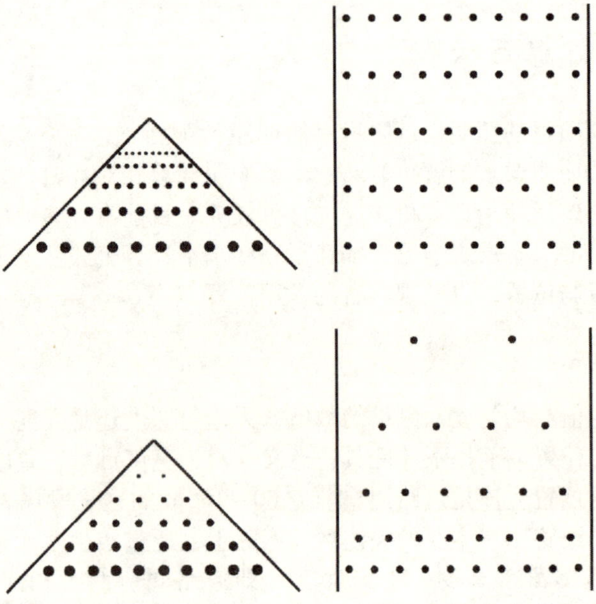

图 14.2 各类计算网格的分布方式。上图：路面上以非透视场景方式均匀分布计算点；下图：路面上以透视场景方式均匀分布计算点

如果在前方路面以透视角度将各计算点进行均匀分布（见图 14.2 下图），

则不同距离上每一点都获得合适的权重。但是由于这种方法会使得测量更加困难，因此在实际中并不常用。然而值得注意的是，一种被称为集成亮度计的设备可以使用梯形插片，将路面透视区域投射在感光元件上（见 14.2.1 节），从而可以对透视权重之后的平均亮度进行测量。

14.1.2 观察者位置

14.1.2.1 纵向位置

在驾驶的过程中，驾驶员会持续不断地扫视前方的路面区域。当驾驶员沿着道路前进时，他的关注区域也在前方移动。因此在理想的情况下，对于驾驶员的不同纵向位置，应该使用不同的计算点网格进行评估。图 14.3 中诠释了这一观点。

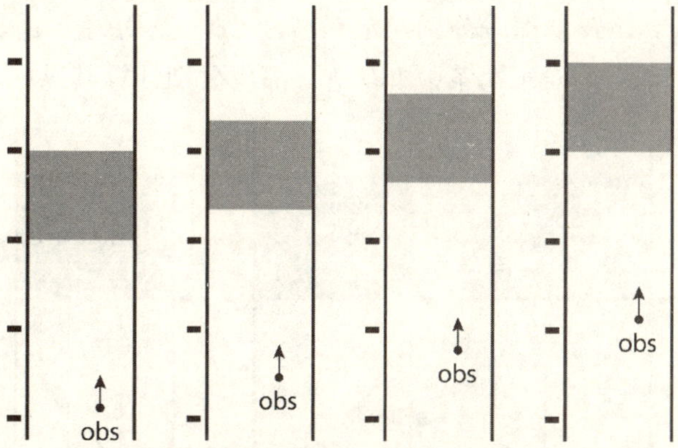

图 14.3 计算网格随着观察者的移动而移动

由于道路照明灯具的光分布以及安装位置不定，并且不同道路区域的反射特性也各有不同，这样一种复杂而精确的系统并不必要。于是还有两种可能的方法：

- 纵向观察者以及计算点网格的位置固定，其关注区必须覆盖一个典型跨度区；
- 计算点网格位置固定不变，观察者沿纵向移动，其关注区必须覆盖一个典型跨度区。

CIE 与 CEN 使用了第一种方法，其中固定纵向观察者的位置距离固定计算点网格的前沿 60m。这是驾驶员在典型的瞬时位置扫视前方路面时的常见情况。作为结果，在不同的计算点上，视线与水平路面所成角度也有所不同。对于驾驶员前方 60～160m 的路面区域，这一角度的变化范围在 0.5°～1.5°，第 12 章中的反射特性表格对此范围适用。

ANSI/IES 标准则使用了第二种方法。他们将向前移动的观察者与各个计算点之间的纵向距离保持不变，这样观察角度便可以保持在1°以内。并在这一观察角的基础上测量测出表面反射特性表格，但是这种方法并不能完全展示驾驶员在扫视路面中的瞬时视野。由于 ANSI/IES 定义的标准眼睛高度为 1.45m，因此观察者距离各计算点的纵向距离是 83m。

对于眩光评估所需的光幕亮度［CIE 与 CEN 称为阈值增量（TI），ANSI/IES 称为光幕亮度］计算，在这里使用第二种方法中所述的纵向移动观察者位置，以获得驾驶过程中感受到的最大眩光值。这些位置上获得的最大眩光数值即必须满足标准规定的眩光值。由于汽车顶棚会挡住一部分灯具射向驾驶员的光线，因此 CIE 与 CEN 在光幕亮度计算中使用 20°作为标准屏蔽角。

14.1.2.2 横向位置

CIE 与 CEN 建议，一名观察者的横向位置应该在其车道的正中处。针对每一条车道的各观察位置，都应分别对平均亮度 L_{av}、总均匀度 U_o 以及 TI 进行计算（见图 14.4 上图）。对于每条中央车道，都应分别计算其纵向均匀度 U_l（见

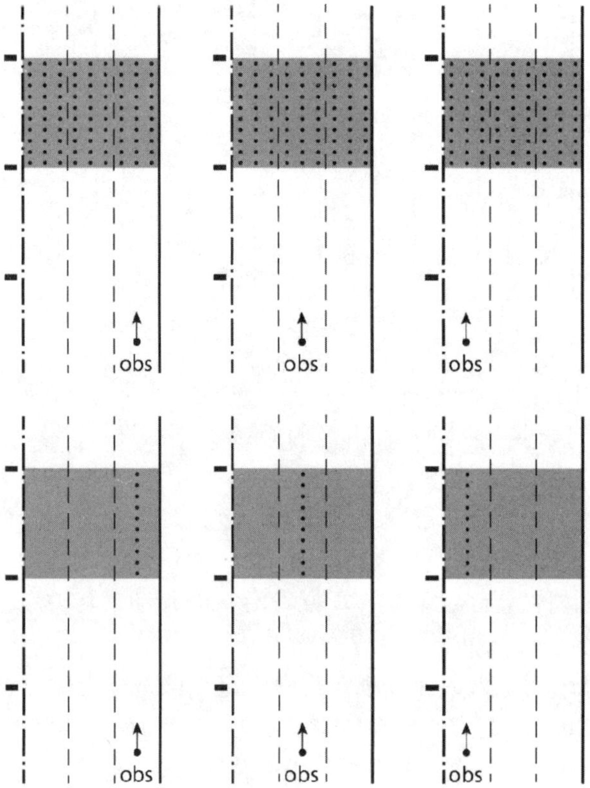

图 14.4 在一条双向三车道道路上，根据 CIE 与 CEN 计算网格方法的观察者位置示例。上图对应 L_{av}、U_o 与 TI 的计算；下图对应 U_l 的计算

图 14.4 下图）。各观察者位置上获得的 L_{av}、U_o 以及 U_l 的最低值都应为是否满足相关标准的判定。在此 TI 则应使用最高值来判定。

ANSI/IES 建议使用观察者在各车道上横向移动的情况。如图 14.5 所示，每一条车道上布置两列计算点，观察者与计算点在同一直线上。这种方法的优点是，观察者的视角总是精确地低于 1°。根据这一观察角也可以对路面反射特性表格进行测量。然而，这一方法也并不能完全展示驾驶员在扫视路面中的瞬时视野。之前说过，ANSI/IES 也承认纵向移动观察者的方式，即在图 14.5 中用灰色点所标出的纵向观察者位置。每一项计算得出质量参数最低值即其是否符合相关标准的判定值。

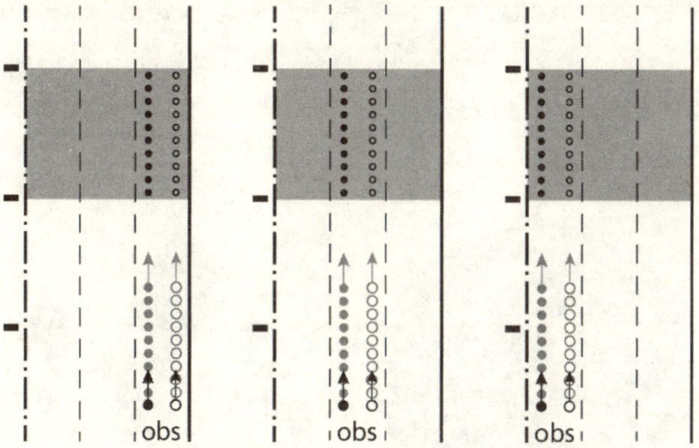

图 14.5　在一条双向三车道道路上，根据美国计算网格方法的观察者位置示例

如以上讨论所示，不同的标准有时也使用不同的惯例来确定观察者位置以及计算点，每种方法都有其优点与缺点。因此极为重要的是，道路照明设施的规范必须清晰无误地规定使用哪一种惯例。在大多数现有的照明计算软件中，都可以对计算惯例进行设置。

14.2　测量

与道路照明相关的测量可以归为四类：可以决定灯具性能的参数测量、灯具的性能测量、路面反射特性的测量以及照明设施性能的测量。前三项测量主要与实验室测量相关。有时道路照明工程师想要在现场联查光源的光谱特性，尤其是光源的 S/P 比值。对于路面反射特性测量也同样成立，可以开展实验室路面样品测试与在现场使用反射表进行测量两种方式。可以对新建的道路照明设施进行实地测量，以检查其是否满足质量规范，也可以对现有道路照明设施进行实地测量，来判断是否需要维护、改进或更换。在本节中将概述实验室测量与现场测量的基本原则。

14.2.1 光传感器

14.2.1.1 类型

在所有的照明测量中都用到了光电池，当光电池在收到照射时，其可以将光线转化为可以测量的电能。这类光电池的原理与太阳光伏电池基本相同：两者都是将入射光直接转换为电能，而无需添加外部电源。但是在精度要求较高且照明水平较低的情况下，光电池需要使用外部电池来放大输出的电流。光电池由两层半导体材料组成：n 型与 p 型半导体（与 LED 光源相同）。不仅如此，光电池在本质上也是一种半导体二极管，通常被称为光敏二极管。以前光电池使用硒作为 p－n 结之间的阻挡层半导体材料。因此这类光电池被称为阻挡层光电池。如今，硅与二氧化硅被广泛应用在测光的光敏二极管中。这类光电池的直径范围可达 0.5～30mm（见图 14.6）。

图 14.6　各类光电池。由左至右分别为
硒光电池、两只硅光电池、硅光电池阵列以及两百万像素 CCD 单元

由于光电池测量的是其表面受到照射的光线，因此测量的量是照度。因此在光度学中，所有待测量的量都必须被换算为照度。对于亮度，这意味着必须要测量光电池表面图像上的亮度。比如，灯具的发光区域或是一段路面的明亮区域，或者路面上的一点，这些区域的图像需要在光电池的表面上成像。因此除了光电池之外，一台亮度计还应该包含光学部件，利用这些光学部件将待测目标在光电池的表面上成像。一般来说，一台亮度计往往还有一套额外的光学系统，以便能够将其精确地瞄准待测目标。通过在亮度计前加装与道路透视形状相似的梯形挡片，便可以直接测量平均路面亮度（见图 14.7）。这种亮度计被称为积分亮度计。如果要测量非常小一点上的亮度，由于极少量的光能够照射到光电池，在此就需要使用高敏感度的光电池型号[1]。

[1] 由于这个原因，一些点亮度计采用了所谓的光电倍增管，管中入射光在阴极上激发产生的电子，在一系列连续阳极之间通过级联效应倍增放大。

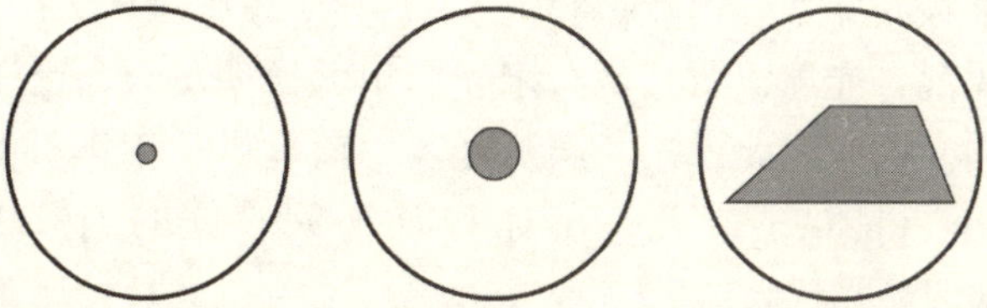

图 14.7　亮度计的不同测量视场，通过不同形状的挡片来测量不同的路面区域

还有一种有趣的方法可以一次性测量整个视野的亮度模式。这类方法使用了 CCD（电荷耦合器件）与 CMOS（互补金属氧化物半导体）作为感光器件。这两种器件最初是为了照相机与摄影机而开发的。CCD 由一片硅半导体 p－n 结器件组成，因此在本质上还是一种硅光二极管。CCD 器件的顶层被铝电极条与绝缘条所分隔，形成了许多个被称为像素的细微栅格点。如今的这类芯片可以具有一千万以上的像素，但总面积却小于 $1cm^2$（即 3000×3000 像素的矩阵）。与普通的光敏二极管相同，每一个像素点上的入射光线都被转化为电荷信号。CCD 没有使用传统方式对所有像素进行布线。每个像素上产生的电荷先被传输到整个芯片的边缘上，然后在此按照矩阵初始位置被转换为电压信号读出。在由金属氧化物硅制造的 CMOS 器件中，每个像素点都有独立的电荷－电压转换与读取电路。这种结构降低了受光面积，从而也降低了芯片的分辨率与灵敏度。相比于 CCD 较为复杂的制造工艺，CMOS 器件的制造工艺与其他普通芯片一样较为简单，因此适合大规模生产并且成本显著降低。如今，CMOS 技术在高端应用场合中飞速发展，从而拉近了与 CCD 之间的质量差距。

装有 CCD 或者 CMOS 传感器芯片的数码照相机能够记录并且存储每一个场景元素射出的光量，而光量又与该场景元素上的亮度成正比。利用特殊的软件，可以对整张场景照片的亮度模式进行分析。如果所拍摄的恰好是道路场景，便可以分析得出平均路面亮度与路面亮度均匀度，以及灯具的亮度。如果要获取精确的绝对值，则需要合适的校正。目前这类分析软件已经上市了，但是仅兼容某些型号的数码照相机。使用 CCD 或者 CMOS 芯片，且不需要额外校正的专用亮度计也已上市。

14.2.1.2　V（λ）修正

光电池的光谱响应与 CIE 标准观察者眼睛的 $V(\lambda)$ 光谱响应曲线有着很大的差别，而 $V(\lambda)$ 曲线正是所有照明单位的基础。由于这一原因，在光电池的前端必须加装一块修正滤光片。任何不同的光电池，即使是在同一厂家生产的光电池，需要被修正的程度都有所不同。因此每块光电池都必须使用与其自身匹配的修正滤光片。但是应该意识到，仅仅通过滤光片很难达到精准的修正效果，而且成本很高。那些 $V(\lambda)$ 修正不充分的廉价测光表则需要对每一种光源类型使用不同的“色彩校正系数”。这一色彩校正系数应该由测光表厂商提供。这类仪表不适用于使用混合光源，尤其是有阳光照射的照明场合。由于 LED 光源可能有着大量的不同光谱，因此要让一家测光表厂商提供适用于所有 LED 的色彩校正系数几乎是不可能的。因此，在对 LED 照明设施的测量中，不应该使用 $V(\lambda)$修正糟糕的测光仪表。

14.2.1.3 余弦修正

根据照度的定义，当光电池表面收到照射时，应该使用入射角的余弦值对入射光线进行修正。当光的入射角较大时，还有可能产生另一种测量误差。这是由于大部分光被光电池表面的光滑透明的保护盖所反射。这部分反射光无法到达光电池的表面，因此光电池的测量结果并不严格遵守余弦定理。高级测光表中的光电池与包覆材料被制成图示形状（见图 14.8），这样一来便可获得准确的余弦修正。在道路照明中经常产生大入射角光线的场合中，使用正确余弦修正的测光表至关重要。

图 14.8　带有余弦修正保护盖的各类光电池外壳。
右侧测光表还具有用于测量半柱面照度的转换装置

对于半柱面与半球面上的照度测量，可以在普通光电池上方安装特殊的适配器来获得准确的结果（见图 14.8 右图）。

14.2.1.4 脉冲光测量

LED 的调光使用了脉冲宽度调制（PWM）技术（见 10.4.4.2 节）。但值得注意的是，如果要测量调光后的照明水平，测光表的测量结果可能与调制光的算术平均值有所偏差。这一偏差主要取决于光电池的反应时间与放大器的调制频率。

14.2.1.5 环境影响

当环境温度发生变化时，不同光电池受到的影响也有所不同。为保证测量的精确性，有必要在不同的环境温度下对设备进行校正。这样一来，便可以使用合适的修正系数对读数进行修正。

光电池、滤光片或修正片上的湿气会对测量的准确性造成较大的影响。因此要保持光电池表面的干燥，尽量避免在高湿度的时段中进行测量。

尽管光敏二极管的疲劳效应十分微小，但是其放大电路与读取电路的疲劳效应却会造成读数的滞后，因此受到之前进行的测量的影响，此时测光表的读数会或大或小。在对这类照明水平迥异的不同环境中进行测量时，应当花几分钟时间让测光表适应当前的照明水平，再对数据进行读取。

14.2.1.6　老化效应

随着时间的流逝，光电池的绝对灵敏度、光谱灵敏度以及温度敏感度都会发生变化。不仅如此，信号放大电路与其读取电路都会随着时间而老化。因此，整台测光仪表每年必须至少校准一次。许多高级测光表厂商为此提供了校准服务。

14.2.1.7　精度

之前已经介绍，光测量的精度取决于测光仪表的工作环境，但是也许还与测光表自身的一些特性存在一定关系。CIE 在其《照度计与亮度计的表征》［ISO/CIE，2014］标准中针对测光仪表定义了三类的质量指数，之间已经讨论了相关性较强的质量类型。表 14.1 中列出了该标准中定义的质量类型以及相应的质量指数。质量指数的数值越小，代表不准确性越小，换句话说就是该类型的质量较好。如果测光仪表厂商要为其仪表提供这些相关的质量指数，则这些指数不仅仅可以使照明设计师对不同仪表进行对比，还能够根据特定应用目的与使用条件选择最适合的测光仪表。

表 14.1　CIE 针对测光仪器所定义的质量指数［CIE，2013］

质量类型	质量指数	备注
$V(\lambda)$失谐	f'_1	
UV 响应	f_{UV}	
IR 响应	f_{IR}	
余弦响应	f_2	仅亮度相关
指向性响应	$f_{2,g}$	仅亮度相关
环绕场影响	$f_{2,u}$	仅亮度相关
线性程度	f_3	
显示单位	f_4	
疲劳性	f_5	
温度依赖性	$f_{6,T}$	
耐湿性	$f_{6,H}$	
调制光	f_7	针对相关频率
极化	f_8	
空间非均匀响应	f_9	
范围变化	f_{11}	
聚焦距离	f_{12}	仅亮度相关

14.2.2 灯的测量

14.2.2.1 光通量

可以通过分布光度计测量光源或灯具在空间各方向上的光强，从而计算得出其光通量。这一方法将在14.2.3.1节“光分布”中进行介绍。通过计算所有测得光强的固体角加权平均值，即可得出总光通量。这种方法虽然比较准确，但十分耗时。因此，为了生产过程中的质量管理的要求，就需要一种更简单、快捷的方法。在科学家Ulbricht于1900年得出原理之后，出现了一种被称为Ulbricht球的球形积分光度计，通过它便可以更加简单、直接地测量光通量［CIE，1989，2007］。球体的中空内壁被涂上了白色哑光涂料，以便能将球体中所悬光源的光线近乎完美地散射（见图14.9）。内壁的每一点都同时反射直接来自光源的光线与来自其他内壁反射而来的光线。最后由于光线的反射，无论球体内光源的光分布如何，球体内壁上每一处的照度都与其光通量呈一定比例。球壁上有一个小孔，孔与待测光源之间被挡板所遮挡，通过这个小孔可以测量照度并由此计算光源的光通量。在实际操作中，挡板与光源本身会阻碍一部分的内反射。并且除此之外，哑光白的内壁也不能完全均匀与完美散射。由于这些原因，积分球必须根据已知光通量，且最好形状接近待测光源的标准光源进行校准。为了进一步限制测量的不准确性，积分球相对待测光源和测量孔应该尽可能大（直径为2～4m的积分球并不少见）。而且，对于体积较大的光源，且精度要求较高的情况，这样的积分球还是太小。然而，如果只是为了质量控制的目的而对灯具的相对光通量进行的测量，这样的精度已经足够好了。

图14.9 直径为4m的积分式光度计或Ulbricht球

14.2.2.2 光谱数据

这些光谱数据可能与道路照明相关：相关色温T_k、显色指数R_a以及中间视

觉相关的 *S/P* 比值（暗视觉 - 明视觉比值）。

色度计可以用来测量 T_k 与 R_a，它有至少 3 个滤色传感器，分别测量 CIE 配色系统的 *x*、*y*、*z* 数值，而这 3 个数值则是 T_k 与 R_a 定义的基础。往往与这 3 个传感器一同使用的往往还有第 4 种加装 *V*（λ）滤镜的传感器。通过这些传感器所得的色度坐标 *x* 与 *y* 便可得出 T_k 与 R_a［Schanda，2008］。*S/P* 比值的计算需要使用有两个传感器的光度计。其中一个传感器加装了符合暗视觉下视觉敏感度的 *V′*（λ）曲线的滤片，而另一个则使用了明视觉 *V*（λ）的滤片。这两个传感器测得结果的比值即 *S/P* 比值。然而，由于完全精准地滤光极其困难，所以这类光度计的参数并不精确。如果使用了能够测量光源的全部光谱的分光光度计，这些缺陷便不复存在。在分光光度计中，来自待测光源的光线进入之后被衍射光栅分光为其光谱色，也就是被拆分为不同的波长（见图 14. 10）。而传统的分光计则使用无滤片的移动传感器来扫描分光之后的波长分布，因此其能够测量不同波长区间的能量辐射。

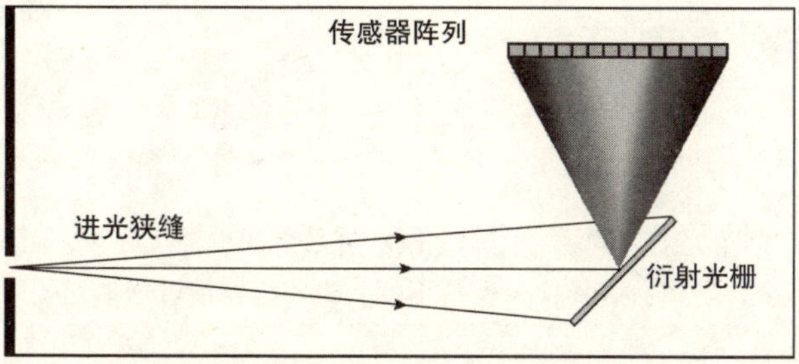

图 14. 10　使用了传感器阵列的光谱分光计原理（见封三彩图）

测得的能量光谱之后便可以计算所有的光谱参数。通常，具有内建软件的仪器能够直接计算并输出各参数的计算结果。许多新式的分光计都抛弃了单一扫描式传感器，转而使用了无滤片的 CCD 阵列传感器。经过衍射光栅分光之后的光线投射在传感器阵列上，从而一次性地对整个光谱区间的参数进行测量（见图 14. 10）。这类无移动部件的分光光度计也有便携的版本。从而大大方便了现场条件下的高精度光谱参数测量。对于道路照明，现场确定 *S/P* 比值尤为重要。也可以从分光光度计测得的光谱中计算得出。大多数的光度计都需要嵌入式软件来实现这一功能，以便在测量之后直接得到结果。

14. 2. 3　灯具的测量

14. 2. 3. 1　光分布

灯具的光强度分布是所有相关照明计算的基础。在计算的过程中，灯具被视作一个点光源。因此光强的测量必须在离灯具较远的位置进行。如果光程长度大于灯具发光区域最大尺寸的10倍以上，其误差便可忽略不计［CIE，1996］。符合这一要求的测量被称为远场测量。能够将光强测量与灯具各方向上方位角及仰角（C 与 γ 角）的测量相结合的装置被称为分布光度计。当该装置以最简单的方式工作时，光电池位置保持不变，待测灯具以水平轴和垂直轴为中心旋转，继而进行各方向上光强度的测量（见图14.11左图）。但是，当灯具以水平轴为中心旋转时，许多光源的燃点位置会发生变化，对光源的光通量以及亮度分布造成一定影响。图14.11中展示了一种避免此类问题的技术，即灯具只以垂直轴为中心旋转，同时光电池传感器沿球形路线移动。

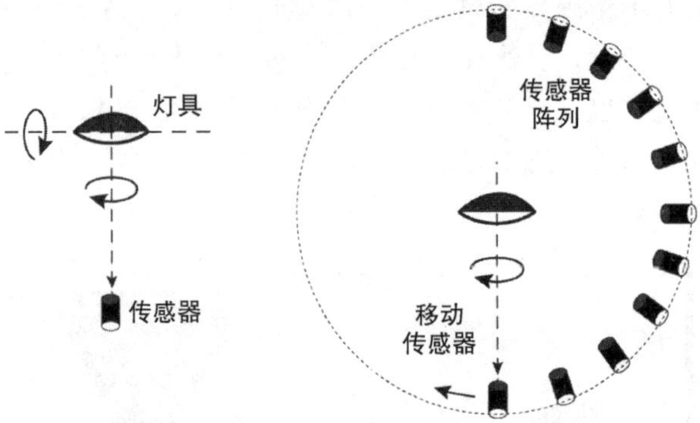

图14.11　测角光度计的示意图。左图：灯具沿两根轴线旋转，而光传感器的位置固定不变；右图：灯具位置保持不变，光传感器沿着球形路径围绕灯具旋转

这一技术的升级方案是在球形轮廓上各个位置安装许多光传感器。垂直平面上每2.5°布置一个传感器，总共72个传感器即可满足普通的测量要求。还可以使用电路对传感器进行控制，使所有传感器能同时工作，从而大大降低了测量的用时。可是实验室的空间必须非常大。如果待测对象是紧凑型LED灯具，则这一技术的可行性较强。

为了减少实验所需空间，通常在测试中使用一面或一组旋转的反射镜。图14.12中大致阐述了这一原理。在图中，灯具沿自身垂直轴旋转，水平位置保持不变，从而将光线通过沿水平轴旋转的反射镜反射至位置固定的光电池上。旋转灯具与旋转反射镜的组合能够依次测到所有相关方向的数据。测量中的角度设置必须保证精确的可重复性。在实践中，还有许多不同的替代方案，其中使用了旋转反射镜与水平移动的灯具。图14.13中展示了一个典型的商用方案。

如果已知灯具中光源的光通量，仅需知道光分布测量的相关数值。这种情况下便可以使用无滤光的光电池，以避免不精确 $V(\lambda)$ 曲线产生的误差。

近场测光的结果可以用来计算远场光分布［Ngai，1987］。随着CCD阵列光传感器的出现，近场测光仅需要有限的实验室空间，可行性非常高。在近场条件

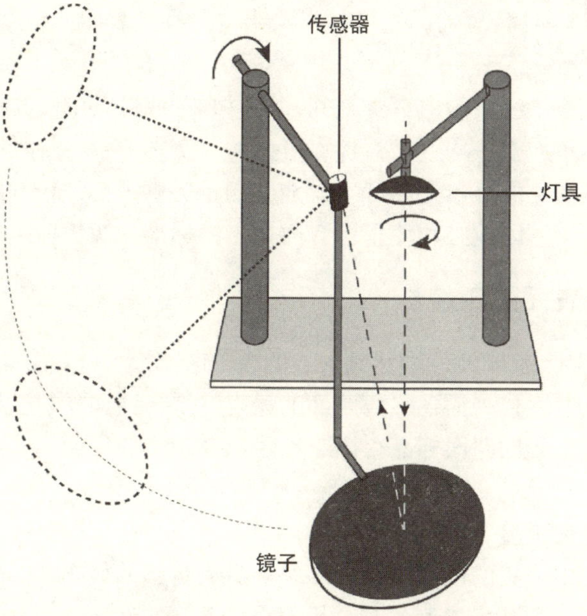

图 14.12　一台测角光度计，其中灯具以水平轴旋转，反射镜再通过旋转将光线反射至固定的光电池处进行测量

图 14.13　灯具位置固定而反射镜旋转的商用光度计

下的光度测量中，灯具不再被视为一个点光源，而是一系列明亮表面的组合，在灯具限制下的各个方向上，每个明亮表面都有自身的光度学参数。近场分布光度

计通过一台装备 CCD 传感器的亮度计来绘出这些发光表面的亮度分布形状。

14.2.3.2 光输出

之前有关光通量测量的内容曾提到，一只光源或灯具的总光通量是通过对所有光强度的固体角加权平均数进行计算得出的。实际上，在灯具光通量或光输出的计算中，质量优良的分布光度计为光强度测量提供了更加精确的方案。由于在这里需要绝对数值，因此必须使用已知光通量的标准光源提前进行校准。

14.2.4 道路表面的测量

在第 12 章中已经提到，为达到亮度计算的目的，可以使用一张囊括了 396 个亮度系数的反射表格来描述一段路面的反射性质。路面反射性质可以在实验室中通过测量实地采集的路面样品得出，也可以在现场使用便携式反射计进行实地测量。

14.2.4.1 实验室测量

在整条路段中采集的待测路面样品必须具有足够的代表性。样品的人小十分重要：如果过小，则其可能无法充分代表采样路面的性质。通常实验室测量时所使用的样品尺寸为 10cm × 30cm。如果实验需要直径为 15cm 的钻取圆形样品，则还应该在同一区域钻取 3 块样品，以确保足够的代表性。样品的切割与钻取方式必须确保样品的平整，表面也不能受损。为了保证大尺寸切割样品不会发生变形，采集的样品必须立即采取一些措施进行支撑：比如，将样品放置在混凝土模具中，便可保证样品的平整性（见图 14.14）。还有另一种轻量解决方案，将样品放置在硬质钢板中，并用胶水固定。之后应该赶在样品干燥产生变化之前，尽快对样品进行测试。由于路面的反射性质会受到行驶车辆的影响，所以采样时还应该注意道路上的驾驶方向。

图 14.14 正在混凝土模具中成型的路面样品；箭头表示的是驾驶方向
［Sørensen 和 Nielsen，1974］

样品的受测区域应该占到样品很大一部分。这也是为了使测量结果足以体现真实路面的情况。由于亮度系数的定义为亮度与照度的比值，从观察角为 1°的一系列测量中可以分别得出 396 种 β 与 γ 的亮度系数。如果校正得当，则无需再对样品的照度进行测量。图 14.15 中展示了这两种常用测量装置的原理。

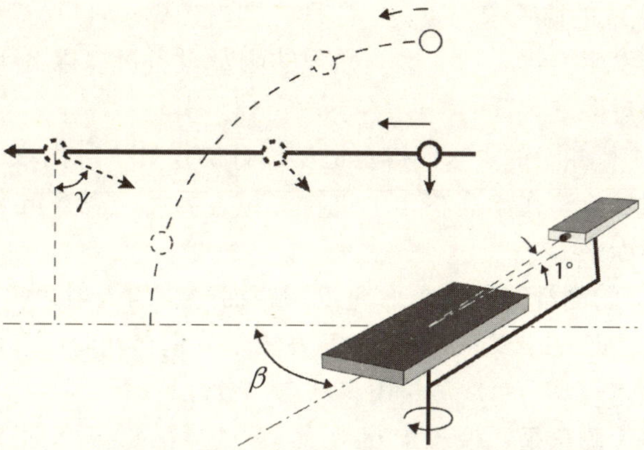

图 14.15　通过测试路面样品获得反射表格的实验室装置示意图

在测试中，通过将路面样品与反射计一起以过测量点的纵轴为中心旋转，β 的范围可以达到 0°（反射计正对光源）～180°（反射计背对光源）。放置样品时，样品的行驶方向应该与 β 角为 0°～180°方向平行。如果沿直线移动光源，使光源与样品的垂直距离保持一致，便可设定 γ 值。为此需要一个长且黑暗的长廊作为实验场所。从测量点出发覆盖光源的固体角会随着光线入射角的减小（γ 减小）而增加，这一现象符合道路照明的实际情况。如果测量区域能够大致以大 γ 覆盖待测样品，便可知如果 γ 过小，测量区域只能覆盖样品的一部分。图 14.15 中还展示了另一种方法：将光源围绕样品沿弧线旋转。这种情况下测试点对光源的固体角维持不变，即所测尺寸恒定。还可以在光源前方加装一块可变光圈片，用来改变固体角的大小（与直线移动光源的情况相同）。当然还可以参照光源光分布测量的方法，在这里使用一面或者一组反射镜减小实验装置所需空间。除了使用一台移动光源的方法之外，还可以在所需 γ 位置上固定一组光源，然后轮流将其短暂点亮进行测量。这种装置的优点在于能够大大缩短多次测量的时间。在潮湿样品的测量中，为了避免过早干燥带来的偏差，这一优势便显得尤为重要。

14.2.4.2　现场测量

使用反射计便可在路面上大量位置进行现场测量，这样的现场测量能够对整片路面上反射性质的变化有大致的了解，所测的代表性数值为 $S1$ 与 Q_0。

在现场测量中可以使用不同种类的便携式反射计。以下分别是 4 项操作准则：

- $S1$ 与 Q_0 通过直接测量得出，测量时观察角为 1°。
- 反射表格的一部分数据来自对少数入射角的测量（当观察角为 1°时），然后通过插值推导出整张表格，之后再根据这一表格计算得出 $S1$ 与 Q_o 值。
- 对之前系统的修正采用了新的原理，即当光线入射角与观察方向互换时，光线的状态不会发生变化。基于这一原理的测量设备可以以低于 1°的入射角照亮路面，然后通过多处布置的亮度计对亮度进行测量。
- 在 1°下进行测量的需求使得合适反射计的设计十分困难。正是由于这一原因，一些反射计无法在小观察角下进行测量。因此，观察角为 1°的反射表是由数学模型推导而来。

光洁因子 $S1$ 的测量需要 2 个射向待测路面光线的入射角，分别对应 r（0，2）与 r（0，0），即 63.4°与 0°。通常的方法是分别在朝向反射计的相应位置上分别布置两台固定灯具，每次测量中只开启一台灯具。

待测点的亮度测量是在低于 1°的观察角下进行的。两次测量结果之比再除以 $\cos^3$（63.4°），所得结果即 $S1$ 值。然而，由于亮度计的实际尺寸，在短距离上测量小于 1°观察角的亮度几乎是不可能的。因此，要如图 14.16a 所示，至少使用一面反射镜。

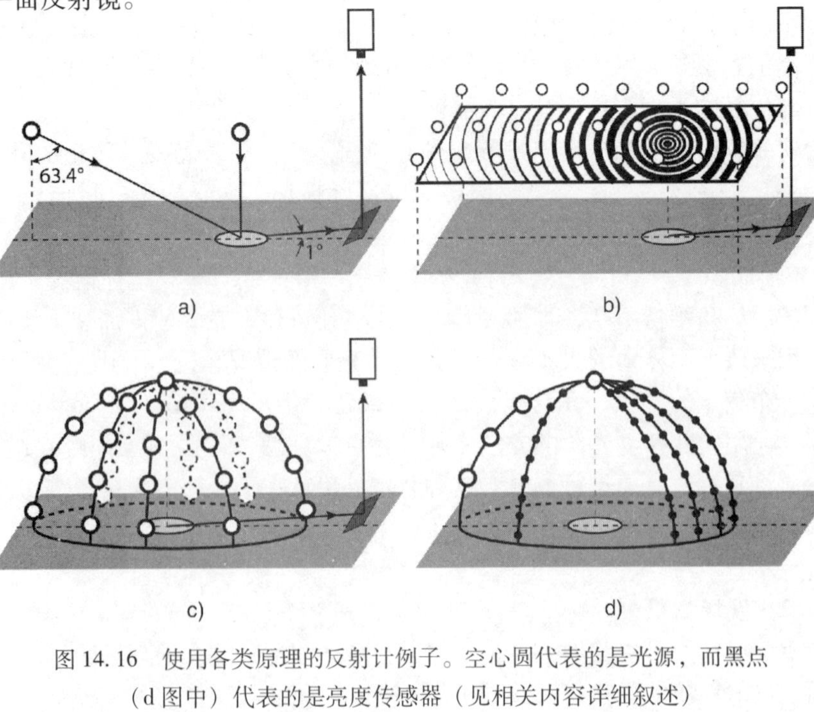

图 14.16　使用各类原理的反射计例子。空心圆代表的是光源，而黑点（d 图中）代表的是亮度传感器（见相关内容详细叙述）

平均亮度系数 Q_0 的测量要复杂得多。根据定义，假设该路面被发光的“顶棚”照亮，且各方向入射在测量点上的光强保持不变，则路面上该点的 Q_0 值与它的亮度成正比。de Boer 与 Vermeulen 在 1967 年对这一正比原理进行了阐述，并且基于该原理设计了一种反射计。这种反射计使用了大量均匀分布于“顶棚”之上的小光源，并且在光源阵列前方都装了黑白相间的滤光片，以提供“顶棚”所需的亮度分布（见图 14. 16b）。测量在反射镜系统中以 1°的观察角进行。这一装置既笨重庞大，又很难调校。最近又出现了一种原理相同，但是更为轻便的测量装置。这种新装置中的“顶棚”所需亮度分布是通过布置在亚克力漫射玻璃半球形穹顶外的许多 LED 阵列实现，而且每个 LED 阵列都能够独立控制［Panhans 等人，2009］。

还有一些反射计只能测量有限数量光入射角的亮度系数（见图 14. 16c）［Debergh 和 Embrechts，2008；Fellin 等人，2009；Korobko 等人，2013］。如果将所测亮度系数的结果进行插值，便可推算出整张反射表中的所有亮度系数。有限数量的入射角是通过小 LED 阵列所获得。而且这类反射计中还需要相应的计算软件作为整个控制软件系统的一部分。

一种解决 1°小观察角的方法利用了这样的物理原理：当交换光入射角与观察角的数值时，光线状态不会发生变化。一种基于此原理的设备以小于 1°的入射角将路面照亮，然后在许多固定观察者位置使用亮度计测量亮度：在正常的反转情况下，亮度计的位置代表了重要光入射角下光源的位置［Muzet，2008］。例如在图 14. 16c 中，在光源的位置上放置小亮度计代替，并使用光纤系统来产生小于 1°的光入射角。所测结果被用作计算所测路面 $S1$ 与 Q_0 的数学模型的输入项。

有些反射计不能测量小于 1°的观察角，但是可以测量更大也更便利的观察角。比如，一种反射计［Laurent，2008］使用了置于 4 条半圆弧上的一系列传感器，分别以 5°、10°、20°、30°、40°、50°、60°、70°以及 80°的 α 角观察样品（见图 14. 16d）。但是仅使用 4 台位置固定的光源（光入射角 γ 分别为 0°、30°、50°以及 70°）。传感器圆弧分布在 5 个偏移角度上，便可以在 5 个不同的 β（0°、10°、20°、30°以及 150°）下对所有 γ 进行测量。同时，1°观察角的反射表格中的亮度系数仍然是从数学模型中推导而来。在这类反射计中也不例外，它的控制系统也要求包含相关计算软件。

所有的反射计都有一个结实的罩子，其可以屏蔽照明设施射向待测区域的光线。一般来说，这类测量总是在夜间进行。这是因为如果在日间测量，鉴于道路表面的不平整性，避免阳光对待测路面的干扰是非常困难的。

在 12. 2 节中提到，现在已经开展了一些研究，目的是在最新反射表的广泛基础上，找出从不同亮度系数集合推导 Q_0 近似值的方法。这些研究的最终结果

可能是找出 Q_0 与 S1 的替代参数。如果其证明可行，还可能会带来新型路面反射计的设计思路。

14.2.5 照明设施的测量

14.2.5.1 照度与亮度的测量

通常来说，只有通过各质量参数的测量，才能确定照明设施的整体质量。这里的质量参数即照明设施的相关照度与亮度。如果亮度是某设施的相关参数，则测量的目的即验证该设施的亮度设计是否符合规范，这也可以在照度测量的基础上完成。如果路面上的照度测量结果与计算结果相仿，则亮度分布的测量值也会与设计值相符。当然这一情况的前提必须是设计中对路面反射特性的准确估算。在新道路上照明设施规划中，照明设计的基础并不是相对不稳定的新路面反射特性，而是假设路面投入使用一段时期后的预期反射特性，在这种情况下，照度测量是唯一的测量方法。与亮度测量不同，照度可以在道路运行期间稳妥地测得。实际上，对道路照明的测量往往回到照度的测量上，这意味着，即使照明设计完全基于亮度，出具一张照明设施的完整计算照度数值表格还是十分明智的。得知设计照度值之后，便可轻易得知照明设施是否需要维护、改造或更换。这里涉及的测量仍是照度，任何照明质量的恶化都能够通过测量照度值与计算照度值的对比而一览无余。

为了精准地测量水平照度，建议开展照度测量时，光电池应该被放置在万向支架上以确保方向的稳定水平性。

测量网格 无论进行哪种测量方式，首先必须要决定测量点的位置与数量：换句话说，必须要确定测量网格。若测量的目的仅仅是在几个位置上检查一下所测照度是否与设计指标相符，则几个测量点就已经足够了，当然这些测量点也必须均匀地分布在路面上。图 14.17 展示了检查新建道路照明设施时常用的九点式测量网格。

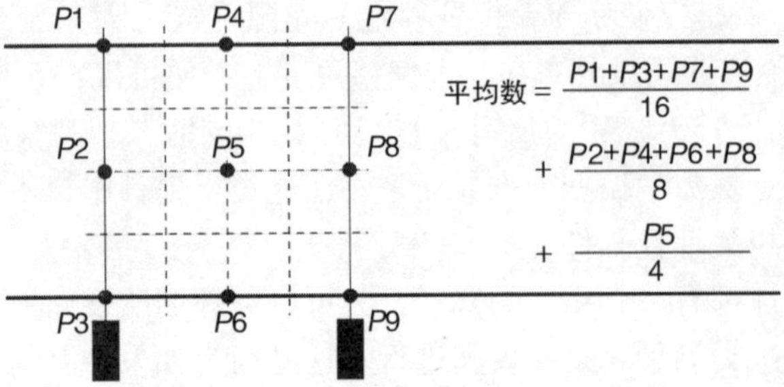

图 14.17 九点测量网格适用于照明水平的大致水平，并可以通过加权公式来计算平均值

由于这些测量点与灯具位置和其他测量点相互对齐，因此布置时十分简单、快捷。如果测量的目的是大致得出测量平均照明水平，则各点的所测数值就要进

行一些权重分配。

当对测量的精度要求极高时，建议使用与照明计算中同样数量的测量点来进行测量（见 14.1.1 节）。

观察者位置 在进行道路照明的亮度测量时，必须要确定观察点或使用点——即确定亮度计与待测点之间的相对位置。这些观察点应该符合计算中定义的观察者位置。如 14.1.2 节中所述，各类道路照明的标准与建议都使用了不同的观察者位置，因此，严格遵守 14.1.2 节中所述观察者位置的相关建议是十分重要的。

测量区域尺寸 在照度与亮度的计算中，计算点的尺寸都近似无穷小。鉴于光电池的尺寸也极小，因此照度测量可以视为点测量。但是，亮度测量并不是如此简单。测量点距离亮度计越远，测量点的纵向尺寸就越长。表 14.2 中分别给出了测量角为 30′、60′与 2′的点亮度计在测量 60m、100m 和 160m 距离上测量点时的覆盖区域。

表 14.2 点亮度计在不同测量距离上且测量角不同时，受测区域的纵向与横向大小

测量角	60m 距离上受测区域的大小/m			
	前方长度	后方长度	总长度	总宽度
30′	8.9	12.7	21.6	0.52
6′	2.0	2.2	4.2	0.05
2′	0.7	0.7	1.4	0.03
测量角	100m 距离上受测区域的大小/m			
	前方长度	后方长度	总长度	总宽度
30′	22.5	41.1	63.6	0.87
6′	5.5	6.2	11.7	0.17
2′	1.8	2.0	3.8	0.06
测量角	160m 距离上受测区域的大小/m			
	前方长度	后方长度	总长度	总宽度
30′	50.8	139.5	190.3	1.40
6′	13.6	16.5	30.1	0.28
2′	4.7	5.1	9.8	0.09

从表 14.2 中可以明显看出，30′测量角的点亮度计非常不适合用于道路的亮度分布测量：即使是在测量距离最短的 60m 处，点亮度计的“点”覆盖了道路上超过 20m 的长度。如果使用 2′测量角的点亮度计，测量区域仅仅分别覆盖了 1.4m（60m 距离）以及 9.8m（160m 距离）。在图 14.18 中，照明设施灯具的间距为 40m，图中测量区域覆盖的计算点数量表明了这一现象。而在测量角为 30′与 6′的情况下，一个测量点的测量区域覆盖了 2 个以及更多的计算点。

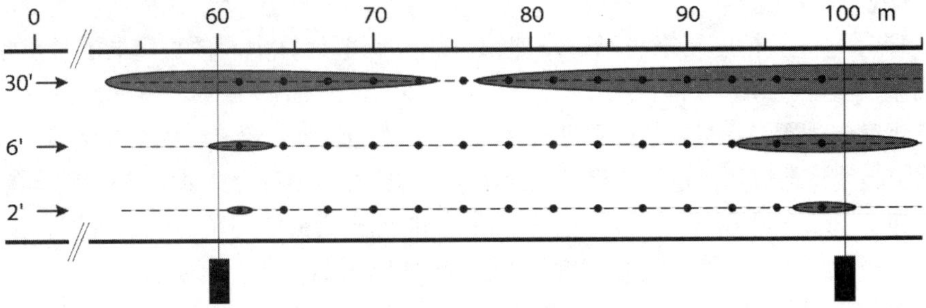

图 14.18 测量角分别为 30′、6′以及 2′的点亮度计所覆盖的路面测量区域。点亮度计在灯具跨度区前方 60m，并且分别对准 60m 和 100m 距离外的目标

与许多测量“点”的独立计算结果相同，上述现象对覆盖整个测量区域的平均亮度测量的影响比亮度均匀度测量的影响更小。由于测量区域较大，所测最小值比实际独立测量点的最小值更高，而且所测最大值也比实际最大值更低。因此最终所得测量均匀度错误地比计算值看起来更“好”。测量角越小，测量值与计算值之间的差别就越小。

CCD 亮度计 高质量、大容量，且空间分辨率优秀的 CCD 亮度计可以解决测量区域的难题［Glenn 等人，2000；Moore 等人，2000；Rami 和 Lorge，2007；Bouroussis 和 Topalis，2009］。它可以实现 2′以下的优秀空间测量分辨率。道路的透视场景在 CCD 像素阵列上成像，每个像素的信号强度都与相应道路单元的亮度成正比。根据亮度计的位置以及相对路沿的朝向，透视场景可以通过软件被转换为平面的非透视图像，其中每一个像素都代表一个微小，但尺寸相同的道路区域单元。软件可以从单次测量中计算出平均路面亮度与路面亮度均匀度。软件通过在路沿上摆放的标记物来自动识别路沿。

移动测量法 CCD 亮度计的自动路沿识别功能仅在道路与周边环境边界清晰的情况下适用。通过分析图片的亮度梯度来实现自动识别［Bouroussis 和 Topalis，2009］。这一技术也使得在行进的车辆上安装 CCD 亮度计进行精确的测量成为了可能。唯一的问题是，如何在移动的车辆上，对均匀度并不完美的路面进行稳定而方向恒定的测量。

14.2.5.2 眩光测量

对于常用的失能眩光指数 TI，大体可以通过对其中的两部分分别进行测量，再计算得出 TI 值。这两部分为光幕亮度与平均路面亮度。计算公式表示为

$$TI = \frac{L_{veil}}{L_{av}^{0.8}}$$

整个照明设施产生了总光幕亮度，其数值可以使用加装了眩光镜的亮度计测量获得。眩光镜被安装在亮度计的前方，通过的光线可以直接用于对光幕亮度

L_{veil}的一次性测量［Fry 等人，1963］。平均路面亮度则通过无眩光镜的正常方式测量得出。但遗憾的是，如今这类眩光镜还尚未在市场上出现。

CCD 亮度计的软件可以通过分析 CCD 阵列上的成像来得出各个位置上灯具的亮度，从而计算出光幕亮度的数值［Zatari 等人，2004；Yamada 和 Kohko，2013］。光幕亮度的计算公式为

$$L_{veil} = 10\sum \frac{E_{eye,i}}{\theta_i^2} = 10\sum \frac{L_{luminaire,i}}{\theta_i^2}\omega_i\cos(\theta_i)$$

式中，$E_{eye,i}$为第 i 台灯具或灯具单元（像素）在眼球或测量仪器上产生的照度；θ_i为第 i 台灯具或灯具单元（像素）与观察或测试方向所成光入射角；$L_{luminaire,i}$为第 i 台灯具或灯具单元（像素）在眼球或测量仪器方向上的亮度；ω_i为第 i 台灯具相对测量仪器的观察角。

不适眩光也有一个相应的眩光控制符号（G）。但是由于不适眩光主要对人的心理产生影响，因此 G 的数值无法从测量中获得。

14.2.5.3　外部影响

来自商店橱窗、交通信号灯、车灯和月亮的杂散光，以及浅色衣物、墙壁和建筑等表面的反射光线都会增加路面上的光线量。当然，杂散光的影响只有在测量最低值时才会受到注意。举个例子，假设在路面上的某一点处，道路照明设施能提供的最低照度为 0.5lx。如果杂散光在该点上的照度为 0.05lx，那就已经产生了 10% 的出入。由于杂散光的方向性，其对照度测量影响虽然不大，但是会对亮度测量的读数造成一定的影响。

为使测量结果具有实际意义，测量时照明设施的供电电压应该维持在标称水平，这样一来便能保证光源的标称光通量输出。如果无法控制供电电压，则至少应该监控电压的波动，一旦波动产生，便可以对光输出做出相应的修正。对于使用了全新气体放电灯的照明设施，在测量进行之前应该至少运行 100h，以保证光源的稳定性。

在开展亮度测量之前，还应该检查路面的正常反射特性没有受到某些原因的影响而变化。这些变化的原因可以是路面的大量积垢（泥土、油、落叶、化雪盐等），或者是沥青路面在炎热天气下产生的部分融化或软化。如果要测量的参数是干燥路面亮度，则应该严格确保路面的完全干燥。当在潮湿路面上进行测量时，还有一种会影响结果的偏差来源，即潮湿路面较差的可重复性。

最后，由于现场测量仅能代表测量当时的情况。所以对可能造成影响的因素以及详细的现场情况进行记录是十分重要的，这些因素有光源的类型和使用时间、灯具和镇流器类型、供电电压、维护状态（包括最近的清洁时间）、天气状况（温度、湿度）、进行观察和测量的确切位置以及测量仪器的类型和序列号码等。

参考文献

ANSI/IES (2014) Illuminating Engineering Society of North America RP-8-14, Recommended practice for roadway lighting. IESNA, New York

Bouroussis CA, Topalis FV (2009) Automated luminance measurements of tunnel and road lighting installations. Lux Europe, Istanbul, 1:999–1006

CEN (2013) European Committee for Standardization, Pre-Standard prEN 13201-3, Road lighting—Part 3: calculation of performance. CEN, Brussels

CIE (1989) International Commission on Illumination Publication 83:1989, The measurement of luminous flux. CIE, Vienna

CIE (1996) International Commission on Illumination Publication 121:1996, The photometry and goniophotometry of luminaires. CIE, Vienna

CIE (2000) International Commission on Illumination Publication 140:2000, Road lighting calculations. CIE, Vienna

CIE (2007) International Commission on Illumination Publication 127:2007, Measurement of LEDs, 2nd edn. CIE, Vienna

Debergh N, Embrechts JJ (2008) Mathematical modelling of reduced luminance coefficients for dry road surfaces. Lighting Res Technol 40:243–256

De Boer JB, Vermeulen J (1967) Simple luminance calculations based on road surface classification. In: 16th CIE session, International Commission on Illumination. CIE, Vienna, P-67.14

Fellin L, Fiorentin P, Pedrotti E, Scroccaro A (2009) The importance of pavement reflectance: a portable system for on site measurements. Proceedings Lux Europa, Istanbul, 1: 1057–1063

Fry GA, Pritchard BS, Blackwell HR (1963) Design and calibration of a disability glare lens. Illuminating Engineering Society of North America. New York, p 120

Glenn J, Dodds G, Robinson R (2000) Calibration and use of camera-based systems for road lighting assessment. Lighting Res Technol 32(1):33–40

ISO/CIE (2014) International Standardization Organization Publication 19476:2014 (E), Characterization of the performance of illuminance meters and luminance meters. Geneva

Korobko AA (2013) Approximation of road surface luminance coefficient. Light Eng 21(4):39–43

Laurent M (2008) Characterisation of road surfaces using memphis mobile gonio reflectometer. In: International CIE symposium on road surface photometric characteristics. International Commission on Illumination. CIE, Vienna

Moore T, Graves H, Perry MJ, Carter DJ (2000) Approximate field measurement of surface luminance using a digital camera. Lighting Res Technol 32:1–11

Muzet V (2008) Coluroute: a mobile goniophotometer to characterize the road surface photometry. In: International CIE symposium on road surface photometric characteristics. International Commission on Illumination. CIE, Vienna

Ngai PY (1987) On near-field photometry. J Illuminating Eng Soc 2:129–136

Panhans B, De Boer J, Otto A, Wellner F (2009) A new 'in-situ' measuring device for determining photometric parameters of road surfaces. Proc Lux Europa 1023–1028

Rami JP, Lorge G (2007) Road luminances dealt with a digital camera. In: CIE 26th session. International Commission on Illumination. CIE, Vienna, pp 417–424

Schanda J (ed) (2008) Colorimetry: understanding the CIE system. Wiley, New York

Sørensen K, Nielsen B (1974) Road surfaces in traffic. Lighting report no. 9, The Danish Illuminating Engineering Laboratory. Copenhagen

Yamada T, Kohko S (2013) Glare evaluation system using imaging photometry. In: CIE centennial congress. International Commission on Illumination. CIE, Vienna, x038:2013, pp 627–633

Zatari A, Dodds G, McMenemy K, Robinson R (2004) Glare, luminance and illuminance measurements of road lighting using vehicle mounted CCD cameras. Leukos 2:85–106

第 2 部分　光污染

第 15 章　控制光污染的目的

摘要　泄漏到设计受照区域之外的光线显示了照明设施的设计有多糟糕。这种光线也许是最毫无用处，且浪费能源的环境负面因素，并且还会带来二氧化碳的排放。这类不必要的光线对人类、野生动物以及植被也有一定的危害。控制光污染的目的是将这些危害最小化或完全消除。环境亮度的提升也会干扰附近的居民，从而导致不适心理或健康问题。同时光污染也会对道路使用者的视功能和视舒适产生不良的影响。散射入天空的光线会产生天空辉光，人们于是完全无法观察天空中的星星与其他物体。辉光会使得天文学者以及业余天文爱好者无法开展观察工作。对于所有人来说，这意味着人们再也见不到星空了。同样地，动物也会受到环境光上升的影响，其具体表现为动物行为以及生理的改变，结果不容小觑。这些改变的原因可以是每日明暗周期、月球周期或季节性周期的紊乱。植物的生长也会受到影响，某些植被可能会由于光污染而发生变化或灭绝。在本章中，将阐述这些光污染的负面效应，并且加深人们对控制光污染必要性的认识。

15.1　正面与负面效应的平衡

如在本书第1部分中所述，夜间的照明对安全性以及生活质量有正面的贡献。这对于社会也是十分必要的。然而，照明光线不仅仅会照亮应该照亮的区域，还有一部分光线会不受控制地射向周围环境或射向天空，从而对社会造成干扰。描述这一负面效应的术语被称为出溢光、干扰光、侵扰或光污染。这一现象会对道路用户造成危险，干扰居民、野生动物以及植物生长。还会干扰天文学者以及天文爱好者的观察工作，并且使得人们再也无法欣赏星空。人们应该意识到，天空辉光的出现其实意味着照明设计的不专业，以及随之而来的能源浪费与更多的二氧化碳排放和相关的气候恶化。

控制光污染的目的是为了尽量减少上述的负面影响。专业而仔细的照明设计应该仅仅照亮该被照亮的地方，而且照明时间与照明量也要恰到好处。只有这样，才能恰好保持照明对环境的优、劣势之间的正确平衡。

15.2 干扰影响

15.2.1 居民

天黑之后，居民们可能会受到环境亮度提升或视野中出现亮光之类问题的干扰，如果这些问题发生在家附近则更为糟糕。用来描述这些现象的术语被称为光侵扰。这些干扰不仅仅会对生活质量产生不良的影响，甚至会造成心理压力，影响健康。亮度光色的改变或光的闪烁也会恶化这种干扰效果。

人类在 24h 的自然周期（也被称作昼夜节律）中逐渐进化而来，每个周期中都经历白天的明亮环境与夜间的黑暗。这一亮暗节律是控制生物钟的重要机制，而生物钟又控制了身体中的许多生理过程。在相当严重的情况下，如果光侵扰水平很高，体内的生物钟可能被打乱，从而健康会受到影响［Navara 和 Nelson 2007；Lucas 等人，2013］。

一些研究结果指出，夜间照明与乳腺癌风险的增长有一定的关系。确实，有流行病学资料指出，如果女性多年在夜班工作，则患乳腺癌的风险更高［Schernhammer 等人，2001；Schernhammer，2006］。生物钟被怀疑在乳腺癌的发生中起到了一定的作用［Stevens，2005］。然而，夜班工人在夜间经历的明亮环境仅是该风险诸多可能原因其中之一［Figueiro 等人，2006］。而且由于道路照明的低照明水平与夜班工人的室内照明水平区别太大，道路照明与癌症之间的关系尚待商榷［Figueiro 等人，2006；Brons 等人，2008］。还应该注意到的是，夜间居室内的照明水平远高于道路照明的水平，而光污染产生的照明水平又通常低于道路照明水平。当然，在卧室睡觉时拉上厚窗帘不失为一种有效的应对方法。

15.2.2 机动车交通与慢速交通

光污染对道路用户的不良影响主要是眩光的提升。如果对此控制得不好，则眩光会同时恶化视功能（失能眩光）与视舒适（不适眩光）。尤其对机动车交通来说，这会导致危险情况的发生。对于如街道上行走的行人（例如观光、购物等）之类的慢速交通而言，不适眩光是主要的关注点。照明的快速变换或者闪光对机动化交通与慢速交通都会产生负面效应。

15.2.3 天文学者

照向天空的光线被大气中的空气分子、水汽以及灰尘散射至各个方向。从空中向下方散射的光线又产生了明亮的霾，大大降低甚至阻碍了我们观测星空或其他飞行物体的视线。由于这类亮霾或天空辉光的长期存在，如今许多人再也感受不到完全黑暗夜晚中星空的壮丽（见图 15.1）。天空辉光的产生不仅仅是由于照明设施向上溢出的光线，还包括受照平面向上反射的光线。天空辉光的负面效应影响了天文学者与业余天文爱好者的观测工作。天空辉光实际上也是城市中无法观察星空的罪魁祸首，即使在城市郊区或开阔的偏远地区，凭肉眼也只能看见寥寥几颗星星。Cinzano 等人在 2001 年发表了世界首张“人工夜空亮度分布图”。从这一图中可以明显看出，世界上有 25% 的人口无法看见头顶上夜空中的银河［Narisada 和 Schreuder，2004］。

图 15.1　北美的星空（图片来源：Dave Crawford）

照向地平线附近并向前散射的光线对 100km 距离上的观测也有负面影响。尤其是来自于大城市所产生的大量光线。图 15.2 展示了分别从大、中、小城市（人口范围为 5000～2000000）不同距离上所测量的平均天空亮度（黑点）。与图 15.2 中数值相比，自然背景辐射所产生的天空亮度范围在 250～350cd/m^2，这一亮度主要取决于地理位置、太阳活动强度以及可观测天空大小［Garstang，1986］。在专业的天文学家所需的环境中，人工光线亮度必须要远低于自然背景辐射产生的天空亮度［IAU/CIE，1980］。

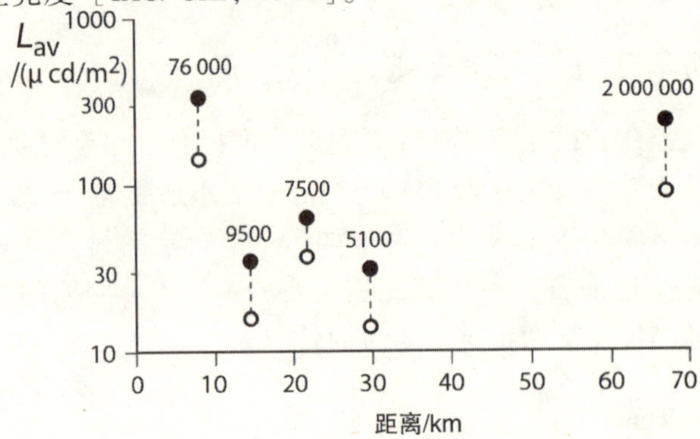

图 15.2　离不同城市不同长度距离上的平均天空亮度。黑点表示实际情况值，空心点表示屏蔽所有直接向上出射光线之后的理想情况值。图的参数为城市人口数量［Duriscoe 等人，2014］

图 15.2 的基础是 Duriscoe 等人［2014］的研究结果，在这项研究中结合了卫星观测的结果与地面上 CCD 照相机的测量结果。他们开发的数学模型能够在理论上估算模拟环境中的天空亮度，其中城市中所有的灯具都有遮光罩以限制向上出射的光线（不会影响地面上的照明水平）。图 15.2 中空心圆点代表的便是天空亮度的理论估算值。可以看出，屏蔽向上出射的光线可以大大降低天空辉光的亮度。在农村地区，天空辉光仅降低了 40%，但是肉眼可见的星星数量提升了 300%［Baddiley，2013］。

除了天空的亮度水平之外，光源的光谱也在天空辉光效应中起到了一定影响。短波较多的光源（蓝光以及冷白光）的光线散射性比长波光源（红光以及暖白光）更强［Garstang，1986；Luginbuhl 等人，2013］。因此国际暗天空协会（IDA）建议专业天文观测地区周边所使用的光源应该将波长限制在 500nm 以上［IDA，2010］。而且其还建议使用仅辐射单色光的光源，例如低压钠灯。如果在望远镜前加装一块能够屏蔽这类单色光波长的滤镜，就能在观测中完全避免该类光线带来的干扰。

15.2.4　野生动物

光污染对野生动物有多种负面，甚至致命的影响［Rich 和 Longcore，2006］：

- 它们的习性会受到干扰，可能会产生如下后果：交配、筑巢、孵卵以及发育的成功率下降；觅食减少；被其他动物捕食的风险上升。
- 定向障碍，并通常产生严重后果。例如，候鸟在城市的明亮区域容易被捕，且成活率几乎为零；年幼的海龟因此在沙滩上出壳后无法回归海洋，或者淡水中出生的鲑鱼无法找到前往海洋的路线，成年的鲑鱼也无法从海洋回到淡水的上游产卵。最终还有，趋光性的昆虫与飞蛾死于光源或光源附近的灯架结构。
- 对动物生理周期的干扰，这些生理周期往往是由规律的亮暗变化所控制，例如 24h 亮暗周期（昼夜节律），月亮周期或季节性周期。所有的生理机制都根据这些周期而进化同步，例如睡眠、运动、迁徙、进食、交配、哺育以及蛰伏等。

所有的夜行性动物都有着较大的瞳孔与晶状体，而且视网膜上富集杆状细胞，锥状细胞却很少甚至没有。这类动物受到光污染的影响往往更严重。当然，对于某些濒危的物种，保护其免受光污染的影响尤为重要。

这些影响可能是由来自照明设施的直射光线，但同时也间接来自反射城市光线的天空辉光。照明水平与光线的光谱都在负面影响的产生与程度中起到了一定的作用。对于不同的动物种类，光谱的影响也看似不同。少数研究结果指：波长较短的蓝光、绿光等光线比波长较长的黄光、红光等光线对海龟以及昆虫的影响更强烈［Eisenbeis 和 Hassel，2000；Nelson，2002］。举例来说，德国的 Eisdnbeis 和 Hassel 的研究指出，一台使用高压汞灯的路灯灯具平均每晚能杀死 150 只昆虫，而相同时段内使用高压钠灯的灯具平均每晚仅杀死 60 只昆虫。不同灯具内捕捉到的昆虫数量比例也与其他研究报告保持一致［Rich 和 Longcore，2006］。关于光污染对候鸟的影响的实验室研究与现场研究却显示了截然不同的光谱效应：蓝光与绿光对候鸟的影响非常小可以忽略不计，但是红光与白光却能导致严重的定向障碍［Wiltschko 等人，1993，2000；Poot 等人，2008］。一个可能的解释是：候鸟的导航同时使用了视觉以及体内的磁场感应进行导航，光线对这两者的影响各有不同［Wiltschko 和 Wiltschko，2003］。

即使量化照明水平与光谱对不同物种干扰的研究数量较多，但是仍然需要更多的实地考察研究。图 15.3 所示照片为正在进行中的有关不同光谱人工光线对植物群与动物群影响的扩展实地考察。

图 15.3　瓦格宁根大学与荷兰生态学院在荷兰的一些地方对自然栖地进行了实验性的照明，并且对多样物种的生存进行了仔细观察（图片来源：Kamiel Spoelstra）

15.2.5　植物

植物也具有光周期性，这就是指亮暗周期（昼夜节律）对植物生理活动的开展有一定影响。人们在植物中已经发现了 4 类不同的感光体（以色素蛋白的形式存在）［Biggs 和 Huala，1999］。每一种感光体都对光量以及光谱有着不同的反应。其中有些对蓝光敏感，另一些则对红光敏感。各类植物中不同感光体的组合也不同，因此对光线的反应也各有不同。

许多实验室都开展了有关人工照明的光量、光谱、持续时长、周期以及方向对温室植物生长影响的研究，最近还包括了完全无自然光的生长环境。遗憾的是，关于人工照明对植物长期影响的研究却寥寥无几。城市与建筑区内的植物已经适应了有人工照明的夜间环境，而在此类环境下无法生存的植物则已经黯然灭绝。以保护自然植被为目的的光污染控制在自然界以及国家公园中当然尤为必要。为了规范对光污染的控制，这类环境被归类为自然照明“E0”级区域（见 17.1 节）。

参考文献

Baddiley C (2013) Modelling sky glow from luminaire designs. Proceedings international conference on light pollution: theory, modelling and measurements, Smolenice, Slovak Republic, pp 25–49

Biggs WR, Huala E (1999) Blue-light photoreceptors in higher plants. Annu Rev Cell Dev Biol 15:33–62

Brons JA, Bullough JD, Rea MS (2008) Outdoor site-lighting performance: a comprehensive and quantitative framework for assessing light pollution. Light Res Technol 40:201–224

Cinzano P, Falchi F, Elvidge CD (2001) The first world atlas of the artificial night sky brightness. Mon Not R Astron Soc 328:689–707

Duriscoe DM, Luginbuhl CB, Elvidge CD (2014) The relation of outdoor lighting characteristics to sky glow from distant cities. Light Res Technol 46:35–49

Eisenbeis G, Hassel F (2000) Zur Anziehung nachtaktiver Insekten durch Straßenlaternen—eine Studie kommunaler Beleuchtungseinrichtungen in der Agrarlandschaft Rheinhessens [Attraction of nocturnal insects to streetlights: a study of municipal lighting systems in a rural area of Rheinhessen]. Natur Landsch 75(4):145–156

Figueiro MG, Rea MS, Bullough JD (2006) Does architectural lighting contribute to breast cancer? J Carcinogenes 5:20

Garstang RH (1986) Model for night sky illumination. Publ Astron Soc Pac 98:364–375

IAU/CIE (1980) Guidelines for minimizing urban sky glow near astronomical observatories. Joint publication 001-1980 IAU/CIE

IDA (2010) Visibility, environmental, and astronomical issues associated with blue-rich white outdoor lighting

Lucas JR, Peirson SN, Berson DM, Brown TM, Cooper HM, Czeisler CA, Figueiro MG, Gamlin PD, Lockley SW, O'Hagan JB, Price LLA, Provencio I, Skene DJ, Brainard GC (2013) Measuring and using light in the melanopsin age. Trends Neurosci 1020:1–9

Luginbuhl CB, Boley PA, Davis DR, Duriscoe D (2013) The effects of lamp spectral distribution on sky glow over observatories. Proceedings of the IAU 28th general assembly

Narisada K, Schreuder D (2004) Light pollution handbook. Springer, New York

Navara KJ, Nelson RJ (2007) The dark side of light at night: physiological, epidemiological, and ecological consequences. J Pineal Res 43:215–224

Nelson KA (2002) The effect of filtering high pressure sodium lighting on hatchling loggerhead and green turtle hatchlings. Master thesis, Florida Atlantic University, Boca Raton

Poot H, Ens BJ, De Vries H, Donners MAH, Wernand MR, Marquenie JM (2008) Green light for nocturnally migrating birds. Ecol Soc 13(2): 47

Rich C, Longcore T (eds) (2006) Ecological consequences of artificial night lighting. Island Press, Washington DC

Schernhammer ES, Laden F, Speizer FE, Willett WC, Hunter DJ, Kawachi I, Colditz GA (2001) Rotating night shifts and risk of breast cancer in women participating in the nurses' health study. J Natl Canc Inst 93:1563–1568

Schernhammer ES, Kroenke CH, Laden F, Hankinson SE (2006) Night work and risk of breast cancer. Epidemiology 17:108–111

Stevens RG (2005) Circadian disruption and breast cancer: from melatonin to clock genes. Epidemiology 16:254–258

Wiltschko R, Wiltschko W (2003) Avian navigation: from historical to modern concepts. Anim Behav 65:257–272

Wiltschko W, Munro U, Ford H, Wiltschko R (1993) Red light disrupts magnetic orientation of migratory birds. Nature 364:525–527

Wiltschko W, Wiltschko R, Munro U (2000) Light-dependent magnetoreception in birds: the effect of intensity of 565 nm green light. Naturwissenschaften 87:366–369

第16章　光污染参数

摘要　如果对影响光污染的照明参数没有一个清晰的深入认识，便无法设计一个能够限制光污染的照明设施。这些照明参数可以根据光线离开受照面的方式而划分种类，有照明设施相关参数、射向受扰区域光线的相关参数，还有受扰区域相关参数。一些标准与建议中针对光污染还使用了这两类的混合参数。本章将重点讨论国际照明委员会（CIE）与国际暗天空协会［IDA，还包括北美照明工程协会(IESNA)］在规定控制光污染时所用的照明参数。本章将逐一定义并解释各项参数。而第17章“标准与建议”中将讨论各项参数的极限数值。

本章中的图例都是基于道路照明设施，但是其所述的概念也适用于各类型的户外照明设施，包括道路照明、住宅区照明、装饰性建筑照明、工业户外照明以及体育场所泛光照明。

直到20世纪的80年代，光污染的概念才受到照明界的广泛关注。那时还几乎没有任何针对光污染的建议或准则。例如哪些照明参数可以用来描述光污染或光污染限制之类基本的问题都没有答案。然而，很快便有许多答案被提议，并且应用于当地的标准与建议之中。如今需要一个统一的答案，以便能够从光污染的角度将不同的照明设施进行对比。这样一来便有助于实现在照明设施中对光污染进行真正的限制。因此将集中关注CIE与IDA所规定的光污染参数，同时也会结合IESNA的相关规定［CIE，2013；IDA－IES，2011］。

16.1　参数类别

根据光线离开受照面的方式，可以将相关照明参数进行分类，即照明设施相关参数、射向受扰区域光线参数以及受扰区域相关参数。CIE使用了混合的光污染限制参数类别，而IDA－IESNA则仅使用了离开受扰区域光线的相关参数类别。仅使用照明设施相关参数的优点是完全不用考虑可能受扰的区域。另一方面，受到光污染干扰的人们可能会自发调查，邻近的照明设施是否超出了干扰限定标准。如果使用受扰区域相关参数，则可以在照明设施的设计中，将对可能受扰区域方向上的干扰光线降到最低。

一种全方位限制光污染的方法是仅使用由Brons等人［2008］提出的照明设施相关参数。他们的OSP（户外现场照明性能）方法使用了一种将照明设施属性界限封闭的“计算盒”。所用受限参数即这个虚拟盒的六面上的照度。在 16. 2. 2 节中也将会提到，IDA – IESNA 的建议即部分基于这一方法。

16. 2　照明设施相关参数

16. 2. 1　CIE 所使用参数

16. 2. 1. 1　ULR

限制导致天空辉光的向上出射光线的参数都与离开受照面的光线直接相关。向上光比（ULR）即一台灯具或照明设施中所有灯具向水平线上方出射光线的光通量与照明设施中所装灯具总光通量之比（见图 16. 1）：

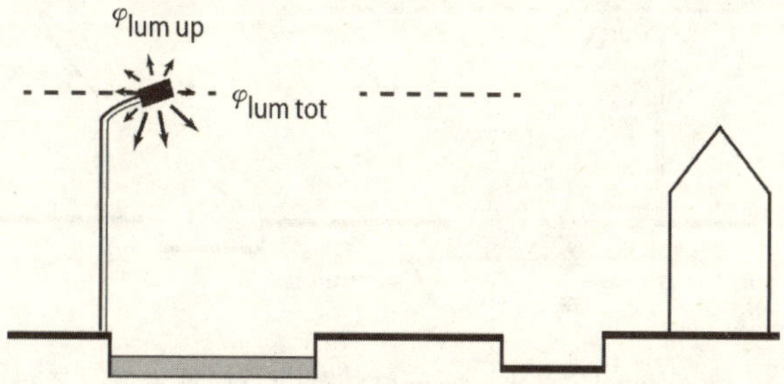

图 16. 1　ULR 中使用到的变量

$$\mathrm{ULR}=\frac{\varphi_{\mathrm{lum\ up}}}{\varphi_{\mathrm{lum\ tot}}}$$

ULR 值中没有考虑受照面向上反射光线所产生的效应。这是由于 ULR 并不是一个照明设施相关参数，而是一个灯具相关参数。

16. 2. 1. 2　UFR

与 ULR 不同，向上光通量比（UFR）还囊括了从照明设施向水平线上方反射的光线。如果假设这样一种照明设施，其灯具完全不会产生向上的光线，即 ULR = 0，这种情况下考虑反射光线的重要性就十分显著了。即使如此，由于其他表面对光线的向上反射，这样的零 ULR 值照明设施仍然会产生一定的天空辉光。Soardo 等人［2008］的研究显示，在一个在设计中严格限制向上直射光线的照明设施中，其所产生的天空辉光可能比限制向上光线程度更轻的照明设施所产生的天空辉光更强。这是由于路面的存在，照明设施中的灯具效率可能会有所降低。因此灯具需要向下出射更多的光线来满足道路照明规范，从而，被从水平面或其他表面向上反射的光线就会增加。这样的照明设施也并不节能环保。

UFR，这一照明设施相关参数同时纳入了向上直射光线与向上间接反射光线。其定义为（见图 16.2）以下实际情况中照明设施在水平面以及水平面上方：

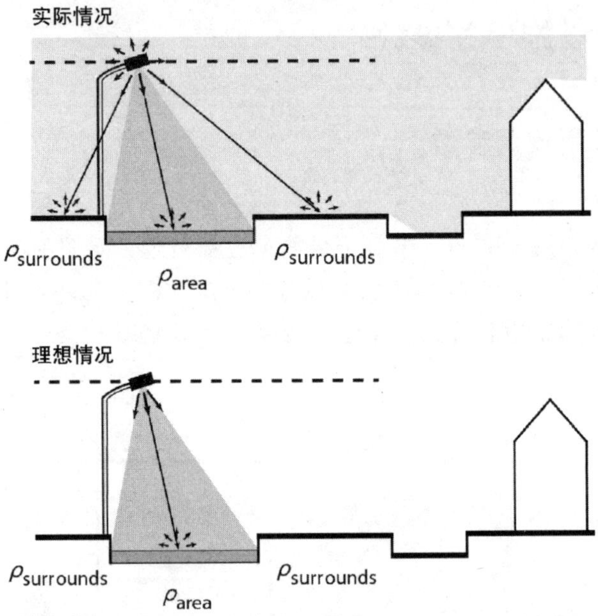

图 16.2　从 UFR 定义的角度上，对实际情况与假设理想情况之间进行的对比

- 由灯具在其安装位置直射产生的光通量；
- 由设计受照面反射产生的光通量；
- 由周边区域表面上的溢光反射产生的光通量。

所产生的总光通量与假设的理想环境中水平面上的光通量之比值，该理想情况中的灯具均具备：

- 水平线上方不产生直射光线；
- 所有产生的光线都照射在设计受照表面区域上；
- 受照表面的照明水平准确符合要求。

这一定义表明，假设的理想情况中的 UFR 值应为 1。实际照明设施的 UFR 值越高，代表其与理想情况的差距越大，所产生的天空辉光也更严重。UFR 的数值可以根据照明设施的参数以及设计受照区域及周边区域的地理和反射特性参数计算得到，公式为［AFNOR，2011］

$$\mathrm{UFR}=\frac{E_{\mathrm{av,initial}}}{E_{\mathrm{av,maint}}}\left\{1+\frac{\mathrm{ULOR}}{\rho_{\mathrm{area}}\mu}+\frac{\rho_{\mathrm{surrounds}}}{\rho_{\mathrm{area}}}\left(\frac{\mathrm{DLOR}-\mu}{\mu}\right)\right\}$$

式中，$E_{\mathrm{av,initial}}$为设计受照区域的初始平均照度；$E_{\mathrm{av,maint}}$为设计受照区域的维护照度规定值；ULOR 为安装位置上所有灯具向上光通量与总光通量的比值；DLOR 为安装位置上所有灯具向下光通量与总光通量的比值；ρ_{area} 为设计受照区域表面的反射系数；$\rho_{surrounds}$ 为周边区域表面的反射系数；μ 为设计受照面相关照明设施的利用系数。

对于在灯具的基础上进行设计的道路照明设施，则必须使用灯具比值来取代公式中的照度比值。初始照明水平与维护照明水平之比在 UFR 值中起了一定的作用，即促使照明设施的设计尽可能接近规划中的照明水平：自动避免了过度照明带来的，更高也更糟糕 UFR 值的产生。

乍看之下可能略显奇怪，设计受照区域的反射系数 ρ_{area} 竟然出现在公式的分母之中。在灯具有向上直射光线的前提下（即 ULOR ≠0），反射系数值越高，UFR 的值应该更高，天空辉光也因而更弱。合理的解释是由于受照区域的反射系数较高，可以在所有灯具中使用光通量较小的光源，从而导致灯具向上直射光通量降低。当然，为了限制周边区域向上方的反射光线，周边表面的反射系数还是应该越小越好。因此 $\rho_{surrounds}$ 在公式中作为分子出现。

在道路照明中，与行车道相邻的区域也应受到一定的光照（见本书 8.1.3 节）。使用受照区域的反射系数便可相当精确地计算其 UFR 值。得到照明的行车道与相邻区域的加权平均反射系数为

$$\rho_{area} = \frac{\rho_{carriageway} w_{carriageway} + \rho_{adjacent} w_{adjacent}}{w_{carriageway+adjacent}}$$

16.2.1.3　水平面附近的光强度

仰角在靠近水平面 90°～110°光线的传播距离远远大于仰角较高的光线（见图 16.3）。在如此长的距离上，散射光线会导致广泛区域上的天空辉光。这为在离照明设施很远的距离上（最远 100km 左右）的天文观测带来了麻烦［Cinzano 和 Diaz Castro，2000；Luginbuhl，2013］。为了在天文台附近广阔区域中控制这一效应，CIE 建议限制 90°～110°仰角区间内的光强度（见图 16.4）：

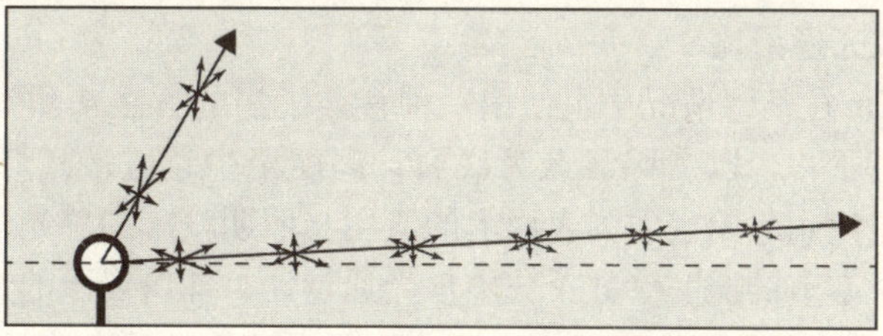

图 16.3　仰角接近水平面的光线能够散射至更远的距离

$$I_{90-110}$$

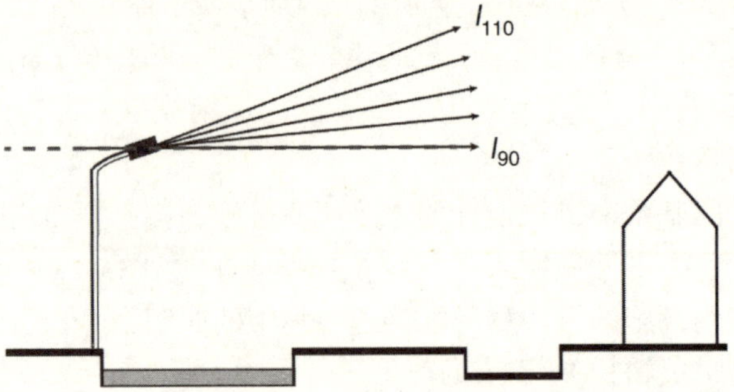

图 16.4　在远距离上产生天空辉光的灯具光强度

16.2.2　IDA - IESNA 所使用参数

16.2.2.1　灯具的总初始光通量

显而易见，照明设施的总光通量越低，从受照区域溢出的光线便越少。在一些情况中，IDA - IESNA 规定了一个区域内或单位区域内所有安装灯具的总初始光通量限定值（见图 16.5）：

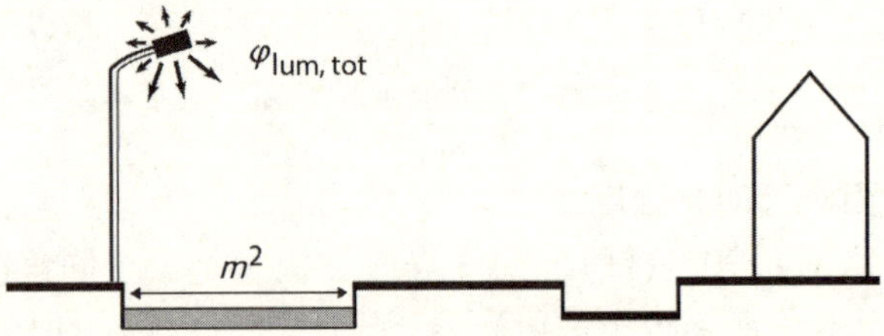

图 16.5　作为控制光污染衡量标准之一的总灯具光通量

$$\varphi_{\text{lum tot}} \text{ 或 } \frac{\varphi_{\text{lum tot}}}{m^2}$$

16.2.2.2　虚拟光通量比

IDA - IESNA 在某些情况中也使用一种直截了当的方法来测量散逸的光线总量，这种方法基于一个以受照区域为底面，高度至少超过最高灯具 10m 以上的虚拟封闭空间。使用封闭空间内表面上的流明与照明设施的总光通量最大百分比来表示限定值。本节的照明参数——虚拟光通量比，即内表面的光通量与总光通量之比（见图 16.6）：

$$\frac{\varphi_{\text{surf virt}}}{\varphi_{\text{lum tot}}}$$

16.2.2.3　虚拟垂直照度

IDA - IESNA 将 16.2.2.2 节中定义的内表面光通量与总光通量相除所得虚

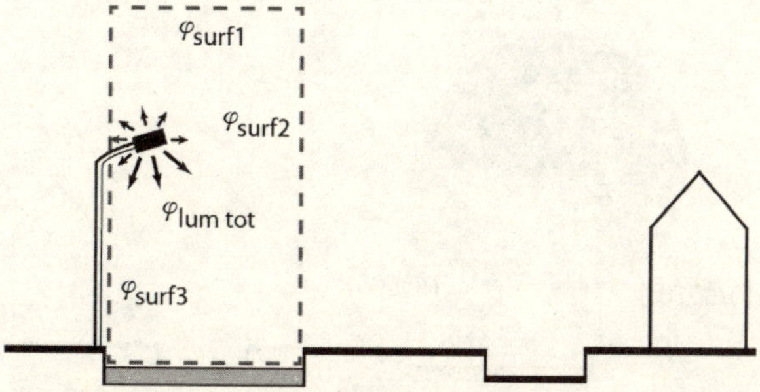

图 16.6　离开受照区域周围虚拟封闭空间的总光通量为 $\varphi_{surf1}+\varphi_{surf2}+\varphi_{surf3}$

拟光通量比与相同虚拟封闭空间内垂直表面上任意一点“虚拟垂直照度”相结合使用（见图 16.7）：

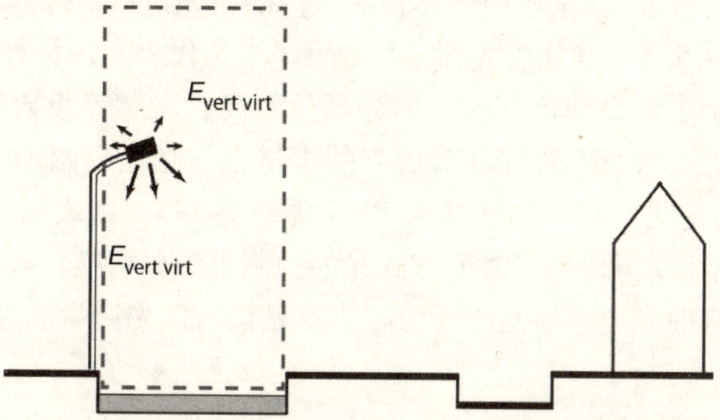

图 16.7　受照区域周围虚拟封闭空间内垂直表面上的垂直照度

$$E_{\text{vert virt}}$$

通常这一参数与之前所述参数相结合使用：离开受照区域周围虚拟表面的总光通量（包括虚拟封闭空间上表面）。

16.2.2.4　BUG 灯具分级

如 11.1.2 节中所述，IDA－IESNA 使用 IES 灯具分级系统 LCS 来对灯具的光污染特性进行分级［IES，2007］。而 BUG 灯具分级系统将一台灯具的光分布[⊖]划分为以下 3 个区域或固体角范围（见图 16.8）：

- 后 1/4 球区域，由字母 B 表示，负责可能产生的干扰光（超出受照区域的光线）；
- 上半球区域，由字母 U 表示，负责可能产生的天空辉光；

⊖ 此处的灯具光分布是基于灯具的标准安装位置给出。因此 BUG 系统中不考虑照明设施中倾斜灯具所带来的不利影响。

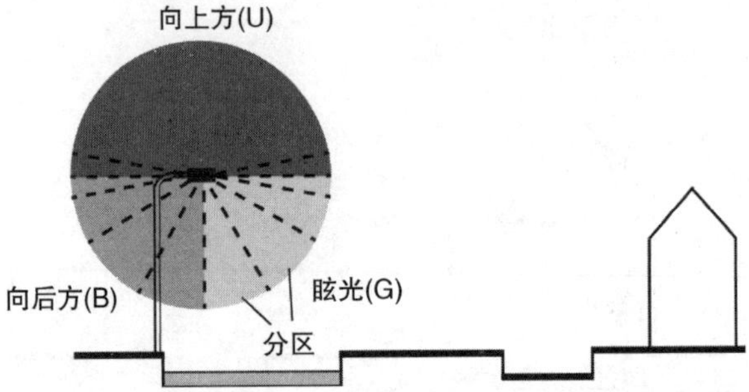

图 16.8　光分布的固体角划分是 BUG 灯具分级系统的基础

• 前 1/4 球区域，负责受照区域的光线，以及对区域外道路用户可能产生的眩光，因此用字母 G 表示。

上述 3 个区域字母的缩写合称即 BUG 系统的命名来源。每个区域还被划分成几个固体角子区域。根据各个固体角区域内的总光通量，灯具的 B、U 或 G 区域分别被定为 0～5 等（0 代表光污染控制优秀，5 代表光污染控制糟糕）。例如表 11.3 所示的例子，高仰角方向上的光通量越高，所属等级数就越高。举个例子，一台 BUG 等级为 505 的灯具对后方的干扰光与眩光限制十分糟糕，但是几乎不产生向上的光线。再比如，如果 BUG 等级为 245，则表示向后光线控制得较好，向上光线控制得较差，对前方眩光的控制也十分糟糕。需要注意的是，用来确定 BUG 等级的光通量值是绝对值。也就是说，低光通量的灯具的 BUG 等级也相对较低。

16.3　受扰区域相关参数

16.3.1　CIE 所使用参数

16.3.1.1　外墙垂直照度

受照区域之外建筑外墙上的垂直照度可以用来衡量干扰私人居住环境的光线。因此，衡量参数与受扰区域的光线直接相关（见图 16.9），该参数为

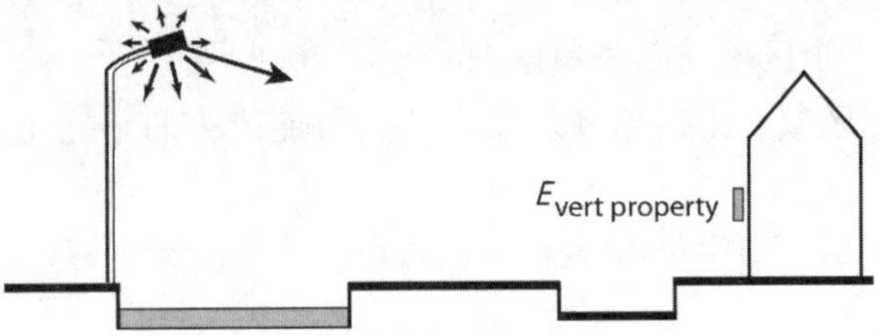

图 16.9　居民区外墙上的垂直照度

$$E_{\text{vert property}}$$

这一参数也同样基于窗户或其他开口等外墙中的相关表面。使用这项参数来控制干扰光的优势在于，可以通过测量外墙照度来轻松判断是否存在干扰光，或在将来新建的建筑外墙上是否会存在干扰光。

16.3.1.2　光强度

居民们可能会受到直射入眼的明亮光线的困扰。通过控制灯具在明亮部件可直视方向上的光强度，便可将对居民或建筑的干扰降到最低。从而，这里提出的控制参数再次与到达受扰区域的光线直接关联（见图 16.10）：

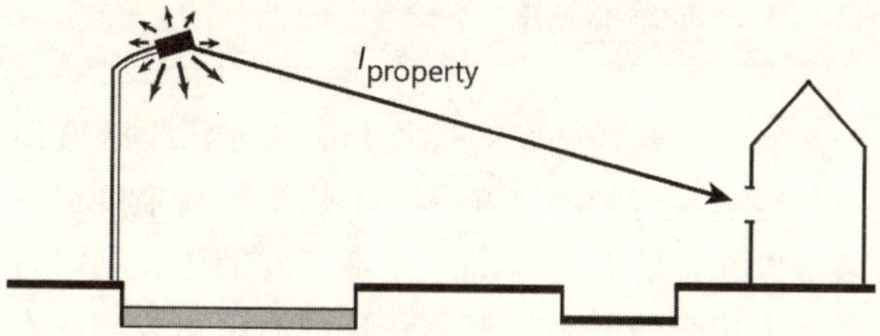

图 16.10　灯具产生光线在居民区方向上的光强度

$$I_{\text{property}}$$

在这里只需要考虑可能长期保持不变的观察方向。应该忽略瞬间以及短时间发生的观察方向。通过这一参数，便可判断居民区是否会受到可能的明亮光线干扰。

16.3.1.3　外墙亮度

过度照明的明亮外墙会对居民以及交通造成一定的干扰。因此使用外墙亮度作为限制照明的参数（见图 16.11）：

图 16.11　作为避免过度照明衡量标准之一的外墙亮度

$$L_{\text{facade}}$$

如今越来越多的装饰性户外照明设施使用 LED 来产生动态变幻的照明水平和光色，这可能会对机动车驾驶员、骑车者、行人以及居民带来干扰。广告标识有时所产生的光线闪烁则会进一步加重这种干扰。目前已经有研究致力于找出控制这类干扰的最佳参数［Hsieh 等人，2013；Hsu 等人，2013］。显而易见，明亮场景的亮度、变化的幅度与频率，以及明亮场景的位置与大小在干扰的产生中起到了一定的作用。仍然需要开展更多的研究，让设计师们在使用变化照明水平与色彩设计装饰性户外照明设施的同时，避免 LED 广告标识带来的一系列问题。

16.3.1.4 光幕亮度

道路使用者受到的光污染的干扰主要是由于相关照明设施在附近道路上产生的眩光上升。这一类上升眩光的严重性可以用一项照明参数表示，其也被用于机动化交通的道理照明中，即光幕亮度：

$$L_{veil}$$

如本书 3.1.3.1 节中所阐述，光线从眩光源或光污染区域到达眼球之后，在眼球内散射形成一个覆盖视野的明亮光幕，于是视野清晰度更加糟糕。光幕亮度这一参数表述了干扰性光幕的亮度。决定光幕亮度的相关观察者位置在与行进道路相邻，可能会产生干扰光线的路线上，并且以沿该路线向前方道路的方向作为观察方向（见图 16.12）。

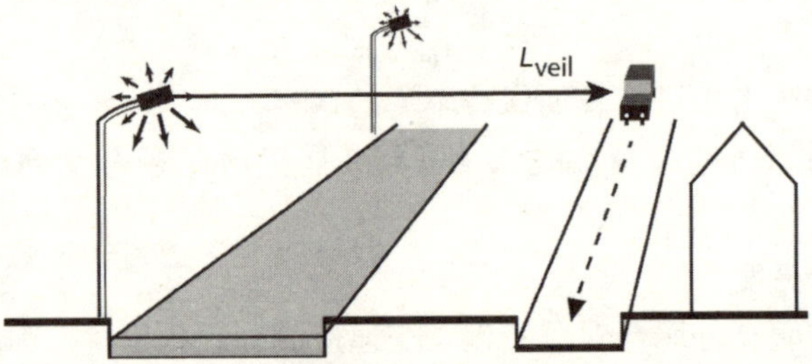

图 16.12 机动车驾驶员所体验到的光幕亮度

16.4 小结

16.4.1 CIE 参数

表 16.1 总结了 CIE 所定义的照明限制参数，以及它们的一些典型特性。

表 16.1 CIE 所定义的照明限制参数［CIE，2013］

	ULR	UFR	I_{90-110}	$E_{vert, property}$	$I_{property}$	L_{facade}	L_{veil}
在受照区域	√	√	√	×	×	×	×
在受干扰区域	×	×	×	√	√	√	√
灯具安装位置	√	√	√	√	√	√	√

（续）

	ULR	UFR	I_{90-110}	$E_{vert,\ property}$	$I_{property}$	L_{facade}	L_{veil}
仅直射光线	√	×	√	√	√	√	√
直射光＋反射光	×	√	×	×	×	×	×
水平临界区域	×	×	√	×	×	×	×
设计所需照明水平	×	√	×	×	×	×	×

16.4.2　IDA－IESNA 参数

表 16.2 总结了 IDA－IESNA 所定义的照明限制参数，以及它们的一些典型特性。

表 16.2　IDA－IESNA 所定义的照明限制参数［IDA－IES，2011］

	$\varphi_{lum,\ tot}$	$\varphi_{lum,\ tot}/m^2$	$\varphi_{surf,\ virt}/\varphi_{lum,\ tot}$	$E_{vert,\ virt}$	BUG
在受照区域	√	√	√	√	√
在受干扰区域	×	×	×	×	×
灯具安装位置	×	×	√	√	×
仅直射光线	√	√	√	√	√
直射光＋反射光	×	×	×	×	×
水平临界区域	×	×	×	×	√
设计所需照明水平	√	√	×	×	×

参 考 文 献

AFNOR (2011) XP X90-013 Nuisances lumineuses extérieures, méthodes de calcul et de contrôle

Brons JA, Bullough JD, Rea MS (2008) Outdoor site-lighting performance: a comprehensive and quantitative framework for assessing light pollution. Lighting Res Technol 40:201–224

CIE (2013) Draft (8) Publication 150, Guide on the limitation of obtrusive light from outdoor lighting installations

Cinzano P, Diaz Castro FJ (2000) The artificial sky luminance and the emission angles of the upward light flux, measuring and modelling light pollution. Mem SocietÃ Astronomia Italiana 71:251–256

Hsieh PH, Lin MW, Chang EC, Chen YC (2013) Flicker and visual comfort evaluations of led panel display. CIE Centennial Congress. CIE x 038:435–441

Hsu SW1, Chung TY, Pong BJ, Chen YC, Hsieh PH, Lin MW (2013) Relations between flicker, glare, and perceptual ratings of led billboards under various conditions. CIE Centennial Congress. CIE x 038:428–434

IDA-IES (2011) Model lighting ordinance (MLO)

IES (2007) TM-15-07 (revised), Luminaire classification system for outdoor luminaires

Luginbuhl CB (2013) How effective are lighting codes? In: Proceedings international conference on light pollution theory, modelling and measurements, Smolenice, pp 93–98

Soardo P, Iacomussi P, Rossi G, Fellin L (2008) Compatibility of road lighting with star visibility. Lighting Res Technol 40:307–322

第 17 章　标准与建议

摘要　在本章中，首先要总结国际照明委员会（CIE）针对光污染干扰的一些建议。这些建议都基于世界各地的国家级或区域级户外照明标准。户外工作场所与体育照明的欧洲标准的控制光污染部分即完全按照了 CIE 的建议。在北美，控制光污染的建议由国际暗天空委员会（IDA）与北美照明工程学会（IESNA）联合提出。在 17.2 节中，将对这类建议进行总结。

光污染的严重程度不仅取决于照明设施关键参数的数值，还取决于照明设施所处的位置、周边环境的亮度以及傍晚或夜间的时段。因此本章将首先介绍环境分区的定义、所处位置的特征，之后将解释控制光污染为目的的宵禁规则。

本章所涉及的所有标准与建议中控制参数的规定值都与新建设施的初始数值相关，这是由于从光污染的角度，此时代表了最糟糕的情况。

本章的重点在于介绍各类标准与建议定义光污染控制的方法。由于版权的原因，本章只展示这些标准与建议中表格的一部分。

17.1　环境分区与宵禁

光污染的严重程度取决于本地的地理位置与亮度特点，以及傍晚或夜间的实际降临时间。在庞大明亮的城市中心，光污染的严重性就要轻于较暗的住宅区域，比起完全黑暗的自然环境则更加轻微。而且光污染发生在傍晚初期的严重性要轻于傍晚后期，更轻于午夜时分。为了更好地控制光污染，经常使用照明分区与宵禁的概念来对区域位置与时段进行划分。

CIE 已经开发了一种分级系统，可以根据典型环境亮度将区域划分为 3 类不同的环境分区。这一种系统常常被许多国际、国内以及地方规定所使用，有时也针对当地的环境进行了一些修订。在最新的 CIE 建议文件［CIE，2013］中规定了 5 类不同的环境分区（E0 ~ E4）。表 17.1 中给出了 CIE 对这 5 类环境分区的定义，以及各分区的一些案例。IDA 与 IESNA 则联合提出了照明区域系统，该系统同样采用了 5 个不同的分区 LZ0 ~ LZ4，与 CIE 的环境分区较为相似。

表 17.1　环境照明分区［CIE，2013］

分区	照明环境	示例
E0	完全自然黑暗	联合国教科文组织的星空观察保护区，IDA 推荐的暗天空公园
E1	黑暗	相对无人居住的农村地区
E2	低亮度区域	居民稀疏的农村地区
E3	中亮度区域	居民较多的农村与城镇区域
E4	高亮度区域	城镇与城市中心，商业地区

许多控制光污染的规定都使用了宵禁的概念，以便能够衡量晚上时段对光污染严重程度的影响。光污染控制的规定在宵禁之前比较宽松，但是宵禁之后便十分严格。这样一来，例如体育照明设施可以在宵禁之前使用，但之后便必须停用。同样的宵禁规则也被用于监控户外装饰性照明的政策法规中。光污染标准中往往给出了宵禁前后的照明规范，但是一般不会给出具体的宵禁时段。当地政府往往需要因地制宜地出台宵禁时段的规定。当然，宵禁之后的限制不应该涉及道路照明之类安全相关的照明。

17.2　CIE 指南

在 2003 年，CIE 发布了《限制户外照明设施干扰光效应指南》。2015 年也即将对其进行全新升级。本书中提及的信息都以 2013 年的草案［CIE，2013］为基础。这个指南为每一个环境分区（E0～E4）规定了第 16 章中所述光污染参数的最大数值。一些参数在宵禁前后的规定数值也有所不同。作为案例，表 17.2 中列出了环境分区 E0、E2 以及 E4 的光污染相关参数值。

表 17.2　环境分区 E0、E2 以及 E4 中的光污染参数的最大值［CIE，2013］

分区	宵禁	$E_{\text{vert, property}}$ /lx	L_{facade} /(cd/m^2)	ULR	UFR$_{\text{road}}$	UFR$_{\text{amenity}}$	UFR$_{\text{sports}}$	I_{90-110} /(cd/klm)
E0	之前 之后	不适用 不适用	0	0	不适用	不适用	不适用	0.5
E2	之前 之后	5 1	5	2.5	5	6	2	
E4	之前 之后	25 5	25	15	12	35	15	

注：I_{90-110}要求：靠近天文台。

关键方向上（例如射向附近私人住宅）光强度的限制数值取决于灯具明亮部分的大小以及观察距离（即灯具与住宅之间的距离 d）。如果灯具的明亮部分越小（即灯具更加紧凑），或观察距离越短，光线的干扰性就越高，所以需要使用更为严格的限制值。作为例子，表 17.3 中给出了 E0、E2 和 E4 这三类环境分区的不同 $I_{property}$ 限制值。

表 17.3 根据灯具的大小（用 A 表示，单位为 m^2）**以及灯具与居民区之间的距离**（用 d 表示，单位为 m），**环境分区 E0、E2 以及 E4 中居民社区方向光线的最大光强度值 $I_{property}$** ［CIE，2013］

		$I_{property}$/cd				
分区	宵禁	$A=0\sim0.002$	$A=0.002\sim0.01$	$A=0.01\sim0.03$	$A=0.03\sim0.13$	$A=0.13\sim0.50$
E0	之前	0	0	0	0	0
	之后	0	0	0	0	0
E2	之前	d	$3d$	$6d$	$13d$	$26d$
	之后	$0.3d$	$0.6d$	$1d$	$3d$	$5d$
E4	之前	$1d$	$16d$	$31d$	$63d$	$128d$
	之后		$3d$	$6d$	$13d$	$26d$

无论道路上有无照明，如果机动车驾驶员或慢速道路用户有可能遭到来自附近照明设施的眩光而视线变差，就需要对光幕亮度进行限制。如果道路自身具备照明设施，则光污染产生的干扰尚较小。道路照明设施的照明水平越高，由于道路用户的环境光线适应状态更高，因此其干扰性反而会减轻。因此根据道路照明等级 M1 ~ M6（见本书 9.1 节，M1 等级的照明水平高于其他照明等级）而逐一给出光幕亮度的限制值。在表 17.4 中，除了给出道路照明等级 M1 ~ M6 相关的各限制值外，还包括了针对无照明的道路情况的限制数值。由于光污染的存在，这些数值都基于超标 15% 的 TI 数值条件。

表 17.4 一些道路照明等级中的最大光幕亮度值［CIE，2013］

道路照明等级	L_{veil}/(cd/m^2)
M1 / M2	0.85
M5 / M6	0.25
无道路照明	0.04

17.3 欧洲标准

欧洲体育照明标准［CEN，2007b］以及户外工作区域照明标准［CEN，2007a］中的某些内容专门在 2003 年 CIE 指南的基础上提出了对干扰光的限制。

当 CIE 发布 2015 年版的升级指南时，这些内容可能也会被更新。

欧洲道路照明标准有一个专门有关干扰光的章节，其量化地阐述了干扰光，而且附加数据资料都参考了 2003 年的 CIE 指南。

17.4　北美建议

由于多种户外照明类型的存在，北美地区并没有专门制定限制光污染相关的综合标准或指南。IESNA 发表过两篇光污染相关的技术备忘录：《干扰光：研究，结论与建议》［LESNA，2011a］，以及更偏向道路照明相关的技术备忘录《结合道路照明解决干扰光问题（市区天空辉光与干扰光）》［LESNA，2011b］。这些备忘录总结了 CIE 所提出的方法，并阐述了一种测量光干扰的非技术性简单方法。备忘录中这样写道：这一方法只能初步地解决问题，而且应用范围有限。2014 年美国道路照明国家标准惯例 ANSI/IES RP－8－14 中量化地阐述了天空辉光与光干扰，但是并没有提出量化的建议［ANSI/IES，2014］。IESNA 建议，在主干道、支道等非高速道路的照明中，应该使用 IDA 与 IESNA 联合提出的《示范照明条例》（MLO）。这一条例的目的是，使得当地政府能够对各类型照明设施（大多数都是非公用照明）所产生的天空辉光与干扰光制定相应政策。对于户外体育场所以及纪念碑、建筑等的装饰性照明或建筑照明，这则条例也能同样提供全面的政策参考。与 CIE 的环境分区 E0～E4 类似，该条例中也分别规定了不同照明区域 LZ0～LZ4 中的标准。在 16.2.2 节中，已经阐述了该条例所使用的各项照明参数，并在表 16.2 中进行了总结。

17.4.1　IDA－IESNA 道路照明条例

由于 MLO 条例是无版权的自由出版物，因此本书中可以向读者完全展示相关的表格及数据。这一条例规定：除了装饰性照明之外的所有街道照明都不应该在大于 90°的方向上（水平线）产生光线。街道装饰性照明也必须符合表 17.5 中 BUG 灯具分级系统的 U 分级。从表 17.6 中可以看出，就水平线上的光通量而言，U 分级表明了怎样的含义。

表 17.5　不同照明区域中对街道装饰性照明向上光线的限制要求［IDA－IES，2011］

照明区域	U 分级
LZ0	U0
LZ1	U1
LZ2	U2
LZ3	U3
LZ4	U4

表 17.6 BUG 系统中 U 分级的最大灯具光通量（此处仅展示水平面上方的光通量最大允许值。在 U 分级中，BUG 分级系统还规定了略微低于水平面区域的最大光通量）［IDA－IES，2011］

	φ_{lum}/lm					
固体角	U0	U1	U2	U3	U4	U5
UH（100°以上）	0	10	100	500	1000	>1000
UL（90°～100°）	0	10	100	500	1000	>1000

17.4.2 IDA－IESNA 体育、区域以及建筑照明条例

对于这些类型的照明设施，首先条例要求设定一个宵禁的时间。宵禁之后，这些照明必须符合最大光通量限制的要求，或 BUG 等级要求和受照区域上“虚拟盒”各表面的照明要求。

17.4.2.1 光通量限制范围

整个照明设施或单位面积照明设施的最大光通量 $\varphi_{lum,tot}/m^2$ 取决于表 17.7 中给出的实际照明区域。

除了表 17.7 中给出的数值之外，该条例允许一些特定区域与建筑照明设施可以额外产生一定的光通量，比如外墙与户外市场的照明等。

表 17.7 在不同的照明区域中，体育场所以及建筑照明设施中的每平方米上的最大流明。表中单位已经由 lm/ft^2 换算至 lm/m^2［IDA－IES，2011］

照明区域	$\varphi_{lum\ tot}/m^2/(lm/m^2)$
LZ0	5.4
LZ1	13
LZ2	27
LZ3	54
LZ4	81

17.4.2.2 BUG 分级的限制

为了控制路灯的向后光线、向上光线以及眩光，使用灯具的 BUG 分级作为限制参数。BUG 的数值越小，代表对这些光害的控制越好。向后光线 B 与眩光 G 的等级取决于住宅离照明设施的距离：两者距离越近，就需要更高等级的限制条件。表 17.8 中给出了照明各区域的 BUG 等级限制。从表 17.8 中可以看出，代表向上光线的 U 数值必须为 0。

表 17.8　根据照明区域以及离居民区距离的不同，灯具的最大允许 BUG 级别。距离的单位为灯具安装高度 *h*［IDA－IES，2011］

照明区域	BUG			
	距离 >2h	距离 <2h	距离 <1h	距离 <0.5h
LZ0	100	100	000	000
LZ1	301	200	100	000
LZ2	402	301	200	000
LZ3	503	401	301	100
LZ4	504	402	301	201

17.4.2.3　虚拟盒表面的照明限制

除 BUG 系统之外，条例中还提供了另一种方法，即限制覆盖受照区域的虚拟盒子各表面上的照明水平。之前在 16.2.2 节中已经详细描述了相关的限制参数（虚拟光通量比 $\varphi_{\text{lum tot}}$，虚拟垂直照度 $E_{\text{vert virt}}$）（见图 16.6 与图 16.7）。离开垂直面与顶面的总光通量 $\varphi_{\text{surf virt}}$ 应该小于所有灯具总光通量 $\varphi_{\text{lum tot}}$ 的 15%。表 17.9 中给出了虚拟垂直表面上任一点的最大垂直照度。

表 17.9　各照明区域中最大允许 $E_{\text{vert virt}}$ 值［IDA－IES，2011］

照明区域	$E_{\text{vert virt}}$/lx
LZ0	0.5
LZ1	1
LZ2	3
LZ3	8
LZ4	15

17.5　光线的光谱

波长较短的光线（蓝绿光）在大气微粒中的散射更强，因此与波长较长的黄光相比，产生的天空辉光更严重。而且对于不同的动植物物种，光谱的影响也有所不同。比如，富蓝光对海龟与昆虫的影响相对较大，然而蓝光与绿光对鸟类的迁徙几乎不产生影响。目前还需要开展更多的研究，以深入了解光污染中光谱所产生的各类影响。这可能就是本章中 CIE 光污染控制指南与 IDA－IES MLO 条例中不明确规定光谱范围的原因。

更有可能的是，对于不同的位置以及不同的主要光干扰类型，未来条例中会建议不同的光谱。相关色温与 *S/P* 比值之类的度量可能不再适用于光污染效应的描述。为了提供一些指导，IDA 在另一本出版物中建议，为了抑制天空辉光，专业天文台周围大面积区域所使用的光源波长应该至少为 500nm 以上［IDA，2010］。

参考文献

ANSI/IES (2014) RP-8-14 Recommended practice for roadway lighting

CEN (2007a) Standard EN 12464-2 Lighting for work – -Part 2: Outdoor work places

CEN (2007b) Standard EN 12193 Light and lighting – -Sports lighting

CIE (2013) Draft Publication 150, Guide on the limitation of obtrusive light from outdoor lighting installations

IDA (2010) Visibility, environmental, and astronomical issues associated with blue-rich white outdoor lighting

IDA-IES (2011) Model lighting ordinance (MLO)

IESNA (2011a) Technical Memorandum on light trespass: research, results and recommendations. Reaffirmed 2011

IESNA (2011b) Technical Memorandum addressing obtrusive light (urban sky glow and light trespass) in conjunction with roadway lighting. Reaffirmed 2011

第 18 章　设备以及设计环节

摘要　设计一个光污染最小化的照明设施时，首先要做的就是保证照明设施只产生恰好满足所有功能的最少光线总量。照明设施的动态控制使得其可以根据当时环境，例如交通密度、天气与道路利用率等的变化而调整光线以满足不同的功能要求。并且动态控制还应该包括根据宵禁要求调整光线的功能。进一步说，照明设施的设计应该使得其产生的出溢光尽可能少。在这一点上，灯具的形状以及某些情况下的光谱都会起到重要的作用。灯具的光学设计决定了它的光分布，因此这一项在溢出光最小化的过程中也至关重要。受照面以及周边的反射特性也可能影响光污染的光线总量。本章中将探讨所有的这些方面，以及灯具安装高度的设计指南与目的。除此之外本章还阐述了特殊情况下在路面上嵌入 LED 光源的效果。最后，还将讨论照明设施周围树木或其他建筑所带来的影响。

18.1　设备

18.1.1　光源

光源的发光表面面积越小，通过外部灯具结构来控制光分布的可能性就越大，光污染的可控性也就越强。因此，透明无涂层的光源比有涂层的光源更加优秀（例如，无涂层高压钠灯优于外玻壳内壁涂有漫射粉层的卵形型号）。当然，LED 具有非常小的发光表面积，这一优点可以促进合适光学系统的设计创造。

对于具备外玻壳的光源，其中很小的一部分光线被外玻壳的内壁反射，这一小部分的光线比较难以控制。例如在光通量极高（光通量达到 100000 ~ 200000lm，功率为 1000 ~ 2000W）的金属卤化物灯情况下，这一现象产生的不可控光总量便已十分巨大。为了避免这一问题，目前已经开发了一种特殊的金属卤化物灯。这类金属卤化物灯的气体放电管很小，且没有外玻壳。尤其适合用于户外体育竞技场所的照明。

低压钠灯的发光表面积比较大，但是得益于其仅产生单色光，专业天文学者比较愿意在天文台周围安装这类光源。因为可以通过望远镜前加装的滤色片将此类单色光轻松地完全滤除。光谱相似的近单色光 LED 光源也具备同样的优势。由于波长较短光线（偏蓝光）相对于波长较长光线的大气散射性更强（见 17.5 节），因此天文台倾向于在周围 100km 范围内使用波长超过 500nm 的光源。

在17.5节中已经提到，不同的动植物对不同光谱的反应也有所不同。因此在自然界中，建议首先要了解该处受威胁的物种种类，然后相应地使用合适光谱的光源。如17.5节中所述，仍然需要开展大量有关光谱对野生动植物影响的研究工作。

18.1.2 灯具

截止角锐利的灯具最适合应用于无光污染的照明设施。相比于折射器，使用反射器更容易产生这类配光。有时候灯具内部还使用镜面挡板来产生十分锐利的截止角。对于不要求单独指向灯具的场合，为水平灯具而设计，并且具有平盖的反射器使得这种灯具比倾斜灯具更有优势。这类灯具的ULR数值很好地体现了其对水平上方光线的抑制。对于大型场所的照明要求，比较适合使用设计安装位置水平或接近水平，并且截止角锐利、中等仰角上扇形配光（见图18.1）的泛光灯具。同样地，这类泛光灯具的ULR数值很好地体现了其限制水平面上方溢出光线的能力。有时，唯一能够有效控制干扰光的方法是在灯具外加装合适的百叶板或挡光片（见图18.2）。

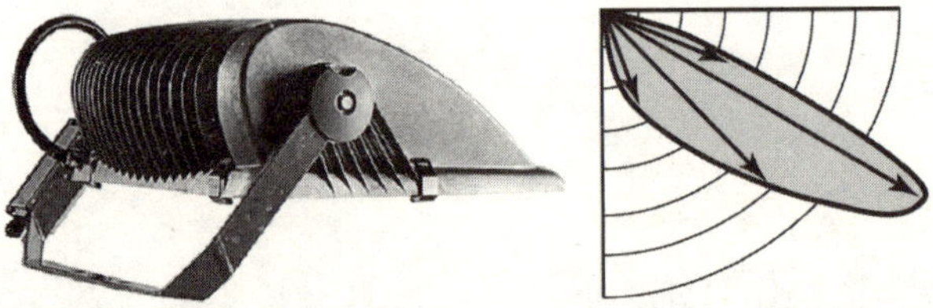

图18.1 安装位置接近水平面的泛光灯，其产生非对称的扇形光束

图18.2 一些加装了挡光板或格栅的泛光灯例子。图右侧的泛光灯中还安装了内部镜面挡板

18.1.3 道路表面

在 16.2.1.2 节中，已经证明了高反射系数的受照路面反而有助于抑制天空辉光。这是由于在路面高反射系数的情况下，便可以在所有灯具中使用光通量较小的光源，从而减少了向上溢出的光线量。这一优势仍然存在于所有灯具都向上发散部分光线的情况中。当然，受照区域周边环境的反射系数还是应该尽可能小，以限制由周边区域向上反射光线的产生。同样在 16.2.1.2 节中定义的 UFR 使得人们能够就受照区域以及周边区域的表面反射系数来对照明场所进行分析。

18.1.4 照明控制系统

使用照明控制系统是为了达到如下目的：

- 仅在需要的时候提供照明；
- 在需要照明水平根据时间、交通密度、天气或其他环境变量而变化的场合中，为了达到这些场合的最低要求，照明应该能够被开关或调光。

基本上，一个照明控制系统应该包括以下设备中至少一项：

- 输入设备：比如开关、定时器、光电池、车流与动态传感器以及天气监控设备；
- 受控灯具：能够进行开关或调光的灯具，在可编程序的控制系统中，这些灯具还应该具备可寻址功能（软件上或硬件上）；
- 控制系统自身；
- 控制网络：输入设备与受控灯具之间的连接纽带，在有控制系统的情况中，还应连接可编程序控制器。

本书 13.6 节中提供了更多道路照明设施控制设备的相关信息。

18.2 设计环节

18.2.1 满足功能性要求的设计

尽可能减少光污染过程的第一步也是最重要的一步就是，确保设计能够准确地满足所有的功能性要求，同时不会对受照区域过度照明。从这一方面来看，一个能够持续准确根据实际需要调整照明水平的自动控制系统会起到很大的作用。如果考虑流明衰减与积尘等因素，这种自控系统则可以保证初始照明水平等同于实际所需水平（见图 13.14）。之前所述的照明控制系统应该要确保在变化的环境条件下（例如交通密度、天气以及道路占用度），只提供不大于当时情况要求最低水平的照明。当然，还应该严格遵守宵禁的相关限制条款。

在自然界中，某些临时情况的优先级要高于照明设施的正常功能型要求。比如在一些物种的迁徙季节来临时，就需要暂时关闭户外的装饰性照明。

18.2.2 安装高度与朝向

只要涉及灯具的安装高度，就产生了两处矛盾：

• 灯具的安装高度越低，灯具被灌木、篱笆、栅栏与建筑物等遮挡的可能性就越大。然而这样一来，光束就需要相对更靠近水平面，以便覆盖更大的区域，从而在事实上造成了光污染的增加。

• 灯具的安装高度越高，灯具的朝向就能更朝下指向受照路面。如果灯具的光束角锐利且较窄，则会减少向上的出溢光（见图 18.3）。

图 18.3 通过采用光束窄且锐利、灯杆高度中等且光线向下方受照区直射的灯具，可以在一定程度上控制光污染的产生

对于外墙的装饰性照明，比较好的照明方式是灯具在楼顶上朝下照射。然而使用这一方法时特别要注意避免其对外墙附近交通与行人造成的眩光干扰。

如果干扰光种类不同，可以使用第 16 章中所定义的光污染参数对不同的设计方案进行比较。通过这种方法便可以确定最优的设计方案。

18.2.3 嵌入式照明

对于有濒危动物生存的地区，使用嵌入路面的 LED 灯具来代替传统灯杆照明有不少优点。这类嵌入式照明只能起到视觉导向的作用，并不能帮助驾驶员看清路面障碍物。在佛罗里达州一条靠近海龟出没沙滩的海岸公路上进行的测试结果表明，这类嵌入式照明对海龟的干扰比传统照明小了许多［Bertolotti 和

Salmon,2005]。嵌入式照明的主要照明方向应该近乎水平，以尽量减少能够导致天空辉光的向上光线。在荷兰也开展了一些嵌入式照明测试，其能够根据交通情况的变化而做出反应（也称为主动道路标识）。这类嵌入式照明在某些特定区域可以替代固定道路照明，包括濒危动物生存的自然环境［NSVV，2014］。

18.2.4　光线的光谱

18.1.1 节的最后一部分中，已经为读者提供了特定光源光谱与抑制光污染特定干扰影响之间关系的相关信息。

18.2.5　建筑与树木的遮挡

建筑外墙如果采用了反射系数较高的材料，则可能会进一步恶化光污染的负面效应。由于附近照明设施的溢出光，导致外墙表面对于人与动物可能都过于明亮。另一方面，如果外墙的反射系数较低，便会吸收溢出光，从而减少了光污染。在体育照明中，场馆上方的顶棚应该能有效吸收下方泛光灯产生的溢出光。从控制光污染的角度来看，这类顶棚下的照明要优于高杆照明。为了确保赛场上均匀且无眩光的照明，顶棚应该要有充分的高度。

环绕道路或户外照明设施的树木可以有效地遮挡光线，尤其可以遮挡方向接近水平的严重干扰光线。很明显，灯具与树木的相对位置应该还要确保树木不会遮挡射向受照区域的光线。

参考文献

Bertolotti L, Salmon M (2005) Do embedded roadway lights protect sea turtles? Environ Manag 36(5):702–710

NSVV (2014) Richtlijn voor actieve markering (10V-06)

第 3 部分　隧道照明

第19章　隧道照明的目的与效益

摘要　即使在隧道中，单位行驶里程的事故风险比露天道路小很多，但是所造成的人员与经济上的后果却更加严重。与露天道路一样，隧道中也需要良好的照明来确保足够的视功能。与隧道照明的夜间要求相比，对日间所需的视功能要求也相当高。隧道照明还应该能尽量减少由于白天外部高亮度与隧道内低亮度的反差所带来的视觉适应问题。即使有时满足了视功能的条件，隧道的入口还是可能看起来像个大黑洞，这对即将驶入隧道的驾驶员自信心是一个挑战，而且也会导致在隧道中行驶时迟疑的反应。本章中将会详细阐述隧道照明对于机动化交通的基本目的是提升驾驶员的视功能，并且保持驾驶的自信心。

自行车与行人有时也会经过较短的隧道或地下通道，这里的照明也应有助于提升人身安全，以及减少暴力与破坏行为的发生。

不同国家开展的有关隧道内事故风险的研究都表明，隧道中单位行驶里程的风险要略微低于露天路面［Amundsen 和 Ranes，2000；Brilon 和 Lemke，2000；Salvisberg 等人，2004；Nussbaumer，2007］。隧道事故主要发生在隧道的入口区域处［Amundsen 和 Engelbrektsen，2009；SWOV，2011］。大多数的研究都显示，隧道中事故产生的人员伤亡与财产损失后果要比露天道路事故严重许多。许多灾难性的隧道事故也佐证了这一结论［Leitner，2001；Voeltzel 和 Dix，2004］。

与露天道路一样，隧道也需要良好的照明来确保驾驶员充分的视功能。同样地，视功能意味着驾驶员持续地选择与处理眼前出现视觉信息，从而安全控制车辆的能力。与夜间隧道照明的要求相比，白天隧道照明对视功能的要求更高。由于当人们的眼睛适应了白天的高亮度时，如果突然进入亮度相对较低的隧道入口，就会导致眼睛一时无法适应而影响正常功能的发挥。因此，隧道中的照明必须要将这一适应性问题最小化，保证从明亮外界进入隧道、穿过较暗的隧道以及出隧道口回到明亮外界时视功能的正常发挥。

但是即使视功能得到了良好的保障，许多驾驶员还是认为行车穿过隧道比在正常路面上驾驶的难度更高。一些驾驶员在穿过隧道时感觉不安全与没把握，还有少数驾驶员会感到极度焦虑。即使隧道照明已经满足了视功能的各项要求，但是隧道入口看起来可能还是一个黑黑的洞口，并且在隧道中的操纵空间也有所不足。驶入或穿过隧道时驾驶员自信心的缺乏可能会导致迟疑的驾驶操作，包括降低车速与增大离隧道墙的距离［Martens 和 Kaptein，1998］。显然从交通安全角度来讲，这类驾驶行为会带来负面的影响。优秀的隧道照明应该能够在驾驶员驶近与驶入隧道时保持他们的自信心。

在一条非常长的隧道中（目前，世界上最长的道路隧道长达 24km 以上）行驶时产生的枯燥感会引发驾驶员的困意，使其注意力无法集中于前方车道上。一项模拟隧道研究显示，如果在隧道照明中加入一些艺术元素，就可以打破这种行驶中千篇一律的枯燥感［Flø 和 Jenssen，2007］。如果能将这项研究与本书 3.10 节中驾驶员直线驾驶时大脑活动的测量相结合，其结果一定十分有趣。

机动化交通中隧道照明的基本目的可以概括如下：

- 加强机动车驾驶员的视功能；
- 保证机动车驾驶员的自信心。

短隧道与地下通道也可被自行车与行人等慢速交通对象所使用。此时照明应该不仅仅提升骑车者与行人的视功能与自信心，还要增强他们的人身安全感，以及避免暴力与破坏行为的发生。这里所述的人身安全包括了：

- 心理上的安全感；
- 实际的安全感。

这两者都十分重要。如本书第 1 章中所述，主观上的不安全感会限制人们的行动，尤其是对于年轻女性与老人。当环境中没有轻易逃脱的可能性时，这种不安全感会大大上升。当有人进入隧道时，良好的照明应该能够确保隧道出口处清晰可见。

参考文献

Amundsen FH, Engelbrektsen A (2009) Studies on Norwegian road tunnels II: an analysis on traffic accidents in road tunnels 2001–2006. Vegdirektoratet, roads and traffic department, Traffic safety section, Oslo

Amundsen FH, Ranes G (2000) Studies on traffic accidents in Norwegian road tunnels. Tunn Undergr Space Technol 15(1):3–11

Brilon W, Lemke K (2000) Strassenquerschnitte in Tunneln. Forschung Strassenbau und Strassenverkehrstechnik, Heft 78. Bundesminister für Verkehr, Bau- und Wohnungswesen, Abteilung Strassenbau, Strassenverkehr, Bonn-Bad Godesberg

Flø M, Jenssen GD (2007) Driver's perception of long tunnels: studies from the Quinling Shongnan Tunnel in China as well as the Lærdal tunnel and the World longest sub sea tunnel (Rogfast) in Norway. Proceedings of the 4th international conference traffic safety in road tunnels, Hamburg

Leitner A (2001) The fire catastrophe in the Tauern tunnel: experience and conclusions for the Austrian guidelines. Tunn Undergr Space Technol 16(3):217–223

Martens MH, Kaptein NA (1998) Effects of emergency lanes and exits and entries in tunnels on driving behaviour; Driving simulator studies. Rapport TM-98-C058. TNO Human Factors Research Institute, Soesterberg

Nussbaumer C (2007) Comparative analysis of safety in tunnels. Young Researchers Seminar, Bro 1–8

Salvisberg U, Allenbach R, Cavegn M, Hubacher M, Siegrist S (2004) Verkehrssicherheit in Autobahn- und Autostrassentunneln des Nationalstrassennetzes. BFU Report, Bern

SWOV (2011) SWOV Fact sheet: the road safety of motorway tunnels, Leidschendam

Voeltzel A, Dix A (2004) A comparative analysis of the Mont Blanc, Tauern and Gotthard tunnel fires. PIARC, Routes/Roads 324

第 20 章　视功能与驾驶自信感

摘要　白天情况下，驶近隧道入口时驾驶员的眼睛已经适应了入口周围明亮的白天光线水平。为了使驾驶员保持充足的视功能与驾驶自信感，隧道内的照明水平不应该下降得太快。此时最基本的问题就是，驾驶员来不及适应隧道内较低的照明水平。当开车穿过隧道时，驾驶员的视觉渐渐地适应了隧道内的照明水平。因此，隧道内的不同区域需要不同的照明方式。根据20世纪60~70年代所开展的一系列基础研究，这些区域分别被称为入口区、过渡区、隧道区与出口区。本章将对大部分这类研究进行阐述，同样也将探讨少量最近的研究进展。由此，将会对照明水平、均匀度、眩光与闪光控制等照明要求有一个更清晰的认识。由于在一定的条件下，短隧道与地下通道完全不需要日间照明，因此区别探讨长隧道，以及短隧道和地下通道这两种情况。

在突发交通事故或电气设备技术故障的情况下，特殊的应急照明有着无比的重要性。在这里也将探讨这一类照明。

20.1　隧道的分区

一条隧道的照明要求取决于其在隧道中的纵向位置。因此，从照明规范的目的出发，可以将一条隧道划分为不同的区域，每个区域的照明要求都有所不同（见图20.1）。白天情况下，驶近隧道入口时驾驶员的眼睛已经适应了隧道外白天明亮的亮度水平。因此，如果隧道内的亮度远远低于外界的亮度，则从入口外完全看不见到隧道内的细节或任何物体，此时隧道看起来更像是一个“黑洞”（见图20.2）。因此，隧道入口之前的一段露天路面被称为“接近区”，此区域内的驾驶员应该能够看清隧道内部。隧道内第一个区域被称为“入口区”，此区域在白天时也需要特殊的照明。当车辆还行驶在隧道外部的接近区时，入口区域的隧道壁与路面构成了驾驶员视野中障碍物的背景。

经过光线相对较亮的入口区之后，隧道内的照明水平应该逐渐下降，从而在驾驶中使得驾驶员的眼睛逐渐适应当下的光线。这一照明水平逐渐下降的区域被称为过渡区。在较长的隧道中，过渡区之后亮度水平恒定的部分被称为隧道区。在隧道区中，由于适应过程并不一定完全完成，因此需要保持一个略高于夜间露天道路所需的亮度水平。当驶近隧道出口时，驾驶员的视觉适应水平会由于出口看起来持续扩大而逐渐上升。由于从低亮度到高亮度环境的适应过程十分短暂，

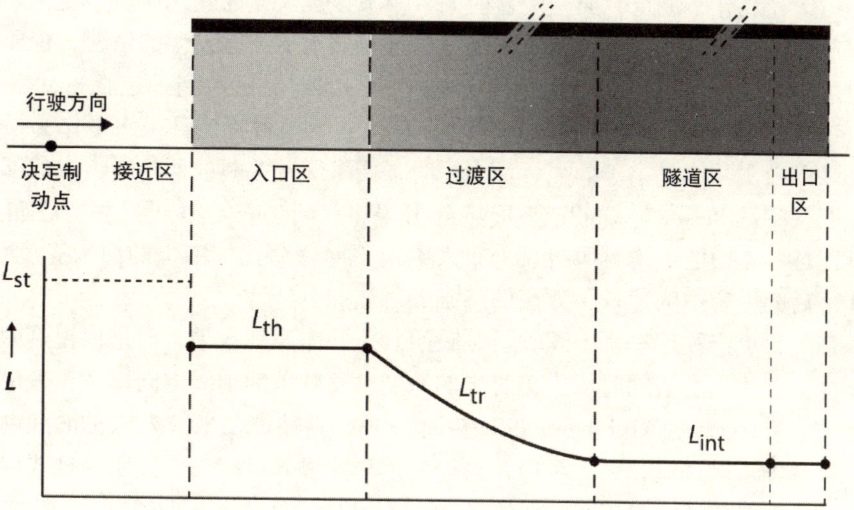

图 20.1 隧道中各区段的照明要求各有不同

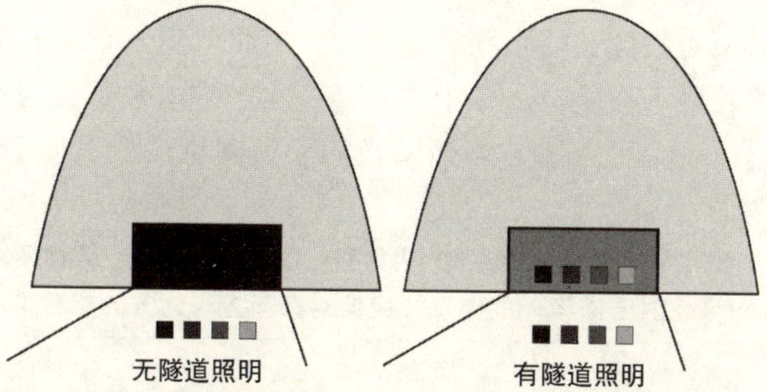

图 20.2 在白天没有隧道照明的情况下，对于驶近隧道的驾驶员看起来像是一个黑洞口，也无法及时发现路面可能出现的障碍物

并且出口处的障碍物在明亮的背景下显得十分醒目，因此隧道出口在白天并不需要额外的适应性照明。

在接下来的内容中，将以视功能以及驾驶自信感为视角，详细阐述各个隧道区域中的照明要求。

20.2 入口区

20.2.1 白天接近区的亮度

前面已经讲到，隧道前接近区的日照条件决定了入口区所需的照明水平。然而，白天光线并不恒定，而是随着时间、季节以及天气的变化而发生变化。因此隧道照明设施的设计目标应该是，即使最强日照水平经常发生的情况，也要确保交通的安全性。如果在一年中，高于某一水平的情况只占到一定百分比（比如2%，在每年4000h日照情况下，则为每年80h），则可将该日照水平作为最强日照水平。当实际情况小于最强日照水平时，便可部分关断或调暗隧道内的部分电气照明设备。Blalser与Dudli在1993年开发了一种方法，通过这种方法可以通过某区域一年内的平均日照时长分布来确定不同百分比标准下的白天亮度状况。将在之后的内容中阐述这一方法的基础L_{20}概念。

当然，决定驶近车辆中驾驶员眼睛的状态并非照度水平，而是他视野中各处的亮度。这些亮度值同时取决于日光的照度、驾驶员的视线方向以及各表面的反射系数。Narisada和Yoshikawa在1974年发现，驾驶员在80%左右的时间内都持续注视着隧道的入口，因此可以认为视线正对隧道入口中央。太阳与视线以及行驶方向之间所成角度也有一定的影响。表20.1中给出了日光水平照度约为100000lx情况下，驶近车辆不同行进方向相对应的所见亮度值。由于所注视入口中心的亮度很暗，意味着驾驶员在驶近时，视野中的亮度可能已经下降，因此可以适当调低隧道中所需的照明水平。也可以通过将隧道入口以及周边结构刷成暗色来达到同样的效果。在隧道入口上方种植树木与灌木也不失为一种好方法。有时，在入口处建造一个可以部分遮挡阳光的大顶棚也比较有效。图20.3中描绘了一个这样的例子。

表20.1 在北半球且水平照度为100000lx的接近区内，一些物体大致亮度值的例子（kcd/m^2）。对于南半球的情况，应该对换南方与北方的相应情况［CIE，2004］

行驶方向	天空	道路	岩石	建筑物	草地	灌木	雪山	雪地	深色漆面
北方	8	3	3	8	2	1	15	15	0.75
东方与西方	12	4	2	6	2	1	10	15	0.75
南方	16	5	1	4	2	1	5	15	0.75

20.2.2 对称光束、逆光束以及前光束的照明

在入口区可以使用3种基本的隧道照明系统：对称光束系统、逆光束系统以及前光束系统。选用何种系统都会对驾驶员的视功能以及驾驶自信感产生一定的影响，继而影响了所需的照明水平。这3类系统的主要区别在于各自所用灯具在纵向上的光分布（见图20.4）：

- 对称光束照明系统在前后方向上的光分布相对称；
- 逆光束照明系统的主光束与车辆行驶方向相反；
- 前光束照明系统的主光束与车辆行驶方向相同。

图20.3　隧道入口处的顶棚遮挡了一部分明亮的天空

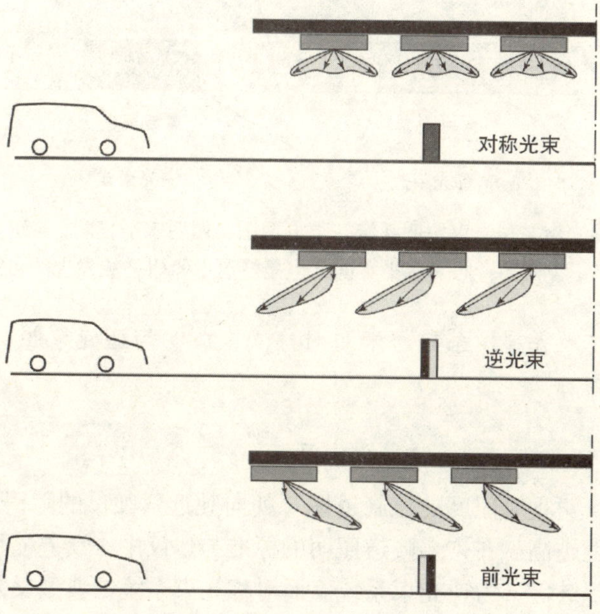

图20.4　对称光束式、逆光束式以及前光束式隧道照明系统

与普通的道路照明系统相同，对称光束隧道照明系统可以同时将道路表面以及路面障碍物照亮。而且大多数情况下反射系数不同的障碍物在负反差下，只能看见一个轮廓，这一点也与普通道路照明相同（见图20.5左上）。逆光束照明系统能照亮路面，但是几乎不能照亮前方的障碍物。因此，大多数路面上物体在驾驶员眼中看来，都是负反差更大的一个轮廓（见图20.5右上）。之后还会讲

到，这意味着使用了逆光束照明的隧道入口区仅需更低的照明水平，就能维持相同的视功能，但是视舒适与驾驶自信感则会相应下降（见图20.5下）。

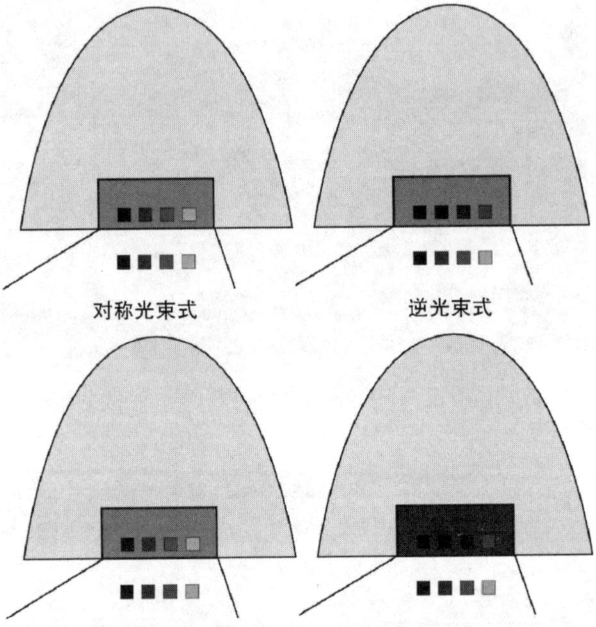

图20.5 对称光束与逆光束照明系统。上方两图：照明水平相同，逆光束照明改善了负反差效应。下方两图：照明水平不同，但是隧道中障碍物被发现的可能性大致相当

可以根据“反差显示系数”来对对称光束照明与逆光束照明进行分级。这一系数的定义为

$$q_{\mathrm{c}} = \frac{L_{\mathrm{road}}}{E_{\mathrm{vert}}}$$

不难看出，对垂直照度的控制越好（朝向驶近驾驶员的障碍物面），反差显示系数的数值就越高。在许多隧道照明的标准与建议中，反差显示系数大于或等于0.6的系统都被定义为逆光束系统。而对称光束系统的典型反差显示系数值为0.2。值得注意的是，反差显示系数中往往不考虑由障碍物前方路面反射产生的间接垂直照度。颜色较浅且散射性更强的路面会提高间接产生的垂直照度，从而降低反差显示系数，逆光束系统的效果也打了折扣。Adrian 和 Gibbons［1993，1999］引入了一种间接光分布的临时计算系统，但是其有效性不强。目前尚未出现一个完全有效的通用计算系统。

前面已经解释过，逆光束照明系统将大部分的光线迎面射向交通车流。大量光线以这样的入射角经过路面反射，射向驾驶员方向。道路表面在这样的光束角

与视角条件下，亮度系数很高（见本书第 12 章）。这一效应提升了照度转化为所需路面亮度的效率，因此逆光束照明系统有很高的亮度效率。然而，灯具中为了防止直射眩光而采取的特殊必要措施有时可能会抵消这一亮度效率上的优势。

前光束照明系统并没有逆光束系统所具备的高亮度优势。这意味着较高的水平照度，因此在灯具中还需要使用光通量更高的光源。这就是为什么隧道照明中极少使用前光束系统的原因。使用这一系统时，隧道顶壁上排列成线的明亮灯具所带来的视觉导向性也更弱。隧道灯具的亮度要达到一定等级才能起到隧道内视觉导向的作用［Narisada 等人，1977］。

最近日本开展了一项有关前光束照明设施的有趣研究。这项研究涉及了对于前车尾部以及一系列反射系数不同的小物体的可视程度［Hirakawa 等人，2007；Ito 等人，2011］。其中一项测试在同一隧道内对比了使用 LED 的前光束照明设施和一个使用低压钠灯的对称光束系统［Ito 等人，2013］。测试结果显示，前光束照明条件下对前车尾部的可视性更好。在显示能力计算（见 3.2 节）以及图 3.10 中定义的障碍物的基础上，该研究得到如下结论：前光束照明系统所产生的垂直照度如此之高，以至于许多障碍物都能在正反差下被看见。因此前光束系统的显示能力可以与对称光束系统相媲美：前光束系统显示能力为 86.6%，而对称光束系统为 87.0%。但是还应该注意，当使用长条形低压钠灯的情况下，很难准确地沿长轴形成对称的配光。光源的体积越小，比如管状高压钠灯或 LED，其产生的对称光分布就越有效。但是即便如此，前光束系统仍然亮度较低，且能耗更高。Ito 等人［2011］建议，如果可能，将前光束系统的照明水平减半，则会降低驾驶员们通过隧道时的自信感：他们可能会感到隧道入口像一个大黑洞，几乎没有灯具能够起到视觉导向的作用。

20.2.3　车流速度的影响

隧道的设计车速与隧道照明水平要求之间存在着重要的联系。在本节中将展示，车流速度对隧道前段入口区的照明水平要求有着直接的影响。车速越高，该区域的照明水平也应该更高。应该认识到，这一关系也对其他区域的照明要求产生了一定影响：如果入口区的照明水平更高，则过渡区的照明起始值也相应提高，降低到正常隧道区照明水平所需的过渡路段也更长。之后将进行量化的探讨。

20.2.3.1　适应状态

当驾驶员接近隧道口时，相对较暗的隧道入口以及周边环境在他视野中渐渐变大。从而，驾驶员眼睛的适应状态也逐渐下降。但是，在此过程中的任意时刻，视野中的亮度分布并不是决定他适应状态的唯一因素，由于“时滞”的产生，还取决于进入隧道之前所体验的亮度分布。基于许多不同实验［Schreuder，

1964，1971；Narisada，1972；Narisada 和 Yoshikawa，1974；CIE，1984]，人们已经很明确，隧道入口区所需的亮度最好由隧道周围上某一位置上的亮度决定，在这一位置上，驾驶员必须能够有效发现隧道入口处的障碍物。对于一个放置在隧道入口位置的障碍物，可以通过“决定制动点”来定义发现它的这一时刻。在隧道外的这一点上，驾驶员必须开始制动以便在隧道入口处停下。车速越高，决定制动点到隧道入口之间的距离就越长，在这一点上周边视野的亮度也更高，而且较暗的隧道入口在视野中仅占很小的比例。因此，车速越高，隧道入口区要求的照明水平也越高。

20.2.3.2 大气散射

车速之所以会对入口区所需的照明水平产生影响，还有另一个原因，即大气对光线的散射。这一现象的产生是由于，在驾驶员与隧道口之间的空气中悬浮着许多灰尘与其他微粒。光散射对人的干扰有些类似于在雾中驾驶：潮湿空气将光线散射入驾驶员的眼睛，妨碍了他的视线。即使是在天气相对晴朗的白天，这一现象仍然会影响隧道外驾驶员观察隧道入口区障碍物的视线。如果车速较快，则车辆的决定制动点与隧道口之间的空气层更厚，因此散射造成的负面效应也更加严重。只有在隧道中使用更高的照明水平，才能抵消这些干扰。

20.2.3.3 驾驶任务的难度

很明显，高速驾驶车辆比低速驾驶的难度更高。在速度更高、制动距离更长的情况下，障碍物的视角更小。因此，为了能在高速驾驶时及时看见障碍物，就必须提高障碍物的视觉反差，即要求相应提高照明水平。

20.2.4 均匀场亮度概念

在20世纪60年代，Schreuder 第一个开展了隧道照明相关的广泛研究[Schreuder，1964，1967]。通过这项研究，他得出了不同白天时段照明水平以及视觉任务参数下，隧道入口区域所需亮度水平的相关知识。至今这项研究成果仍被频繁引用。他在这项研究中使用了一个固定的实验室装置，其包括一个能够覆盖观察者整个视野范围的巨大均匀亮度屏幕。这一装置代表了驾驶员驶近隧道时的白天光照条件（见图20.6）。

屏幕上将会显示一个代表隧道入口区的方块，其中还有一个大小与反差都可以变化的小方块作为障碍物，显示时间为0.1s。实验中，大屏幕的亮度（适应亮度）以及方块的亮度（入口亮度）都会变化，而观察者则被要求对能否发现障碍物作出判断。实验结果显示[Mäder 和 Fuchs，1966；Narisada 和 Yoshimura，1974]，对于外界适应亮度大于100cd/m^{2}的条件下，只有当入口区的照明水平大于等于平均适应亮度的0.1倍时，才能及时发现视角为7′（障碍物大小为20cm×20cm，距离为100m），且临界反差值为0.2的障碍物。如果假设有一个

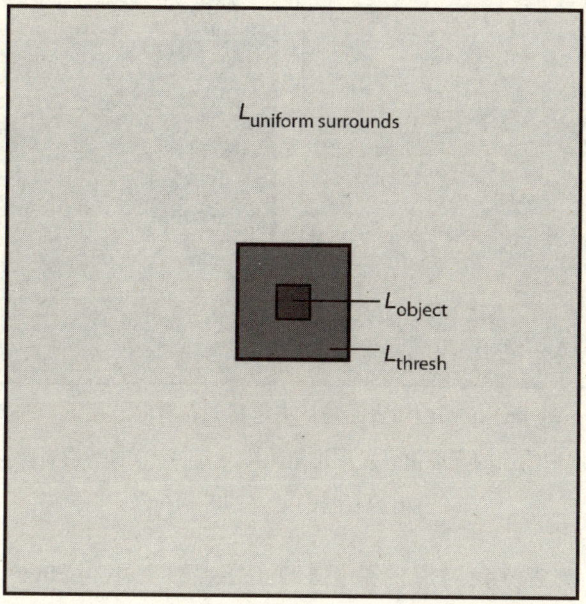

图 20.6　Schreuder 所用的固定实验室装置

临界反差值为 0.25，更易被发现的障碍物，则入口区亮度与平均适应亮度中的相应比值将从 0.10 降至 0.07，即可以减少 30% 的能耗。这一事实向人们说明，在决定隧道照明水平值时，临界反差值的选择是多么重要。

20.2.5　L_{20}的概念

Schreuder 的研究结论仅对均匀适应亮度有效。在实际情况中，很明显隧道入口周边的亮度分布并不均匀。这里引入了一个新的概念来解决这一实际问题，在考虑周边亮度不均匀的情况下，使用这一概念可以确定驶近驾驶员的视觉适应状态。这一概念被称为 L_{20} 概念。L_{20}指的是一名处于决定制动点，正对隧道入口的观察者眼睛中 20°锥形视场内的均匀亮度［CIE，1973，2004；Narisada 等人，1979；van Bommel，1981］。图 20.7 中的例子显示，不同周边环境亮度下隧道的 L_{20}数值也各有不同。图中左边隧道的 L_{20}数值为 5100cd/m^2，右图中 L_{20}数值仅为 2400cd/m^2。

对于与 Schreuder 实验难度相同的视觉任务（即障碍物反差值为 0.2，视角为 7′，观察时间为 0.1s），所需入口区亮度与 L_{20} 数值之间的比值必须如下［CIE，1990，2004］：

- 对于对称光束系统：$L_{th}/L_{20} > 0.06$；
- 对于逆光束系统：$L_{th}/L_{20} > 0.05$。

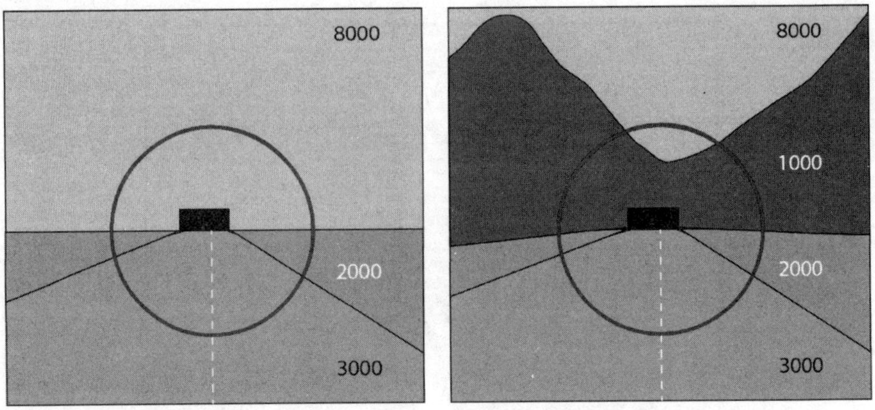

图 20.7 L_{20}概念。圆圈代表的是从决定制动点看向隧道入口的20°视锥。对于这些案例中给出的亮度值，左图隧道圆圈（L_{20}）内的平均亮度为5100cd/m²，有山的右图中则为2400cd/m²

如上所述，7′观察角对应的是从100m外观察大小为20cm × 20cm的障碍物。在这里使用100m是因为当车速为80km/h时，决定制动点距离隧道入口大约为100m。车速越高，要求的这一比值也要更高，原因是，高车速的决定制动点距离更长，从而发现障碍物的视角就更小。比如对于相同的障碍物，车速为120km/h时的比值如下：

- 对于对称光束系统：$L_{th}/L_{20} > 0.10$；
- 对于逆光束系统：$L_{th}/L_{20} > 0.07$。

有些时候，简单的L_{20}概念也可以替代较为复杂的光幕亮度概念来使用。20.2.6节中将介绍光幕亮度这一概念。

20.2.6 光幕亮度概念

当驾驶员离隧道入口更近时，视场中央附近亮度比视场外围亮度在驾驶员的适应状态中起到了更大的作用。在L_{20}概念中，并没有采纳周边亮度的“位置”效应：当计算20°视角内的平均值时，所有位置的权重都相同。很久以前，就有人提出考虑位置效应的概念方案［Adrian，1976，1982］，现在它已经成为了国际上隧道照明最新建议的基础［CIE，2004］。该概念将明亮的周边环境作为许多眩光源看待，由于眼球内的光线散射，这些“眩光源”会降低隧道内障碍物的反差度（见图20.8）。

在这一概念中，驾驶员的体验与夜间在露天道路上驾驶完全相同，观察前方道路的同时要承受道路照明灯具带来的眩光（见3.1.3.1节）。大量来自隧道入口周围的光线进入驾驶员的眼睛，其中部分光线在眼球晶状体与玻璃体中发生散射，最终到达中央凹部位。这部分光线在视场中央清晰的成像（包括隧道入口与障碍物）上产生了一个明亮的重叠光幕。对应光幕亮度的数值取决于每块明亮区域的位置，并可以用与道路照明灯具完全相同的公式来表达：

$$L_{\text{seq}} = \frac{10E_{\text{eye},i}}{\theta_i^2}$$

式中，L_{seq}是周边亮度所产生的光幕亮度；$E_{\text{eye},i}$是由各明亮区域在眼睛上产生的照度值（见图 20.9）。

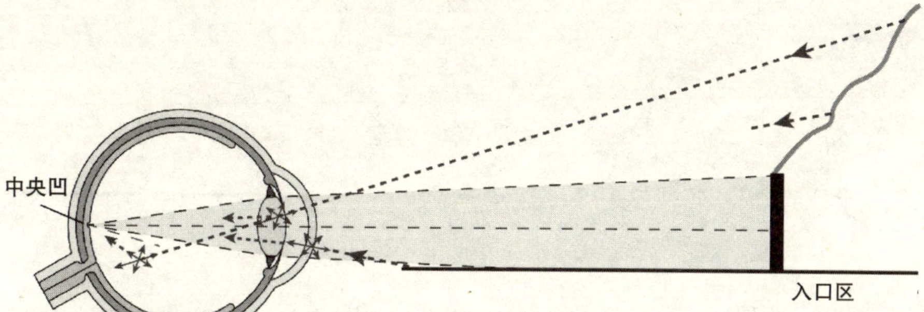

图 20.8　来自隧道周边环境的光线在驾驶员眼球内发生散射并到达中央凹部位，且与视场中央锐利的图像叠加。图中大小不代表实际比例（见封三彩图）

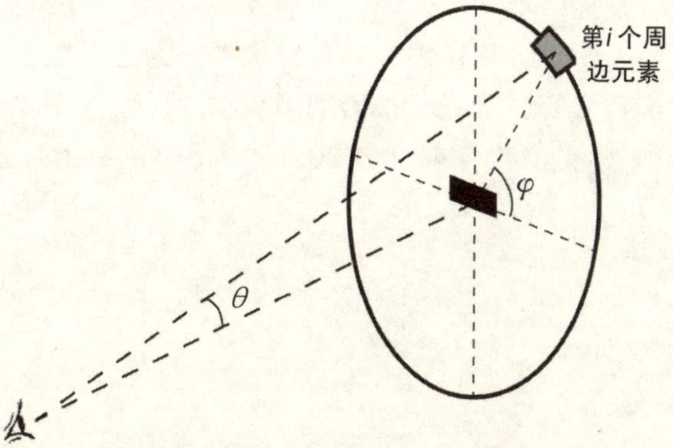

图 20.9　光幕亮度 L_{seq} 计算的几何示意图

由于隧道照明专家们通常使用“等效光幕亮度”来作为“光幕亮度”。在本书隧道照明部分中也使用这一表达方式。㊀

光幕最终将会导致驾驶员视野中障碍物反差程度的降低。

在之前提过，由于驾驶员与隧道入口之间的空气中存在着灰尘微粒，经这些

㊀ 开放路面照明中控制眩光所用参数 L_{veil} 与 L_{seq} 实际上完全相同，L_{seq} 中的“s”来自“眩光”的德语单词“Schleier”。

微粒散射的自然光线会妨碍入口区障碍物的能见度。一部分视锥内散射的光线到达中央凹部位，并与中央凹上清晰的隧道入口成像相重叠（见图 20.10）。这一现象会进一步降低障碍物的反差值。另一部分在视锥外部发生散射的光线仍然可以进入眼睛并再次散射到达中央凹。这些自然光线的二次散射效应（图 20.10 中用黑色标出）通常较小，因此基本可以忽略不计。

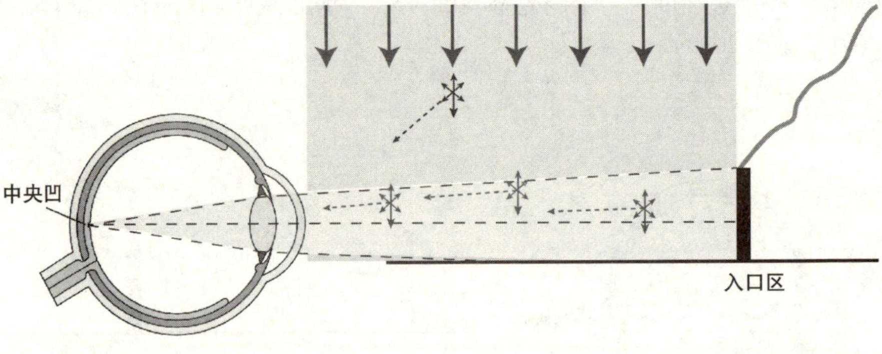

图 20.10　驾驶员眼睛与隧道入口之间大气中产生的散射光线（红色与灰色分别代表视锥内外的散射光线）射向驾驶员眼球的中央凹部位。图中大小不代表实际比例（见封三彩图）

如果明亮的自然光线照射到汽车的风窗玻璃上，部分光线会在风窗玻璃上散射并进入驾驶员的眼睛，从而降低视野中障碍物的反差值。风窗玻璃较脏时这一效应会更加严重。同样地，这部分视锥内由风窗玻璃散射的光线也会部分到达中央凹部位，并与隧道口成像重叠，降低了视野中障碍物的反差（图 20.11 中用红色标出）。由视锥外光线产生的二次散射（图 20.11 中用黑色标出）也较小，同样可以忽略。

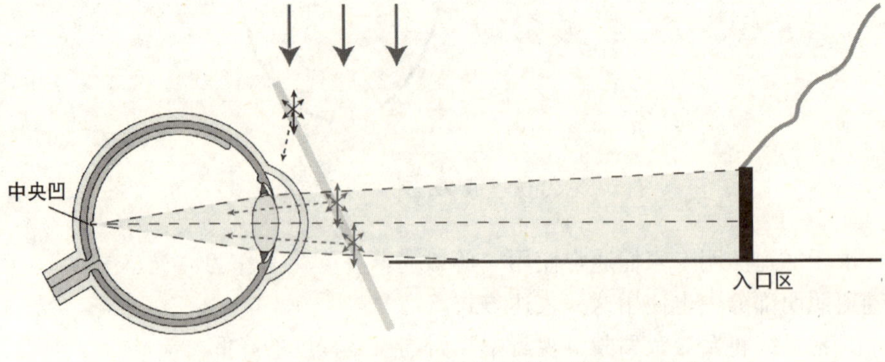

图 20.11　来自车辆风窗玻璃的散射光线射向驾驶员眼球的中央凹部位。图中大小不代表实际比例（见封三彩图）

光幕亮度总共有 3 种不同的来源：

- 明亮的隧道口周边光线产生的眼内散射（L_{seq}）；
- 由人与隧道口之间大气微粒散射产生，并进入中央凹的光线（L_{atm}）；
- 由风窗玻璃散射产生，并进入中央凹的光线（L_{ws}）。

以上 3 种来源的光幕都会导致接近区内驾驶员视野中入口区障碍物反差度的下降。

CIE［2004］要求，入口区亮度必须确定感知反差度的最小数值，其公式为

$$L_{th}=\left\{\frac{(\tau_{ws}L_{atm}+L_{ws}+L_{seq})}{\tau_{ws}}\right\}/\left\{\frac{1}{C_{perc}}\left(\frac{\rho}{\pi q_c}-1\right)-1\right\}$$

式中，C_{perc}为最小所需感受反差度；ρ 为临界障碍物的反差度；q_c为照明系统（对称光束或逆光束）的反差显示度；τ_{ws}为风窗玻璃的透光度。

大气微粒所产生光幕亮度（L_{atm}）的典型数值约为 200cd/m^2，风窗玻璃所产生光幕亮度（L_{ws}）约为 100cd/m^2［Padmos 和 Alferdinch，1983］。这些典型值对应的是水平照度约为 100000lx 的高日照水平。如果大气污染较为严重，或者风窗玻璃较脏，则这些数值还会上升。通常风窗玻璃的透光度都在 0.80 上下，这意味着来自周边环境以及大气微粒的散射光线也应按照这一比例计算。图 20.12 显示，如果使用这些典型值，则临界感受反差值为 0.28 时，所需的入口区亮度（L_{th}）为等效光幕亮度（L_{seq}）的函数。在 CIE 最新的建议文件中，为了确定入口区的亮度值，推荐最小感受反差值为 0.28（同时障碍物的反射系数为 0.20）［CIE，2004］。

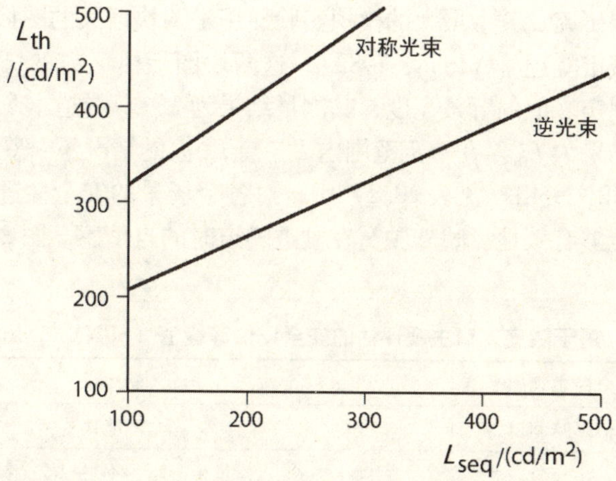

图 20.12　对称光束照明系统以及逆光束照明系统中，入口区所需亮度（L_{th}）与等效光幕亮度（L_{seq}）之间的函数关系。L_{th}的数值基于主观反差值为 0.28、障碍物反射率为 0.20、L_{atm}为 200cd/m^2、L_{ws}为 100cd/m^{2}且 τ_{ws}为 0.8 的情况计算得出

20.2.7 入口区的长度

入口区照明的目的是产生一个背景亮度，以便驾驶员在进入隧道之前就能轻易发现入口区内路面上任意位置的障碍物。因此，入口区照明应该能够延伸至隧道内与安全制动距离相等的长度。即使驾驶员的眼睛没能及时适应亮度的变化，由于在从决定制动点到隧道口的行驶过程中，相对较暗的隧道口在视野中的比例逐渐增加，因此适应状态还是有所下降。因此，入口区中的照明水平应该随着深度的增加而逐渐下降。CIE［2004］允许照明水平从半制动距离到入口区终点的区间内，从初始数值线性下降大约60%。

20.2.8 驾驶自信感

即使隧道照明的视功能各方面都足以及时发现障碍物，隧道入口仍然可能看起来像一个黑漆漆的大洞。在接近区与隧道内，腾挪的余地比露天路面受限不少。这一切可能会对驶近隧道的驾驶员的驾驶自信感造成负面的影响。一些驾驶员此时会感到缺乏安全感或无把握，还有少数会感到极度焦虑。之前已经解释过，这一现象可能会导致踌躇不定的驾驶行为，例如完全无必要的减速甚至制动，或是离开隧道侧壁更远。的确，针对现有隧道的主观评价结果显示，驾驶员对不同隧道入口以及周边环境有着不同的评价。多数这类评价都是在无障碍物的环境中进行的，因此，对驾驶自信感的评价也没有受到实际中光线对视功能的影响。

在实际情况下，进行这方面的严谨研究是相当困难的。但是已经有人在实验室内完成了模拟研究。其中最大的模拟实验使用了两块巨大的图板来分别模拟典型山洞隧道以及城市隧道［Adrian，1982］。这两块图板由后方的灯箱进行照明，以产生最高可达现实峰值的背景亮度，其测量结果为L_{seq}。隧道本身的亮度可以单独调整，其测量结果为L_{th}。在一定范围内L_{seq}与L_{th}值的情况下，观察者们被要求在安全评估等级SRN表格（见表20.2）中，对各个场景的安全性进行主观评估。这些评估等级值能够有效地反映驾驶员在驶近隧道时的自信感。图20.13中给出了评估结果。

表20.2 用于隧道入口主观评估的安全评估等级值（SRN）［Adrian，1982］

SRN	安全性主观感受	简述
1	似黑暗洞口	完全不能接受
3	不充分	入口过于黑暗，不足以安全驶入
5	中等	刚好满足安全驶入的最低要求
7	良好	满意，驾驶员驶入时有安全感
9	优秀	观察条件非常良好

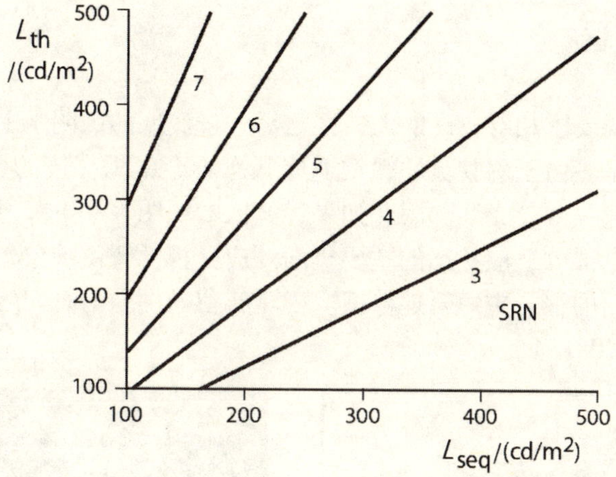

图 20.13　SRN 与入口区亮度 L_{th} 以及周边环境光幕亮度 L_{seq} 的函数关系［Adrian，1982］

从图 20.13 中可以明显看出，L_{th} 大于 300 cd/m^2 的入口区至少应该能提供评估结果“良好”（SRN≥7）的照明条件。为了将此结果与之前视功能的结果进行比较，图 20.14 将图 20.13 中 $L_{seq}-L_{th}$ 评估曲线与图 20.12 中的视功能评估曲线相叠加。当 L_{seq} 数值在 100～300cd/m^2，对称光束照明系统的主观评估为“及格”至“良好”（SRN 为 5～7），而逆光束系统则为“不足”至“刚够”（SRN 为 4～6）。如果两种情况的视功能大致相同，则逆光束系统情况下驾驶员的自信感要明显低于对称照明系统情况下驾驶员的自信感。

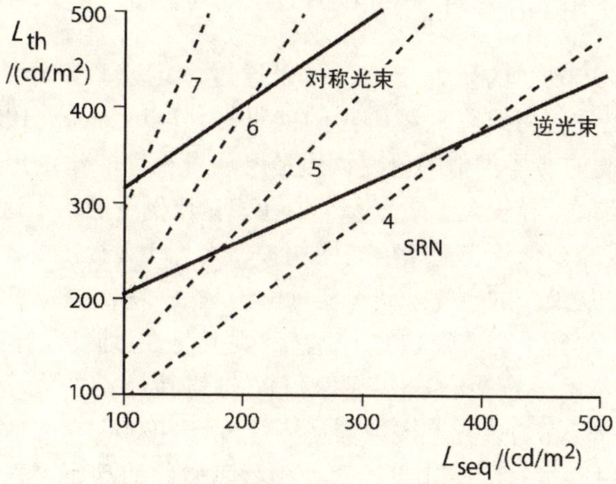

图 20.14　SRN 与图 20.13 中临界感受反差值为 0.28 的 $L_{th}-L_{seq}$ 函数曲线进行的叠加

20.3 过渡区

经过对照明要求相对较高的入口区之后，过渡区的照明水平可以逐渐下降至一个较低的水平。由于驾驶员的视觉适应状态不会根据亮度的变化而迅速调整，而是仅仅能适应一部分光线。因此如果过渡区的照明水平下降过快，则会有损可视性与视舒适。部分适应状态的主要负面效应是视觉暂留现象，即之前较亮的场景图像会在之后的视野中短暂地停留。视觉暂留的图像与真实场景的色彩与对比度相反（见图 20.15）。

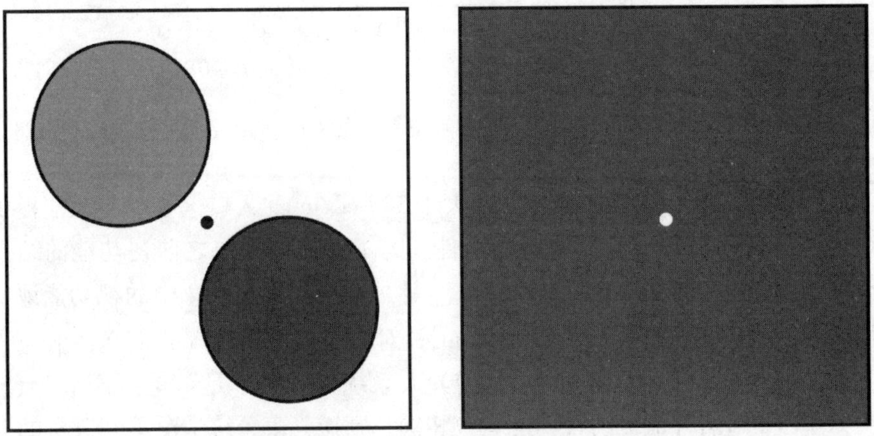

图 20.15 当将视线注意力集中于明亮图片上大约 20s 之后（注视图中黑点），再将视线转移到较暗图片上（注视图中白点），即可感受到视觉暂留效应（见封三彩图）

Schreuder［1964］的研究指出，可以通过一定速率来降低过渡区的亮度，使其不会产生视觉暂留或降低障碍物的能见性。Kabayama［1963］与 Mäder 和 Fuchs［1966］也进行了类似的研究，但是仅从可视性的角度出发。各项研究中的亮度下降起始值差异较大。图 20.16 中在相对比例下展示了这些不同的结果。

合理的亮度减少值仅与初始值略微相关，而且 3 人提出的 3 条曲线之间也比较接近。但是，从最早的研究开始，实际隧道驾驶体验结果显示：当实际应用这些下降曲线时，驾驶员会有强烈的不适感，尤其是在过渡区的出口处，驾驶时的自信感低得令人无法接受。这一现象可能与驾驶员不能完全适应光线有关。Bourdy 等人［1987］通过隧道模拟器确定了始于 4000cd/m^2，分别止于 5cd/m^2 与 1cd/m^{2}的两种亮度过渡模式下，两种小型障碍物的动态可视性阈值。在实验中，他们估算了由于对比动态反差阈值与固定反差阈值而产生的时间性适应缺陷（对持续固定亮度值有效），图 20.17 展示了这一结论。从图中可以看出，进入

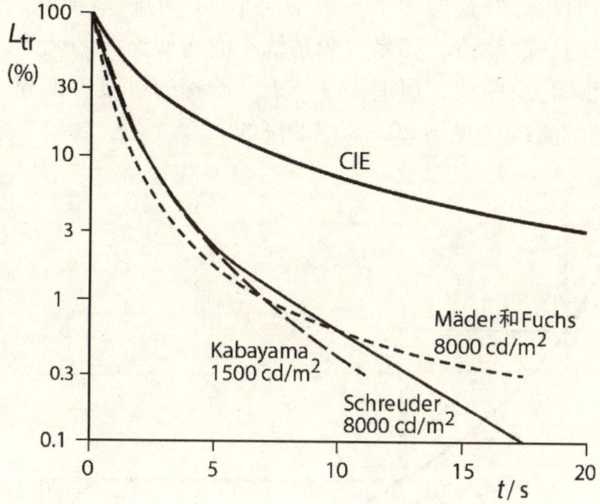

图 20.16　来自 CIE 以及标示研究者的过渡区亮度 L_{tr} 相关的亮度下降曲线以及亮度下降起始值

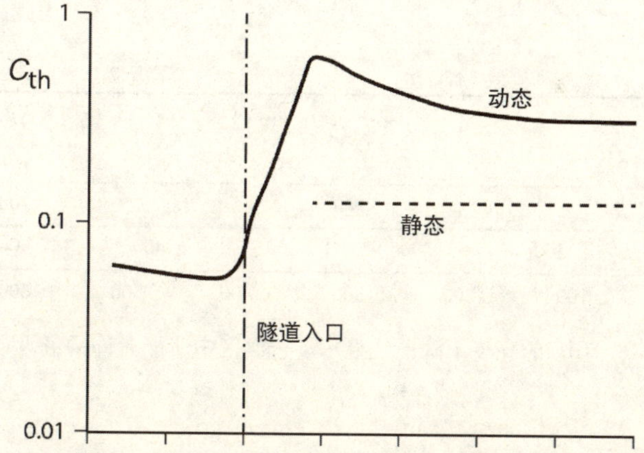

图 20.17　时间性适应缺陷：当驾驶员进入一条亮度由 4000cd/m² 过渡至 1cd/m² 以及 5cd/m² 的虚拟隧道前后的动态与固定的反差阈值［Bourdy 等人，1987］

隧道之后仅仅经过了 35s，适应状态就趋于稳定，当车速为 100km/h 时，行驶距离大约为 1km。这里请注意，反差阈值的动态稳定值仍然高于固定值。

CIE 为过渡区定义了一条亮度下降曲线，该曲线是技术委员会对大量不同隧道评估结果的一个重要组成部分。之前图 20.16 中已经进行了展示。在图 20.18

中再次给出这一曲线，并且增加了多条不同车速下的距离横轴。100% 位置对应的是入口区中点的亮度数值。如果照明系统不能实现连续的调光，则也可以使用阶梯折线近似代替光滑曲线，但前提是与下一阶梯的过渡不能超过 3∶1，并且不能低于原来的光滑曲线（见图 20. 18 中的虚线）。

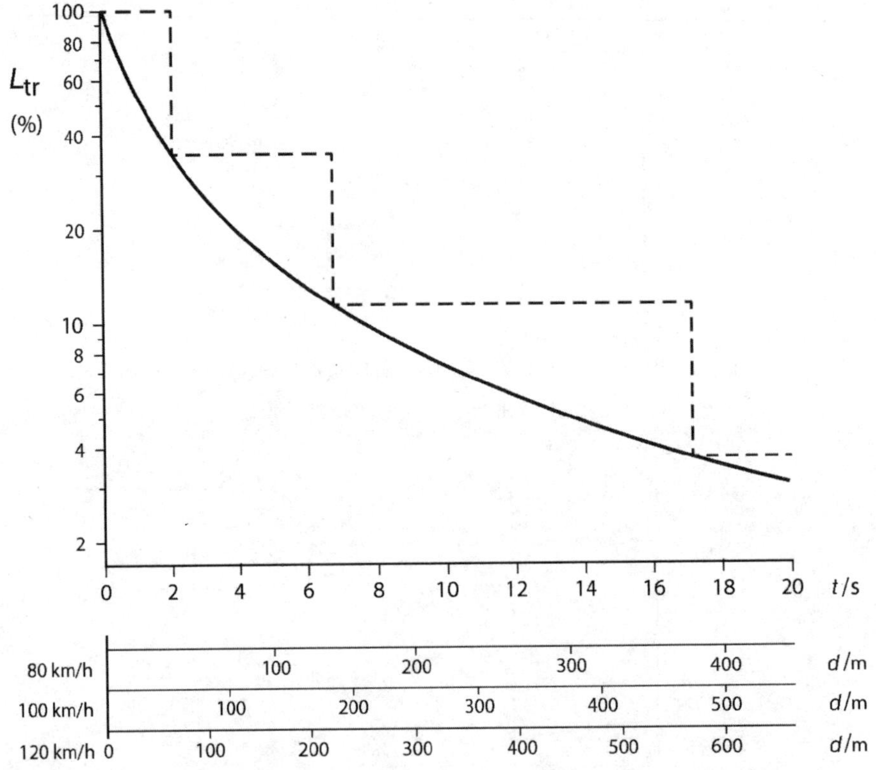

图 20. 18　CIE 的亮度下降曲线显示了过渡区中所能允许的最大下降率

20. 4　隧道区

在长隧道中，过渡区之后就是隧道区，由于驾驶员的视觉已经完全适应，因此该区域中的亮度水平保持不变。如之前所述，在隧道区的起始区段，视觉适应尚未完全完成，因此有必要布置高于夜间露天道路静态适应所需的亮度。即使是在视觉适应逐渐完全的超长隧道中，照明水平依然要高于夜间露天道路的水平。这是因为隧道中的空间较小，不便修正错误以及规避障碍物，如果发生事故，后果往往会更加严重。实际体验显示，隧道区内较为推荐采用 2 ~ 10cd/m^2 的亮度水平，对于车流较少、车速较低的隧道，也可以使用更低的亮度。

20.5 出口区

当驾驶员驶近隧道出口时，适应状态会逐渐上升，这是由于随着距离的见长，明亮的出口在视野中越来越大。由于从低到高的亮度适应过程几乎可以在瞬间完成，并且出口处的障碍物也会在明亮的背景下十分醒目，因此此区域不需要增加额外的照明。为了确保后视镜中的清晰视野，出口区的照明与隧道区保持同一水平即可。

20.6 均匀度与眩光控制

与普通的道路照明一样，路面最小亮度与平均亮度的比值，即总体均匀度 U_o，主要对视功能产生影响，而道路长轴上最小亮度与最大亮度的比值，即纵向均匀度 U_l，则主要影响视舒适性（见本书 4.2 节）。相比于普通道路所常用的 U_o与 U_l范围，隧道中所有区段的照明都应该采用更高的数值标准，U_o至少为 0.4，U_l至少为 0.6。在隧道中，2m 以下的内壁部分形成了视野中其他车辆的背景，因此这部分内壁的平均亮度应该至少为平均路面亮度的 0.6 倍。

依然与普通道路照明相同的是，为了保证充分的视功能水平，灯具产生的眩光应该受到控制。本书 3.1.3 节中描述的阈值增量（TI）概念仍然适用于隧道内所有区段的照明。之前 3.1.3 节中给出的 TI 方程在路面亮度小于 5cd/m^{2}时成立。对于隧道内更高的路面亮度，平均路面亮度所造成的影响也有小小的不同，如下式所示：

$$\mathrm{TI} = \frac{L_{\mathrm{veil}}}{L_{\mathrm{av}}^{1.05}}$$

式中，L_{veil}是隧道灯具所产生的光幕亮度。

普通道路照明中更为严格的 TI 值应该能够满足隧道照明的要求，即 TI 可以高达 10%。然而由于隧道顶壁较低，限制了灯具的安装高度，因此实际上较难以实现。

20.7 闪烁

当驾驶员在隧道中行驶时，沿隧道顶壁或侧壁交错安装的灯具可能会在视野中产生不适且分散注意力的闪烁感受，这可能会造成自信心的下降。闪烁有两个成因：一是由于灯具在驾驶员视野边缘不停出现并消失而造成；其二是由于光滑表面上光源的反射，例如自身车辆的发动机盖与前方车辆的尾部。驾驶员受闪烁干扰的程度主要取决于以下因素：

- 每秒内产生的闪烁数量（闪烁频率）；
- 经历闪烁的总时长，比如在闪烁环境内停留的时长；
- 灯具的光度学特性，尤其是亮度峰值与配光的截止锐度。

在实验室中，光源被安装在传送带上向观察者方向移动以模拟行驶中的情况。实验结果清楚表明，只要在正常的隧道照明环境中闪烁的频率小于 2.5Hz（每秒闪烁次数）或大于 15Hz [Jantzen，1960；Schreuder，1964；Walthert，1977]，则不会对驾驶员产生干扰。当闪烁频率在 5～10Hz 时，其产生的干扰最严重。闪烁的频率取决于行驶速度以及隧道灯具的间距。目视闪烁的时长对干扰性闪烁的频率范围有一定影响，即目视闪烁时长越短（即隧道越短），干扰性频率的范围就越小 [Walthert，1977]。图 20.19 中给出了为避免干扰性频率范围所需的灯具间距与车速之间的关系。

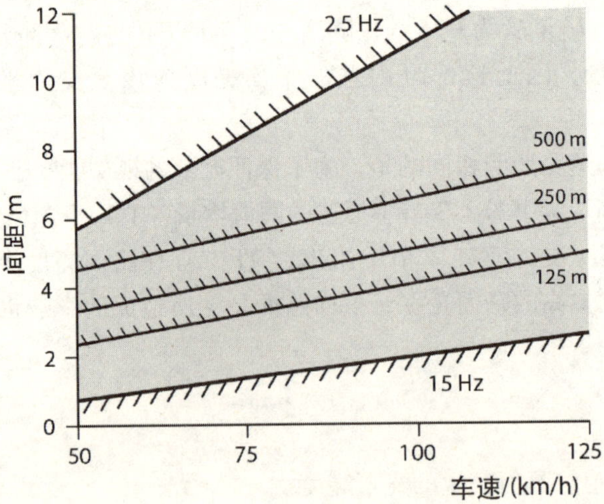

图 20.19 为避免干扰性的闪烁产生而禁用的灯具间距（阴影区）与车速之间的函数关系，以及受隧道长度影响的目视闪烁总时长效应 [Walthert，1977]

在隧道区内，由于其相对较低的照明水平，通常仅需要少量的灯具，灯具之间的距离也往往长达数米。如图 20.20 上图所示，这一间距可能会对在许多速度下行驶的车辆带来闪烁干扰。但如果将灯具以 3 台为 1 组的方式进行布置，则可避免大多数车速情况下的闪烁困扰（见图 20.20 下图）。与此同时，间距与安装高度之比（s/h）也较小，足以提供充分均匀的路面亮度。

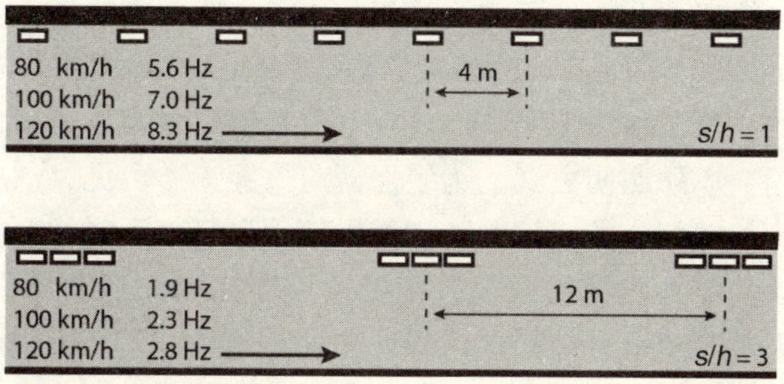

图 20.20　在隧道区中通过将灯具分组安装以避免闪烁困扰

20.8　夜间照明

本书已经多次强调，由于空间的限制，隧道往往比露天道路危险许多。而且，驾驶员在隧道中驾驶时经常会感到缺乏自信。因此在夜间，隧道内的亮度水平（路面亮度与 2m 以下内壁的亮度）应该不低于相邻外部道路的亮度要求，如果高一点则更好（见本书 9.1.1 节）。在邻近外部道路没有照明的情况下，隧道内至少应该达到 $1cd/m^2$ 的照明水平。在夜间，如果与隧道出口相接的道路没有照明，则会在隧道出口处产生危险的黑洞效应。为了避免这一问题并且促进视觉适应，在路面的延伸段需要一定的过渡照明。过渡照明应该覆盖 200 ~ 300m 的路段，并且当隧道照明水平高于 $2\ cd/m^2$ 时，还应该以不超过 3∶1 的速率逐步下降。

显而易见，夜间的隧道照明也应该符合相同的均匀度、眩光以及闪烁控制的要求，一切此类标准都应完全按照白天的隧道照明要求。

20.9　应急照明

当隧道照明的日常供电系统突发技术故障时，就必须要使用备用照明。此时应急照明的任务就是使车辆安全地从出口驶离隧道。为此就需要一台备用的不间断电源，通过电池自动向照明设备提供持续的电力。备用电源应该足以为少量灯具供电，以便在夜间环境下路面仍有至少 10lx 的平均照度，并且任一点上的最小照度应至少为 2lx。备用应急电源的供电持续时间取决于隧道的长度。当然，应急照明点亮的同时，隧道外也应该显示适当的信号以阻止车辆继续进入。

当隧道内的突发情况影响到了隧道照明的正常工作时，此时便需要开启应急照明。应急照明应该能够向驾驶员提供导向以及能见度，以便车流尽快离开隧道。并且还应该能够帮助人们离开车辆，步行至隧道出口进行疏散。国家标准与地方标准中往往规定了此类应急照明的相关要求。因此在这里，仅会基于CIE指南［CIE，2010］进行一些基本的相关介绍。当然，与备用照明一样，应急照明应该是不间断的。为了在突发断电的情况下将车辆引导至隧道出口，使用备用照明时也应该采用上述的照明方式。为了保证应急停车道可见，这些区域的水平照明水平应该达到相邻车道的3倍左右。如果使用看起来不同的照明系统将应急停车道照亮，使得其更加容易被看见，则仅需使用相邻车道上两倍的水平照明水平。为了将行人及时疏散，疏散通道导向照明系统中也应该使用备用应急照明。这些灯具应该同时布置在隧道两边，为了保证烟雾情况下的能见性，安装高度不应超过1m，相邻间距也不超过10m。紧急出口与其周围（离出口2m左右）应该非常清晰可见，因此平均照度要高出附近内壁3~5倍。在隧道正常投入使用时，这些照明也必须开启，以便所有隧道用户都能够知道紧急出口的位置与状况。在紧急情况下，应该开启出口四周的紧急出口绿色指示灯（闪烁更佳）。

20.10 短隧道与地下通道

20.10.1 机动车交通的短隧道

如果一条隧道的明亮出口能占据位于决定制动点上驾驶员视野中相当大的一部分比例，则基本上在白天就不需要额外的照明（见图20.21）。这类隧道或地下通道内的障碍物在明亮背景下能够以轮廓形式被发现。但是如果明亮出口周围的黑暗内壁框架太大，且日光不充分，障碍物将很难被发现。

障碍物在明亮出口背景下的轮廓形式是否清晰主要取决于以下这些因素：

- 隧道或者地下通道的结构，尤其是隧道的长度，以及隧道与延伸道路是否弯曲或存在骤降的情况。
- 能够观察隧道时离隧道的距离，距离越大，则黑暗内壁框架越小。
- 隧道内受到日光照射的程度。如果隧道位于开阔地区，出口周围没有高楼或树木，则其受日光照射程度较好。如果出口朝北，则受日光照射程度低于其他朝向。内壁反射系数较高的隧道也会改善隧道内的日照条件。
- 可能出现的障碍物的种类。车辆等大型目标在明亮出口背景下比小型目标，如行人与骑车者等，更易形成清晰的轮廓。后者在黑暗内壁框架背景下更不容易被发现。

一种针对隧道结构以及观察距离的度量被称为“视透率”（LTP），其定义为明亮出口与隧道入口的透视面积之比［Schreuder，1998］。其表达式为（见图20.22）

图 20.21　一条典型的中央出口明亮、内壁框架较暗的短隧道

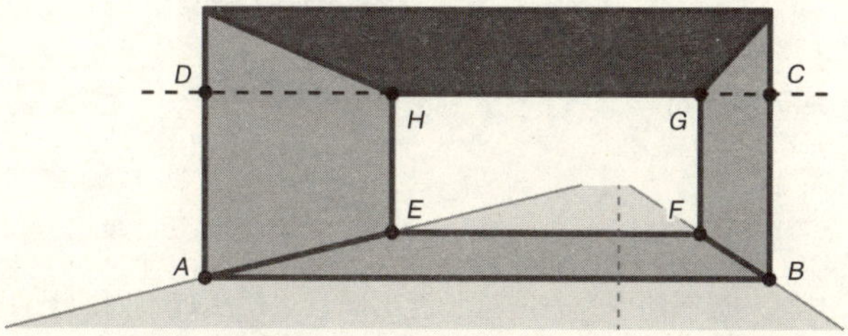

图 20.22　LTP 中使用的明亮出口（*EFGH*）以及入口（*ABCD*）的透视图

$$\mathrm{LTP} = 100 \times \frac{EFGH\text{ 面积}}{ABCD\text{ 面积}}$$

式中并未考虑顶壁的面积，这是由于在视野中，障碍物往往不会大到以顶壁作为背景出现。进入隧道的日光可能会照亮一小部分入口与出口处的路面或墙面。因此黑暗内壁框架的深度变浅：入口处大约为 5m，出口处则为 10m 左右。LTP 值可以作为检验一条短隧道或地下通道是否需要白天电气照明的标准：

LTP <20：白天需要电气照明；

LTP >50：白天不需要电气照明。

LTP 值为 20% ~50% 时，是否在白天也需要电气照明取决于实际进入隧道的阳光总量以及隧道内可能会出现的障碍物种类。在分析不同障碍物形成轮廓的程度时，绘制透视草图会起到很大的帮助（见图 20.23）。在此中间区间内，如果分析结果显示关键障碍物无法产生足够的轮廓效应，则需要实施完全的入口区照明。

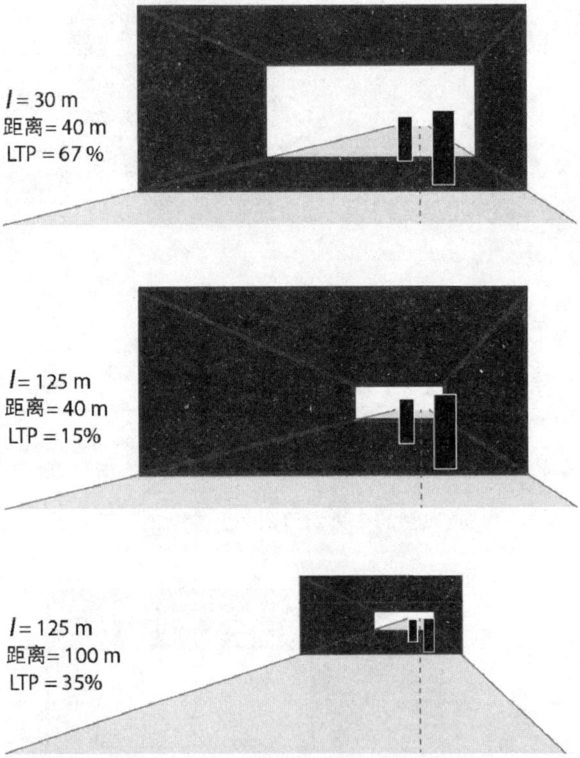

图 20.23　透视图中，在隧道长度不同且观察距离不同的条件下，障碍物（0.5m × 1.8m 的行人）的轮廓效应等级

20.10.2　行人以及骑车者专用地下通道

鉴于行人以及骑车者较慢的速度，他们在白天进入一个相对较暗的地下通道时，视觉适应的延迟往往不成问题。天黑时地下通道内的照明水平仅需满足白天时的自然光水平即可。但是，还需要从安全性的角度额外加以考虑。许多行人与骑车者在地下通道内会感到害怕，并且的确在面对威胁与袭击时处于弱势。内墙与出口处明亮的地下通道可以使得用户在视觉上对周围的环境有大致的了解，因此增加了安全感。与此同时，袭击者知道明亮的环境更容易暴露自己，因此打消犯罪的念头。行人与骑车者的视觉适应延迟会对地下通道的视在亮度产生负面影响。实践证明，为了产生所需的视在亮度，实际亮度至少需要达到20cd/m^2。这

意味着在反射系数较高的墙面（大于 0.60 左右）以及出口处，至少需要达到 100lx 左右的照度。对于当行人与骑车者穿过隧道或地下通道时，那些与他们正常视线重合的墙面部分，这一照度要求尤为重要。

参考文献

Adrian W (1976) Method of calculating the required luminances in tunnel entrances. Light Res Technol 8(2):103–106

Adrian W (1982) Investigations on the required luminance in tunnel entrances. Light Res Technol 14:151–159

Adrian W, Gibbons RB (1993) Amendments in calculating STV: influence of light reflected from the road surface on the target luminance. In: Proceedings of the 2nd international symposium on visibility and luminance in roadway lighting. Lighting Research Institute, New York, pp 93–101

Adrian W, Gibbons RB (1999) Influence of pavement reflection on target visibility. J Illum Eng Soc Summer 28:102–112

Blaser P, Dudli H (1993) Tunnel lighting: method of calculating luminance of access zone L_{20}. Light Res Technol 25(1):25–30

Van Bommel WJM (1981) Tunnel lighting practice world-wide. Light Res Technol 13(2):80–86

Bourdy C, Chiron A, Cottin C, Monot A (1987) Visibility at a tunnel entrance: effect of temporal adaptation. Light Res Technol 19(2):35–44

CIE (1973) International Committee on Illumination Publication 27:1973, Recommendations for tunnel lighting. CIE, Vienna

CIE (1984) International Committee on Illumination Publication 61:1984, Tunnel entrance lighting, a survey of fundamentals for determining the luminance in the threshold zone. CIE, Vienna

CIE (1990) International Committee on Illumination Publication 88:1990, Guide for the lighting of road tunnels and underpasses. CIE, Vienna

CIE (2004) International Committee on Illumination Publication 88:2004, Guide for the lighting of road tunnels and underpasses. CIE, Vienna

CIE (2010) International Committee on Illumination Publication 193:2010, Emergency lighting in road tunnels. CIE, Vienna

Hirakawa S, Sato M, Sugawara T, Toeada K, Ito H, Sakamoto S (2007) Total revealing power for tunnel lighting (the second report). Proceedings of 26th session of CIE, Beijijng D4:148–151

Ito H, Souma R, Sato M, Sakamoto S (2011) Visibility of critical objects and preceding cars for tunnel entrance lighting. Proceedings of 27th session of CIE, Sun City, pp 730–737

Ito H, Uruno T, Hirakawa S, Sato M (2013) Visibility of the critical object and energy efficiency of pro-beam lighting for tunnel interior lighting. Proceedings of CIE centennial congress, Paris, CIE x038:2003:1083–1091

Jantzen R (1960) Flimmerwirkung der Verkehrsbeleuchtung. Lichttechnik 12:211

Kabayama H (1963) Study on adaptive illumination for sudden change of brightness. J Illum Eng Inst Japan 47:488–496

Mäder F, Fuchs O (1966) Beitrag zur Frage de Eingangsbeleuchtung von Strassentunneln Bull. SEV (Switzerland) 57:359–366

Narisada K (1972) Latest research in tunnel lighting in Japan. Highway Res Circ 137:9–27

Narisada K, Yoshikawa K (1974) Tunnel entrance lighting effect of fixation point and other factors on the determination of requirements. Light Res Technol 6(1):9–18

Narisada K, Yoshimura Y (1974) National Technical Report 20:287

Narisada K, Yoshikawa K, Yoshimura Y (1979) Adaptation luminance od driver's eyes approaching a tunnel entrance in daytime. Proceedings of 19th session of CIE, Kyoto P79.64

Narisada K, Inoue T, Bjørset HH (1977) Tunnel lighting: Luminous intensity of luminaires to guide approaching drivers. J Light Vis Environ 1.2:45–50

Padmos P, Alferdinck WAM (1983) Straylight from atmosphere and windscreen, related to the surround luminance of tunnel entrances. Proceedings of 20th session of CIE, Amsterdam

Schreuder DA (1964) The lighting of vehicular traffic tunnels. Thesis, University of Technology Eindhoven

Schreuder DA (1967) Tunnel Lighting. In: Public lighting. de Boer JB (ed) Philips Technical Library, Eindhoven

Schreuder DA (1971) Tunnel entrance lighting—a comparison of recommended practice. Light Res Technol 3(4):274–278

Schreuder DA (1998) Road lighting for safety. ICE Publishing, London

Walthert R (1977) Tunnel lighting systems. Int Light Rev 4:112

第 21 章　标准与建议

摘要　之前内容中的许多研究结果都被转化为对隧道照明设计的实际建议。这些建议往往是基于委员会成员对许多现有隧道以及照明设计进行评估的基础上得来的。在本章中，首先将探讨国际照明委员会（CIE）对隧道照明提出的建议。CIE 同时考虑了机动车专用长隧道、机动车专用或者行人与自行车专用的短隧道以及地下通道。CIE 建议往往被世界上许多国家或地区作为隧道照明指南使用。其中的一个例子就是本章将讨论的北美隧道照明标准，其采用了部分旧版 CIE 建议，也同时采用了部分当前的 CIE 建议。本章的焦点是各项标准与建议在规范隧道照明时所使用的方法。有关更详细的内容可以参考相关的出版物。

本章所涉及所有规定值皆为维护值。即在照明设施的整个生命周期内，都必须符合规定值。在确定新建照明设施的设计参数时，都必须考虑合适的维护系数，以防光源与灯具的性能随时间而产生衰减（见本书 13.5 节“维护性”）。由于版权的原因，本章只能给出部分标准与建议。

21.1　CIE 建议

CIE 针对隧道照明的最新建议文件发表于 2004 年，全名为《公路隧道与地下通道的照明指南》[CIE，2004]。

21.1.1　入口区

对于整条隧道中照明水平最高的入口区，CIE 建议使用每年至少 75 日照小时的日照条件作为基础。为了确定该日照条件下入口区的照明标准，CIE 规定了“感知对比法”，即 20.2.6 节“光幕亮度概念”中描述的方法。通过隧道周围明亮光线的眼内散射、大气散射以及风窗玻璃散射所形成的光幕亮度，确定了入口区所需的照明要求。20.2.6 节中已经介绍了由这些参数计算入口区所需亮度的公式。在该公式中，当障碍物的反射系数 ρ 为 0.20 时，CIE 建议的最小所需感知反差值 C_{perc} 为 0.28。CIE 还指出，对于对称光束以及逆光束照明系统，反差显示系数（q_c）应分别为 0.2 与 0.6。

入口区的长度应该与安全制动距离相等。在入口区的前半部分，亮度应该保持恒定，但是从半制动距离开始，照明水平应该线性下降，直至在入口区的终点达到起始值的 40% 左右（见图 21.1）。这里要注意，图中的照明水平往往是以对数形式给出，因此直线看起来是弯曲的。由于实际的限制，有些照明系统无法实现亮度的持续逐渐下降，也可以采用阶梯式下降亮度的方式，但前提是亮度水平不能低于线性下降情况下同样位置的亮度值。

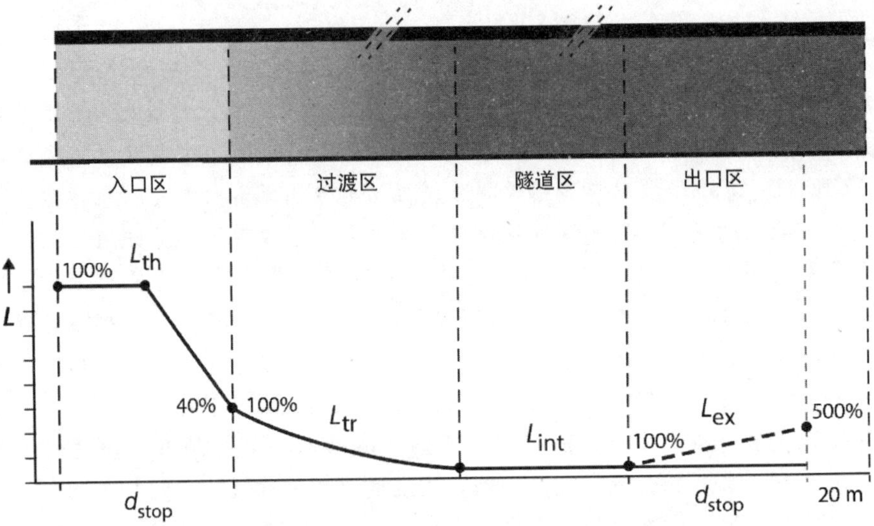

图 21.1　根据 CIE 在 2004 年的报告，从半制动距离开始，入口区的亮度可能会线性下降至 40%。该 40% 的照明水平与过渡区的 100% 起始照明水平相衔接

21.1.2　过渡区

过渡区中的亮度根据图 20.18 中的曲线由高降低。曲线的 100% 起点等于入口区末端 40% 的亮度值（见图 21.1）。当照明系统无法实现平滑持续调光时，可以用阶梯式调光曲线代替平滑调光曲线，但是亮度水平不能低于平滑曲线的水平。各相邻阶梯值之间的差距不能大于系数 3，并且最后一阶的亮度必须低于隧道区亮度的两倍。

21.1.3　隧道区

隧道区所要求的照明水平取决于安全制动距离（因此也取决于隧道的设计通过车速）以及车流量。对于高速隧道（安全制动距离为 160m）以及较大的车流量，所需照明水平为 10cd/m^2，而对于慢速隧道（安全制动距离为 60m）以及较小车流量，所需照明水平则为 3cd/m^2。对于非常长的隧道（大于行驶 30s 的路程，如果车速为 100km/h，则隧道长约为 850m），在此距离之后，照明水平可以分别降至 4.5cd/m^2 与 1cd/m^2。

21.1.4　出口区

通常，出口区所需的亮度等于相邻隧道区的亮度。但是在出口处可能发生危险以及隧道特别长的情况下，出口区的亮度应该在安全制动距离的长度上，线性上升至相邻隧道区亮度的 5 倍，并且止于离出口 20m 远的位置（见图 21.1 中的虚线）。

21.1.5　均匀度与眩光控制

隧道照明所要求的总体均匀度 U_o和纵向均匀度 U_l与 CIE 对夜间露天道路的均匀度规定相同，分别为 0.4 与 0.6。2m 以下内壁的平均亮度应当至少为路面平均亮度的 0.6 倍。

至于眩光控制，CIE 要求 TI 值（见本书 3.1.3 节）在白天或夜间都应该比所有隧道区段低 15%。对于照明水平大于 5 cd/m^{2}的情况，TI 的计算公式与标准公式稍有不同：

$$\mathrm{TI} = 95\left(\frac{L_\mathrm{v}}{L_\mathrm{av}^{1.05}}\right)$$

21.1.6　闪烁控制

根据 CIE 的建议，如果闪烁的频率介于 4～11Hz，且持续时间大于 20s，则应尽力避免此类闪烁的产生。如果将此建议与图 20.19 的要求相比较，则不难看出，CIE 的规定尚不够严格。

21.1.7　阶梯式调光

随着外界光线条件的变化，可以通过两种方式来调整隧道内的照明水平，即持续调光或阶梯式调光。根据 CIE 的要求，相邻两级调光水平之间的比例系数不应大于 3。

21.1.8　夜间照明

如果隧道与一条具备照明的道路相连，则这条隧道在夜间的均匀度与眩光控制水平至少应等同于相连的露天道路。无论如何，夜间隧道照明的均匀度不应该低于白天时的照明均匀度值。

如果与隧道相连的道路没有照明，则隧道内的平均路面亮度应至少达到 1 cd/m^2，总体均匀度 U_o至少为 0.4，纵向均匀度 U_l至少为 0.6。

21.1.9 短隧道

CIE 规定，任何长于 125m 的隧道都应视作长隧道。对于短于 125m 的隧道，其照明要求取决于以下 5 点：

- 隧道的长度；
- 离隧道入口安全制动距离上能否完全看见隧道的出口；
- 进入隧道的自然光线是否充分；
- 隧道内壁的反射系数是高（>0.4）还是低（<0.2）；
- 车流是否密集，是否有行人或自行车通过。

依据这些要求，这里的照明要求范围从“完全不需要自然光”或“要求使用正常入口区照明水平的 50%”至“要求使用正常入口区的照明水平”不等。这里的“正常入口区照明水平”指的是长隧道中对入口区的照明要求。图 21.2 中指出了上述因素的不同组合会产生怎样的照明要求。

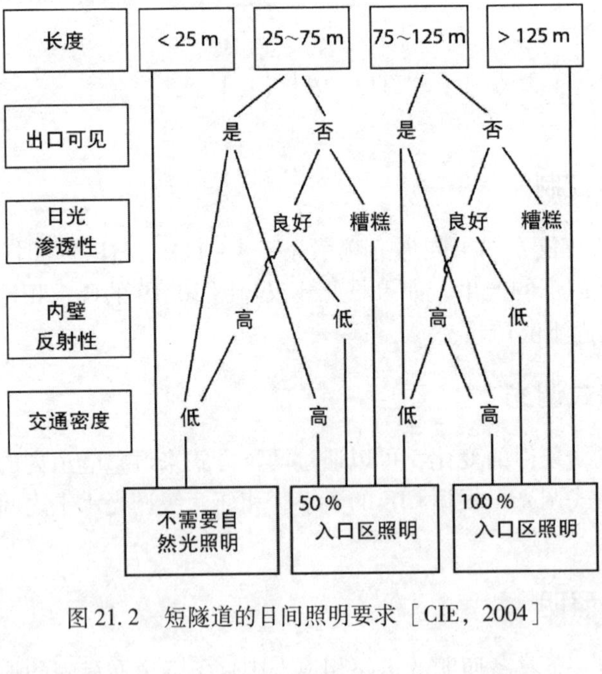

图 21.2 短隧道的日间照明要求［CIE，2004］

21.2 欧洲报告

欧洲标准化委员会（CEN）截至目前尚未发表任何隧道照明标准。在 2003 年，CEN 发表了一份报告，其中包括了隧道照明的一些常见问题，并且描述了目前一些欧洲国家正在使用或考虑中的不同相关方法［CEN，2003］。其中大多数的方法都是以本书第 20 章中讨论的研究成果作为基础。在本报告中，并未建议使用任何一种方法。由于 CEN 的目的并不是对国家标准或建议进行探讨，因此在这份报告中并未给出更多细节。

21.3　北美标准

在 2011 年，ANSI/IES（美国国家标准学会与北美照明学会）发布的 RP－22－11 文件中规定了美国的隧道照明标准［ANSI/IES，2011］。

21.3.1　入口区

这份标准文件给出了一种初步估算入口区照明水平的方法，以及另一种用于确定入口区最终照明水平的高级方法。初级方法是基于 CIE 所采纳的，描述各类隧道场景的 8 种草图［CIE，1990］。其根据车速的不同，对每一类隧道场景都给出了相应的入口区照明水平。通过实际隧道场景与这 8 种草图进行对比，找出最接近实际场景的草图，便能够初步估算入口区所需的照明水平。

最终确定入口区照明水平的高级方法是基于隧道明亮周边光线在眼球中散射所产生光幕亮度 L_{seq} 的确定值（见 20.2.6 节“光幕亮度概念”）。确定最终 L_{seq} 值所需的入口区照明水平使用了一种基于之前 CIE 隧道照明建议附录［CIE，1990］中所描述的方法。在 ANSI/IES 标准中，两者的比值为

$$\frac{L_{th}}{L_{seq}} = 1.41$$

不同光束类型的照明系统在此没有任何差别（对称光束与逆光束照明系统）。ANSI/IES 所使用的 L_{seq} 方法并未考虑 20.2.6 节“光幕亮度概念”中描述的大气散射与风窗玻璃散射效应，最新的 CIE 建议中则采纳了这两类散射效应［CIE，2004］。但是，ANSI/IES 标准在附录 B 中描述了最新的 CIE 方法，附录中对此总结到：

> 现在有许多所需（视在）反差值以及大气和风窗玻璃的透光率相关的讨论。隧道照明专家们正致力于决定这些变量的最佳数值，一旦成功，将会有助于更好地对隧道所需照明量进行量化。

与此同时，CIE［2004］建议文件中所使用的数值也已经被隧道照明工程所肯定。

入口区的长度应与安全制动距离相等，安全制动距离的测量以隧道前方，隧道入口恰好能完全充满驾驶员视野的位置为起点。对于入口高为 4m，当风窗玻璃上方的遮蔽角为 22°～25°时，车辆所处位置在标准中被称为“适应点”，即隧道入口前方大约 5～7m 处。与 CIE 建议一样，该标准也规定，入口区前半部分

的照明水平必须恒定，后半部分的照明水平可以线性下降，直到在入口区终点上降至初始值的40%。

21.3.2 过渡区

与CIE建议完全相同，ANSI/IES标准中过渡区亮度也按照图20.18中的曲线下降。而且曲线的100%起点也等于入口区的40%终点。此处亮度也可以阶梯式下降，但是任一阶梯数值不能低于曲线上的数值。每一阶梯的长度也应该大于2s内的车辆行驶距离。

21.3.3 隧道区

隧道区的照明水平取决于车速以及车流量，这一点也与CIE建议相同。对于高车速以及密集车流，亮度最高可达$10cd/m^2$，而对于低车速以及小车流量则低至$3cd/m^2$，这一变化范围也与CIE建议相同。

21.3.4 出口区

美国标准中并未就隧道出口区提出特别的要求。

21.3.5 均匀度与眩光控制

对于路面与内壁的亮度均匀度，标准规定亮度平均值与亮度最小值之比（CIE总体均匀度U_o的倒数）应大于2:1，且亮度最大值与亮度最小值之比应大于3.5:1。与CIE不同的是，后者并不是指纵轴上的最大值与最小值之比，而是所有表面上的绝对最大值与绝对最小值之比。

ANSI/IESNA对眩光控制的要求是以光幕亮度比L_v/L_{av}为标准，对于夜间露天路面也一样。光幕亮度比必须低于0.3，并且对夜间的普通道路与高速道路也执行这一标准。

21.3.6 闪烁控制

该标准中对不适闪烁控制的规定与CIE完全相同：当持续时长超过20s时，应尽量避免4~11Hz的闪烁。之前有关CIE建议的讨论已经声明，与图20.19中的要求相比，这一闪烁要求并不够严格。

21.3.7 阶梯式调光

根据外界日光条件的变化而对隧道内照明水平的调整可以通过两种方式：持续调光或阶梯式调光。美国标准并未对相邻阶梯的差值进行量化的限制，但是给出了定性条件：“从时间以及照明水平角度，阶梯之间的区别应该较为平缓”。

21.3.8　夜间照明

单一车道的隧道在夜间的平均亮度值应至少为 2.5 cd/m^2。对于双车道的隧道，其夜间平均亮度应该等于白天时隧道区的平均亮度规定值。

21.3.9　短隧道

美国标准中，构成短隧道的结构、周围环境以及交通因素和不同短隧道的照明要求都来自 2004 年的 CIE 建议。其中 CIE 使用了树形图来作出相关判断（见图 21.2），美国标准将树形图转化为一张表格使用，但是依然沿用了相同的数值。

参 考 文 献

ANSI/IES (2011) RP22-11, Tunnel lighting
CEN (2003) Report CR 14380, Lighting applications-tunnel lighting
CIE (1990) Publication 88:1990, Guide for the lighting of road tunnels and underpasses
CIE (2004) Publication 88:2004, Guide for the lighting of road tunnels and underpasses

第 22 章　设备与设计环节

摘要　对于入口区内较高的照明水平，灯具需要在纵轴上有明晰的光分布，因此要求使用紧凑型的光源。管状高压钠灯与 LED 因此成为了最适合入口区灯具使用的光源。对于照明水平要求较低的隧道区段，即过渡区与隧道区，长条形光源反而更有优势。因此许多隧道都在这些区段中使用管状荧光灯。然而，由于 LED 的高光效以及长使用寿命，为今天的隧道照明提供了更高效的解决方案。在本章中，将探讨隧道照明中所用光源与灯具的各项重要特性。隧道入口前方安装的日光格栅有时也能作为入口区白天电气照明的替代方案。本章中也将探讨这类挡光格栅设备。

本章中还将一探路面与内壁中下部位置的合适反射特性的重要性。

同时在本章中，还将探讨与隧道照明设计相关的设计环节。这不仅仅是为了对照明布局进行指导，还为了更好地控制与维护整个照明设施。本章还将阐述决定 L_{20} 与 L_{seq} 值所需的工具，而 L_{20} 与 L_{seq} 值则被用来确定入口区与之后隧道区段的所需照明水平。

22.1　光源与控制设备

图 22.1 根据不同的技术对隧道照明所用的各类光源进行了归纳。表 22.1 中的调查则展示了这些光源最重要的各类参数。其中都是隧道照明中常用功率版本中的代表性数值。这些数值也受到了控制设备对光源的影响（见表 22.1）。

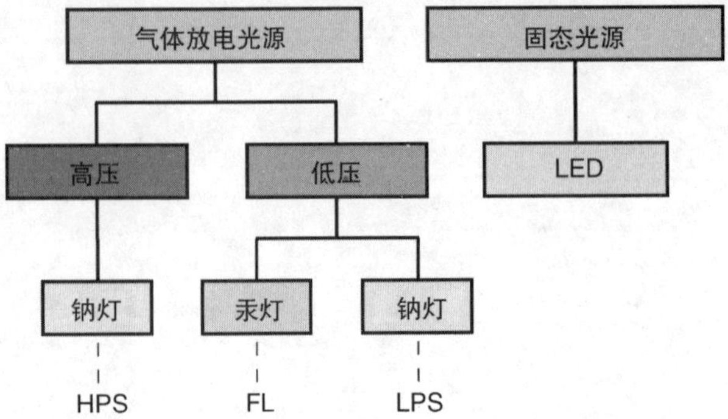

图 22.1　从原理技术角度对气体放电灯以及固态光源的分类

表 22.1　对市场上隧道照明光源特点的调查：光效（lm/W）、相关色温 T_k、显色性 R_a、使用寿命（基于 20% 受测光源损坏的小时数）

光源类型	光效/（lm/W）	光通量/klm	T_k	R_a	使用寿命/h	形状
高压钠灯（管状）HPS	120 ~ 140	15 ~ 150	2000	25	20000	紧凑型
管状荧光灯 FL	70 ~ 90	3 ~ 6	4000	80	15 ~ 20000	长条形
低压钠灯 LPS	150 ~ 190	8 ~ 32	1700	0	15000	长条形
单只白光 LED	80 ~ 150	< 1	3000 ~ 5000	60 ~ 90	35 ~ 50000	点光源
多组白光 LED	80 ~ 150	1 ~ 15	3000 ~ 5000	60 ~ 90	35 ~ 50000	紧凑型或长条形

对于入口区内的高照明水平，就需要既有高光效，又有高光通量的光源。因此高压钠灯非常适用于入口区的照明。虽然其光效较低压钠灯要低，但是光通量更高，灯具形状也更加紧凑，即使在小型灯具中，也可以确保鲜明锐利的配光表现。这一特性组合意味着更少的灯具数量，隧道顶棚的空间也更开阔。使用白色 LED 紧凑阵列也能达到同样的效果。并且还有超长使用寿命这一额外优势。隧道中最初引入 LED 是用于隧道区的照明。随着 LED 光效与光通量的逐步提升，现在也同样适用于高水平要求的入口区照明。

对照明水平要求不高的隧道区段（过渡区以及隧道区）所需的灯具数量也更少。在这些区段中比较适合使用长条形光源。这类光源可以产生连续或近乎持续的线性照明阵列，并且相对轻松地照亮隧道的另一边。不仅如此，此类光源还能提升照明的视觉导向性，并且将闪烁问题最小化。虽然低压钠灯也具有长条状的外形，但是由于其光输出远高于这类隧道区段的较低要求，因此并不适用于隧道区的照明。这就是为什么许多隧道的隧道区中都使用管状荧光灯的原因。固态 LED 光源同时具备高光效与极高的使用寿命，并且可以通过将许多 LED 芯片安装在条形或圆形基板上来制造长条形的灯具版本（见图 2.22）。通过使用 LED 也可以实现平面灯具的设计制造，因此可以占用更少的隧道空间。紧凑的灯具形状也降低了安装成本。由于固态照明技术的发展，LED 这一解决方案还相当强大可靠，其可以经受隧道中的不良环境，抗撞击与抗振动能力也强于传统光源。LED 可以瞬间启动，并且能够根据变化的日夜光照条件轻松调光至所需水平。这意味着可以避免过度照明，从而降低了能耗。此外，LED 的超长使用寿命还同时降低了初始安装以及后期维护的成本。

气体放电光源与固态光源不能直接在市电压下工作。它们都需要一些控制设备，以确保光源能够顺利启辉（气体放电光源），并且长时间地稳定工作，而且如果可能，还应该可以对光源进行调光。实现这些所需的控制设备被称为辉光启动器、镇流器以及调光器。固态光源所需要的电气控制设备通常被称作驱动器。本书 10.4 节中提供了有关电气驱动器的详细信息。

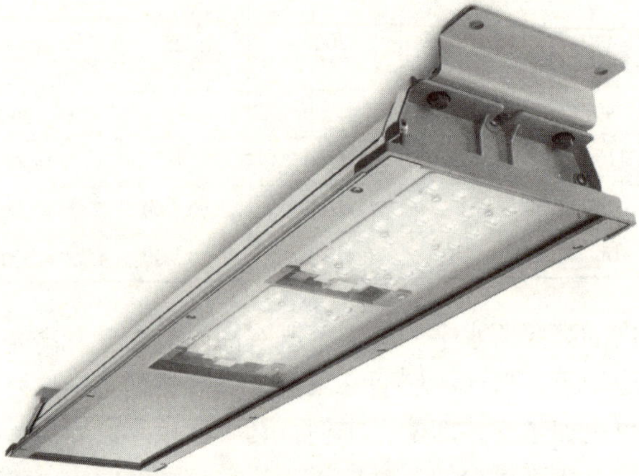

图 22.2　长条形的 LED 隧道照明灯具示例

22.2　灯具

本书已经在第 11 章中探讨了户外灯具的常见特性，在此还将阐述隧道照明灯具的一些具体特性。

根据其在与隧道轴平行的垂直面上的光分布，可以将隧道照明灯具划分为两大类：对称光束灯具以及非对称光束灯具。后者往往是在入口区中选用的逆光束系统或前光束系统（见图 20.4）。对于非对称光束灯具，为了使体积足够紧凑，对光源的要求是体积较小：即比如管状高压钠灯与高光通 LED 光源。对于大部分的过渡区以及所有隧道区，所使用的灯具都是对称光束式。

隧道照明灯具可以安装在内壁上或是顶棚上。由于隧道内空间有限，对灯具高度的要求非常严格。无论选择何种安装方式与配光，灯具与其配光都必须根据隧道实际的宽高度进行微调。而且，不同的隧道区段往往对光源与灯具的要求也不同。因此，能够在同样外壳中实现不同光源与光学器件组合的模块化灯具设计将会十分有用。

隧道照明灯具应该是易于清洁、坚固耐用且防腐蚀的。其防水能力至少应该达到“防喷水”，即 IP65 级别。

22.3　日光格栅

作为入口区白天电气照明的替代方案，还可以在隧道前安装日光格栅顶棚，其可以将日照水平降至该区域所需的正常照明水平。隧道内最前区段的电气照明仅需要达到过渡区的低照明要求即可。这类日光格栅虽然可以降低能耗，但是也有一些缺陷。半透明的封闭挡板无法经常清洁，从而无法确保持续稳定的透光度。这就是为什么现实中常常使用开放式格栅挡板的原因（见图 22.3）。开放式格栅的材料往往是重量较轻的铝材。

原则上，这类封闭式日光格栅可以根据当地的日照光线方向进行设计，以防止阳光直射对路面的干扰，从而也可以避免格栅下路面上亮暗条纹的产生。然而，这类所谓的阳光格栅目前却很少使用，主要是因为其顶棚的漫反射表面上的积尘会大大降低其透光度，而且不易于清洁。因此仅能选择开放式的日光格栅，开放式格栅会在驾驶员前方的路面上带来明暗相间的条纹干扰（见图 22.3）。为了在一定程度上解决这一问题，通常建议将日光格栅设计为其明暗条纹沿道路横向分布，就像图 22.3 中那样。如果沿纵向分布，则会产生严重的闪烁干扰。随着日照条件的变化，格栅的透光率也会发生变化。因此对格栅下的平均照明水平进行持续测量十分重要，其结果可以有助于控制实际隧道中第一区段的电气照明。

图 22.3　开放式日光格栅顶棚

22.4　道路与内壁面

隧道中路面以及低处内壁表面的反射系数必须很高。这些表面上的亮度是由光源与灯具射向它们以及它们向驾驶员反射的光量所决定的。高反射系数意味着仅需较少的光线即可维持同样的亮度。建议道路表面平均亮度系数 Q_0 至少为 0.1，而且道路表面的漫反射性不能太强。这样路面可以将朝较小障碍物以及较大障碍物低处的逆向反射降至最小，从而不会对对称光束系统以及逆光束系统产生的轮廓效应造成太大的干扰。已经在 20.2.2 节中讨论过，路面的逆向反射实际上会降低反差显示系数 q_c。

隧道的内壁必须较为明亮：不仅仅是因为其会作为隧道内较大障碍物的背景，还因为如果亮度足够，内壁可以对隧道内外的驾驶员起到视觉导向的作用。通常建议内壁反射系数为 0.60 ~ 0.70。为了保持这一高反射系数，隧道内壁应该使用便于清洁的表面材料。

22.5 设计环节

在本书第 13 章中已经阐述了基于灯具的照明设施设计基本环节。在本节中，将进一步详细探讨针对隧道照明的各设计环节。

在隧道照明设施的设计中，最重要的任务便是确定隧道入口区的最高照明水平。随后各区段的最高照明水平也都取决于入口区的标准。接下来将会阐述，在处理现有和处于设计建设阶段的隧道照明水平时，都有哪些所需的工具。

在之后的内容中，将给出对灯具的布置、基于日照变化的动态照明控制以及维护环节的指南。

22.5.1 确定 L_{20} 和 L_{seq} 的工具

20.2 节中已经详细讨论过，基于每年至少 75h 的最强日照条件，可以用多种不同的概念来确定入口区所需的亮度水平。

其中最重要的两项概念当属 L_{20} 和 L_{seq}。在现有隧道中，可以通过合适的仪器在现场对 L_{20} 和 L_{seq} 进行测量。然而，能恰好在“75h 日照条件”下进行测量的可能性微乎其微。因此更具现实意义的方法是，通过驾驶员在隧道外安全制动距离上观察隧道的实地照片或假想透视图来确定 L_{20} 和 L_{seq} 的数值。在“75h 日照条件”下，隧道入口周围各表面的亮度值可以从例如 20.2.1 节“白天接近区的亮度”（见表 20.1）中获得。以这些信息为基础，接下来就可以确定 L_{20} 和 L_{seq} 的数值。

22.5.1.1 L_{20} 的确定

假设位于隧道外安全制动距离点，在所观察到的隧道入口照片或图样上画一个视角为 20°的圆圈。也可以根据已知的隧道入口高度来确定 20°视场的大小。图 22.4 给出了这样的一个例子。从这样一张图片中，可以确定天空、路面以及

其他周边表面在 20°视场中所占的百分比。L_{20}的计算公式为

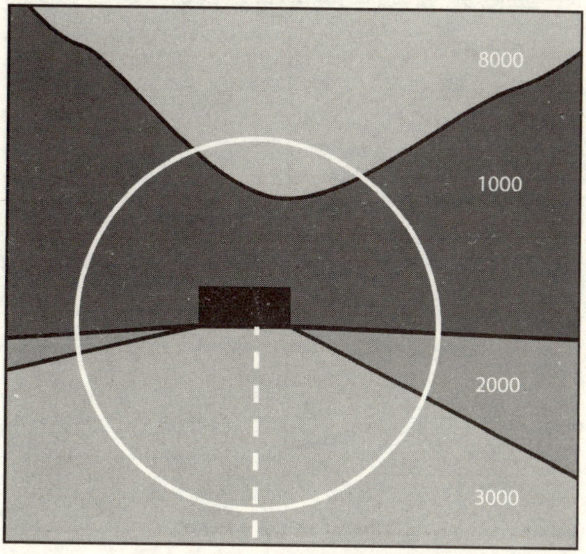

图 22.4　从安全制动距离上 20°圆形视场中的隧道入口透视图

$$L_{20} = p_{sky}L_{sky} + p_{road}L_{road} + p_{grass}L_{grass} + p_{mountain}L_{mountain}$$

天空、道路、草地以及山岭的数值可以从表 20.1 中获得。

22.5.1.2　L_{seq}的确定

CIE 建议使用 L_{seq}概念来确定入口区的照明水平。22.5.1.1 节中，讨论了使用在安全制动距离点上观察隧道入口的照片或透视图来得出 L_{20}值，这一方法同样可以用于 L_{seq}值的计算。CIE 在 2004 年发布了一张可以叠加在隧道入口照片或透视图上的极坐标网格［Adrian，1987］。它将隧道照片或透视图划分成了几瓣以及几个同心圆部分（见图 22.5）。各个相邻同心圆的大小根据相同的亮度所划分，每块区域都产生相同的光幕亮度。这样一来，确定各部分实际产生的亮度百分比并计算区域平均亮度便简单了许多。所有区域产生的总光幕亮度 L_{seq}值可以通过将各区域亮度相加得出：

$$L_{seq} = 5.1 \times 10^{-4} \sum L_{segment\ i}$$

天空、道路、草地以及山岭等区域的亮度可以从表 20.1 中直接获得。通过这一表格可以轻松、高效地完成计算流程。

22.5.2　照明布局

使用对称光束隧道照明设施时，根据所需的照明水平，可以由一排或几排的灯具来提供光线。这些灯具往往被集中安装在每条车道中线的正上方。在这类逆

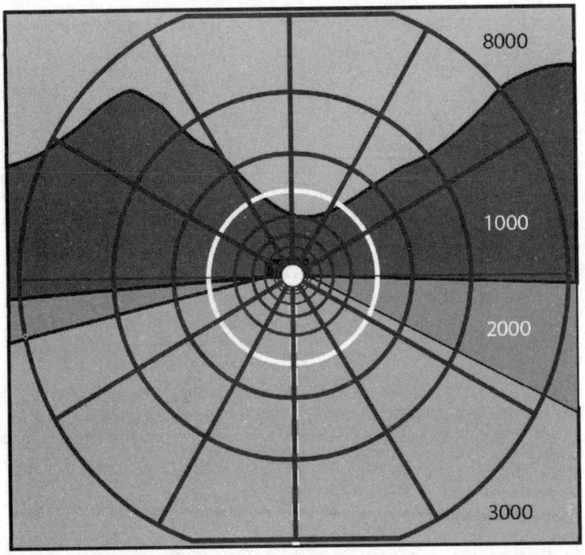

图 22.5　从安全制动距离上观察的隧道入口透视图，叠加了各区域光幕亮度相同的极坐标网格。其中白圈代表的是 20°圆形视场

光束照明系统常用的中央布灯方式中，道路横截面上的光强分布往往是对称或大致对称的。然而，可能隧道的高度不足以为中央布灯提供足够空间，或者隧道顶部空间安装了通风设备。在这种情况中，另一个较好的方案是顶棚边缘布灯方式（见图 22.6 中图）。其道路横截面上的光强分布必须不对称，才能为道路中央提供足够的亮度。与中央布灯方式相比，顶棚边缘布灯的路面亮度产生效率（隧道每米长度安装灯具每流明产生的路面亮度 cd/m^2）要低 25% ~50%。在顶棚边缘安装逆光束照明系统的效率仍然很低，因此通常极少使用这一方式。如果安装空间条件有限，则内壁布灯方式便成为了唯一可行的方案（见图 22.6 下图）。这种方式要求在隧道横截面上的光分布极不对称，因此其效率较之前几种方案更低。内壁布灯方式很难为低处墙面提供足够的亮度。隧道两侧内壁上连续的管状灯具的优势是能够向驾驶员提示隧道的宽度，从而使得驾驶员能够更加自信地驾驶。而且维护灯具时，仅需关闭一侧车道即可。

在入口区与过渡区中，由于对照明水平的要求较高，因此灯具往往通过完全或近似首尾相连的方式排列。隧道区中对照明水平的要求较低，因此灯具的间隔可以增加。计算间隔时，照明设计师还应该考虑正常行驶的车速，以避免 20.7 节中所述灯具间隔产生的闪烁干扰。在 20.7 节中已经解释过，将 3 ~4 台灯具作为一组，便可解决隧道区内潜在的闪烁问题。

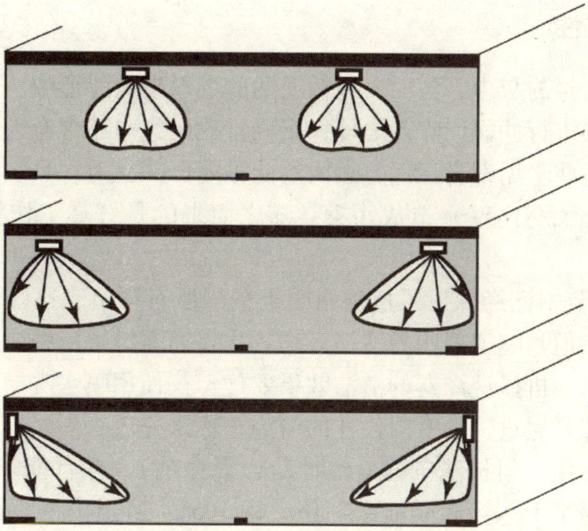

图 22.6　隧道内的布灯方式以及相应的光分布

22.5.3　日光变化和照明控制

已经讨论过，隧道照明设施的设计应该能够满足最高日照水平下的相关要求。这样的目的是，当日照水平较低时，还可以通过关断或调光的方式来相应地调暗隧道内的照明水平。在许多老旧隧道中，做法是从隧道入口处测量日光照度水平的光电池接收信号，再根据信号调整照明水平。然而，这种方法有时会使得隧道内的照明水平不能满足能见度以及驾驶自信的相关要求。

隧道入口区的亮度必须每时每刻都处于合适的 L_{20} 和 L_{seq} 规定范围内，至少也要在数值上接近。为此就需要用到亮度计，将一台亮度计安装在尽可能接近决定制动点的位置，并且朝向隧道入口的方向。从亮度计传回的连续测量结果便可确定各个时刻隧道入口区所需的亮度值。然后控制系统再向隧道各区段提供所需的照明水平信号。如果所用照明设施可以进行调光，也可以通过连续调光来确定亮度水平。如果可能，通过更加高级的控制系统，还可以将实际所需的 L_{th}/L_{20} 或 L_{th}/L_{seq} 比值保持恒定。为了实现这一目的，还需要在入口区（有时也在其他区段）中增加一台亮度计，用来测量电气照明所产生的实际亮度。如果照明设施使用的是阶梯式切换，则下调与上调一级的比例不应分别大于 3:1 与 1:3。这样是为了避免照明水平的突然变化以及变化跨度过大，在切换的时候可能会惊吓到驾驶员。从最高照明水平下降到最低的夜间水平，往往会采取 5 ~ 6 个切换级别。

每个切换级别都应符合之前所述对于均匀度、眩光与闪烁控制的各项要求。

22.5.4 维护性

车流会将大量的灰尘、污垢，包括泄漏的燃料带入隧道中。而且雨水也无法对隧道内的尘埃进行冲刷。除此之外，车辆排放尾气中还含有大量的未完全燃烧碳粒。所有的这些尘垢都会降低隧道内的能见度，并且对灯具、日光格栅以及反光表面（例如路面与内壁）造成污染。随之而来的是灯具工作状态以及隧道内能见度的恶化。

本书13.5节中已经探讨了户外照明维护的所有环节，这些环节也适用于隧道照明的维护。但是隧道照明的清洁工作要比普通露天道路照明更加频繁。至于灯具的清洁方法，机械洗涤器的清洁效果要优于仅使用喷水洗涤的效果。许多隧道的清洁工作都是通过一种专门设计的清洁车辆来完成。当然，隧道灯具必须易于清洁、坚固耐用（机械洗涤器工作时动力很强劲），并且能耐污染物的腐蚀。其防水灯具必须至少达到“防喷水”级，即IP65。隧道内壁表面的粗糙度也必须易于清洁。

接近区或其他隧道区段中用于照明控制的光度计也必须按时检查并进行清洁。

参考文献

AdrianW (1987) Adaptation luminance when approaching a tunnel in daytime. Light Res Technol 19(3):73–79

CIE (2004) Publication 88:2004, Guide for the lighting of road tunnels and underpasses

附　录

附录 A　照度方程（见图 A.1）

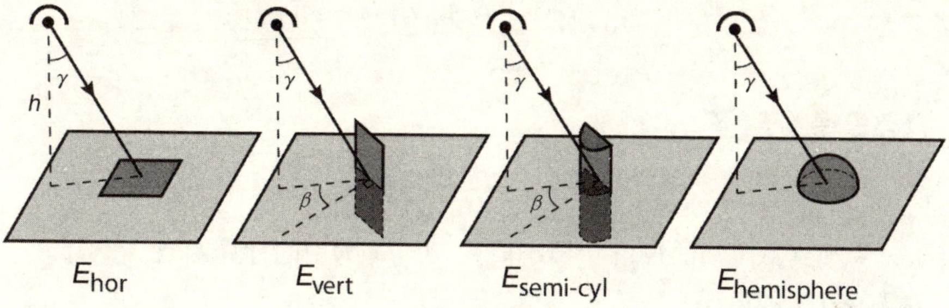

A.1　照度

水平照度，E_{hor}：

$$E_{hor} = \frac{1}{h^2}\cos^3\gamma$$

垂直照度，E_{vert}：

$$E_{vert} = \frac{I}{h^2}\sin\gamma\cos^2\gamma\cos\beta$$

半柱面照度，. $E_{semi-cyl}$

$$E_{semi-cyl} = \frac{I}{\pi h^2}\sin\gamma\cos^2\gamma(1+\cos\beta)$$

半球面照度，$E_{hemisphere}$

$$E_{hemisphere} = \frac{I}{4h^2}\cos^2\gamma(1+\cos\gamma)$$

附录 B　可视性方程

反差阈值

根据 Adrian 定义，第 3 章的参考文献［Adrian，1989］。

反差阈值，C_{th}：

$$C_{\text{th}}=\frac{2.6}{L_{\text{b}}}\left\{\left(\frac{b}{\alpha}\right)+c\right\}^2F_{\text{cp}}\text{AF}T_{\text{obs}}$$

式中，L_{b}为不背景亮度（cd/m^2）；α 为观察障碍物的视角（最小值）；F_{cp}为反差极性因子；AF 为年龄因子；T_{obs}为观察时长因子；b 与 c 为中间计算函数[㊀]。

对 $L_{\text{b}}\geqslant 0.6$ 的情况：

$$b=\log(4.2841L_{\text{b}}^{0.1556})+0.1684L_{\text{b}}^{0.5867}$$

$$c=0.05946L_{\text{b}}^{0.466}$$

对 $0.0042<L_{\text{b}}<0.6$ 的情况：

$$b=10^{-0.072+0.3372\log(L_{\text{b}})+0.0866\{\log(L_{\text{b}})\}^2}$$

$$c=10^{-1.256+0.319\log(L_{\text{b}})}$$

反差极性因子，F_{cp}：

$$F_{\text{cp}}=1-\frac{d\alpha^{-e}}{2.4C_{\text{th,poscontrast}}L_{\text{b}}}$$

式中，α 为观察障碍物的视角（最小值）；d 与 e 为中间计算函数。

对 $L_{\text{b}}\geqslant 0.1$ 的情况：

$$d=10^{-10^{-[0.125\{\log(L_{\text{b}})\}^2+0.0245]}}$$

$$e=0.6L_{\text{b}}^{-0.1488}$$

年龄因子，AF：

AF = 1 对年龄 = 23 岁的情况。

对于 23 岁 < 年龄≤64 岁的情况：

$$\text{AF}=\frac{(\text{年龄}-19)^2}{2160}+0.99$$

对于 64 岁 < 年龄≤75 岁的情况：

$$\text{AF}=\frac{(\text{年龄}-56.6)^2}{116.3}+1.43$$

观察时长因子，T_{obs}：

$$T_{\text{obs}}=\frac{f+t}{t}$$

式中，t 为观察时长（s）；T_{obs}为 1，如果 $t=2$；f 为中间计算函数：

$$f=\frac{(g^2+h^2)^{0.5}}{2.1}$$

式中，g 与 h 为中间计算函数：

㊀ 在计算函数 b 时，第一个数值已由 Adrian 的原始值 4.1925 修正为 4.2841，目的是使两个 b 方程中对于 $L_{\text{b}}=0.6$ 有着相同的 b 数值。新的数值也与 ANSI/IES 所规定的相同。

$$g=0.36-0.0972\frac{\{\log(\alpha)+0.523\}^2}{\{\log(\alpha)+0.523\}^2-2.513\{\log(\alpha)+0.523\}+2.7895}$$

$$h=0.355-0.1217\frac{\{\log(L_b)+6\}^2}{\{\log(L_b)+6\}^2-10.4\{\log(L_b)+6\}+52.28}$$

能见度水平

能见度水平，VL

$$\mathrm{VL}=\frac{C_{\mathrm{actual}}}{C_{\mathrm{th}}}=\frac{\Delta L_{\mathrm{actual}}}{\Delta L_{\mathrm{th}}}$$

式中，C_{th}为反差阈值；ΔL 为障碍物与背景的亮度差。

小目标能见度，STV

根据 ANSI/IES，第 3 章的参考文献［ANSI/IES，2000］：

$$\mathrm{STV}=-10\times\log\left[\frac{\sum 10^{\{-0.1\times\mathrm{ABS(VL)}\}}}{n}\right]$$

式中，VL 为一个网格点的能见度水平；ABS 为绝对数值；n 为网格点的数量。

相对视功能，RVT

根据 Rea 和 Ouellette，第 3 章的参考文献［Rea 和 Ouellette，1991］。

逐步按照步骤 1 ~7 来计算 RVT。第 3 章的参考文献中给出了不同步骤中各项计算参数的含义。在这里仅将这些参数作为中间函数处理。

- 步骤 1

$$I_{R'}=PL_A\pi r^2$$

式中，L_A为适应性亮度［cd/m^2（如有眩光，则增加光幕亮度 L_v）］。

$$r=2.39-\{1.22\tanh(0.3\log L_A)\}$$

$$P=1-0.017(a-20)$$

式中，a 为观察者的年龄，20 ~65 岁。

- 步骤 2

$$C'_{t,d}=\varepsilon 10^{(-1.364-0.179A-0.813L+0.226A^2-0.0772L^2+0.169AL)}$$

式中

$$A=\log\tanh(20000\omega)$$

$$L=\log\log\left(10\frac{I_{R'}}{\pi}\right)$$

$$\varepsilon=1+(0.00251)(a-20)$$

式中，ω 为障碍物的球面度面积。

- 步骤 3

$$K = 10^{(-1.763 - 0.175A^* - 0.0310L^* + 0.112A^{*2} + 0.171L^{*2} + 0.0622A^*L^*)}$$

$$A^* = \log\tanh(5000\omega)$$

$$L^* = \log\tanh\left(0.04\frac{I_{R'}}{\pi}\right)$$

- 步骤 4

$$R_{max} = 0.000196\log I_{R'} + 0.0027$$

- 步骤 5

$$RT = \frac{\Delta C_d^{0.97} + K^{0.97}}{\Delta C_d^{0.97} R_{max}}$$

$$\Delta C_d = C_v - C'_{t,d} \quad \Delta C_d > 0$$

$$C_v = \frac{|L_B - L_T|}{L_B} = \frac{|E_v\rho|\pi - L_T|}{L_B}$$

若有眩光：

$$C_v = C_v\frac{L_B}{L_B + L_v}$$

式中，L_B为背景亮度（cd/m^2）；L_T为目标（障碍物）亮度（cd/m^2）；L_v为光幕亮度（cd/m^2）；E_v为障碍物垂直照度（lx）；ρ 为障碍物的表面反射系数。

- 步骤 6

$$\Delta T_{vis} = 305.4 - RT$$

- 步骤 7

$$RVP = 0.998\left(\frac{\Delta T_{vis} + 800}{777}\right)$$

$$RVP < 0 \rightarrow RVP = 0 \quad RVP > 1 \leftarrow RVP = 1$$

附录 C　从 R 表格中计算 Q_0 值

每一个 R 值都应该与表 C.1 中的相关权重指数相乘，再与 $\tan\gamma$ 相乘。将所得结果相加，再除以 9.936×10^7。因为 R 表格是根据 Q_0 为 1 的标准建立的，而实际中的 Q_0 并不与此 R 表格相关，因此通常还需要一个比例因子。因此，对于道路表面的亮度计算，实际 Q_0 值必须与比例因子相乘。

表 C.1　相关权重指数

β/(°) tanγ	0	2	5	10	15	20	25	30	35	40	45	60	75	90	105	120	135	150	165	180
0.00	8	8	32	22	40	20	40	30	40	25	45	120	60	120	60	120	60	120	60	60
0.25	32	32	128	88	160	80	160	80	160	100	180	480	240	480	240	480	240	480	240	240
0.50	16	16	64	44	80	40	80	40	80	50	90	240	120	240	120	240	120	240	120	120
0.75	32	32	128	88	160	80	160	80	160	100	180	480	240	480	240	480	240	480	240	240
1.00	16	16	64	44	80	40	80	40	80	50	90	240	120	240	120	240	120	240	120	120
1.25	32	32	128	88	160	80	160	80	160	100	180	480	240	480	240	480	240	480	240	240
1.50	16	16	64	44	80	40	80	40	80	50	90	240	120	240	120	240	120	240	120	120
1.75	32	32	128	88	160	80	160	80	160	100	180	480	240	480	240	480	240	480	240	240
2.00	24	24	96	66	120	60	120	60	120	75	135	360	180	360	180	360	180	360	180	180
2.50	64	64	256	176	320	160	320	160	320	200	360	960	480	960	480	969	480	960	480	480
3.00	32	32	128	88	160	80	160	80	160	100	180	480	240	480	240	480	240	480	240	240
3.50	64	64	256	176	320	160	320	160	320	200	120	270	33	0	−30	690	480	960	480	480
4.00	32	32	128	88	160	80	160	80	160	100	60	0	0	0	−75	−30	255	510	222	120
4.50	64	64	256	176	320	160	320	160	320	155	75	0	0	0	0	0	135	372	33	0
5.00	32	32	128	88	160	80	160	105	125	5	−15	0	0	0	0	0	0	33	0	0
5.50	64	64	256	176	320	160	320	170	90	0										
6.00	32	32	128	88	160	80	160	40	0											
6.50	64	64	256	176	320	160	275	35												
7.00	32	32	128	88	160	105	80	−25												
7.50	64	64	256	176	320	170	90													
8.00	32	32	128	88	160	85	45													
8.50	64	64	256	176	320	80	0													
9.00	32	32	128	88	160	40														
9.50	64	64	256	176	320	80														
10.00	32	32	128	88	115	−5														
10.50	64	64	256	176	230	−10														
11.00	32	32	128	113	80	−25														
11.50	64	64	256	186	90															
12.00	16	16	64	69	45															

CIE 出版的 44:2001 文件中给出了由 R 表格计算 Q_0 的权重因子。

图书在版编目（CIP）数据

道路照明：理论、技术与应用/（荷）乌特·范波莫（Wout van Bommel）著；王珅译. —北京：机械工业出版社，2017.6
（照明工程先进技术丛书）
书名原文：Road Lighting：Fundamentals，Technology and Application
ISBN 978-7-111-56608-3

Ⅰ.①道… Ⅱ.①乌… ②王… Ⅲ.①公路照明－照明技术 Ⅳ.①U491.5

中国版本图书馆CIP数据核字（2017）第080463号

机械工业出版社（北京市百万庄大街22号 邮政编码100037）
策划编辑：顾 谦 责任编辑：顾 谦
责任校对：张 薇 封面设计：马精明
责任印制：李 昂
三河市国英印务有限公司印刷
2017年7月第1版第1次印刷
169mm×239mm·18.75印张·350千字
0 001—3 000册
标准书号：ISBN 978-7-111-56608-3
定价：99.00元

凡购本书，如有缺页、倒页、脱页，由本社发行部调换

电话服务
服务咨询热线：010－88361066
读者购书热线：010－68326294
010－88379203
封面无防伪标均为盗版

网络服务
机 工 官 网：www.cmpbook.com
机 工 官 博：weibo.com/cmp1952
金 书 网：www.golden－book.com
教育服务网：www.cmpedu.com